Günter Baumann

# Individuation –Wege zum Selbst

Hermann Hesses Erzählungen
im Lichte der Psychologie
C. G. Jungs

**Bibliografische Information der Deutschen Nationalbibliothek**
Die Deutsche Nationalbibliothek verzeichnet diese Publikation in der
Deutschen Nationalbibliografie; detaillierte bibliografische Daten sind
im Internet über http://dnb.d-nb.de abrufbar

© 2020 by opus magnum, Stuttgart (www.opus-magnum.com)
Dritte Auflage, Version 1.01
Umschlaggestaltung, Grafik und Layout: Dr. Lutz Müller
Herstellung: BoD    - Books on Demand GmbH., Norderstedt

ISBN 13: 978-3-95612-031-2

Günter Baumann

# Individuation -
# Wege zum Selbst

## Hermann Hesses Erzählungen
## im Lichte der Psychologie
## C. G. Jungs

opus magnum

Dr. Günter Baumann

wurde 1953 in  Herrlingen in der Nähe von Ulm geboren und hat in Blaubeuren seine Kindheit und Jugend verbracht. Nach dem Abitur studierte er in Freiburg/ Breisgau Germanistik und Wissenschaftliche Politik und schloss nach dem Staatsexamen sein Studium mit einer Dissertation über Hermann Hesse und C. G. Jung ab. Danach arbeitete er hauptberuflich als Gymnasiallehrer für Deutsch, Politik und Ethik. Daneben veröffentlichte er mehrere Bücher über literarische und philosophische Themen und hielt über 200 Vorträge in der Erwachsenenbildung, die ihn bis in die Schweiz, nach Polen und Indien führten. Mehrere seiner Schriften sind auch ins Englische und Japanische übersetzt. Heute lebt er als pensionierter Oberstudienrat, Vortragsredner, Autor und Kleinverleger in Balingen (Württemberg).

Weitere Veröffentlichungen (u. a.):
Der archetypische Heilsweg. Hermann Hesse, C. G. Jung und die Weltreligionen. 3. Auflage, opus magnum.

Hermann Hesse - Dichter und Weiser.
Über den Autor Tel. 07433 / 37480 bestellbar.

# Inhalt

# 1. Einleitung

Die vorliegende Arbeit stellt sich die Aufgabe, eine Reihe wichtiger Erzählungen Hermann Hesses seit dem „Demian" (1919) einer systematischen Analyse durch die Psychologie C. G. Jungs zu unterziehen. Sie verfolgt dabei ein dreifaches Erkenntnisziel:

- sie will den Einfluss der Analytischen Psychologie auf das dichterische Werk von Hermann Hesses mittlerer und später Schaffensperiode genauer abklären
- sie will diese Erzählungen mittels der von Jung entworfenen Archetypentheorie analysieren und interpretieren
- sie will den inhaltlichen Wandel der nämlichen archetypischen Grundstrukturen durch die einzelnen Werke hindurch verfolgen und aufzeigen, dass damit eine bestimmte Veränderung in den psychologischen, anthropologischen und ethischen Aussagen der Dichtungen einhergeht, die für das Verständnis von Hesses oeuvre von zentraler Bedeutung ist.

Als Legitimationsgrundlage für ein derartiges methodisches Vorgehen sind zwei Gesichtspunkte anzuführen:

- die psychotherapeutischen Gespräche, die Hesse mit C. G. Jung und seinem Schüler J. B. Lang in der Entstehungszeit von „Demian", „Siddhartha" und „Der Steppenwolf" geführt hat und die einen noch genauer zu bestimmenden, direkten Einfluss auf die Gestaltung dieser Werke hatten (vgl. dazu auch die entsprechenden Postulate von Jung, die später aufgeführt und diskutiert werden)

- die Plausibilität und Evidenz in den Deutungen jener Werke, die nicht im unmittelbaren Umkreis einer jungschen Analyse entstanden und dennoch – so lautet jedenfalls eine zentrale These dieser Arbeit – die im „Demian" aufgeworfenen archetypischen Phänomene weiterverfolgen und variieren.

Nachstehend sei dem Leser noch eine kurze Skizze der Grundmerkmale jenes psychologischen Entwicklungsmodells gegeben, das Jung als „Individuationsprozess" bezeichnet hat und dessen Grundschritte sich in allen späteren Werkinterpretationen wiederfinden werden. Die unterschiedlichen Ausprägungen, Akzentsetzungen und inhaltlichen Gestaltungen dieses Grundmusters – der „Wechsel in der Dauer" – sollen unter Ergänzung der nachstehenden Faustskizze in den einzelnen Werkinterpretationen dann genauer analysiert und herausgearbeitet werden.

Der Individuationsprozess nach Jung ist seiner eigentlichen Natur nach ein psychischer Integrations- und Wachstumsprozess, in dessen Verlauf das Ich-Bewusstsein bestimmte archetypische Vorstellungen und Erlebniskomplexe, die zunächst entweder im Unbewussten ruhen oder in die Außenwelt projiziert sind, als Anteile der eigenen Psyche erkennt („assimiliert") und damit einen höheren Grad an innerer Ganzheit realisiert.

Der Individuationsprozess – und dies wird in den Erzählungen Hermann Hesses auf vielfache Weise variiert werden – ist also elementar mit Bewusstwerdung und der Auflösung von Projektionen verknüpft. Die Assimilation der Projektionen – so der Grundgedanke von Jung – hebt die zunächst unbewusste kollektive Verhaftung des einzelnen auf, ermöglicht psychisches Wachstum und schafft die Möglichkeit eines bewussten und reflektierten Umgangs mit innerseelischen Antrieben, Bedürfnissen und Dispositionen (deshalb „Individuation").

Die erste archetypische Figur, mit der sich das Ich-Bewusstsein im Individuationsprozess in der Regel auseinanderzusetzen hat, ist nach Jung der „Schatten" und wird von ihm wie folgt definiert:

> Indem der Schatten die dem Bewusstsein am nächsten stehende und am wenigsten explosive Figur ist, bildet er auch jenen Persönlichkeitsaspekt, der bei der Analyse des Unbewussten zuerst in Frage kommt [...] Die Figur des Schatten personifiziert alles, was das Subjekt nicht anerkennt und was sich ihm doch [...] aufdrängt, also zum Beispiel minderwertige Charakterzüge und sonstige unvereinbare Tendenzen.[1]

Die nächste Stufe des Individuationsprozesses hat nach Jung eine geschlechtsspezifische Ausprägung: Der Mann hat sich mit seiner meist unbewussten und unrealisierten Weiblichkeit – dem „Anima"-Komplex – auseinanderzusetzen, die Frau mit ihrer unbewussten Männlichkeit (dem „Animus"). Jung charakterisiert diese beiden Archetypen wie folgt:

Die im Individuationsprozess zum Ich-Bewusstsein hinzutretende Seele hat also beim Manne das weibliche Vorzeichen, bei der Frau das männliche. Seine Anima sucht zu einigen und zu vereinen, ihr Animus will unterscheiden und erkennen [...] Die Anima ist der Archetypus des Lebens [...] Denn das Leben kommt zum Manne durch die Anima, obwohl er der Ansicht ist, es käme ihm durch den Verstand (mind). Er meistert das Leben durch den Verstand, aber das Leben lebt in ihm durch die Anima. Und das Geheimnis der Frau ist, dass das Leben zu ihr durch die geistige Gestalt des Animus kommt, obwohl sie annimmt, es sei Eros, der ihr das Leben bringt.[2]

Anima und Animus sind nach Jung also „kompensatorische" Inhalte des kollektiven Unbewussten, deren primäre Funktion darin besteht, das habituell logozentrische Ich-Bewusstsein des Mannes bzw. die erotische Bewusstseinsstruktur der Frau auszugleichen und der psychischen Ganzheit anzunähern. Jung hat verschiedentlich darauf hingewiesen, dass die Anima und der Animus häufig als Mittler zum komplexesten und bewusstseinsfernsten aller Archetypen – nämlich zum „Selbst" – auftreten. Das Selbst ist nach Jung am tiefsten im kollektiven Unbewussten vergraben und manifestiert sich deshalb erst nach der Auseinandersetzung mit den übrigen Archetypen. Es besitzt einen Doppelaspekt: Das Selbst vermittelt die Erfahrung eines tiefsten und innersten Kerns der Psyche und gleichzeitig das Erlebnis von deren Einheit und Ganzheit. Die Emanation des Selbst ist nach Jung eine umwälzende innere Erfahrung. Sie wird vom Ich-Bewusstsein meist als ein Wiedergeburtserlebnis oder eine Gotteserfahrung empfunden. Jung charakterisiert das Selbst und seinen Zusammenhang mit religiösen Erfahrungen und Symbolen wie folgt:

Das was hier Selbst genannt wird, ist [...] die psychische Totalität. Diese übergeordnete Ganzheit wird vom Bewusstsein numinos erlebt, als Tremendum und Faszinosum.[3]

Einheit und Ganzheit stehen auf der höchsten Stufe der objektiven Wertskala, denn ihre Symbole lassen sich von der imago dei nicht mehr unterscheiden. Alle Aussagen über das Gottesbild gelten ohne weiteres für die empirischen Symbole der Ganzheit.[4]

Jeder Kenner des Werkes von Hermann Hesse weiß, dass dieser in praktisch allen seinen Erzählungen seit dem „Demian" die hier von Jung postulierte

Identität von Gotteserfahrung und Selbst-Erfahrung in immer neuen dichterischen Gleichnissen beschrieben und beschworen hat. Hesse hat darauf
auch explizit hingewiesen. So schreibt der Dichter in einer Rezension von
Keyserlings „Reisetagebuch eines Philosophen" im November 1920:

> Seit vier Jahren habe ich [...] als Dichter keinen anderen Gedanken, keinen
> anderen Glauben so stark und vielfach in mir bewegt und vielfältig auszu-
> drücken gesucht wie den vom Gott im Ich und dem Ideal der Selbstverwirk-
> lichung.[5]

Der zeitliche Hinweis „seit vier Jahren" verweist auf die in diesem
Zusammenhang grundlegende Bedeutung der Psychotherapie bei dem Jung-
Schüler J. B. Lang in den Jahren 1916/1917, wo Hesse erstmals mit jungschem
Gedankengut konfrontiert wurde und aus den entsprechenden Anregungen
seinen „Demian" gestaltete. So wird der Interpretationsansatz dieser Arbeit
auch von der Selbstdeutung des Dichters her beglaubigt.

Mit der Bewusstwerdung des Selbst ist der Individuationsprozess nach
Jung aber noch keineswegs abgeschlossen. Jung hat immer wieder darauf
hingewiesen, dass nach jeder Assimilation eines Archetypus wieder eine kritische Sonderung zwischen diesem und dem Ich-Bewusstsein stattfinden
muss, wenn das Individuum keine psychotischen Züge entwickeln will. Dies
gilt namentlich nach der Manifestation des Selbst. Findet keine kritische
Abgrenzung zwischen Ich und Selbst statt, so kommt es nach Jung zu einer
Überschwemmung des Ich mit Inhalten aus dem Unbewussten, d. h. tendenziell zur Psychose:

> Ich möchte nur erwähnen, dass, je mehr und je bedeutungsvollere Inhalte
> des Unbewussten dem Ich assimiliert werden, sich letzteres desto mehr dem
> Selbst annähert, auch wenn diese Annäherung nur unendlich sein kann. Da-
> raus entsteht unweigerlich eine Inflation des Ich, wenn nicht eine kritische
> Sonderung zwischen diesem und den unbewussten Figuren stattfindet [...]
> Es ist als eine psychische Katastrophe zu werten, wenn das Ich vom Selbst
> assimiliert wird.[6]

Die nachstehenden Werkanalysen werden zeigen, dass das Ringen um ein
adäquates Verhältnis von Ich und Selbst ein zentrales Problem der mittleren
Schaffensperiode Hermann Hesses bezeichnet, welches nur dann zureichend
verstanden werden kann, wenn die sich aus der jungschen Psychologie erge-

benden Implikationen und Zusammenhänge mitberücksichtigt werden. Die vorliegende Arbeit wird diese Problematik sorgfältig zu verfolgen und zu deuten haben.

Die durchgängige Anwendung jungscher Deutungskategorien auf die komplexe Figuren- und Symbolwelt von Hesses Erzählungen muss natürlich mit dem Einwand rechnen, dass ein vorgefasstes Interpretationsraster mehr oder weniger gewaltsam in das dichterische Werk hineinprojiziert wird und dessen Eigenwelt und Mannigfaltigkeit nicht zu erfassen vermag. Ein solcher Vorwurf ist natürlich nicht vollkommen von der Hand zu weisen. Die Untersuchungsmethoden einer literaturwissenschaftlichen Arbeit präjudizieren in aller Regel deren Ergebnisse.

Dies geschieht in der vorliegenden Arbeit freilich ganz bewusst und gewollt: Sie fragt nach den archetypischen Grundlagen von Hesses Erzählungen und verfolgt deren konkrete Ausformung und Metamorphose vom „Demian" bis zum „Glasperlenspiel". Den Vorwurf der bloßen Projektion vorgefasster Deutungskategorien und damit einer interpretatorischen Vergewaltigung der dichterischen Werke glaubt sie über die nachweisbare Beeinflussung Hesses durch die jungsche Psychologie weitgehend entkräften zu können: Drei zentrale Werke (Demian, Siddhartha und der Steppenwolf) sind im unmittelbaren Umfeld von Gesprächen mit Dr. Lang und C. G. Jung entstanden und zeigen deutliche Spuren davon. Die restlichen hier besprochenen Werke – so die These dieser Arbeit – transportieren die dort aufgerissenen archetypischen Inhalte weiter und wandeln sie in einer charakteristischen und noch näher zu erläuternden Weise ab.

Abschließend erscheint es notwendig, noch einen kurzen Blick auf die Forschungsliteratur zu werfen: Angesichts der offenkundigen Beziehungen Hermann Hesses zur Psychologie C. G. Jungs überrascht es, dass bislang keine umfassende und systematische Analyse von Hesses Werk aus jungscher Perspektive vorliegt. Es gibt zwar eine ganze Reihe von jungianischen Deutungen zu einzelnen Werken – namentlich zum „Demian"[7], auch zum „Steppenwolf"[8] – aber nur eine einzige Arbeit, die beansprucht, eine systematische Analyse einer größeren Anzahl von Dichtungen zu geben: Die New-Yorker Dissertation von Emanuel Maier aus den 50-er Jahren.[9] Mit den Einzeluntersuchungen werde ich mich im Verlauf der Werkanalysen genauer auseinandersetzen, ebenso mit den Details in der Arbeit Maiers.

Grundsätzlich muss zu der Studie des amerikanischen Literaturwissenschaftlers gesagt werden, dass sie ihr Thema nur sehr insuffizient behandelt und zwar aus drei Gründen:

Maier analysiert praktisch nur den „Demian" ausführlich, geht dann über auf zwei Märchen („Der schwere Weg", „Eine Traumfolge"), beschränkt sich bei der Deutung von „Klein und Wagner" und „Siddhartha" bereits auf wenige Seiten (wobei das meiste Inhaltsangabe bleibt!) und begnügt sich bei Hauptwerken wie „Der Steppenwolf", „Narziss und Goldmund" und „Das Glasperlenspiel" mit zwei bis drei Sätzen.

Maier bezieht ganz offensichtlich sein gesamtes analytisches Instrumentarium aus der Sekundärliteratur über Jung: Sein einleitender Abriss über die theoretischen Grundlagen seiner Arbeit entspricht von den Kapitelüberschriften bis in einzelne Formulierungen hinein der Monographie, die Jolande Jacobi im Jahre 1945 über Jung veröffentlicht hat.[10]

Bei einem derartigen Wissen aus zweiter Hand ist es kaum verwunderlich, dass Maier eine ganze Reihe von theoretischen Missverständnissen und literaturwissenschaftlichen Fehldeutungen unterlaufen. Diese werden im Verlauf der einzelnen Werkinterpretationen genauer aufgeführt werden.

Der eigentliche Einwand gegen Maiers Arbeit aber ist ein methodischer: Seine Mischung von detaillierter und summarischer Analyse erscheint deshalb nicht sinnvoll, weil das von ihm praktizierte Herstellen von Gleichungen zwischen einer literarischen Figur und einem jungschen Archetypus so lange nur wenig aussagt, als nicht die jeweils konkrete Phänomenologie mitbeschrieben und mitgedeutet wird. Jung hat immer wieder darauf hingewiesen, dass die Archetypen als lediglich formale Möglichkeiten psychischen Verhaltens erst in ihrer spezifischen Erscheinungsform und im Zusammenhang mit dem jeweiligen Bewusstseinsstand des Individuums ihre eigentliche Bedeutung gewinnen.[11]

Deshalb ist es im Grunde unsinnig und bleibt ein reiner Formalismus, bei literarischen Textinterpretationen bestimmte archetypische Symbolfiguren zu diagnostizieren, ohne zugleich ihre jeweilige Phänomenologie und Bedeutung mitzubeschreiben. Darüber hinaus – und dies ist neben den Fehldeutungen der wesentlichste Einwand gegen Maiers Studie – ist sein starres Gleichungssystem grundsätzlich ungeeignet, die Unterschiede in den einzelnen Verkörperungen des „Schatten", der „Anima" und des „Selbst" zu erfassen und damit jenen „Wechsel in der Dauer" zu erkennen, der nach dieser Arbeit ein konstitutives Merkmal von Hesses Gesamtwerk ist.

Die übrige Sekundärliteratur kann angesichts ihrer kaum übersehbaren Fülle nicht in der Form eines Forschungsberichtes referiert werden – ein solches Unterfangen wäre eine eigenständige wissenschaftliche Aufgabe. Hier muss die kritische Würdigung der relevanten internationalen Literatur genügen. Es ist sehr von Vorteil, dass die wichtigsten Arbeiten aus dem Bereich der amerikanischen Germanistik – so etwa die Werke von Freedman, Hsia, Mileck, Ziolkowski – mittlerweile in deutschen Übersetzungen vorliegen; die von Volker Michels herausgegebenen Materialienbände über „Siddhartha", „Der Steppenwolf" und „Das Glasperlenspiel" enthalten weitere Übertragungen von internationalen Forschungsbeiträgen (genauere bibliografische Angaben im Literaturverzeichnis). Die vorliegende Arbeit versteht sich in diesem Zusammenhang als ein Beitrag zu einem Gespräch über Deutungsmöglichkeiten und methodische Verfahren zum Werk Hesses.

Um einen ungestörten Lesefluss zu ermöglichen und die eigenen Deutungen von denen anderer Interpreten möglichst deutlich zu trennen, wird die Auseinandersetzung mit der Sekundärliteratur in aller Regel in den Anmerkungen angeführt; desgleichen die brieflichen Selbstzeugnisse und Selbstdeutungen des Dichters, sowie die Erläuterungen meiner Interpretationsansätze durch die jungianische Literatur. Darüber hinaus wird der Leser in manchen Anmerkungen Verweise auf motivische und gedankliche Analogien in der Weltliteratur finden, welche die These über den archetypischen Charakter der behandelten Phänomene zusätzlich unterstreichen und veranschaulichen sollen. Die Doppelzahlen in der Klammer hinter den Zitaten des Dichters beziehen sich auf Bandnummer und Seitenzahl der Gesammelten Werke (Suhrkamp, 1970).

## 2. Hermann Hesse und seine Beziehungen zur Psychologie C. G. Jungs

Neben den Gründen, die sich aus der inhaltlichen Struktur der behandelten Texte ergeben, sind es namentlich die objektiven Beziehungen Hermann Hesses zur jungschen Psychologie, die einen starken geistigen Einfluss nahelegen und die Anwendung dieser Interpretationsmethode auf sein Werk gerechtfertigt erscheinen lassen; diese Beziehungen sollen nachfolgend in ihren Grundzügen dargestellt werden.

Hesses Verhältnis zur Psychologie C. G. Jungs beginnt im Frühjahr 1916 mit einer vierwöchigen Psychoanalyse bei Dr. Josef Bernhard Lang, einem Schüler C. G. Jungs. Die Gründe, die ihn zu diesem Schritt bewogen haben – ein Nervenzusammenbruch aufgrund von familiären und beruflichen Schwierigkeiten (Ehekrise, Tod des Vaters, Arbeit in der Kriegsgefangenenfürsorge) – können hier nicht näher diskutiert werden und sind für unsere Zwecke auch nebensächlich; jedenfalls kommt es zu 12 ca. dreistündigen Sitzungen, die für den Dichter offenbar derart fruchtbar sind, dass er danach bis November 1917 wöchentlich für etwa 60 weitere Treffen von seinem Wohnsitz Bern nach Luzern zu Dr. Lang ins Kurhaus Sonnmatt fährt.[12]

Hesses Briefe aus der damaligen Zeit zeigen deutlich das große Ausmaß an innerer Verwirrung, in dem er sich befand. So heißt es etwa in einem Brief an Walter Schädelin vom 7. Mai 1916:

> Sicher ist mir nur, dass ich, mit der Gründlichkeit einer Psychose auf mich selbst zurückverwiesen, durch diesen engen und höllischen Tunnel nicht werde kriechen können, ohne verändert und durchgeknetet drüben herauszukommen.[13]

Ein weiterer Brief an Schädelin vom 18. Mai verdeutlicht den unauflöslichen Zusammenhang dieser „Psychose" mit der Suche nach einer universalen Neuorientierung seines Lebens:

> Was für neue Zeichen und Werte sich finden werden, weiß ich nicht. Ich weiß bloß, die bisherigen wärmen und sättigen mich nimmer-, ich stehe hungernd von den üppigsten Tafeln auf. Und ich fange das Leben und Tun und Schaffen nicht wieder an, ehe ich die neuen Ziele deutlicher sehen

kann. Sie stehen noch auf fernen Bergen in lauter Wolken, aber sie sind da, und es besteht ein Magnetismus zwischen ihnen und mir.[14]

Diese „neuen Zeichen und Werte", von denen Hesse hier spricht, werden im Verlauf der Analyse tatsächlich gefunden und anschließend im „Demian" formuliert. Ein letzter Brief an Schädelin vom 21. Mai nimmt den bevorstehenden literarischen Wandel samt seiner charakteristischen engen Verbindung von Leben und Schreiben vorweg:

> Meine Bücher mögen sein, wie sie wollen, es ist jetzt nicht wichtig. Aber wenn sie auch alle guten Erkenntnisse der Welt enthielten, so bliebe doch das bestehen, dass Schreiben nicht Leben ist und dass man edle Psalmen dichten, dabei aber ein höchst ungerechter Kammmacher sein kann. Ich habe als Dichter Kelche geleert und Pillen gefressen, um die ich mich als Herr Hesse gedrückt habe. Daraus einen Weg zu finden, der Krämpfe löst und weiterführt, das ist's. Die Askese, die mir vor 10 Jahren einige Dienste tat, ist nicht mehr was mir dient, es muss schon synthetischer und erlösender zugehen.[15]

Diesen „synthetischeren und erlösenderen Weg" findet Hesse schließlich mit Hilfe Dr. Langs und macht ihn für sein literarisches Werk fruchtbar. Das erste Zeugnis dieses jungianischen Einflusses auf sein Werk ist das Märchen „Der schwere Weg", das im April 1916 noch während der stationären Behandlung in Luzern entstand und als eine allegorisch-symbolische Darstellung seiner psychotherapeutischen Erfahrungen zu begreifen ist. In der Sammlung „Eine Traumfolge" (1916) wird die neuerlernte Technik der psychologischen Selbstanalyse und Selbstdarstellung fortgeführt und schließlich im „Demian" mit der exemplarischen Darstellung eines jungschen Individuationsprozesses ausgeweitet und überhöht.

Während dieser Zeit (1916) wird Hesse von Dr. Lang auch C. G. Jung persönlich vorgestellt und liest dessen damaliges Hauptwerk „Wandlungen und Symbole der Libido", das auf die Symbolik des „Demian" großen Einfluss nehmen wird (vgl. die Werkanalyse). Noch Jahre später bezeichnet Hesse gegenüber Hugo Ball dieses Werk als „die wichtigste Arbeit" von Jung und in einer späteren Rezension billigt er ihm gar das Prädikat „genial" zu.[16]

Mit hoher Wahrscheinlichkeit gab Dr. Lang dem Dichter auch Jungs „Septem Sermones ad Mortuos" – die im gleichen Jahr als Privatdruck erschienen – zu lesen bzw. vermittelte ihm zumindest indirekt die darin enthal-

tenen Gedanken über die Gottheit Abraxas, welche später im „Demian" eine
zentrale Rolle spielen sollte. Dass dieser Einfluss von C. G. Jung trotz des zunächst von Hesse benutzten Pseudonyms durchaus erkannt wurde, verdeutlicht sein vielzitierter erster Brief an den Dichter vom 3.12.1919:

> Ich muss Ihnen wirklich herzlich danken für Ihr ebenso meisterhaftes wie
> wahrhaftes Buch: Demian. Es ist zwar sehr unbescheiden und aufdringlich
> von mir, dass ich Ihr Pseudonym durchbreche, aber ich hatte, als ich das
> Buch las, das Gefühl, es müsse irgendwie über Luzern gegangen sein [...] Ihr
> Buch ist zu mir gekommen, als sich mir die Verdunkelung und hilflose Ver-
> bohrtheit des Menschen von heute wieder einmal so aufdrängte wie der klei-
> ne Knauer dem Sinclair. Ihr Buch wirkte daher auf mich wie das Licht eines
> Leuchtturms in einer Sturmnacht.[17]

Nach der anderthalbjährigen Analyse bei Dr. Lang und der Niederschrift des
„Demian" trennt sich Hesse im Frühjahr 1919 von seiner Familie, siedelt nach
Montagnola in den Tessin über und beginnt dort ein neues Leben. In fieber-
hafter Arbeitswut entstehen trotz bedrückender Einsamkeit und Armut – bis-
weilen soll er nur von Kastanien gelebt haben – die Novellen „Klein und
Wagner" und „Klingsors letzter Sommer". Aber schon im nachfolgenden
Winter gerät die Produktion wieder ins Stocken: Die indische Erzählung
„Siddhartha" wird auf halber Strecke abgebrochen und ohne Abschluss bei-
seitegelegt. Als die kreative Hemmung schließlich über ein Jahr andauert,
nimmt er die Einladung zu einer Vorlesung in C. G. Jungs „Psychologischem
Klub" zum Anlass, den Meister selbst um eine Analyse zu bitten. Jung willigt
ein und so finden im Frühjahr und Sommer des Jahres 1921 in drei Etappen
psychoanalytische Gespräche in Jungs Küsnachter Wohnung statt (vom 19.
-24.2, vom 19.-25.5 und vom 17.6.-2.7., vgl. MatSiddh. 1, S. 38). Dabei ergibt sich die sicherlich stärkste persönliche Annäherung zwischen Hesse und
Jung.
  Aus der ersten Sequenz sind keine unmittelbaren Zeugnisse über die
Wirkungen der Analyse überliefert. Am 23.3.1921 aber – also ca. vier Wochen
nach Beendigung der ersten Gesprächsrunde – schreibt Hesse an seine künftige Schwiegermutter, die Schweizer Schriftstellerin Lisa Wenger:

> Als menschliches Ideal erscheint mir nicht irgendeine Tugend oder irgendein
> bestimmter Glaube, sondern als Höchstes, wonach Menschen streben kön-
> nen, erscheint mir die möglichste Harmonie in der Seele des einzelnen. Wer

diese Harmonie hat, der hat das gleiche, was die Psychoanalyse etwa freie Verfügbarkeit der Libido heißen würde, und wovon das Neue Testament sagt „Alles ist Euer."[18]

Dies ist jenes Ganzheits- und Harmonieideal, das genau ein Jahr später als Ziel von Siddharthas Individuationsprozess formuliert wird und von dem wir aufgrund dieses brieflichen Zeugnisses annehmen dürfen, dass es auch ein Ergebnis der Gespräche mit Jung war.

Aber ganz offenbar brachte die erste Gesprächswoche noch keinen endgültigen Durchbruch, denn ein zweiter Brief an Lisa Wenger unmittelbar vor der zweiten Gesprächssequenz klingt ziemlich verzweifelt:

> Morgen fahre ich nach [...] Zürich, wo ich dann eine Weile wegen Jung bleibe. Ich hoffe nur, er habe dann etwas Zeit für mich. Über die Kosten der Analyse habe ich noch nicht nachgedacht, ich hoffe eigentlich, dass Jung nichts von mir nimmt oder dass dann jemand in Zürich mir hilft. Ein Stück Analyse und Auflockerung brauche ich, da mein Leben so wie jetzt nimmer lang zu ertragen wäre, die Lähmung durch den vollkommenen Unglauben an den Wert unserer ganzen Literatur ist für mich zu groß, und für stille angenehme Stunden habe ich wohl das Malen, das hilft mir leben, aber hilft mir nicht mein Leben rechtfertigen, weder geistig noch materiell.[19]

Ob Jung nun von dem damals wirklich in apostolischer Armut lebenden Dichter ein Honorar verlangte, ist nicht überliefert. Jedenfalls kamen die Gespräche zustande. Aus Hesses Briefen ist zu schließen, dass es bei dieser wie auch der nachfolgenden Gesprächsrunde vor allem um die Scheidungsproblematik mit seiner ersten Frau ging. Die Analyse selbst scheint zwar schwierig und tief erschütternd, dafür aber auch äußerst fruchtbar gewesen zu sein. Hesse zeigt sich auf das Höchste beeindruckt von der „Genialität" C. G. Jungs:

> [...] das Problem meines Lebens und meiner Ehe, wo ich zwischen seelischen Notwendigkeiten und materiellen Hindernissen noch immer den Weg nicht finde, ist gerade in diesen Tagen mir durch Besprechungen mit Dr. Jung wieder ganz brennend geworden.[20]

> Bei Jung erlebe ich zur Zeit, in einer schweren und oft kaum ertragbaren Lebenslage stehend, die Erschütterung der Analyse. Es geht bis aufs Blut und

tut weh. Aber es fördert [...] Ich kann nur sagen, dass Dr. Jung meine Analyse mit außerordentlicher Sicherheit, ja Genialität führt.[21]

Und nach der Analyse berichtet er Hans Reinhart:

Die Psychoanalyse bei Jung hätte ich gern länger fortgesetzt, er ist, als Intellekt wie als Charakter, ein prachtvoller, lebendiger, genialer Mensch. Ich verdanke ihm viel und freue mich, dass ich eine Weile bei ihm sein konnte.[22]

Diese Äußerung beweist, dass Joseph Milecks Vermutung über ein Zerwürfnis zwischen Hesse und Jung nach der Analyse von 1921 nicht zutrifft[23]: Der Dichter trennt sich geradezu enthusiasmiert wieder von seinem Analytiker. In einem Brief an Hugo Ball erklärt Hesse die eigentliche Quintessenz seiner Gespräche folgendermaßen:

Und so will und kann auch die heutige Psychoanalyse im Grunde kaum ein anderes Ziel haben, als die Schaffung des Raumes in uns, in dem wir Gottes Stimme hören können.[24]

Dieser Passus deutet erstmals an, was später noch genauer herausgearbeitet werden wird: Hesse trennt nicht immer genau zwischen freudschen und jungschen Theoremen, sondern benutzt beide mehr oder weniger unreflektiert nebeneinander. Der Terminus „Psychoanalyse" ist bekanntlich für die Lehre Freuds reserviert; innerhalb dieses Gedankengebäudes aber gibt es keine Kategorie, die das, was Hesse als „Gottes Stimme" beschreibt, analytisch erfassen oder gar erklären könnte. Wohl aber in der Lehre Jungs: Nach seiner Psychologie fällt die Gotteserfahrung zusammen mit der Erfahrung des Selbst.[25]

Hesses Äußerung lässt darauf schließen, dass das Hören von „Gottes Stimme" – psychologisch gesprochen: Die Erfahrung des Selbst – das zentrale Ergebnis der Gespräche mit Jung war und von ihm in unangemessener Verallgemeinerung als Ziel der Psychoanalyse schlechthin angesehen wurde. Ziemlich genau ein Jahr später wird Hesse seinen „Siddhartha" mit der Beschreibung einer Selbst-Erfahrung abschließen. Von daher wird man wohl kaum fehlgehen, wenn man einen nicht unerheblichen Einfluss der jungschen Psychologie auf den „Siddhartha" annimmt (dies wird Jung später auch postulieren).

Nach dieser für Hesse zweifelsohne äußerst wichtigen Phase der persönlichen Begegnung mit C. G. Jung und seinen Theorien tritt Dr. Lang wieder in die Rolle des psychologischen Beraters. Die Gründe für diesen neuerlichen Wechsel sind anhand der vorliegenden Dokumente nicht eindeutig bestimmbar. Dass es keine persönlichen Aversionen gegen Jung waren, zeigen die oben aufgeführten Briefe und das nachfolgende Geschehen. Schon eher ist es möglich, dass mit den Küsnachter Gesprächen jene Enttäuschung über den mangelnden Kunstsinn Jungs und mit ihm der ganzen Analytiker einsetzte, die Hesse später geltend machte und die noch genauer diskutiert werden wird. Darüber hinaus ist leicht vorstellbar, dass zu dem problematischen, vereinsamten und zunehmend selbst auf Hilfe angewiesenen Lang sich eine Form der Freundschaft entwickeln konnte, die bei dem genialischen und distanzierten Jung unmöglich war. Eine psychologische Beratung in den unverfänglichen Formen einer Freundschaft dürfte in aller Regel aber angenehmer sein als in der tendenziell peinlichen und auch kostspieligen Weise einer regulären Analyse.

Eindeutig überliefert ist wiederum, dass Hesse im Verlauf der schweren inneren Krise, die u. a. im „Steppenwolf" dokumentiert ist, sich wieder an Dr. Lang wendet und mit ihm parallel zur Niederschrift des Manuskriptes vom Dezember 1925 bis März 1926 psychologische Gespräche im freundschaftlichen Rahmen führt.[26]

Ein Briefmosaik aus dieser Zeit illustriert die große Bedeutung, die Lang damals für Hesse hatte:

> [...] abends bin ich oft mit meinem Freund Dr. Lang (einst in Luzern) zusammen."[27]

> [...] ich lebe, soweit ich überhaupt lebe, in aktueller, lebendiger Romantik und Magie, und schwimme wieder viel in der farbigen Tiefsee völlig außernormaler, phantastischer Träume und Vorstellungswelten. Es ist für mich der einzige Weg, das Leben unter den jetzigen Umständen ertragen zu können, und da ich hier einen Freund habe (den Pistorius des Demian), mit dem ich diese Wege gehe, hat diese böse Zeit (ich war und bin monatelang beständig dicht am Selbstmord gewesen) doch auch ihre Größe und Schönheit.[28]

> Ich sehe selten Menschen, außer meinem alten Freund Dr. Lang..., mit dem bin ich viel zusammen.[29] Ich möchte gern noch länger in Zürich bleiben, ich beginne mit Lang Fortschritte zu machen.[30]

Daraus geht hervor, dass Lang in dieser schwersten Krisenzeit von Hesses Leben nicht nur ein Freund und psychologischer Berater, sondern darüber hinaus eine seiner wichtigsten Bezugspersonen gewesen ist. Sein Einfluss auf die Gestaltung des „Steppenwolf" wird von daher kaum überschätzt werden können und es gehört wenig Phantasie hinzu, um in den „farbigen Tiefseeträumen", die Hesse zusammen mit Lang ausgebrütet und besprochen haben will, einen Hinweis auf die Entstehungsbedingungen des „Magischen Theaters" zu sehen. Dafür spricht auch die Tatsache, dass Hesse gerade diesen Romanabschnitt nach dem Abschluss des Werkes am 20. 2. 1927 in Jungs „Psychologischem Klub" in Zürich vorliest. In einem Gespräch mit dem chilenischen Schriftsteller und Diplomaten Miguel Serrano, der ein sehr lesenswertes Buch über seine persönlichen Erfahrungen mit Hesse und Jung veröffentlichte, hat Hesse diesen Einfluss jungscher Theorien auf den „Steppenwolf" auch eingestanden:

> [...] für mich ist er ein gigantischer Berg, ein außerordentliches Genie [...] Wenn Sie ihn das nächste Mal besuchen, sagen Sie ihm, der Steppenwolf lasse grüßen.[31]

Nach der Fertigstellung des Romanmanuskripts (Januar 1927) nimmt die enge, zeitweilig offenbar nahezu symbiotische Beziehung zu Lang wieder deutlich an Intensität ab. Noch im gleichen Jahr lernt Hesse seine dritte und letzte Frau Ninon kennen und begründet mit ihr eine neue Lebensgemeinschaft, die freilich erst im Jahre 1931 durch eine formelle Heirat besiegelt wird.

Mit Dr. Lang verbindet ihn bis zu dessen Tod im Jahre 1945 eine fortdauernde persönliche Freundschaft, welche aber nur noch zu sporadischen Besuchen von Lang bei Hesse führt und die kaum jemals mehr psychotherapeutische Bedeutung erlangt zu haben scheint. Gewisse Indizien weisen eher darauf hin, dass das therapeutische Gefälle sich mit den Jahren umkehrte und der Dichter seinem Therapeuten einiges von der Hilfe zurückgeben konnte, die dieser ihm einst erwiesen hatte. Im Jahre 1940 steht Hesse Lang in einem ehrenrührigen Prozess zur Seite – es ging um einen angeblich illegalen Schwangerschaftsabbruch – und erreicht nicht zuletzt durch seine Bürgschaft einen Freispruch.[32]

Nach Langs Tod erläutert Hesse in einem Brief an Pfarrer W. Fink die pathologischen Aspekte von Langs Persönlichkeit und macht dabei deutlich, welche innere Überlegenheit er mit den Jahren über seinen einstigen Therapeuten gewonnen hat:

[...] dieser Mann, von Priestern in Einsiedeln bei ungenügender Kost streng katholisch-pfäffisch erzogen, hat zeitlebens in zwei infantilen Formen das damals empfangene Stigma bewahrt: er ist physisch immer hungrig geblieben und nie recht satt geworden, konnte zu Zeiten nachts aufstehen und pfundweise Zucker oder Brot essen etc. Und zweitens behielt er zeitlebens die trotzige Pose des Gottlosen und Empörers, und hat noch im Alter ein recht gelehrtes Buch gegen seinen persönlichen Feind Jahwe geschrieben.[33]

Hesses Beziehung zu C. G. Jung dagegen pendelt sich nach der Analyse von 1921 bald auf jenes Niveau respektvoll-höflicher Freundschaftlichkeit ein, wie dies zwischen genialen und hochberühmten Männern. üblich ist, wenn sie nicht vorziehen, einander zu ignorieren (ein Musterbeispiel für solch diplomatische Freundschaftsbezeugungen, hinter denen sich gleich viel wirkliche Sympathie wie innere Distanz verbirgt, ist übrigens auch der Briefwechsel zwischen Hesse und Thomas Mann). Man schickt sich die jeweils neuesten Werke, versieht sie mit freundlichen Widmungen, erinnert sich angelegentlich der alten Tage, sendet zumindest zu den großen Geburtstagen auch einmal einen Glückwunsch und – geht im übrigen seiner Wege.

Für Cremerius' Vermutung, die Korrespondenz zwischen Hesse und Jung sei auch nach 1921 „gelegentlich ins Therapeutische abgeglitten"[34] findet sich nirgendwo der geringste Anhaltspunkt. Dafür gab es auch keinen Grund, denn nach dem Kennenlernen seiner dritten Frau, der baldigen Heirat und dem Einzug in das neue, von seinem Mäzen Bodmer auf Lebzeiten zur Verfügung gestellte Haus in Montagnola (1931) besaß Hesse genügend Rückhalt und auch psychologische Schulung, um alle etwaigen seelischen Krisensituationen ohne therapeutischen Berater zu meistern.

Nur noch einmal – im Jahre 1934 – findet eine ernsthafte Auseinandersetzung zwischen Hesse und Jung statt, wenngleich rein theoretisch und nur in Briefform. Das Ganze beginnt mit einer Hesseschen Rezension von Jungs „Wirklichkeit der Seele" in der „Neuen Rundschau." Wie alle kritischen Äußerungen Hesses, so ist auch diese prinzipiell positiv und bejahend, moniert aber doch in vorsichtiger Form die gelegentlich allzu esoterische Sprache Jungs („Der Tonfall ist vielleicht ein klein wenig professoraler geworden" vgl. WA 12, S. 431) und kritisiert am Ende vehement Jungs Ablehnung des freudschen Sublimierungsbegriffs:

In einem Aufsatz über Freud macht sich C. G. Jung gelegentlich über den von Freud formulierten Begriff der „Sublimierung" lustig. Für uns Nichtpsychologen, welchen die Ehrfurcht nichts Belachenswertes ist, gibt es in der ganzen Geschichte der Menschheit nichts Interessanteres, ja überhaupt nichts anderes, was wichtig wäre, als gerade den Vorgang der Sublimierung. Dass der Mensch unter Umständen dazu fähig ist, seine Triebe in den Dienst überegoistischer, geistiger, religiöser, kultureller Ziele zu stellen, dass es Hingabe an den Geist, dass es Heilige und Märtyrer gibt, das ist für uns das einzige Tröstliche und Positive in der Weltgeschichte, und es ist das einzige, was von der Geschichte übrig bleibt. Dass Sublimierung nicht, wie Jung aus Ranküne gegen Freud spottet, ein leeres Wort ohne Sinn, sondern vielmehr als Möglichkeit, als Ideal, als Forderung vorhanden, wirksam und unserer größten Ehrfurcht würdig ist, davon erzählt seit Urzeiten jeder Mythos, jede Sage, jede Legende und jede Geschichte (WA 12, S. 432).

Mit diesem Angriff auf einen zentralen und keineswegs beliebigen Punkt seiner Lehre war Jung natürlich im Innersten getroffen. In einem Brief vom 18. 9. 1934 antwortet er Hesse:

Dass Sie mich für professoral geworden halten, hat mich sehr amüsiert. Es ist mir also gelungen, sogar Ihren Späherblick zu täuschen [...] Man muss eine gute Exoterik haben dans ce meilleur des mondes possibles [...]. Die Perlen müssen vor den Säuen bewahrt werden. Mit der Bemerkung über die Sublimierung tun Sie mir unrecht. Es ist nicht aus Ressentiment, dass ich diesen Begriff bekämpfe, sondern aus der massenhaften Erfahrung von Patienten (wie auch Ärzten), die jedesmal an der Schwierigkeit auskneifen und ‚Sublimieren', d. h. einfach verdrängen. Sublimatio gehört zur königlichen Kunst, wie das wahre Gold gemacht wird [...] Es ist keine gewollte und gewaltsame Überführung eines Triebes in ein uneigentliches Anwendungsgebiet, sondern eine alchymische Wandlung, zu der das Feuer und die schwarze materia prima nötig sind. Sublimatio ist ein großes Geheimnis. Freud hat sich dieses Begriffes bemächtigt und ihn für die Willenssphäre und das bürgerliche, rationalistische Ethos usurpiert. Anathema sit!"[35]

In der Tat verbirgt sich hinter der alchemistischen Metaphorik, die offenbar „die Perlen vor den Säuen bewahren soll", einer der zentralen Punkte, wo sich Jungs Auffassungen von denjenigen Freuds unterscheiden: Geistige Weiterentwicklung – wirkliche „sublimatio" – ergibt sich nicht aus der Umwandlung von sexuellen Primärtrieben, sondern aus jenem psychischen

Vorgang, den Jung als „Individuationsprozess" bezeichnet hat und der sich auch in der alchemistischen Literatur widerspiegelt.

Dazu – so will Jung in dem obigen Brief sagen – ist es aber keineswegs notwendig, die Sexualität und andere Triebe zu unterdrücken oder ins Geistige zu transformieren, sondern sie müssen in die bewusste psychische Ganzheit integriert werden. Hesses Antwort an Jung macht deutlich, dass er unreflektierterweise den freudschen Sublimierungs- und Kunstbegriff gegen Jungs Auffassungen verteidigt:

> [...] ich teile und billige ihre Auffassung der freudschen Sublimierung, ich habe auch nicht Freuds Sublimierung gegen Sie verteidigt, sondern den Begriff an sich, er ist für mich ein wichtiger Begriff in der ganzen Kulturfrage. [...] Ich halte z. B. die Geschichte der klassischen Musik für die Geschichte einer Ausdrucks- und Haltungstechnik, in welcher ganze Reihen von Generationen und Meistern, fast immer ohne es irgendwie zu ahnen, Triebe auf ein Gebiet überführt haben, das dadurch, auf Grund dieser echten Opfer, zu einer Vollendung kam [...] wo ein begabter Mensch mit einem Teil seiner Triebkräfte solche Dinge fördert, finde ich seine Existenz und sein Tun von höchstem Wert, auch wenn er vielleicht als Individuum pathologisch ist.[36]

Indem Hesse damit die künstlerische Produktion als Umwandlung primär andersartiger Triebe versteht, verteidigt er seiner ausführlichen Erklärung zum Trotz eben doch den freudschen Sublimierungs- und Kunstbegriff gegen die jungschen Auffassungen. Wenn bei Freud das Unbewusste primär sexueller Natur ist, so insistiert Jung auf der Existenz eines autochtonen, nicht weiter ableitbaren „Kunsttriebes", der aus den Tiefen des kollektiven Unbewussten stammt und sich u. a. in den archetypischen Symbolen der Mythen, Künste und Religionen niedergeschlagen hat. Mit anderen Worten: Wenn nach Freud die Kunst als Sublimierung primär andersartiger, sexueller Triebe verstanden werden muss, so behauptet Jung eine genuin künstlerische Potenz des Unbewussten. In seinem Antwortbrief an Hesse hat Jung auf diesen für die Literaturwissenschaft wichtigsten und weitreichendsten Unterschied zwischen seinen Auffassungen und der freudschen Lehre hingewiesen:

> Immerhin möchte ich in aller Bescheidenheit anmerken, dass der Ausdruck ‚Sublimierung' im Falle des Künstlers wohl insofern nicht angebracht ist, als es sich bei ihm ja nicht um eine Verwandlung eines primären Triebes handelt, sondern vielmehr um die Tatsache, dass ein primärer Trieb (Kunsttrieb)

die Gesamtpersönlichkeit dermaßen ergreift, dass alle anderen Triebe unter-
gehen, woraus dann ja eben das göttlich Vollendete entsteht."[37]

Eine neuerliche Antwort Hesses ist nicht mehr überliefert. Die
Kontroverse – oder vielleicht auch die Begriffserklärung – war also offenbar
damit beigelegt. Ob Hesse nun die jungsche Auffassung übernommen hat oder
nicht, seine unreflektierte Verteidigung des freudschen Sublimierungsbegriffes
gegen die jungsche Auffassung ist ein weiteres Indiz dafür, dass er sich gewisser grundsätzlicher Unterschiede zwischen freudschen und jungschen
Theoremen nicht immer bewusst war. Dies zeigt auch eine Rezension von
G. F. Hartlaubs Monographie „Kunst und Religion" aus dem Jahre 1920, wo
Hesse die freudsche und jungsche Religionspsychologie miteinander identifiziert:

> Dabei stimmt nicht alles, so ist die eminente Bedeutung der Freudischen
> Psychologie für das Religiöse völlig mißkannt. Werke wie Jungs „Wandlun-
> gen der Libido" scheinen Hartlaub nicht bekannt geworden zu sein.[38]

In diesem Fall meint Hesse ganz offenkundig die religionspsychologischen
Aspekte der jungschen Psychologie, die er in „Wandlungen und Symbole der
Libido" erstmals in größerem Umfang kennenlernte und die ihn sehr faszi-
nierten. Dies betont er auch nochmals in einem Brief an Emanuel Maier, in
dem er sein Verhältnis zu Jung wie folgt charakterisiert:

> Ich habe 1916 bei einem befreundeten Arzt, der zum Teil Schüler von Jung
> war, eine Analyse gehabt. Danach lernte ich Jungs Jugendarbeit, die ‚Wand-
> lungen der Libido' kennen, die mir Eindruck machte. Ich las auch spätere
> Bücher von Jung, aber nur etwa bis 1922, da die Analyse mich später nicht
> mehr stark interessierte. Ich habe vor Jung stets Respekt gehabt, doch von
> seinen Schriften nicht so starke Eindrücke gehabt wie von denen Freuds.
> Dass ich, im Anschluss an einen Vorleseabend, den ich als Gast von Jungs
> Züricher Klub gab, auch einige analytische Sitzungen bei Jung hatte, etwa
> 1921, wird er Ihnen geschrieben haben. Auch dort hatte ich von ihm einen
> schönen Eindruck, nur begann ich damals einzusehen, dass für die Analyti-
> ker ein echtes Verhältnis zur Kunst unerreichbar ist, es fehlt allen dafür das
> Organ.[39]

Diese Angaben Hesses sind ganz ohne Zweifel stark untertrieben. Was immer die Ursache dafür gewesen sein mag – möglicherweise die Befürchtung, von Maier als bloßer Jung-Adept abgetan zu werden – nachweisbar ist zumindest, dass Hesse nicht nur „Symbole der Wandlung" (1916) und „Psychologische Typen" (1921) gelesen hat, sondern zumindest auch noch „Wirklichkeit der Seele" (1931, vgl. die Rezension in WA 12, S. 430 ff.), „Psychologie und Religion" (1940), sowie neun weitere Werke aus den Jahren nach dem Zweiten Weltkrieg.[40]

Es mag sein, dass im Laufe der Jahre sein Interesse tatsächlich nachgelassen hat, aber die psychologischen Gespräche mit Lang in der Steppenwolf-Zeit und die fortdauernde Lektüre jungscher Schriften (s. o.) machen deutlich, dass Hesses Aussagen nicht ganz der Wirklichkeit entsprechen. Hesses Respekt vor Freuds Werk bezieht sich auf seine unbestreitbare geistige Pionierleistung und auf seine literarischen Qualitäten und ist ganz sicher nicht im Sinne einer größeren geistigen Nähe zu verstehen. Eine Applikation freudscher Lehren auf Hesses Werk könnte auch nicht annähernd so ergiebig sein wie diejenigen von Jung, da sie gerade die wichtigsten Leitmotive seines Werkes – sein Insistieren auf der Realität des Bösen und der psychischen Mannigfaltigkeit, sowie namentlich die charakteristische Verbindung von Psychologie und Religion – aus methodischen Gründen nicht adäquat erfassen kann. Dies kann nur die jungsche Lehre.

Dieser Befund legt die Schlussfolgerung nahe, dass Hesse sich seiner größeren geistigen Nähe zu Jung gar nicht in vollem Ausmaß bewusst war – namentlich deshalb, weil er Jung und Freud als einander ergänzend rezipierte und ihre teilweise kontradiktorischen Auffassungen nicht in vollem Ausmaß erkannte. Außerdem stand ihm – wie der Brief an Maier andeutet – der klare, den tradierten Vorstellungen von wissenschaftlicher Diktion verpflichtete Stil der freudschen Werke literarisch näher.[41]

Will man Hesse nicht der bewussten intellektuellen Unredlichkeit zeihen – und dafür gibt es zumindest keine zwingenden Gründe – so bilden diese Vermutungen den wahrscheinlichsten Hintergrund für den fehlenden Hinweis zu jener Dominanz der jungschen Psychologie in seinem Werk, welche die vorliegende Arbeit beweisen zu können glaubt.

Ganz im Sinne dieser Einschätzung hat denn auch Jung in seiner Antwort an Emanuel Maier einen nicht unerheblichen Einfluss seines Denkens auf verschiede Werke Hesses postuliert:

Ich kenne Hesses Werk, und ich kenne ihn persönlich. Ich kannte den Psychiater, der ihn behandelte. Er starb vor ein paar Jahren. Durch ihn übten meine Schriften einen gewissen Einfluss auf Hesse aus (er zeigt sich in Demian, Siddhartha und im Steppenwolf). Ungefähr zu jener Zeit (1916) machte ich Hesses persönliche Bekanntschaft. Der Psychiater war J. B. Lang. Er war ein sehr merkwürdiger, aber außerordentlich gelehrter Mann, der orientalische Sprachen (Hebräisch, Arabisch und Syrisch) studiert hatte und sich vor allem für die Gedankenwelt der Gnosis interessierte. Er hat durch mich ein reiches Wissen über Gnosis erworben, das er ebenfalls an Hesse weitergab. Aus diesem Stoff schrieb er seinen Demian. Der Ursprung von Siddhartha und Steppenwolf ist verborgener. Direkt oder indirekt gingen sie – wenigstens teilweise – aus einigen meiner Gespräche mit Hesse hervor. Ich bedaure, Ihnen nicht angeben zu können, wieweit er meine Hinweise und Andeutungen bewusst aufnahm. Leider bin ich nicht in der Lage, Ihnen ausführlich Auskunft zu geben, da mein Wissen rein beruflich ist. Ich habe keinen Roman von Hesse systematisch durchgearbeitet – sicher eine interessante psychologische Untersuchung, speziell unter dem Gesichtspunkt meiner theoretischen Begriffe. Jeder, der über genügende Kenntnis meines Werks verfügt, wäre dazu imstande [...] Die Ergebnisse Ihrer Untersuchungen würden mich außerordentlich interessieren.[42]

Jung insistiert also auf einem unmittelbaren und prägenden Einfluss seiner Psychologie auf die Gestaltung der Erzählungen Demian, Siddhartha und Steppenwolf. Die obige Darstellung hat gezeigt, dass dies schon allein deshalb wahrscheinlich ist, weil Hesse während der Entstehungszeit von jeder dieser Erzählungen sich in einer jungschen Analyse befand und dies bei seiner autobiografischen Gestaltungsweise mit Sicherheit nicht ohne Einfluss auf das jeweilige Werk geblieben ist. Auch wenn Jung sich bezüglich der Details auf das Arztgeheimnis beruft, so lässt sich aus seinen Andeutungen doch wohl schließen, dass Hesse einige Anregungen ganz bewusst für seine Dichtungen aufgenommen und verarbeitet hat. Dies gilt ganz besonders für „Demian" und „Der Steppenwolf", die in ihrer ganzen inhaltlichen Anlage und Struktur ohne den Hintergrund der jungschen Psychologie weder denkbar noch völlig verstehbar sind. Ersterer schildert in geradezu lehrbuchmäßiger Weise einen jungschen Individuationsprozess, letzterer die exemplarische Heilung einer Neurose durch jungianische Methoden und Konzepte. Ähnliches gilt für die 1919 entstandene Novelle „Klein und Wagner". Der direkte Einfluss geht aber noch sehr viel weiter und reicht bis in manche Motive hinein, die in einzelnen Fällen – etwa in den gnostischen Mythen des „Demian" oder im „Magischen Theater" des „Steppenwolf" – ohne jeden Zweifel dem Einfluss Dr. Langs zugeschrieben werden können. Die entsprechenden Werkanalysen werden dies noch genauer herausarbeiten.

Hesses Briefe aus den letzten Lebensjahren verdeutlichen noch einmal den großen Einfluss, den die jungsche Psychologie auf ihn ausübte, erläutern aber auch jene innere Distanz näher, die er bereits am Ende seines Briefes an Emanuel Maier andeutete. So schreibt er in einem Brief an Herbert Schulz vom April 1950:

> Die Psychoanalyse lernte ich 1916 kennen, als mein privates Leben, zusammen mit dem Druck des Krieges, etwas schwierig geworden war. Der Arzt war nicht überlegen, er war zu jung und hatte zuviel Respekt vor der Berühmtheit, aber es war ihm ernst und er wurde mir ein sehr lieber Freund, auch noch Jahrzehnte nachdem von Analyse zwischen uns nicht mehr die Rede war. Erst sehr spät, lang nach der (vorwiegend jungschen) Analyse, merkte ich allmählich, dass mein Freund zur Kunst gar kein Verhältnis hatte, obwohl er sehr für sie schwärmte, und mit der Zeit wurde mir klar, dass dies bei allen Psychoanalytikern der Fall war, obenan bei Jung, kein einziger von den vielen, die ich kannte, sah in der Kunst etwas anderes als eine Ausdrucksform des Unbewussten; der neurotische Traum eines beliebigen Patienten war ihnen ebenso wertvoll und weit interessanter als der ganze Goethe. Mit dieser Erkenntnis war ich erst endgültig und völlig von der analytischen Atmosphäre frei. Die Kur ist mir aber im ganzen gut bekommen, namentlich auch die Lektüre einiger Hauptwerke von Freud.[43]

Den Grund für Hesses innere Distanz zur Tiefenpsychologie jungscher und freudscher Provenienz ist also die von ihm monierte Kunstfremdheit der Analytiker. Ob diese Einschätzung zutrifft und gar „obenan bei Jung" braucht hier nicht diskutiert werden; sie spiegelt jedenfalls den vermutlich authentischen Eindruck des Dichters wieder und ist – neben den beruhigten Lebensverhältnissen – wohl der wichtigste Grund für das unverkennbare Nachlassen seines Interesses an der Tiefenpsychologie in den 30-er Jahren. Dass diese tendenzielle Entfremdung von den Analytikern niemals zu einem wirklichen Bruch führte und Hesse sich über den großen Einfluss von Jung, Lang und Freud auf seine Entwicklung auch aus der Altersperspektive durchaus im Klaren war, verdeutlicht ein Brief an Peter Seidmann vom November 1958:

Mir persönlich hat die Analyse nur genützt, und zwar die Lektüre einiger Bücher von Freud und von Jung mehr als die praktische Analyse. Später wurde mein Verhältnis zur Psychoanalyse kühler, teils weil ich viele Fälle erfolgloser, ja schädlich wirkender Analyse mit anzusehen bekam, teils aber auch, weil ich nie einem Analytiker begegnet bin, der ein echtes Verhältnis zur Kunst gehabt hätte. Alles in allem stehe ich aber nach wie vor freundlich zur Tiefenpsychologie.[44]

Wenn Hesse hier die Werke Freuds und Jungs gleichgewichtig nebeneinander stellt und ihren Einfluss höher ansetzt als die Erfahrungen aus den beschriebenen drei Analysesequenzen, so ist dies als authentische Selbstdeutung des Dichters durchaus ernstzunehmen. Die vorliegende Arbeit konnte aber aufzeigen, dass der Dichter sich über gewisse unterschiedliche Positionen von Freud und Jung nicht im Klaren war und so den größeren Einfluss von Jung auf sein Denken gar nicht zu realisieren vermochte. Diesen dominierenden Einfluss jungschen Denkens in Hesses oeuvre möchte die vorliegende Arbeit durch die nachfolgenden Werkinterpretationen evident machen. Dabei wird die Möglichkeit autochtoner dichterischer Produktion keineswegs ausgeschlossen, denn nur in singulären Fällen lässt sich ein direkter Einfluss jungschen Denkens nachweisen (im „Demian" und im „Steppenwolf"). Die übrigen hier betrachteten Werke – so lautet jedenfalls die These dieser Arbeit – sind durch die jungsche Psychologie zumindest interpretierbar und zeigen nicht nur Hesses bewusstes oder intuitives Gespür für das Archetypische in der menschlichen Psychologie, sondern machen auch den weltweiten Erfolg seines Werkes recht eigentlich erst verständlich.

# 3.  Demian. Die Geschichte von Emil Sinclairs Jugend

## 3.1  Die Konfrontation mit dem „Schatten"

Die Erzählung beginnt mit der Schilderung jenes charakteristischen Selbst- und Weltgefühls des Ich-Erzählers Emil Sinclair, das C. G. Jung immer wieder als typisches Ausgangsstadium des Individuationsprozesses beschrieben hat. Sinclair leidet unter einer ausgeprägten, ihm selbst noch völlig unbewussten neurotischen Interpretation der Welt und seiner selbst. Auf der einen Seite steht die rigide Ethik und Religiosität seiner Eltern, auf der anderen alles Inferiore, Dämonische, Verbrecherische, für das dort kein Platz zu sein scheint und das er doch als zur Welt zugehörig empfindet:

> Die eine Welt war das Vaterhaus [...] Zu dieser Welt gehörte milder Glanz, Klarheit und Sauberkeit, hier waren sanfte freundliche Reden, gewaschene Hände, reine Kleider, gute Sitten daheim [...] In dieser Welt gab es [...] Pflicht und Schuld, schlechtes Gewissen und Beichte, Verzeihung und gute Vorsätze, Liebe und Verehrung, Bibelwort und Weisheit [...]

> Die andere Welt indessen begann schon mitten in unserem eigenen Hause und war völlig anders [...] In dieser zweiten Welt gab es Dienstmägde und Handwerksburschen, Geistergeschichten und Skandalgerüchte [...] Schlachthaus und Gefängnis, Betrunkene und keifende Weiber, gebärende Kühe, gestürzte Pferde, Erzählungen von Einbrüchen, Totschlägen, Selbstmorden (5, 9/10).

Nach der jungschen Psychologie[45] liegt dieser Weltinterpretation eine neurotische Mentalität zugrunde: Das Dasein wird aufgeteilt und primär beurteilt nach den moralischen Kategorien von Gut und Böse, die der Heranwachsende im Verlauf seiner Sozialisation durch seine Erziehungsinstanzen – in der Regel die Eltern – vermittelt bekommt und nach denen er sein Leben ausrichtet. Die moralisch-religiöse Sozialisation hat Sinclair seiner natürlichen Ganzheit beraubt und zu einer Spaltung zwischen dem erwünschten Ideal-Ich und der empirischen Totalität seines Selbst geführt. Durch die Rigorosität und Einseitigkeit des elterlichen Erziehungs-Ethos ist ein gewaltiger Schatten in ihm entstanden, welcher aber – wie in aller Regel – zunächst auf die Außenwelt projiziert und daher unbewusst bleibt.

Die autonome Tendenz des Selbst zur Realisierung seiner Ganzheit[46] aber bewirkt, dass sich Sinclair von der Welt des Dunklen und Dämonischen wie magisch angezogen fühlt. Er sehnt sich unbewusst nach einer neuen Ganzheit „jenseits von Gut und Böse" und sucht deshalb instinktiv die Konfrontation mit dem Verdrängten:

> Gewiß, ich gehörte zur hellen und richtigen Welt, ich war meiner Eltern Kind, aber wohin ich Auge und Ohr richtete, überall war das andere da, und ich lebte auch im andern, obwohl es mir oft fremd und unheimlich war, obwohl man dort regelmäßig ein schlechtes Gewissen und Angst bekam. Ich lebte sogar zuzeiten am allerliebsten in der verbotenen Welt, und oft war die Heimkehr ins Helle [...] wie eine Rückkehr ins weniger Schöne, ins Langweiligere und Ödere. (5, 11)

Genau diese mit Angst vermischte Faszination für das Dämonische und Böse ist es, die Sinclair schließlich in die Fänge des satanischen Franz Kromer treibt. Die vorliegende Arbeit interpretiert Kromer als ein archetypisches Symbol des jungschen Schatten. Dass dies keine willkürliche Interpretation ist, zeigt die Erzählung selbst, wenn an verschiedenen Stellen im Zusammenhang mit Kromer der Terminus „Schatten" verwandt wird. So etwa, wenn Sinclairs Peiniger nach seinem ersten Erpressungsversuch „wie ein Schatten" (5, 18) wieder verschwindet oder wenn der Protagonist bekennt, dass Kromer in seinen Träumen „wie mein Schatten" (5, 35) mitlebt.[47]

Es ist nun nicht so, dass Kromer auf eine direkte Weise und in allen Einzelheiten diejenigen Charaktereigenschaften verkörpert, die Sinclair bei sich selbst nicht anerkennt oder verdrängt – Sinclair besitzt weder Neigungen zum Sadismus noch zum Erpressertum – sondern er ist nur ein allgemeines Symbol für jene Schattenwelt hinter dem bewussten Ich, um die Sinclair noch nicht weiß und zu der es ihn trotzdem dunkel hinzieht. Und hierin liegt auch seine Bedeutung für Sinclairs Entwicklung: Nicht als Spiegelbild seines Inneren, sondern als Zeichen für und Mahnung an eine Welt, die er bislang nur außerhalb seiner selbst wahrgenommen hat und deren spezifischen Niederschlag in seinem eigenen Inneren er jetzt entziffern und anerkennen muss.[48]

Die schrittweise Annäherung Sinclairs an diese Welt des Schatten ist vom Erzähler mit großer psychologischer Einfühlungsgabe gezeichnet. Sie beginnt als vermeintlich unverfängliches Spiel, aus dem dann aber sehr schnell und für den Protagonisten völlig unerwartet blutiger Ernst wird und das ihn am

Ende unentrinnbar in den Strudel des Bösen verwickelt. Sinclair hat sich zusammen mit einigen Spielkameraden unter eine Brücke am Fluss zurückgezogen. Man durchsucht unter der Anführerschaft des älteren und herrschsüchtigen Kromer alten Kehricht[49] nach brauchbaren Sachen und versucht, sich dabei mit der Erzählung von allerlei angeblichem Heldentum zu imponieren. „Aus lauter Angst" (5, 14) vor Kromer und zugleich aus dem Bedürfnis, dazuzugehören zu diesem illustren Kreis junger outlaws erzählt Sinclair die frei erfundene Geschichte von den gestohlenen Äpfeln.[50]

Der gewitzte, skrupellose und sadistische Kromer aber benutzt diese Gelegenheit, um den arglosen Sinclair durch Androhung einer Denunziation zu erpressen. Bezeichnend nun Sinclairs Reaktion: Anstatt sogleich gegenüber Kromer oder zumindest abends bei seinen Eltern die Haltlosigkeit der Geschichte zu gestehen und sich damit dem Druck des Erpressers zu entziehen, schweigt er gegenüber beiden und liefert sich damit der Willkür seines Feindes aus.

Dieser erzählerische Kunstgriff – das freiwillige Hinnehmen einer Erpressung für ein imaginäres Vergehen"[51]– illustriert unübersehbar die eigentliche Psychologie dieser Episode: Sinclair will im Grunde die Abhängigkeit von Kromer, er bejaht zumindest unbewusst die Auslieferung an seine Teufeleien – trotz aller heillosen Angst, die er vor ihm hat.

Dieses Verhalten ist nur scheinbar paradox. Der vorwärtsweisende, eigentliche Sinn der Begegnung mit Kromer offenbart sich gleich nach seiner Rückkehr ins Elternhaus: Es ist die Ablösung von der verinnerlichten Selbst- und Weltinterpretation der Eltern und damit der Beginn seines Individuationsprozesses. Mit anderen Worten: Sinclair brauchte und suchte unbewusst Kromer – Jung würde sagen: Sein Unbewusstes „konstellierte" diese Form der Begegnung – um über die Auslieferung an das Böse mit der inneren Abhängigkeit von seinen Eltern brechen und ein eigenständiges Leben beginnen zu können. Und genau diese Abnabelung von der Elternwelt aufgrund einer ersten Konfrontation mit dem „Schatten" zeichnet sich auch ab, als Sinclair nach dem Kromer-Erlebnis in die elterliche Wohnung zurückkehrt und der Vater sich über seine nassen Schuhe ärgert:

> Dabei funkelte ein sonderbar neues Gefühl in mir auf, ein böses und schneidendes Gefühl voll Widerhaken: ich fühlte mich meinem Vater überlegen! Ich fühlte, einen Augenblick lang, eine gewisse Verachtung für seine Unwissenheit, sein Schelten über die nassen Stiefel schien mir kleinlich [...] Es war ein erster Riß in die Heiligkeit des Vaters, es war ein erster Schnitt in die

Pfeiler, auf denen mein Kinderleben geruht hatte, und die jeder Mensch, ehe er er selbst werden kann, zerstört haben muss. (5, 21)

Die von Sinclair unbewusst inszenierte und auch bejahte Auseinandersetzung mit dem Schatten beginnt also die Wirkung zu zeigen, die er sich insgeheim ersehnte: Die Ablösung von der Elternwelt und den Beginn seiner Individuation. Aber am gleichen Abend schon spürt er die Kehrseite dieses inneren Fortschritts: Nicht nur seine Eltern, sondern die ganze ihm bislang vertraute Welt treten zurück, werden ihm fremd, schauen ihn mit neuen Augen an. Es ist dies jener charakteristische Zustand der inneren Verwirrung, Desorientierung und beginnenden Isolation, der daher rührt, dass der einzelne durch unverarbeitete innere Erfahrungen sich selbst fremd geworden ist und diese innere Fremdheit auch auf sein Verhältnis zur Außenwelt projiziert:

Ich hatte den ganzen Abend einzig damit zu tun, mich an den veränderten Duft in unserem Wohnzimmer zu gewöhnen [...] ich musste mit erfrierendem Herzen zusehen, wie meine Welt, wie mein gutes, glückliches Leben Vergangenheit wurde und sich von mir ablöste, und musste spüren, wie ich mit neuen, saugenden Wurzeln draußen im Finstern und Fremden verankert und festgehalten wurde. (5, 21/22)

C. G. Jung hat diesen seelischen Zustand als das archetypische „Ausgangsleid" des Individuationsprozesses bezeichnet.[52] Das in seinen Grundfesten erschütterte Ich entdeckt, dass sein bisheriges Selbstverständnis kaum mehr haltbar ist, dass es auf wankendem Boden steht, dass es von Kräften beherrscht wird, die es bislang nicht kannte und über die es keine Gewalt hat. Damit beginnt ein hochproblematischer psychischer Zustand. Das Ich kann nämlich – wenn es nicht stark genug ist, oder wenn ihm niemand zu Hilfe kommt – unter die Gewalt der unbewussten Komplexe geraten und damit in einen tendenziell psychotischen Zustand verfallen.[53]

Genau das passiert Sinclair: Die Faszination des Bösen gewinnt eine Eigendynamik und entzieht sich zunehmend seiner willentlichen Kontrolle. Von nun an ist er ein vom „autonomen Komplex" seines „Schatten" Besessener.

Zwar versucht er noch verschiedentlich, Kromer zu entkommen und die frühere Unschuld wiederherzustellen, aber alle diese Regressionsversuche misslingen. Ob er im Traum von Kromers Teufeleien zu Eltern und Schwestern zurückflieht (5, 23) oder im Spiel an bereits überwundene Entwicklungsstadien wiederanzuknüpfen versucht – immer durchbricht sein Widersacher diesen Scheinfrieden und zerrt ihn wieder hinein in die Entzweiung:

> [...] ein sonderbarer Trieb hieß mich, Knabenspiele früherer Epochen wie- der aufzunehmen; ich spielte gewissermaßen einen Knaben, der jünger war als ich, der noch gut und frei, unschuldig und geborgen war. Aber mitten hinein, immer erwartet und doch entsetzlich aufstörend und überraschend, klang der Kromersche Pfiff von irgendwoher, schnitt den Faden ab, zerstörte die Einbildungen. (5, 26)

Zurück führt kein Weg; diese alte Wahrheit über den Individuations- prozess – die ja bereits im Symbol der engelsbewachten Paradiespforte in der Genesis ausgedrückt ist – muss auf seine Weise auch Sinclair erfahren.[54] Die Regressionsversuche des Ich sind aufgrund der Eigendynamik der Archetypen zum Scheitern verurteilt. Sinclairs aktivierter, aber noch keineswegs assimi- lierter Schatten bewirkt, dass er der Macht Kromers weiterhin verfallen bleibt. Willenlos folgt er seinem Pfiff und seinen Befehlen.

Der Erzähler zeigt nun auf eine beeindruckende Weise, dass das Be- sessensein durch einen Archetypus bis hin zur vollkommenen Selbstaufgabe und persönlichen Entwürdigung führen kann. Um den erpresserischen Forderungen Kromers nachkommen zu können, bricht Sinclair heimlich sei- ne Spardose auf und bestiehlt Mutter und Hausmagd. Wenn er kein Geld auftreiben kann, lässt Kromer ihn für sich arbeiten oder zwingt ihn zur Ausführung unsinniger und entwürdigender Befehle. Und Sinclair lässt al- les mit sich geschehen – angeblich aus Angst vor Denunziation, realiter aber, weil er von einem Archetypus okkupiert ist.

Rückschauend erkennt Sinclair des tendenziell Psychotische dieser Entwicklungsperiode:

> Mein Zustand zu jener Zeit war eine Art von Irrsinn. Mitten im geordneten Frieden unseres Hauses lebte ich scheu und gepeinigt wie ein Gespenst, hatte nicht teil am Leben der andern, vergaß mich selten für eine Stunde. Gegen meinen Vater, der mich oft gereizt zur Rede stellte, war ich verschlossen und kalt. (5, 28)

Dieses Stadium bezeichnet den Höhepunkt von Sinclairs Auslieferung an sei- nen „Schatten". Das Problem bei der Beurteilung dieses Zustands ist, dass alles tendenziell Krankhafte daran relativiert wird durch die psychologische Notwendigkeit, sich den bislang vernachlässigten und verdrängten Zügen seines Selbst zu stellen. Sinclairs Verausgabung an Kromer ist genauso notwendig wie pathologisch. Nur auf diese Weise kann er jene seelischen Tiefenschichten kennenlernen, deren Assimilation im Sinne der jungschen Psychologie das Eingangstor zum voll entwickelten Menschentum bildet.

## 3.2  Die Auseinandersetzung mit dem Schatten. Demian als Symbol des Führers und des Selbst

Die Problematik von Sinclairs bisherigem Individuationsweg bestand darin, dass er mit seinem Schatten in der Gestalt Kromers zwar konfrontiert wurde, ihn sich aber noch nicht bewusst zu machen vermochte und so in tiefe Abhängigkeit von ihm geriet. In dieser Entwicklungsphase begegnet er erstmals seinem älteren Mitschüler Max Demian.

Die vorliegende Arbeit interpretiert Demian als Symbol des Führers und des Selbst.[55] Er ist zugleich Hermes Psychopompos und Symbol seelischer Einheit und Ganzheit. Ersteres zeigt sich in seinem Verhältnis zu Sinclair, zweiteres in allen Manifestationen seiner Persönlichkeit – von seinem äußeren Erscheinungsbild über sein gesamtes Verhalten bis hin zu seiner Weltanschauung. Bereits seine erste Introduktion in den Roman erwähnt ein charakteristisches Merkmal des Selbst:

> Dieser merkwürdige Schüler schien viel älter zu sein, als er aussah, auf niemanden machte er den Eindruck eines Knaben. Zwischen uns kindischen Jungen bewegte er sich fremd und fertig wie ein Mann, vielmehr wie ein Herr [...] seine Augen hatten den Ausdruck der Erwachsenen – den die Kinder nie lieben – ein wenig traurig mit Blitzen von Spott darin. (5, 28/29)

Diese Beschreibung Demians als eines halbwüchsigen Knaben mit dem Verhalten und dem geistig-seelischen Reifegrad eines voll entwickelten Erwachsenen entspricht genau jenem Symbol des alterslosen Kindes, das Marie-Louise von Franz als eines der archetypischen Symbole des Selbst beschrieben hat.[56] Exakt in dieser lebenserneuernden, befreienden und schöpferischen Funktion, wie von Franz dies beschreibt, tritt Demian Sinclair gegenüber auf – übrigens in denkwürdiger Parallelität zur Figur des Tadzio in Thomas Manns Novelle „Der Tod in Venedig"; nur dass dort – wie auch sonst bei Thomas Mann – zwar eine Wiederbelebung, nicht aber eine Wiedergeburt des Schriftstellers Aschenbach gelingt und dieser am Ende stirbt (ein Symptom der unreligiösen, ästhetizistischen Haltung dieses Schriftstellers – bei Mann endet jede Entfesselung des Unbewussten mit dem Tod). Ein späterer Passus erweitert die Symbolik des Selbst in Demians Äußerem noch ganz erheblich:

> Ich sehe ihn zur Schule gehen [...] einsam und still, wie gestirnhaft [...] von einer eigenen Luft umgeben, unter eigenen Gesetzen lebend [...] mit wissenden Augen [...] Ich sah Demians Gesicht und ich sah nicht nur, dass er kein Knabengesicht hatte, sondern das eines Mannes, ich sah noch mehr [...] Es war, als sei auch etwas von einem Frauengesicht darin, und namentlich schien dies Gesicht mir, für einen Augenblick, nicht männlich oder kindlich, nicht alt oder jung, sondern irgendwie tausendjährig, irgendwie zeitlos, von anderen Zeitläufen gestempelt als wir sie leben. (5, 51/52)

Demians Äußeres zeigt also nicht nur die Reife, sondern auch die Autonomie, das Wissen, die hermaphroditische Natur und die Zeitlosigkeit des umfassend verselbsteten Menschen.[57] Von daher muss er als ein idealtypisches und vollständiges Symbol des Selbst verstanden werden. Dies zeigt sich vollends im Zustand tiefer Versenkung, wo Demian nach der Wahrnehmung Sinclairs sich den archetypischen Selbst-Symbolen des Holzes und des Steines[58] annähert:

> Vollkommen regungslos saß er da, auch zu atmen schien er nicht, sein Mund war wie aus Holz und Stein geschnitten. (5, 66/67)

Diese Inkarnation des Selbst wird zum Seelenführer für den noch mit der Projektion seines Schattens kämpfenden Sinclair. Demian merkt die bewundernden Blicke des Jüngeren und spricht ihn eines Tages nach der Schule an. Er erspürt sofort seine psychische Problematik und liefert Sinclair jene stupende Neudeutung des alttestamentlichen Kains-Mythos, nach welcher der Bruder-Mörder nicht als Verbrecher und von Gott Verstoßener, sondern als Herrenmensch und Charismatiker erscheint.[59]

Man braucht diese Exegese nicht unbedingt zu teilen, um zu verstehen, wie wichtig diese „Umwertung aller Werte" für Sinclair ist; besteht sein Leiden doch vornehmlich darin, dass er aufgrund seiner Prägung durch das falsch verstandene Christentum seiner Eltern meint, das Böse aus seinem Leben ausschließen zu müssen und es doch nicht vermeiden kann, dass er immer wieder damit konfrontiert wird. Dass die wahre, eigentliche, spezifisch christliche Lehre genau das Gegenteil verlangt – nämlich die Annahme der Existenzialität des Bösen und die Überantwortung an die göttliche Gnade – hat ihm niemand gesagt.

In die gleiche Kerbe schlägt Demians Umwertung der Schächergeschichte, die er in eine umfassende Kritik des Christentums (eigentlich aber des Judentums) ausmünden lässt. Nachdem er die Legende vom reumütigen Schächer auf Golgatha, der unmittelbar vor seinem Kreuzestod noch Sündeneinsicht zeigt und zum Christen wird, als eine „sentimentale Traktätchengeschichte" und „richtige Pfaffengeschichte, süßlich und unredlich" (5, 61) bezeichnet hat, holt er aus zu seinem großen Schlag gegen die jüdisch-christliche Religiosität:

> Hier ist einer der Punkte, wo man den Mangel in dieser Religion sehr deutlich sehen kann. Es handelt sich darum, dass dieser ganze Gott, alten und neuen Bundes, zwar eine ausgezeichnete Figur ist, aber nicht das, was er doch eigentlich vorstellen soll. Er ist das Gute, das Edle, das Väterliche, das Schöne und auch Hohe, das Sentimentale – ganz recht! Aber die Welt besteht auch aus anderem. Und das wird nun einfach alles dem Teufel zugeschrieben [...] diese ganze Hälfte wird unterschlagen und totgeschwiegen [...] Gerade wie sie Gott als Vater alles Lebens rühmen, aber das ganze Geschlechtsleben, auf dem das Leben doch beruht, einfach totschweigen und womöglich für Teufelszeug und sündlich erklären! Ich habe nichts dagegen, dass man diesen Gott Jehova verehrt, nicht das mindeste. Aber ich meine, wir sollten alles verehren und heilig halten, die ganze Welt, nicht bloß diese künstlich abgetrennte, offizielle Hälfte! Also müssen wir dann neben dem Gottesdienst auch einen Teufelsdienst haben [...] oder aber, man müsste sich einen Gott schaffen, der auch den Teufel in sich einschließt, und vor dem man nicht die Augen zudrücken muss, wenn die natürlichsten Dinge von der Welt geschehen. (5, 61-63)

Wenn Demian sich später für die zweite Möglichkeit entscheidet und jenen Gott der Alleinheit von Gut und Böse Abraxas[60] nennt, so ist klar, was der große Psychologe damit beabsichtigt: Er hat erkannt, dass Sinclair aufgrund seines Glaubens an einen rein guten Gott, der das Böse bestraft, unfähig ist, seinen „Schatten" anzunehmen und seine seelische Ganzheit zu realisieren. Deshalb – um der Überwindung jenes repressiven und neurotisierenden Zwiespaltes willen – insistiert Demian auf einem Gottesbegriff, der das Naturhafte, Instinktive und Böse im Menschen nicht verurteilt, sondern legitimiert und den er sich nur als unchristlichen Gott vorstellen kann.

Die Wirkung von Demians geistiger Therapie auf Sinclair ist vehement und direkt ablesbar. Der primäre Effekt besteht in einer Dynamisierung der Schatten-Problematik: Demians Einfluss bewirkt eine Verstärkung und Dramatisierung seiner bislang unbewussten Dispositionen und führt diese zunehmend ihrer Bewusstwerdung entgegen. Dabei ergibt sich das interessante psychologische Phänomen, dass der wirkliche Kromer aufgrund der rasanten inneren Entwicklung Sinclairs als Inkarnation des Bösen längst nicht mehr genügt und seine Traumphantasien die Realität überflügeln:[61]

> In meinen Träumen lebte er wie mein Schatten mit, und was er mir nicht in Wirklichkeit antat, das hieß meine Phantasie ihn in diesen Träumen tun, in denen ich ganz und gar sein Sklave wurde [...] Der furchtbarste dieser Träume, aus dem ich halb wahnsinnig erwachte, enthielt einen Mordanfall auf meinen Vater. Kromer schliff ein Messer und gab es mir in die Hand [...] als jemand daherkam und Kromer mir durch einen Druck auf meinen Arm sagte, der sei es, den ich erstechen müsse, da war es mein Vater. Da erwachte ich. (5, 35/36)

Der Traum sagt Sinclair, was eigentlich zu tun wäre: Der Mord an seinem Vater steht für die psychologische Notwendigkeit, durch einen radikalen Bruch mit der verinnerlichten Weltsicht der Eltern – dem väterlichen Gesetz – die kindliche Abhängigkeit zu durchbrechen und seinen Individuationsprozess voranzutreiben. Bezeichnend ist nur, dass Sinclair für die Artikulation dieser seiner ureigensten Wünsche und Notwendigkeiten nach wie vor die Projektion auf Kromer braucht: Er weiß immer noch nicht um Kromer in sich selbst.

Dennoch bezeichnet dieser Traum den Höhepunkt und gleichzeitig Umschlag von Kromers Einfluss auf Sinclair.

Er hat seine Aufgabe erfüllt: Indem er Sinclair schrittweise in die Welt des Bösen einführte und mit der Notwendigkeit eines geistigen Vatermordes konfrontierte, sind alle seine produktiven und fruchtbaren Möglichkeiten ausgeschöpft. Gleichwohl vermag Sinclair sich seinem Einfluss nicht aus eigener Kraft zu entziehen – Demian muss ihm zur Hilfe kommen. Die näheren Umstände werden nicht erwähnt – jedenfalls lässt Kromer nach Demians Intervention sich bei Sinclair nicht mehr blicken.

Man kann diesen Sachverhalt natürlich auf der reinen Geschehensebene verstehen und damit auf sich beruhen lassen. Aber er ist – wie alles Geschehen in diesem Werk – auch ein potenzielles psychologisches Bild: Der Einzelne ist – namentlich zu Beginn des Individuationsprozesses – in aller Regel zu unwissend und zu schwach, um all die problematischen, herausfordernden und zum Teil peinlichen Eindrücke zu verarbeiten, welche die Auseinandersetzung mit dem Unbewussten heraufbeschwört. Dies ist auch der Grund, weshalb Jung immer dazu geraten hat, den Individuationsprozess in seinem Sinn nur unter der fachkundigen Anleitung eines Therapeuten anzutreten. Für Sinclair übernehmen diesen Part Demian und später Pistorius. Ohne diese beiden Führer hätte auch er sich nicht zurechtgefunden im Dickicht des Unbewussten.

## 3.3  Der Weg in die Verzweiflung

Die Problematik von Sinclairs bisheriger Entwicklung bestand darin, dass er zwar mit seinem Schatten konfrontiert und mit Hilfe von Demians revolutionärer Theologie einer geistigen Bewältigung der Problematik auch nähergeführt wurde, bislang aber weder die Projektion auf Kromer aufzulösen vermochte noch den Schatten konkret als Inhalt der eigenen Psyche erlebte. Damit sind die nächsten Schritte auf seinem Weg zum Selbst vorgezeichnet.

Nach einer neuerlichen Regressionsphase – ausgelöst durch die Erleichterung über die Befreiung von Kromer und das Ausweichen vor dem frühreifen Demian – wird er durch die erwachende Sexualität in der Pubertätszeit unausweichlich mit der Immanenz seines Schattens konfrontiert:

> Es kamen die Jahre, in welchen ich aufs Neue entdecken mußte, dass in mir selbst ein Urtrieb lebte, der in der erlaubten und lichten Welt sich verkriechen und verstecken musste. Wie jeden Menschen, so fiel auch mich das langsam erwachende Gefühl des Geschlechts als ein Feind und Zerstörer an, als Verbotenes, als Verführung und Sünde [...] Was einst Franz Kromer gewesen war, das stak nun in mir selber. (5, 49/50)

Der empordämmernde Sexualtrieb – wie die Begegnung mit Kromer übrigens eine schicksalhafte, unwillkürliche Herausforderung Sinclairs[62] – bringt ihm nach und nach die ganze Heillosigkeit seines inneren Zustandes zu Bewusstsein. Die Neurose beginnt manifest zu werden. Sinclair weiß, dass etwas in ihm steckt, das er nicht annehmen kann und nicht annehmen will. Der Schatten ist introjiziert worden, das Stadium der Verzweiflung beginnt.

Dieses archetypische innere Zerwürfnis wird noch gesteigert und erreicht seinen Höhepunkt in der Begegnung mit Alfons Beck.[63] Sinclair – mittlerweile Gynasiast in „St" (vermutlich hat Hesse hier gewisse Erfahrungen seiner Stuttgarter Schulzeit verarbeitet) – trifft in Beck jenen Typus des vielerfahrenen, trinkfesten Großsprechers und Schwadronierers, der ihm eine zweite Schattenprojektion erlaubt und mit dem er seine Pubertätsproblematik auf eine uneigentliche Weise austragen kann. Es ist deutlich angezeigt, dass die gemeinsamen Zechtouren und „zynisch durchschwatzten Nächte" (5, 76) als eine Flucht vor dem erwachenden Eros zu verstehen sind:

> [...] ich war niemals dabei, wenn meine Kumpane zu Mädchen gingen, ich war allein und war voll glühender Sehnsucht nach Liebe, hoffnungsloser Sehnsucht, während ich nach meinen Reden ein abgebrühter Genießer hätte sein müssen. (5, 75)

Aber auch diese indirekte Form der Konfliktaustragung führt Sinclair am Ende zum Erlebnis seines Schattens und damit in jene heil-lose Verzweiflung, die nach Hesse und Jung die archetypische Voraussetzung zum Erlebnis der seelischen Tiefenschichten ist. Als Sinclair am Morgen nach seinem ersten Gelage mit Beck in seinen stinkenden Kleidern erwacht, hat er folgenden Eindruck von sich:

> So sah ich aus, ein Auswurf und Schweinigel, betrunken und beschmutzt, ekelhaft und gemein, eine wüste Bestie, von scheußlichen Trieben überrumpelt! So sah ich aus, ich, der aus jenen Gärten kam, wo alles Reinheit, Glanz und holde Zartheit war, ich, der ich Musik von Bach und schöne Gedichte geliebt hatte! Ich hörte noch mit Ekel und Empörung mein eigenes Lachen, ein betrunkenes, unbeherrschtes, stoßweis und albern herausbrechendes Lachen. Das war ich! (5, 74)

Dies ist jenes Erlebnis des Schattens, das Sinclair für sein inneres Wachstum brauchte und unbewusst suchte: Von nun an ist die innere Teilhabe am Inferioren und Bösen eine Erfahrung, die er nicht mehr ignorieren kann. Damit ist die Notwendigkeit einer neuen Integration vorgegeben: Sinclair wird sein Selbstverständnis ergänzen, erweitern und auf eine neue Ganzheit hinführen müssen, wenn er sich nicht selbst belügen oder verzweifeln will.

## 3.4 Mandalaproduktionen und Wiedergeburtsphantasien

Das Erlebnis seines Schattens hat Sinclair in einen Zustand äußerster innerer Zerrissenheit und Verwirrung geführt; sein Ich-Bewusstsein vermag die innere Ordnung und Einheit nicht mehr herzustellen. Dies ist die archetypische Neurose zu Beginn des Individuationsprozesses, die den einzelnen auf sich selbst zurückwirft und die ihn zwingt, nach einer neuen, tieferen Ganzheit zu suchen.

Und Sinclair bewältigt seine Krise auf eine geradezu lehrbuchreife Art und Weise. Eines Tages begegnet er im Park einem Mädchen, das ihn auf einen Schlag aus seinen Zechtouren und seiner Selbstzerknirschung herausreißt und ganz neue Horizonte eröffnet;

> Sie war groß und schlank, elegant gekleidet und hatte ein kluges Knabenge-sicht [...] Sie war wohl kaum viel älter als ich, aber viel fertiger, elegant und wohl umrissen, schon fast ganz Dame, aber mit einem Anflug von Übermut und Jungenhaftigkeit im Gesicht, den ich überaus gern hatte [...] Ich gab ihr den Namen Beatrice [...] ohne Dante gelesen zu haben [...] Ich habe mit Beatrice nicht ein einziges Wort gesprochen. Dennoch hat sie damals den tiefsten Einfluss auf mich geübt. Sie stellte ihr Bild vor mir auf, sie öffnete mir ein Heiligtum, sie machte mich zum Beter in einem Tempel. Von einem Tag auf den anderen blieb ich von den Kneipereien und nächtlichen Streif-zügen weg [...] Gestern noch ein frühreifer Zyniker, war ich jetzt ein Tem-peldiener, mit dem Ziel, ein Heiliger zu werden. (5, 79-81)

Der Name Beatrice mit seinem Bezug zu Dantes „Divina commedia" ist cha-rakteristisch: Wie für Dante, so wird auch für Sinclair Beatrice zur Führerin aus dem Unheil ins Heil, aus der Verzweiflung in eine neue Ganzheit, aus dem „Inferno" ins „Paradiso."[64] Sie ist eine jungsche Anima in der Funktion des Psychopompos. Genauer: Sie dient Sinclair als Projektionsinstanz für sei-ne unbewussten Wünsche nach einer neuen Ganzheit.[65] Mit anderen Worten: Sinclair reagiert deshalb so stark auf sie, weil ihre Persönlichkeit das verkör-pert, was er sich so sehnlich wünscht – Reife und Ganzheit. Von daher kommt es auch, dass er sie nicht anspricht. Intuitiv ahnt er, dass die Anima in der

Funktion des Psychopompos keine erotische Erfüllung gewähren kann; sie bringt die Erlösung für die Seele, nicht für den Körper.[66]

Und Beatrice wirkt exakt in der Weise, wie Sinclair dies braucht und wie die jungsche Psychologie es als archetypische Gesetzmäßigkeit formuliert hat[67]: Der mit sich selbst zerfallene Zecher und Großsprecher erlangt eine neue Beziehung zu den tieferliegenden Sphären seines Unbewussten, das nun die unfruchtbare und gefährliche Bewusstseinsspaltung mittels seiner kompensatorischen Funktion auszugleichen versucht. Sinclair will das Gesicht von Beatrice malen, merkt aber, wie er bald von seinem ursprünglichen Plan abkommt und ein Bild gestaltet, das am Ende mit seinem Anlass kaum noch etwas gemein hat, sondern eine freie Gestaltung innerer Eingebungen und Visionen ist:

> Als ich vor dem fertigen Bilde saß, machte es mir einen seltsamen Eindruck. Es schien mir eine Art von Götterbild oder heiliger Maske zu sein, halb männlich, halb weiblich, ohne Alter, ebenso willensstark wie träumerisch, ebenso starr wie heimlich lebendig. (5, 82)

Dieses Bild erfüllt alle Kriterien eines jungschen Mandalas[68]: Es entstand als spontane Produktion des Unbewussten und trägt vom Götterbild über die Alterslosigkeit und Bisexualität bis hin zur Gefühlssynthese einige der wesentlichsten Merkmale des Selbst. Das Bild ist der äußere Ausdruck jener Einheit und Ganzheit, die Sinclair unbewusst sich auch innerlich wünscht. Es ist das erste Symbol seines Dranges nach Verselbstung.

Der seelische Prozess zur Assimilation dieses Archetypus ist nun schon um einiges kürzer als im Falle von Kromer; dies erscheint deshalb plausibel, weil Sinclair nach der Integration seines Schatten den grundlegenden psychischen Mechanismus der Projektion bereits kennt und nun nicht mehr so lange braucht, um die äußeren Bilder als Inhalte der eigenen Seele zu verifizieren. Für eine gewisse Zeit glaubt er zwar, wenn schon nicht Beatrice, so doch wenigstens Demian in dem Gesicht gestaltet zu haben – was keineswegs abwegig ist, da dieser ja ebenfalls als Symbol des Selbst und mit den nämlichen Merkmalen beschrieben wurde; aber bald schon durchschaut er den Projektionscharakter auch dieser Zuschreibung und begreift, dass er in dem visionären Porträt nichts anderes als das erstmals geahnte Antlitz seines eigenen Selbst gestaltet hat:

> Und allmählich kam mir ein Gefühl, dass das nicht Beatrice und nicht Demian sei, sondern – ich selbst. Das Bild glich mir nicht – das sollte es auch

nicht, fühlte ich – aber es war mein Inneres, mein Schicksal oder mein Dä-mon. (5, 84)

Diese erste Fühlungnahme mit dem Seelenkern bewirkt, dass dieser akti-viert wird und in zunehmendem Maße ins Bewusstsein einzudringen ver-sucht: Das Selbst entwickelt eine Eigendynamik, mit der sich Sinclair nun-mehr auseinandersetzen muss. Dieser psychische Prozess — auf dessen spezifische Gefahren bereits hingewiesen wurde[69], führt zur Produktion wei-terer Symbole, die sein Verlangen nach Wiedergeburt artikulieren. In diesem Zusammenhang sind der Traum und die Zeichnung von dem Wappenvogel zu verstehen. Der Traum artikuliert Sinclairs nur allzu berechtigte Angst, die Entfesselung des Selbst könne den Untergang seines Ich bedeuten:

> In der Nacht träumte ich von Demian und von dem Wappen. Es verwan-delte sich beständig, Demian hielt es in Händen, oft war es klein und grau, oft mächtig groß und vielfarbig, aber er erklärte mir, dass es doch immer ein und dasselbe sei. Zuletzt aber nötigte er mich, das Wappen zu essen. Als ich es geschluckt hatte, spürte ich mit ungeheurem Erschrecken, dass der ver-schlungene Wappenvogel in mir lebendig sei, mich ausfülle und von innen zu verzehren beginne. Voller Todesangst fuhr ich auf und erwachte. (5, 88)

Die Idee von dem Vogel als Symbol des Selbst hat Hesse mit hoher Wahrscheinlichkeit aus der Lektüre von Jungs „Symbole der Wandlung" be-zogen, das er – wie bereits erwähnt – parallel zu der Analyse bei Lang im Jahre 1916 las.[70]

Die verschiedenen Größen und Farben, die er annimmt, stehen für die un-terschiedlichen Ausdehnungen und Gefühlswerte, welche das Selbst anneh-men kann, während es doch immer eine Einheit bleibt. Der entsprechende Hinweis Demians, sowie seine Aufforderung, den Vogel zu essen, korrespon-dieren mit seiner Funktion als Führer zum Selbst. Die Todesangst Sinclairs am Ende entspricht der Untergangsangst seines Ich.

Diese Angst ist jedoch nur die eine Seite seiner grundsätzlich ambiva-lenten Haltung. Im gleichen Maße, wie Sinclair seine Wiedergeburt fürch-tet, wünscht er sie auch herbei als Weg zur Heilung seiner tiefen inne-ren Widersprüche und Leiden. Als Ausdruck dieses Wunsches nach einer grundsätzlichen psychologischen Wandlung und Neugeburt gestaltet er sein Traumerlebnis in dem Bild von dem Raubvogel, der sich aus einer eiför-migen Weltkugel herausarbeitet. Nach Jung ist das Ei ein archetypisches

Muttersymbol, das aufgrund des verbreiteten Inzest-Tabus im christlich-jüdischen Kulturkreis in Mythen häufig als Ort der Wiedergeburt für den Helden beschrieben wird.[71]

Das Bildnis ist also ein überpersönlich gültiges, äußerst sprechendes Symbol für seinen Wunsch nach Wiedergeburt und der Realisierung des Selbst: Sinclair will noch einmal in einen symbolischen Uterus zurückkriechen, um von dort aus neu geboren zu werden in ein befreites und ganzheitliches Leben. In diesem Sinne deutet auch Demian das Bildnis, nachdem Sinclair es ihm in dunkler Hoffnung auf Verständnis und Deutung zugesandt hat. Seine Botschaft an den Freund lautet:

> Der Vogel kämpft sich aus dem Ei. Das Ei ist die Welt. Wer geboren werden will, muss eine Welt zerstören. Der Vogel fliegt zu Gott. Der Gott heißt Abraxas. (5, 91)

Die Welt, die Sinclair um seiner Wiedergeburt willen zerstören muss, ist die Welt seines bisherigen Ich mit ihrer konventionellen, fremdbestimmten, von den Eltern übernommenen Ethik und Weltsicht. Diese Weltsicht ist es, die ihn bislang unterdrückt und in die Neurose geführt hat. Davon – so Demian – wird er sich freimachen müssen, wenn er zu seinem Selbst finden und ein neues, ganzheitliches, geheiltes Leben führen will. Das Ziel seines Individuationsweges wird bezeichnet durch den Gott Abraxas, das Symbol der empirischen Einheit von Gut und Böse im Selbst.

Es mag in gewisser Hinsicht als allzu lehrbuchmäßig erscheinen und ist doch möglich und psychologisch glaubwürdig, dass nach all diesen Vorbereitungen sein kollektives Unbewusstes den Archetypus der Großen Mutter konstelliert und Sinclair – das Inzest-Tabu durchbrechend – im Traum sogleich den Hierosgamos begeht.[72]

Der nachstehende Passus formuliert eine psychische Erfahrung, die in der gesamten jüdisch-christlich geprägten Periode unserer Kulturgeschichte praktisch undenkbar war und vielleicht erst in unserer Zeit mit ihrer freieren Sexualmoral wieder möglich geworden ist – die Projektion einer Wiedergeburtsphantasie auf den Archetypus der Großen Mutter. Die Sexualfeindlichkeit der jüdisch-christlichen Tradition hatte dafür nur den Gott zugelassen:

> Ein bestimmter Traum, oder ein Phantasiespiel, das immer wiederkehrte, wurde mir bedeutungsvoll. Dieser Traum, der wichtigste und nachhaltigste

meines Lebens, war etwa so: ich kehrte in mein Vaterhaus zurück [...] im Hause kam mir meine Mutter entgegen, aber als ich eintrat und sie umarmen wollte, war es nicht sie, sondern eine nie gesehene Gestalt, groß und mächtig, dem Max Demian und dem gemalten Bilde ähnlich, doch anders, und trotz der Mächtigkeit ganz und gar weiblich. Diese Gestalt zog mich an sich und nahm mich in eine tiefe, schauernde Liebesumarmung auf [...] Ihre Umarmung verstieß gegen jede Ehrfurcht und war doch Seligkeit [...] Wonne und Grauen, Mann und Weib gemischt. Heiligstes und Gräßliches ineinander verflochten, tiefe Schuld durch zarteste Unschuld zuckend – so war mein Liebestraumbild, und so war auch Abraxas [...] Ich nannte es Mutter, und kniete vor ihm in Tränen, ich nannte es Geliebte und ahnte seinen reifen, alles erfüllenden Kuß, ich nannte es Teufel und Hure, Vampyr und Mörder. Es verlockte mich zu zartesten Liebesträumen und zu wüsten Schamlosigkeiten, nichts war ihm zu gut und köstlich, nichts zu schlecht und niedrig. (5, 94-96)

Sinclairs Vision entspricht in allen Einzelheiten jener Charakteristik des Mutter-Archetypus und des Zugangs zu ihm, die Jung in seiner Schrift „Symbole der Wandlung" gegeben hat[73]: Seine Libido regrediert zunächst zur persönlichen Mutter und erobert sich auf diesem Weg das Tor zum Archetypus. Von daher erklären sich auch die verschiedenen Eigenschaften samt der merkwürdigen Gegensatzvereinigung, die Sinclair seiner Vision zuschreibt: Die überdimensionale Größe, die Bisexualität, die guten und bösen Züge, die bedrohlichen und liebenswerten Aspekte, sowie die Totalität des Weiblichen von der Mutter über die Geliebte bis hin zur Hure. All dies sind Eigenschaften, Wünsche und Projektionen von Sinclairs unbewusstem Selbst, die sich im Archetypus der Großen Mutter versammeln und die er assimilieren muss, wenn er in seinem Individuationsprozess vorankommen will. Aus der Komplexität dieses Urbildes ist es auch zu erklären, dass Sinclair sich an Demian, Abraxas und an sein Mandala erinnert fühlt: Die Große Mutter ist mit dem Selbst nahezu identisch (s. Anm. 73, erster Satz).

Mit der Aktivierung dieses Archetypus hat Sinclair nunmehr einen entscheidenden Schritt über die bloße Psychopompos-Figur der Beatrice hinaus getan: Das visionäre Erlebnis der Großen Mutter hat ihm den Blick in noch größere Tiefen seines kollektiven Unbewussten geöffnet und ihn vorbereitet für die spätere Begegnung mit Frau Eva, welche jene Vision in Wirklichkeit verkörpern wird.

Die größte Bewusstseinsnähe erreichen diese Wiedergeburtsphantasien nach der Begegnung mit Pistorius und unmittelbar vor der Auseinandersetzung mit Frau Eva. Sinclair versucht, seine „Traumfrau" zu zeichnen, was in einem ersten Anlauf misslingt. Die Nähe zu der Vision und die Okkupation durch das Faszinosum des Archetypus ist noch zu groß, als dass eine zeichnerische Objektivierung möglich wäre („Das Bild der Traumgeliebten sah ich oft mit überlebendiger Deutlichkeit vor mir, viel deutlicher als meine eigene Hand", 5, 96). Dies gelingt erst, nachdem er Pistorius kennengelernt und von ihm in die Geheimnisse der Traumdeutung eingeweiht worden ist. Jetzt vermag Sinclair die Umrisse jener Mutterfigur genauer zu erkennen und in einem Bild zu gestalten. Dieses Bild gerät zum sprechendsten und sinnfälligsten Ausdruck von Sinclairs Wiedergeburtsverlangen:[74]

> Es war ein Gesicht [...] ähnlich Demian, in einigen Zügen auch ähnlich mir
> selber [...]. Ich fragte das Bild, ich klagte es an, ich liebkoste es, ich betete
> zu ihm; ich nannte es Mutter, ich nannte es Geliebte, nannte es Hure und
> Dirne, nannte es Abraxas. Dazwischen fielen Worte von Pistorius – oder
> von Demian mir ein [...]. Es waren Worte über den Kampf Jakobs mit
> dem Engel Gottes, und das „Ich lasse dich nicht, du segnest mich denn."
> (5, 117/118)

Die Vielfalt des Weiblichen und seine Beziehung zu Demian, die in dem Bild zum Ausdruck kommt, ist bereits psychologisch interpretiert worden: Sie bezeichnet die Komplexität des Archetypus der Großen Mutter und seine Nähe zum Selbst – eine tiefenpsychologische Gesetzmäßigkeit, die Sinclair nunmehr offenbar so weit bewusst ist, dass er sie künstlerisch zu gestalten vermag. Interessanter – weil neuartig – ist seine Assoziation mit dem alttestamentarischen Jakobskampf, die insofern völlig passend und verständlich ist, weil auch dieser biblische Mythos ein Wandlungsverlangen und endliches Wiedergeburtserlebnis beschreibt.[75]

Wie der legendäre Stammvater Israels, so sehnt sich auch Sinclair danach, von seinem alten Ich erlöst und im Zeichen seelischer Ganzheit wiedergeboren zu werden. Interessant ist nur, dass Sinclair seine Heilserwartung auf den Mutter-Archetypus richtet, während in der jüdisch-christlichen Heilsgeschichte das Wiedergeburtserlebnis nur über den Gott denkbar war.

Auf C. G. Jungs These über den Zusammenhang von Inzest-Tabu und der Repression des wiedergebärenden Mutter-Archetypus ist weiter oben bereits hingewiesen worden; die Sexual- und Leibfeindlichkeit unserer religi-

ösen Tradition ließ an die Mutter geknüpfte Wiedergeburtsphantasien und
-Erlebnisse für eine lange Zeit nicht zu. Erst in der Moderne scheint dieses tiefenpsychologische Tabu mehr und mehr durchbrochen worden zu
sein. Möglicherweise gibt es hier eine durchgehende Linie vom mittelalterlichen Minnesang über die Renaissance (!)-Dichter Dante und Petrarca (s. o.)
bis hin zu Goethe. der seinen Faust bekanntlich auch bei den „Müttern"
einer Verjüngungskur unterzog. Die Problematik wäre eine eingehende
Untersuchung wert.

## 3.5  Die Auseinandersetzung mit dem Führer

Wie schon bei der Auseinandersetzung mit dem Schatten, so hat Sinclair
auch nach der Aktivierung der Großen Mutter erst einmal eine Phase der
Besessenheit durch den Archetypus zu bestehen. Das Ich steht unter der
Dominanz des Unbewussten:

> Keiner meiner Gedanken gehorchte mir, keinen konnte ich rufen, keinem
> konnte ich nach Belieben seine Farben geben. Sie kamen und nahmen mich,
> ich wurde von ihnen regiert, wurde von ihnen gelebt. (5, 96)

Auf einem seiner ruhelosen Gänge durch die Stadt wird er mit dem
Organisten und Mythenforscher Pistorius[76] bekannt und begründet eine
Freundschaft mit ihm. Dieser Mann mit seinem immensen psycholo-
gisch-mythologischen Wissen fängt Sinclair an einem schwierigen Punkt
seines Individuationsprozesses auf und wird in der Nachfolge Demians
zu einem Archetypus des Führers. Darüber hinaus wird sich zeigen, dass
Pistorius – wie sein Partial-Vorbild Dr. Lang – zu einem Sprachrohr jungscher Theorien im Roman wird.[77] Seine primäre Bedeutung für Sinclair besteht darin, dass er ihn in das Wesen und in die Bedeutung des kollektiven Unbewussten einführt. Nach einer ersten gemeinsamen Meditation am
Kaminfeuer sagt er zu ihm:

> Wir ziehen die Grenzen unserer Persönlichkeit immer viel zu eng! Wir rech-
> nen zu unserer Person immer bloß das, was wir als individuell unterschie-
> den, als abweichend erkennen. Wir bestehen aber aus dem ganzen Bestand
> der Welt, jeder von uns [...] Alle Götter und Teufel, die je gewesen sind, sei
> es bei Griechen und Chinesen oder bei Zulu-Kaffern, alle sind mit in uns
> [...] Wenn die Menschheit ausstürbe bis auf ein einziges, halbwegs begabtes

> Kind, das keinerlei Unterricht genossen hat [...] es würde Götter, Dämonen, Paradiese, Gebote und Verbote, Alte und Neue Testamente, alles würde es wieder produzieren können. (5, 104/105)

Diese Thesen von Pistorius sind allesamt legitime Folgerungen aus der jungschen Psychologie des Unbewussten, jener Lehre also – und dies wird im obigen Zusammenhang besonders sinnfällig – die Hesse als „den platonischen Zweig der freudschen"[78] interpretiert hat (obgleich Jung sich als strengen Empiriker verstand – offenbar ist der Platonismus auf psychologischem Terrain empirisch nachweisbar!). Indem Pistorius auf diese Weise Sinclair den Blick für die weltumfassende Totalität seiner Psyche öffnet, erweitert und vertieft er die Arbeit, die Demian begonnen hatte. Wenn letzterer ihm half, seine persönlichen Verdrängungen (seinen Schatten) zu verarbeiten, so tut Pistorius dasselbe auf kollektiver Basis: Er wird für Sinclair ein Führer und Helfer zur Integration der überpersönlichen Sphäre des Unbewussten.

Wie jede innere Vertiefung, so bewirkt auch die erstmalige Konfrontation mit dem Wesen der Kollektivpsyche in Sinclair eine gewisse Eigendynamik des Unbewussten, die ihn aus dem inneren Gleichgewicht zu bringen droht. In einem nächtlichen Traum glaubt er, von einem gewaltigen Schwung durch die Luft geschleudert zu werden und entdeckt erst im Moment höchster Todesangst, dass er über das Anhalten und Strömenlassen des Atems das Steigen und Fallen regulieren kann. Er erzählt diesen Traum Pistorius, der ihn mit Hilfe der jungschen Kategorien interpretiert:

> Der Schwung, der sie fliegen macht, das ist unser großer Menschheitsbesitz, den jeder hat. Es ist das Gefühl des Zusammenhangs mit den Wurzeln jeder Kraft, aber es wird einem dabei bald bange! [...] da entdecken sie, dass zu der großen allgemeinen Kraft, die sie fortreißt, eine feine, kleine, eigene Kraft kommt, ein Organ, ein Steuer! [...] Ohne das ginge man willenlos in die Lüfte, das tun [...] die Wahnsinnigen. (5, 106/107)

In der Terminologie dieser Arbeit: Der Schwung in Sinclairs Traum resultiert aus der Entfesselung des Kollektiven Unbewussten, in dessen quasi unendlicher Ausdehnung nach Jung gewaltige Libido-Beträge gebunden sind. Sein auch nur ahnungsweises Eindringen ins Bewusstsein vermittelt das von Pistorius beschriebene „Gefühl des Zusammenhangs mit den Wurzeln jeder Kraft". Aber bei schrankenloser Öffnung gegenüber diesem Gefühl droht die Bewusstseinsinflationierung, der Untergang des Ich und in letzter Konsequenz die Psychose. Deshalb muss diesem Wissen um den inneren Allzusammenhang nach der Psychologie von Jung wie von Pistorius das Ichbewusstsein („eine kleine eigene Kraft") entgegengesetzt werden. Nur auf diese Weise können eine Überflutung des Ich durch die Inhalte des Unbewussten und die damit zusammenhängenden psychohygienischen Gefahren vermieden werden. Wenn Pistorius für ein ausgewogenes und gleichberechtigtes Verhältnis zwischen Bewusstem und Unbewusstem, zwischen Ich und Selbst plädiert, so wird an dieser Stelle erstmalig die Schlussperspektive des jungschen Individuationsprozesses formuliert.[79] Auch in dieser Hinsicht ist Pistorius also ein „Jungianer".

Der dritte Punkt, in dem der Mythologe für Sinclair wesentlich wird, besteht in der Wiederaufnahme des Abraxas-Gedankens und in der Erörterung seiner Implikationen für Selbsterkenntnis und Moral. Dem immer noch zerrissenen und aus ethischen Gründen mit sich selbst zerfallenen Sinclair deutet er den Abraxas-Mythos so:

> Lieber Sinclair, unser Gott heißt Abraxas, und er ist Gott und ist Satan, er hat die lichte und die dunkle Welt in sich. Abraxas hat gegen keinen ihrer Gedanken, gegen keinen ihrer Träume etwas einzuwenden. Vergessen Sie das nie. Aber er verlässt Sie, wenn Sie einmal tadellos und normal geworden sind. Dann verlässt er Sie und sucht sich einen neuen Topf, um seine Gedanken drin zu kochen... Man darf nichts fürchten und nichts für verboten halten, was die Seele in uns wünscht." (5, 109 und 111)

Diese Aussage ist von der Hesse-Literatur[80] genauso heftig missverstanden und befehdet worden wie von Sinclair: Zutiefst erregt insistiert er darauf, dass doch nicht alles erlaubt sei, was einem einfällt – beispielsweise müsse es doch verboten sein, einen Menschen umzubringen. Dieser Einwand zwingt Pistorius zu einer Präzisierung seiner Aussage, welche die erkenntnismäßigen und ethischen Implikationen des Abraxas-Symbols in einer letztgültigen Formel zusammenfasst:

> Unter Umständen darf man auch das. Es ist nur meistens ein Irrtum [...]. Wenn wir einen Menschen hassen, so hassen wir in seinem Bild etwas, was in uns selber sitzt. Was nicht in uns selber sitzt, regt uns nicht auf [...]. Ich meine auch nicht, sie sollen einfach alles das tun, was Ihnen durch den Sinn geht. Nein, aber Sie sollen diese Einfälle, die ihren guten Sinn haben, nicht dadurch schädlich machen, dass Sie an ihnen herummoralisieren (5, 111/112)

Diese Abraxas-Interpretation ist so eindeutig als irgend möglich: Die neue Gottheit ist nicht gedacht als eine Legitimationsinstanz für jedes empirische Handeln des Einzelnen – ein Mord ist nach Pistorius sogar in aller Regel ein Vergehen gegen den Abraxas-Gedanken: Der Mörder tötet die Projektion seines Schattens, anstatt ihn als innerseelische Realität anzuerkennen. Abraxas ist letzten Endes überhaupt kein Gott des Handelns, sondern ein Gott der Selbsterkenntnis. Nicht umsonst sagt Pistorius: „Abraxas hat gegen keinen ihrer Gedanken, gegen keinen ihrer Träume etwas einzuwenden."

Die Forderung von Pistorius ist ebenso einfach wie uralt: Erkenne dich selbst, bedingungslos, absolut, ohne moralische Scheuklappen. Wirkliche, wahrhaftige Selbsterkenntnis, so will Pistorius sagen, muss der empirischen Realität des eigenen Selbst unvoreingenommen und offen ins Gesicht sehen. Sie darf nichts beschönigen, von nichts wegsehen, vor nichts aus Angst oder moralischen Vorbehalten die Augen schließen. Diesem Anliegen – dem ureigensten Anliegen Hesses – dient der Abraxas-Mythos. Er soll dem Ich seine Angst vor der empirischen Realität des Selbst nehmen und es so zur Selbsterkenntnis im eigentlichen Wortsinn führen. Abraxas ist ein Symbol der übermoralischen Natur des Selbst und der Notwendigkeit, sich dessen bewusst zu werden. Das Ziel, auf das diese Mythologie samt ihrem Exegeten Pistorius zusteuert, ist eine persönliche, reflektierte, selbstverantwortliche Ethik bei einem höchstmöglichen Grad von Selbsterkenntnis und gelebter Ganzheit. Pistorius hat teilweise angedeutet, inwiefern bei wahrhaftiger Introspektion Erkenntnis und Moral praktisch übereinstimmen: Mord ist in aller Regel ein Irrtum.

Darüber hinaus ließe sich anführen, dass nach der jungschen Psychologie dem verselbsteten Menschen eine natürliche Sozialität innewohnt: Sein Wissen um die Kollektivität der eigenen Psyche sagt ihm, dass jeder andere Mensch nur ein Bild seiner eigenen psychischen Möglichkeiten ist. Auch diesen Aspekt der Selbsterkenntnis wird Hesse in seinen Romanen immer wieder darstellen. Im Angesicht des Selbst – so ließe sich folgern – gibt es keine Gebote und Verbote mehr, sondern nur noch Wahrheiten und Irrtümer. Liebe und Güte sind die Wahrheit, weil im Einklang mit den tiefsten seelischen Antrieben, Gewalt und Hass sind Irrtümer, weil die negativen Projektionen nicht durchschaut werden.[81]

Eingeschoben in Sinclairs Auseinandersetzung mit Pistorius ist die Episode mit dem Knaben Knauer. Dieser spiritistisch angehauchte Wirrkopf, der vergeblich versucht, seine erwachende Sexualität zu unterdrücken, muss als ein Symbol für die Unmöglichkeit einer inneren Befreiung auf dem Wege der

Moral aufgefasst werden. Obgleich es Knauer tatsächlich gelingt, jegliche se-
xuelle Betätigung zu vermeiden, muss er auf Sinclairs Frage hin doch gestehen, dass er das Geschlechtliche aus seinen Gedanken und Träumen nicht
auszuschalten vermag. Derart in neurotischem Widerspruch mit sich selbst,
unternimmt er einen Selbstmordversuch und wird von Sinclair erst in letzter Sekunde gerettet. Der Weg der Moral – so der kurzgefasste Sinn dieser
Episode – führt so lange zu keiner wirklichen Befreiung, als elementare psychische Antriebe einfach willentlich unterdrückt werden. Nur die Anerkennung
der übermoralischen Ganzheit des Selbst und die freie ethische Entscheidung
aufgrund einer vollständigen Kenntnis des eigenen Selbst sind wahrhaftig
und psychologisch weiterführend.

Auf der anderen Seite weist die Tatsache, dass Sinclair nun selbst als geistiger Führer für andere Menschen attraktiv zu werden beginnt voraus auf
seine baldige Loslösung von Pistorius und Demian und indiziert seinen
Durchbruch zu vollständiger Autonomie. Dieser Vorgang beginnt nach der
jungschen Psychologie damit, dass die Führer-Projektion aufgehoben und der
entsprechende Archetypus im eigenen Selbst assimiliert wird. Exakt dieser
psychische Prozess wird von Sinclair im Anschluss an die Knauer-Episode erlebt und geschildert:

> Mit Pistorius verstand ich mich auf jede Weise. Ich brauchte nur stark an
> ihn zu denken, dass er oder ein Gruß von ihm zu mir kam. Ich konnte ihn,
> ebenso wie Demian, irgend etwas fragen, ohne dass er selbst da war: ich
> brauchte ihn mir nur fest vorzustellen und meine Fragen als intensive Ge-
> danken an ihn zu richten. Dann kehrte alle in die Frage gegebene Seelen-
> kraft als Antwort in mich zurück. (5, 120/121)

Dies ist der exemplarische Individuationsschritt des Durchbrechens einer
Führer-Abhängigkeit durch Rücknahme der Projektion in das eigene Selbst,
wobei die Reintegration der bislang extravertierten Libido jene Verstärkung
des Selbstbewusstseins bedingt, von der Sinclair spricht. Er nähert sich dem
Ziel seines langen Weges.

Was zurückbleibt für Sinclair, ist einerseits Dankbarkeit und das Wissen um
die unschätzbaren Dienste, die Pistorius ihm leistete („Aus ihm hatte Gott zu
mir gesprochen, er hatte mir den Mut zu mir selber geschenkt", S. 122), andererseits aber eine zunehmende Distanz zu der blutlosen Gelehrtenexistenz
seines Seelenführers. Bereits beim Kennenlernen war ihm ein gewisser
Widerspruch zwischen den willensstarken Augen und seiner weichlichen

Mundpartie aufgefallen – ein Symptom jenes Grundwiderspruches von Natur und Geist, der ihm nun immer deutlicher wird. Als der Mythologe wieder einmal eine Vorlesung über seine neuesten Forschungen hält, kann Sinclair nicht mehr an sich halten und es fällt das böse Wort, er möge ihm doch statt des „antiquarischen Zeugs" einmal wieder einen „richtigen Traum" erzählen. Pistorius ist tief getroffen. Jetzt erst wird Sinclair sich der eigentlichen Tragik dieses Mannes bewusst:

> Und plötzlich fühlte ich tief: gerade das, was Pistorius mir gewesen war und gegeben hatte, das konnte er sich selbst nicht sein und geben. Er hatte mich einen Weg geführt, der auch ihn, den Führer, überschreiten und verlassen musste. (5, 124)

Pistorius ist eine jener Führerpersönlichkeiten, welche die Wahrheit zwar erkennen und auch vermitteln, nicht aber leben können. Er ist ein Wissender und ein Lehrer, aber kein Weiser. Die Umsetzung des Wissens ins Leben gelingt ihm nicht – deshalb auch die Unreife seiner unteren Gesichtshälfte.[82]

Aber dies ist nicht sein einziges Manko. Seine Tragik besteht nicht nur in einem unversöhnten Verhältnis von Geist und Leben, sondern auch in einem geistesimmanenten Konflikt. Erst kurz vor seinem Abschied versteht Sinclair, was das eigentliche Ziel von Pistorius war und warum er scheitern musste:

> Dieser Traum war gewesen, ein Priester zu sein, die neue Religion zu verkünden, neue Formen der Erhebung, der Liebe und Anbetung zu geben, neue Symbole aufzurichten. Aber dies war nicht sein Amt. Er verweilte allzu warm im Gewesenen, er kannte allzu genau das Ehemalige, er wusste allzu viel von Ägypten, von Indien, von Mithras, von Abraxas. Seine Liebe war an Bilder gebunden, welche die Erde schon gesehen hatte, und dabei wusste er im Innersten selbst wohl, dass das Neue neu und anders sein, dass es aus frischem Boden quellen und nicht aus Sammlungen und Bibliotheken geschöpft werden musste. (5, 126)

An diesem Punkt des Romans wird das Verhältnis von Pistorius zu Demian und damit auch seine Stellung innerhalb des Gesamtwerkes deutlich erkennbar: Beide sind archetypische Inkarnationen des Führers und verkünden in den Grundzügen auch die gleiche Psychologie; aber Demian als Archetypus des Führers und des Selbst verkörpert die Einheit von Denken und Leben, während Pistorius nur als Führer und nicht als Symbol des Selbst auftritt.

Deshalb bleibt die in Demian symbolisierte Seinsweise das Ziel von Sinclairs Individuationsweg, während Pistorius nicht mehr als eine Stufe sein kann.

## 3.6 Die Auseinandersetzung mit dem Mutter-Archetypus

Die Auseinandersetzung mit dem Archetypus der Großen Mutter vollzieht sich in mehreren Stufen, von denen die ersten beiden bereits angeführt und analysiert wurden. Dieser langsame und sukzessive Assimilationsprozess ist nach Jung damit zu erklären, dass die Große Mutter einen ebenso bewusstseinsfernen wie komplexen Archetypus darstellt, dessen psychische Integration nur nach einer langen Vorbereitungszeit gelingen kann und meist im Zusammenhang mit einem Wiedergeburtserlebnis steht.[83]

Als erste Manifestation des Mutter-Archetypus ist jener Traum zu werten, in dem Sinclair über die Regression auf seine persönliche Mutter jener riesenhaften Frau mit den mannigfachen Eigenschaften begegnet, mit der er dann den visionären Hierosgamos vollzieht. Diese traumhafte Antizipation des Urbildes muss als konsequenter und durchaus glaubwürdiger Ausdruck seiner Entrücktheit und der unwillkürlichen Aktivierung der Archetypen verstanden werden. Die tiefenpsychologische Bedeutung dieser Traumproduktion als Ausdruck eines unbewussten Bedürfnisses nach Wiedergeburt im Zeichen des Selbst ist bereits in allen Einzelheiten aufgezeigt und erörtert worden, so dass hier auf eine nochmalige Analyse verzichtet werden kann.

Die nächste Stufe auf dem langen Wege der Bewusstwerdung dieses Seelenbildes bildet jene ebenfalls bereits erwähnte zeichnerische Gestaltung der Traumvision, die als der deutlichste und bewussteste Ausdruck seines Wiedergeburtsverlangens interpretiert wurde. Damit ist gewissermaßen die „Latenzphase" – die Phase der Unbewusstheit – in Sinclairs Auseinandersetzung mit seiner Anima abgeschlossen.

Die dritte Stufe – die Projektionsphase – setzt ein, als Sinclair im Anschluss an seinen Abschied von Pistorius nach Demian zu suchen beginnt und dabei auf eine Fotografie von dessen Mutter stößt. Er erlebt eine Epiphanie: Das Antlitz dieser Frau erscheint ihm als Inkarnation seiner innersten Wünsche, Hoffnungen und Sehnsüchte. Sinclair entrinnt also auch in diesem Fall nicht der psychologischen Gesetzmäßigkeit, dass jeder Bewusstwerdung eines Archetypus erst einmal seine Projektion auf ein äußeres Abbild vorangeht. Gesetzmäßig im jungschen Sinne ist auch, dass diese Projektion von seinem Bewusstsein Besitz ergreift und Sinclair zu unsinnigen und unbezogenen Handlungen veranlasst.[84]

Vollkommen ziellos und wie manisch beginnt er sie zu suchen, hat aber erst Erfolg, als er zufällig auf Demian trifft und dieser ihn zu Hause einführt. Noch bevor Sinclair Demians Mutter wirklich erblickt, übt die bevorstehende Begegnung mit ihr bereits jene integrierende, sinnstiftende und das eigene Leben bis in die frühesten Kindheitserinnerungen wiederbelebende Wirkung aus, die Jung als archetypische Funktion der Anima beschrieben hat (die Anima als Archetypus des Lebens):

> Ich fühlte, dass ein wichtiger Tag für mich angebrochen sei, ich sah und empfand die Welt um mich her verwandelt, wartend, beziehungsvoll und feierlich [...] So hatte ich als kleiner Knabe die Welt am Morgen der großen Feiertage gesehen, am Christtag und an Ostern. Ich hatte nicht gewusst, dass diese Welt noch so schön sein könne [...] Nun sah ich entzückt, dass dies alles nur verschüttet und verdunkelt gewesen war und dass es möglich sei, auch als Freigewordener und auf Kinderglück Verzichtender die Welt strahlen zu sehen und die innigen Schauer des kindlichen Sehens zu kosten. (5, 136/137)

Diese Erfahrung entspricht in ihren psychologischen Grundprinzipien übrigens vollkommen jener entscheidenden Epiphanie Marcel Prousts, die er in seinem großen Roman „A la recherche du temps perdu" ausführlich beschrieben hat: Das Erlebnis überwältigenden Glückes und einer vollkommen neuen Sinnhaftigkeit des Lebens durch die Konfrontation mit einem Anima-Symbol. Die Anima wird zum Psychopompos in den Kosmos des Selbst.[85]

Die reale Begegnung mit Frau Eva enttäuscht Sinclair keineswegs, sondern bestätigt alle seine Wünsche und Ahnungen. Wie Proust, so erfährt auch er mit Hilfe des projizierten Symbols die Zeitlosigkeit des Kollektiven Unbewussten:

> Aus einem Gesicht, das gleich dem ihres Sohnes ohne Zeit und Alter und voll von beseeltem Wissen war, lächelte die schöne, ehrwürdige Frau mir freundlich zu. Ihr Blick war Erfüllung, ihr Gruß bedeutete Heimkehr. (5, 138)

Sinclair glaubt, am Ziel zu sein. Sein langes Suchen scheint einen Sinn gehabt zu haben und am Ende von Erfolg gekrönt zu sein. Er meint, die Frau seines Lebens, seine zweite, eigentliche Mutter und gleichzeitig seine künftige Geliebte gefunden zu haben – jene Frau, die alles verkörpert, was er sich jemals erträumt hat. Natürlich verliebt er sich in Frau Eva und beginnt, um sie zu werben. Auf der anderen Seite aber ahnt er auch die Unstatthaftigkeit und Uneigentlichkeit seines Begehrens und macht sich darüber ein schlechtes Gewissen. Hin und her gerissen zwischen erotischem Begehren und der dumpfen Intuition, sie sei nur ein „Sinnbild meines Lebens" (5, 148) verrennt er sich in einem ausweglosen Konflikt.

Frau Eva spürt diese Problematik und gibt ihm einen tiefsinnigen Ratschlag. Sie sagt:

> Ich weiß, was Sie wünschen. Sie müssen diese Wünsche aufgeben können, oder sie ganz und richtig wünschen. Wenn Sie einmal so zu bitten vermögen, dass Sie der Erfüllung in sich ganz gewiß sind, dann ist auch die Erfüllung da [...] Liebe muss nicht bitten [...] auch nicht fordern. Liebe muss die Kraft haben, in sich selbst zur Gewißheit zu kommen. Dann wird sie nicht mehr gezogen, sondern zieht. Sinclair, ihre Liebe wird von mir gezogen. Wenn sie mich einmal zieht, so komme ich." (5, 146/147)

Sinclairs Begehren – so Frau Eva – ist auf einem Irrweg: Er wünscht sich von ihr, was er sich nur selbst geben kann. Sinclair will die erotische Verschmelzung mit der Projektion seiner Anima, anstatt deren psychologische Symbolfunktion sich bewusst zu machen. Aber Frau Eva ist wissend genug, um die dahinterstehenden archetypischen Gesetzmäßigkeiten zu erkennen und einzufordern: Die Anima als Psychopompos und Wiedergebärerin[86] gibt sich nicht hin – sie fordert die innere, die „heilige Hochzeit" anstelle der erotischen Erfüllung. Der Weg dazu – so Frau Eva – ist die begierdelose, mit sich selbst zufriedene Liebe.

Der Ratschlag wirkt. Nachdem sich Frau Eva Sinclairs erotischen Phantasien unmissverständlich entzogen hat, gräbt sich die derart abgewiesene Libido in die Tiefe des eigenen Unbewussten und aktiviert den entsprechenden Archetypus. Dies manifestiert sich darin, dass Sinclairs Logos in genau der von Jung beschriebenen Weise an Abstraktheit verliert und sich zu verlebendigen und zu erotisieren beginnt. Geistige Betätigung ist für ihn nicht länger eine von der Sinnenwelt und vom Gefühlsleben abgetrennte Angelegenheit, sondern ein ganzheitliches, die Totalität psychischer Möglichkeiten umgreifendes Erlebnis. Denken und Sinnlichkeit, Eros und Logos gehen für ihn nahtlos ineinander über und bedingen sich wechselseitig:

> Und allmählich schoben sich sinnliche und unsinnliche Liebe, Wirklichkeit und Symbol übereinander. Dann geschah es, dass ich daheim in meinem

Zimmer an sie dachte, in ruhiger Innigkeit, und dabei ihre Hand in meiner und ihre Lippen auf meinen zu fühlen meinte. Oder ich war bei ihr, sah ihr ins Gesicht, sprach mit ihr und hörte ihre Stimme und wusste doch nicht, ob sie wirklich und nicht ein Traum sei. Ich begann zu ahnen, wie man eine Liebe dauernd und unsterblich besitzen kann. Ich hatte beim Lesen eines Buches eine neue Erkenntnis, und es war dasselbe Gefühl wie ein Kuß von Frau Eva. Sie streichelte mir das Haar und lächelte mir ihre reife, duftende Wärme zu, und ich hatte dasselbe Gefühl, wie wenn ich in mir selbst einen Fortschritt gemacht hatte... Sie konnte sich in jeden meiner Gedanken verwandeln und jeder sich in sie. (5, 148/149)

Diese wunderbar eindrückliche Schilderung einer Anima-Wirkung muss als eine entscheidende Voraussetzung seines späteren Wiedergeburtserlebnisses betrachtet werden: Denn nur wer zu einem derart ganzheitlichen, alle psychischen Aspekte integrierenden Erleben fähig ist, vermag auch jene umfassende Revolution der Gesamtpersönlichkeit zu vollziehen, die Jung als psychologische Wandlung oder Wiedergeburt bezeichnet hat. Alles muss sich mit allem berühren, kein psychischer Bereich darf ausgespart und „in Reserve" gehalten werden. Die Totalität des Psychischen muss verfügbar sein.

Wie in einem Lehrbuch für jungsche Psychologie, so produziert die nunmehr aktivierte und ins Bewusstsein eindringende Anima zunehmend Symbole, um Sinclair auf die überpersönlich-archetypische Bedeutung von Frau Eva hinzuweisen. Dies geschieht zunächst in Träumen:

Auch hatte ich Träume, in denen meine Vereinigung mit ihr sich auf neue gleichnishafte Arten vollzog. Sie war ein Meer, in das ich strömend mündete. Sie war ein Stern, und ich selbst war als ein Stern zu ihr unterwegs, und wir trafen uns und fühlten uns zueinander gezogen, blieben beisammen und drehten uns selig für alle Zeiten in nahen, tönenden Kreisen umeinander. (5, 149)

Mit dieser Aktivierung des Anima-Archetypus samt seiner belebenden und symbolstiftenden Funktionen sind alle psychologischen Voraussetzungen geschaffen für jenes Erlebnis, das Sinclairs Individuationsweg abschließen wird: Die visionäre Wiedergeburt im Zeichen der Ganzheit des Selbst. Davon soll im nächsten Kapitel die Rede sein.

## 3.7 Die Wiedergeburt im Zeichen des Selbst

Die Revolutionierung von Sinclairs Psyche wird nach der Konzeption des Romans ausgelöst durch die Revolutionierung der Welt: Den Ersten Weltkrieg. Der Kriegsausbruch wird sowohl von Sinclair als auch von Demian und Frau Eva visionär antizipiert: Sinclair halluziniert beim Spazierengehen einen riesigen Vogel, der in den winterlichen Himmel hineinfliegt (5, 151), während Demian und seine Mutter von brennenden Städten und Dörfern träumen (5, 152).

In diesen Vorausahnungen zeigt sich der prognostische Aspekt, der den Manifestationen des Unbewussten nach Jung zukommen kann.[87] Demian, der große Psychologe, weiß sogleich, dass sein Traum keine bloß persönliche Relevanz hat, sondern aus den kollektiven Sphären der Psyche kommt – nach der jungschen Traumpsychologie ein „Großer Traum" – und auf diese Weise auch ein kollektives Ereignis ankündigt:

> Ich unterscheide ziemlich genau die Träume, die mir Bewegungen in der eigenen Seele anzeigen und die andern, sehr seltenen, in denen das ganze Menschenschicksal sich andeutet. Ich habe selten solche Träume [...] aber das weiß ich bestimmt, ich habe etwas geträumt, was nicht mich allein angeht [...] Noch weiß ich nichts anderes, als dass etwas Großes und Furchtbares im Anzug ist, das mich mit betrifft [...] Die Welt will sich erneuern. Es riecht nach Tod. Nichts Neues kommt ohne Tod. Es ist schrecklicher, als ich gedacht hatte. (5, 153)

Was Demian hier ausspricht, ist jene persönliche und kollektive Todesahnung, die sich später in seinem Soldatentod erfüllen wird. Von daher erfährt jene steinerne Starrheit, die sein Antlitz im Zustande tiefer Versenkung leitmotivisch geprägt hatte, eine zusätzliche Deutungsmöglichkeit: Sie ist auch ein denkbarer Ausdruck seiner frühen Todesahnungen. Demian wird das ganze künftige Geschehen mit furchtbarer Wachheit erleben.

Ganz anders Sinclair: Er ist sich der tödlichen Gefahr, die auch auf ihn lauert, noch in keiner Weise bewusst und mit allen seinen Gedanken, Wünschen und Hoffnungen immer noch vollkommen auf Frau Eva konzentriert. Ihren Ratschlag beherzigend, nimmt er alle innere Kraft zusammen, um sie herbeizuzwingen und den ersehnten Inzest begehen zu können:

Ich stellte mich in meinem Zimmer auf, fasste mein ganzes Bewusstsein zusammen und dachte an Eva. Ich wollte die Kräfte meiner Seele zusammennehmen, um sie zu mir her zu ziehen. Sie musste kommen und meine Umarmung ersehnen, mein Kuß musste unersättlich in ihren reifen Liebeslippen wühlen. (5, 155)

Sinclair ahnt in diesem Moment noch nicht, dass dieser psychische Kraftakt sich weniger auf die reale Eva bezieht denn auf den inneren Archetypus und dergestalt nichts anderes darstellt als die höchste Steigerung seines unbewussten Wiedergeburtsverlangens. Und seine Bitte wird erhört – wenngleich in einem anderen Sinn, als er sich dies vorstellte: Nicht Frau Eva, sondern Demian erscheint und überbringt ihm die Nachricht vom Kriegsausbruch. Damit beginnt nach der Konzeption des Romans jenes kollektive Todes- und Wiedergeburtsritual, in dessen Verlauf auch Sinclairs Leben revolutioniert und auf eine neue Basis gestellt wird:

Sie meinten das Vaterland und die Ehre, aber es war das Schicksal, dem sie alle einen Augenblick in das unverhüllte Gesicht schauten [...] Mochten diese glauben und meinen, was immer sie wollten – sie waren bereit, sie waren brauchbar, aus ihnen würde sich Zukunft formen lassen [...] In der Tiefe war etwas im Werden. Etwas wie eine neue Menschlichkeit [...] Die Urgefühle, auch die wildesten, galten nicht dem Feinde, ihr blutiges Werk war nur Ausstrahlung des Innern, der in sich zerspaltenen Seele, welche rasen und töten, vernichten und sterben wollte, um neu geboren werden zu können. Es kämpfte sich ein Riesenvogel aus dem Ei, und das Ei war die Welt, und die Welt musste in Trümmer gehen. (5, 159/160)

Selbstverständlich können diese Zeilen nicht unwidersprochen bleiben; der immanente Sinn ist klar: Der Krieg als kollektives Wiedergeburtsphänomen analog zu Sinclairs persönlichem Wandlungserlebnis, das später geschildert wird. Aber dieses Konzept vermag weder werkimmanent noch etwa politisch oder historisch zu überzeugen. Es ist geschrieben in der typischen Euphorie der damaligen Zeit, die ja nicht nur Hesse, sondern mit ihm die ganze expressionistische Avantgarde erfüllte und auf die Geburt eines neuen Menschen hoffen ließ. Allzu bald sollte sich freilich zeigen, dass die „schicksalsergebenen" Haudegen aus dem Ersten Weltkrieg höchstens insofern zukunftsträchtig waren, als sie später das Hauptpotenzial der faschistischen und quasifaschistischen Freikorps in der Weimarer Republik bilde-

ten – und das hat Hesse wohl kaum unter seiner „neuen Menschlichkeit"
verstanden.

Aber auch mit den Grundgedanken des Romans selbst ist die Kriegs-
verherrlichung am Ende im Grunde nicht vereinbar, wird doch vorher explizit gesagt, dass jede Form von Hass und namentlich jeder Mord im
Sinne der jungschen Psychologie ein Irrtum ist (vgl. das Gespräch zwischen
Pistorius und Sinclair). Vor diesem Hintergrund hätte der Krieg gedeutet
werden müssen als der kollektive Wahn, die nationale „Schatten"-Projektion
durch Gewalt auslöschen zu wollen. Welch eine Wucht hätte die introver-
tierte Psychologie des Romans erst entfaltet, wenn der Autor sie am Ende
mit gebührender Deutlichkeit von der extravertierten Kollektiv-Neurose des
Krieges abgesetzt hätte! So aber bleibt dieser Teilaspekt des Romanendes ein
bedaulicher Fehlgriff.[88]

Wie Demian, so wird auch Sinclair eingezogen und gleich bei einem der
ersten Angriffe durch eine Granate verwundet. Diese Granatexplosion schafft
jene Todesstimmung, welche nach Jung die archetypische Voraussetzung
des Wiedergeburtserlebnisses bildet."[89] Sinclair erlebt in einer gigantischen
Vision die erwünschte persönliche und kollektive Wiedergeburt durch die in
die Granate hineinprojizierte Große Mutter:

> In den Wolken war eine große Stadt zu sehen, aus der strömten Millionen
> von Menschen hervor [...] Mitten unter sie trat eine mächtige Göttergestalt,
> funkelnde Sterne im Haar, groß wie ein Gebirge, mit den Zügen der Frau
> Eva. In sie hinein verschwanden die Züge der Menschen, wie in eine riesige
> Höhle, und waren weg [...] Ein Traum schien Gewalt über sie zu haben, sie
> schloß die Augen, und ihr großes Antlitz verzog sich in Weh. Plötzlich schrie
> sie hell auf, und aus ihrer Stirn sprangen Sterne, viele tausend leuchtende
> Sterne, die schwangen sich in herrlichen Bögen und Halbkreisen über den
> schwarzen Himmel. Einer von den Sternen brauste mit hellem Klang gera-
> de zu mir her, schien mich zu suchen. – Da krachte er brüllend in tausend
> Funken auseinander, es riß mich empor und warf mich wieder zu Boden,
> donnernd brach die Welt über mir zusammen. (5, 161)

In der bisherigen Hesse-Rezeption scheint einzig C. G. Jung bemerkt zu haben, dass hier die Vision von einem kollektiven Inzest und
Wiedergeburtserlebnis beschrieben wird.[90] Seine Psychologie bietet auch den
Versuch einer Erklärung dieses Phänomens. In „Symbole der Wandlung"
deutet Jung das Wesen der Inzestphantasie als eine Regression der Libido

ins Unbewusste, wo sie die kompensierenden und heilenden Kräfte der Archetypen aktiviert.[91]

In seinem Brief an Hesse deutet Jung diesen Sachverhalt metaphorisch („Die große Mutter ist schwanger geworden durch die Einsamkeit des Suchenden") und weist zusätzlich darauf hin, dass nach seinen Forschungen eine Aktivierung und Assimilierung der tieferliegenden Archetypen nur in einem zurückgezogenen und introvertierten Leben möglich ist. Die Schlussfolgerung liegt also nahe, dass Hesse durch die Lektüre von „Symbole der Wandlung" (nachweislich 1916) zu seiner eindringlichen dichterischen Gestaltung dieses Erlebnisses[92] angeregt wurde.

Mit diesem lange ersehnten inneren Durchbruch ist Sinclairs Individuationsprozess praktisch abgeschlossen. Er ist zwar körperlich schwer verletzt, aber seelisch geheilt. Beim Wiedererwachen aus tiefer Bewusstlosigkeit – sie korrespondiert mit dem mythologischen „Heilschlaf" – trifft cr auf Demian, der tödlich verletzt ist und in seinem Beisein stirbt. Sein Tod ist das letzte große Sinnbild des Romans: Der wiedergeborene, neue, ganzheitliche Mensch muss auf den Führer und auf das Vor-Bild verzichten können, wenn er wirklich zu seinem Selbst gefunden hat. Die letzten Worte des Romans zeigen, dass Sinclair das Vermächtnis Demians verstanden und zu vollgültiger, eigener Führerschaft im Zeichen des Selbst gefunden hat:

> Das Verbinden tat weh. Alles, was seither mit mir geschah, tat weh. Aber wenn ich manchmal den Schlüssel finde und ganz in mich selbst hinuntersteige, da wo im dunklen Spiegel die Schicksalsbilder schlummern, dann brauche ich mich nur über den schwarzen Spiegel zu neigen und sehe mein eigenes Bild, das nun ganz ihm gleicht, ihm, meinem Freund und Führer. (5, 163)

Sinclair hat Demian – den Führer und das Selbst – in seiner eigenen Psyche gefunden. Er weiß, dass das nicht das Ende aller Probleme und allen Leidens bedeutet, im Gegenteil: „Alles, was seither mit mir geschah, tat weh."[93] Aber er weiß doch, was er tun und wohin er sich wenden muss, was immer auch geschieht. Damit hat ein exemplarischer jungscher Individuationsprozess sein ebenso exemplarisches Ende gefunden.

# 4.  Klein und Wagner

## 4.1  Die Ausgangsneurose und die Auseinandersetzung mit dem Schatten

Die psychologische Ausgangsproblematik der im Sommer 1919 entstandenen Novelle „Klein und Wagner" entspricht einem vorgeschobenen Stadium der Anfangsleiden Emil Sinclairs: Der Protagonist Friedrich Klein – angeblich ein bislang unbescholtener Beamter, der über Nacht seine Familie verlassen, Geld unterschlagen und sich mit falschen Papieren samt einem Revolver nach Süden abgesetzt hat[94] – trägt alle Anzeichen jener geistig-seelischen Verwirrung, die sich bei Sinclair erstmals nach seiner Begegnung mit Kromer zeigte und als Folge seiner Okkupation durch den Archetypus des „Schatten" gedeutet wurde. Die nämlichen Symptome einer Obsession durch nichtintegrierte Inhalte des Unbewussten zeigt Friedrich Klein zu Beginn der Novelle. Sie werden u. a. wie folgt beschrieben:

> [...] er konnte durchaus nicht denken, an was er wollte, er hatte keine Verfügung über seine Gedanken, sie liefen wie sie wollten, und sie verweilten trotz seinem Sträuben mit Vorliebe bei Vorstellungen, die ihn quälten. Es war, als sei sein Gehirn ein Kaleidoskop, in dem der Wechsel der Bilder von einer fremden Hand geleitet wurde. (5, 205).

Dieses Gefühl des Besessenseins von quälenden Vorstellungen muss als ein typisches Merkmal der beginnenden Auseinandersetzung mit dem „Schatten" gewertet werden. Das Ich wird konfrontiert und bombardiert mit Wünschen, Trieben und Vorstellungen, die es bislang vernachlässigt oder verdrängt hatte und die nun nach Bewusstwerdung drängen. Das Ungewohnte, Lästige oder auch Peinliche dieser Anwandlungen und die entsprechenden Widerstände des Ich bewirken den quälenden Charakter dieser innerseelischen Auseinandersetzung. Wie Sinclair nach der Begegnung mit Kromer, so steht auch Klein zu Beginn der Novelle fassungslos vor dem Zusammenbruch seiner bisherigen Selbstinterpretation, sieht sich getrieben von unbekannten, dämonischen Kräften, die ihn verunsichern und ängstigen und bemüht sich vergeblich darum, wieder Erkenntnis und Ordnung in sein Leben zu bringen. Der Schatten des Verbrecherischen ist in sein Dasein eingebrochen und hat die Fassade bürgerlicher Wohlanständigkeit unwiderruflich zerstört. Plötzlich ist Klein mit der Existenz eines Alter Ego konfrontiert worden, von dem er bislang keine Ahnung hatte und das ihn jetzt zwingt, sein Selbstverständnis völlig neu zu definieren. Dieser existenzielle Konflikt aber bezeichnet nach Jung das archetypische Ausgangsstadium des Individuationsprozesses.[95]

Zunächst zeigt sich Klein völlig unfähig, seinen „Schatten zu integrieren; er sieht sich an ein teuflisches Prinzip ausgeliefert, das mit seiner Person nichts zu tun hat. Die traditionelle Ich-Interpretation und die aktuelle Selbsterfahrung klaffen hoffnungslos auseinander und scheinen unvereinbar:

> Er sah eine kleine blaue Schachtel, aus der er mit zitternder Hand das Amts-
> siegel seines Chefs herausnahm [...] Er sah eine Telephonzelle, wo er sich,
> während er ins Rohr sprach, mit der linken Hand gegen die Wand stemmte,
> um aufrecht zu bleiben [...] vielmehr sah er nicht sich, er sah einen Men-
> schen dies alles tun, einen fremden Menschen, der Klein hieß und nicht er
> war. (5, 206)

Diese innere Spaltung führt Klein bereits in der Eingangspassage der Novelle in eine solche Verzweiflung, dass er in wollüstig-masochistischen Bildern sich seine Zermalmung unter den Rädern eines Eisenbahnzuges ausmalt (5, 208). Die Befreiung und Erlösung aus seinem inneren Zwiespalt scheint ihm in diesem Stadium seines Individuationsprozesses nur über den Selbstmord möglich.

Damit ist Klein auf einem derartigen Tiefstand seines Bewusstseins- und Willensniveaus angelangt, dass autonome Reaktionen des Unbewussten einsetzen. Zu der lebensbedrohlichen Vision, das Individuationsproblem statt durch Erweiterung des Ich über eine Auslöschung der Gesamtpersönlichkeit zu lösen, konstruiert Kleins Unbewusstes aufgrund seiner kompensatorischen Funktion eine Alternative: Er träumt von einer Autofahrt, in deren Verlauf er zunächst die Rolle des Beifahrers einnimmt, später aber gewaltsam das Steuer an sich reißt und die Fahrt in rasendem Tempo fortsetzt. Dieser Traum liefert ihm eine erste Deutung seiner Handlungen und seines inneren Zustandes. Er erkennt im ersten Fahrer seine Frau und folgert:

> Es war seiner Frau wegen geschehen, einzig seiner Frau wegen [...]
> Ja, es war besser, selbst zu steuern und dabei in Scherben zu gehen, als im-
> mer von einem anderen gefahren und gelenkt zu werden. (5, 208/209)

Die Unterschlagung und gewaltsam-überstürzte Flucht aus Familie und Beruf
waren – so versucht Kleins Unbewusstes zu signalisieren – problematische,
aber begreifliche Versuche, sich von der Unterdrückung durch seine Frau
zu befreien. Es waren keine sinnlosen und rein destruktiven Taten, sondern
Handlungen, denen zumindest potenziell auch ein positiver und weiterver-
weisender Wert zukommt.

Diese wichtige Umbewertung und Neueinschätzung seiner jüngsten
Vergangenheit schafft jene neue innere Offenheit, die in mehreren Stufen der
Selbstreflexion und des inneren Monologs zur Bewusstwerdung des „Schatten"
führt. Dabei zeigt sich ein wichtiger und charakteristischer Unterschied zum
„Demian": Während Sinclair praktisch alle wesentlichen Erkenntnisse über
sich selbst geistigen Führergestalten verdankt, vollzieht Friedrich Klein seine Integrationsleistungen primär durch Selbsterkenntnis. Die psychologische
Selbstständigkeit des Autors scheint im selben Maße gestiegen zu sein wie die-
jenige seiner Helden.

Der Assimilationsprozess verläuft wie gesagt in mehreren Etappen und ist
psychologisch mit äußerster Feinfühligkeit und Differenziertheit dargestellt.
Er beginnt damit, dass Klein als Reaktion auf seinen Auto-Traum einen gewaltigen Hass auf seine Frau entwickelt und sie für die gescheiterte Ehe verantwortlich macht. Dieses Gefühl des Behindert- und Unterdrücktwordenseins
durch andere Menschen samt den entsprechenden Schuldprojektionen muss
als ein archetypisches Phänomen zu Beginn des Individuationsprozesses gewertet werden.[96]

Das Wiederaufflammen dieser latenten Aggressionen führt psychologisch
konsequent und glaubwürdig zur Erinnerung an seine früheren Phantasien,
Frau und Kinder zu ermorden:

> Woran er sich nun erinnerte [...] war die Vorstellung oder Vision einer
> furchtbaren Bluttat, die er beging, indem er sein Weib, seine Kinder und
> sich selbst ums Leben brachte. (5, 215)

Mit dieser ersten Ahnung des potenziellen Familienmörders in ihm ist
Kleins „Schatten" aktiviert und entfaltet nun seine ganze Eigendynamik. Die
Assoziationskette geht weiter: Klein erinnert sich, vor Jahren einmal von der
entsprechenden Schreckenstat eines Lehrers gelesen zu haben, der seine ganze Familie auf bestialische Weise ermordete und dass er damals diese Tat vehement verurteilt und angeprangert hatte. Nunmehr erkennt er aufgrund seiner psychologischen Schulung, dass seine damalige Entrüstung nichts anderes

war als eine Abwehr der Projektion seines eigenen Schattens, d. h. eine versteckte und unbewusste Selbstverurteilung. Bestürzt muss er sich eingestehen:

> Schon damals vor Jahren bei dem Gespräch über den Schullehrer W. habe
> sein Innerstes dessen Tat verstanden, verstanden und gebilligt, und seine
> heftige Entrüstung und Erregung sei nur daraus entstanden, dass der Philis-
> ter und Heuchler in ihm die Stimme des Herzens nicht habe gelten lassen
> wollen. (5, 217)

Mit dem partiellen Fortbestehen dieser Verdrängung des Schatten – oder
doch mit gewissen Widerständen gegen seine vollständige Annahme – hängt
es auch zusammen, dass Klein über das Initial hinaus sich zunächst an den
genauen Namen des Lehrers nicht mehr zu erinnern vermag. Ebenso wie er
erst die Anfänge seines „Schatten" kennt, weiß er auch nur den Anfang des
Namens.
      Wie alle Archetypen, so besitzt nach der jungschen Psychologie auch der
„Schatten" potenziell helle und dunkle Seiten, positive und negative Aspekte.[97]
Dies demonstriert Hesse in der Novelle durch die Ambivalenz des „Wagner-
Komplexes". In einer schlaflosen Nacht nach der Wiedererinnerung an die
Gräueltat des Lehrers fällt ihm plötzlich der Name „Wagner" ein, und er assoziiert damit nicht nur den Namen des Lehrers, sondern auch den des be-
rühmten Opernkomponisten. Die schonungslose Selbstbefragung über die
psychologischen Hintergründe und deren Bedeutung fördert schließlich fol-
gendes Ergebnis zutage:

> Wagner war er selber – Wagner war der Mörder und Gejagte in ihm, aber
> Wagner war auch der Komponist, der Künstler, das Genie, der Verführer, die
> Neigung zu Lebenslust, Sinnenlust, Luxus – Wagner war der Sammelname
> für alles Unterdrückte, Untergesunkene, zu kurz Gekommene in dem ehe-
> maligen Beamten Friedrich Klein. (5, 267)

Damit hat Klein auf dem Wege der freien Assoziation – übrigens eine diag-
nostische Methode, die von Freud wie von Jung in der Traumdeutung verwandt wurde[98] – das archetypische Doppelgesicht des „Schatten" in seiner
persönlichen Phänomenologie gänzlich freigelegt: Sein Alter Ego enthält sowohl den Antrieb zum skrupellosen Verbrecher und Mörder als auch die
Neigung zu erotisch-künstlerischer Ausschweifung. Für den einen Aspekt
steht der Lehrer, für den anderen der Komponist Wagner.

Aber diese „Schatten"-Projektionen sind bereits am Ende des ersten Kapitels durch radikale Selbstbefragung und eine lückenlose Assoziationskette systematisch aufgelöst worden. Friedrich Klein weiß, dass beides in ihm steckt – die harmlose Neigung zum genialischen Don Juan und die furchtbare Disposition zum Schlächter der eigenen Familie – und dass beides mit seiner bisherigen Selbstinterpretation nicht zu vereinbaren ist.

Damit beginnt für ihn das archetypische Individuationsstadium der Verzweiflung. Und zwar in einem doppelten Sinn: Zunächst existiert ein Widerspruch zwischen seinem Ich und der Gesamtheit des Unbewussten – die Spaltung zwischen der bürgerlichen Selbstdefinition des Beamten Klein und dem neu assimilierten „Wagner-Komplex"; die essenziell neurotische Persönlichkeitsspaltung erstreckt sich aber auch auf die unterschiedlichen Antriebe seines Unbewussten, die mit dem Symbol des Mörders und des Komponisten Wagner bezeichnet sind. Derart doppelt gespalten und neurotisiert, muss Klein einen Weg finden zwischen den verschiedenen Antrieben seines Selbst.[99]

## 4.2 Die Begegnung mit der Anima und das Verlangen nach der Permanenz der Verselbstung

Nach einer schlaflosen Hotelnacht begegnet Klein am nächsten Tag im Park einer auffallend hübschen jungen Frau, die sofort seine Aufmerksamkeit fesselt: Teresina.[100] Ihr erster Auftritt wird vom Erzähler wie folgt beschrieben:

> Auf hohen rotbraunen Schnürstiefeln, im kurzen Rock über dünnen durchbrochenen Strümpfen lief eine Frau vorbei, ein Mädchen, kräftig und taktfest, sehr aufrecht und herausfordernd, elegant, hochmütig, ein kühles Gesicht mit geschminkter Lippenröte und einem hohen dichten Haarbau von hellem, metallischem Gelb. Ihr Blick traf ihn im Vorbeigehen eine Sekunde, sicher und abschätzend wie die Blicke des Portiers und Boys im Hotel, und lief gleichgültig weiter. (5, 225)

Diese Charakterisierung macht deutlich, dass Teresina nach der Psychologie C. G. Jungs als Anima-Projektion der ersten Stufe[101] verstanden werden muss. Als archetypische Eva-Figur ist sie eine Inkarnation des Eros, sowie jener lebenslustigen Einheitlichkeit und Ungebrochenheit, die Klein verloren bzw. niemals besessen hat und die in den positiven Aspekten seines „Wagner-Komplexes" schlummert. Weil sie ein Symbol der unrealisierten Sphären seiner Psyche ist, wird er auf sie aufmerksam und beginnt, sie zu verfolgen. Dabei ist er freilich weit davon entfernt, ihre Beziehung zu seinen tiefsten Antrieben und psychologischen Notwendigkeiten gleich zu erkennen. Seine innere Zerrissenheit zwischen Beamten- Ich und Wagner-Komplex führt dazu, dass er sich zwar dunkel von ihr angezogen fühlt, sich dies aber nicht eingesteht und stattdessen in einer uneigentlichen und im Grunde verlogenen Weise ihr Auftreten verurteilt:

> Schon war vergessen, dass ihr feiner belebter Schuh, ihr so sehr elastischer und sicherer Gang, ihr straffes Bein im dünnen Seidenstrumpf ihn einen Augenblick gefesselt und beglückt hatte... Wie oft hatte er solche Wesen gesehen, solche junge, sichere und herausfordernde Personen, seien es nun Dirnen oder eitle Gesellschaftsweiber, wie oft hatte ihre schamlose Herausforderung ihn geärgert, ihre Sicherheit ihn irritiert, ihr kühles, brutales Sichzeigen ihn angewidert! Wie manchmal hatte er [...] die Empörung seiner Frau über solche unweibliche und hetärenhafte Wesen von Herzen geteilt. (5; 226)

Aber diese Erinnerung an die Urteile seiner Frau bringt ihn schließlich doch auf die richtige Spur: Er erkennt, dass seine Verachtung nichts anderem entspringt als einem Vorurteil seines Bürger- und Beamten-Ich und dass er damit jenem Teil in sich recht gibt, den er im Grunde zu überwinden trachtet. Peinlich berührt muss er sich eingestehen, dass seine Verurteilung Teresinas genau dieselbe Ursache hat wie sein früherer Hass auf die beiden Wagner – nämlich eine rigide Abwehr der Inhalte des eigenen Unbewussten durch seine „Persona."[102] Er ahnt, dass er diese übernommenen und unreflektierten Werturteile aufgeben muss, wenn er innerlich weiterkommen will.

Die damit beginnende Assimilierung des zweiten und weitaus komplexeren Archetypus – der Anima – bewirkt, dass Klein erstmals eine Epiphanie des Selbst erlebt. Er ahnt, dass der Antrieb zur Überwindung seines Vorurteils und zur Begründung eines positiven Verhältnisses zu Teresina aus jenem innersten Seelenzentrum kommt, welches das Leben eines jeden Menschen unbewusst steuert und das über den Drang zur Rücknahme der Projektionen seine Ganzwerdung anstrebt:

> Er hatte gewusst, eine Sekunde lang: Meine Gedanken über die Gelbe sind dumm und unwürdig, Schicksal steht über ihr wie über mir, Gott liebt sie, wie er mich liebt [...] Diese Stimme sprach die Wahrheit, und Wahrheit war Wohltat, Heilung, Zuflucht. Diese Stimme entstand, wenn man im Herzen

mit dem Schicksal einig war und sich selber liebte; sie war Gottes Stimme, oder war die Stimme des eigenen, wahrsten, innersten Ich, jenseits von allen Lügen, Entschuldigungen und Komödien. Warum konnte er diese Stimme nicht immer hören? (5, 231)

Der letzte Satz stößt die Tür auf zur eigentlichen Problematik nicht nur dieser Novelle, sondern des gesamten weiteren Hesseschen Werkes: Nicht nur Friedrich Klein, sondern alle Protagonisten des Dichters wollen – nachdem sie einmal die Stimme des Selbst und das Faszinosum ihrer praktisch unendlichen Integrationsmöglichkeiten erfahren haben – zu dieser immer wieder durchdringen und sie nach Möglichkeit festhalten. Sie erstreben den Durchbruch zum Selbst und das Bleiben im Selbst. Die Novelle „Klein und Wagner" ist der erste und zugleich der dramatischste Ausdruck dieses radikalen Verlangens samt seiner inneren Tragik.

In Übereinstimmung mit diesem Bedürfnis und getrieben von seinem unrealisierten Eros beginnt Klein Teresina nachzustellen. Immer deutlicher ahnt er die schicksalhafte Bedeutung, die sie für ihn hat und spürt bereits aus der Ferne jene sinnstiftende und psychisch integrierende Wirkung, die Jung als archetypische Funktion der Anima beschrieben hat („er hatte [...] die Empfindung, dass alles, was er tat, hörte, sah und dachte, voll von Beziehung und Notwendigkeit war", 5/240).

Schließlich gelingt es ihm tatsächlich, sie in einem Gartenlokal aufzustöbern und im Umgang mit ihren Freunden zu beobachten. Als sie am Ende des Abends mit einem ihrer Bekannten einen bezaubernden Tanz aufs Parkett legt, hat Klein das Gefühl, zum ersten Mal seit langen Jahren wieder vor der Tür zum Glück zu stehen:

> Friedrich Klein blickte, während er dem Tanz folgte, durch viele vergangene Jahre seines Lebens hindurch wie durch einen finstern Tunnel, und jenseits lag in Sonne und Wind und strahlend das Verlorene, die Jugend, das starke einfache Fühlen, die gläubige Bereitschaft zum Glück – und all dies lag wieder seltsam nah, nur einen Schritt weit, durch Zauber herangezogen und gespiegelt. (5, 244/245)

Diese neuerliche Konfrontation mit dem verdrängten und verschütteten inneren Leben über Teresinas Tanz – nach Jung ebenfalls eine archetypische Funktion der Anima[103] – hebt die mokanten Gedanken Kleins über die übrigen Gäste auf („Sie tanzten den reichen Leuten, den Kurgästen das Schöne vor, das in deren Leben lag und das diese selber nicht ausdrücken und ohne eine solche Hilfe nicht einmal empfinden konnten", 5/243) und lässt ihn zumindest ahnen, wie sehr auch er solcher Bilder und Projektionen bedarf, um an seine verkümmerten Lebenstriebe wieder heranzukommen. Klein braucht das Symbol Teresina, um überhaupt wieder für möglich zu halten, dass man Freude am Leben empfinden kann.

Es ist allerdings auffällig, dass die fruchtbare Wirkung Teresinas sich nur in der Distanz zu entfalten vermag. Jeder nähere Kontakt zwischen dem naiv-oberflächlichen Mädchen und dem komplizierten Intellektuellen mit seiner übergroßen Sensibilität produziert nur Irritationen und beklemmende Fremdheitsgefühle. Dies führt bereits beim ersten Rendezvous zu einem Eklat: Nachdem sie der Reihe nach einen Rauschgiftsüchtigen, einen Geisteskranken und einen Verbrecher in ihm vermutet hat – was ja alles nicht so ganz abwegig ist – werden Kleins Distanzgefühle so groß, dass er überstürzt die Flucht ergreift. Unmittelbar danach ergeht er sich wieder in ekstatischen Visionen über die Alleinheit der Welt und die Lehre vom inneren Gott als Quintessenz aller Erlösungslehren (vgl. die Einleitung dieser Arbeit):

> Seine Vereinsamung war durchbrochen, er liebte wieder, es gab jemanden, dem er dienen und Freude machen wollte, er konnte wieder lächeln, wieder lachen [...] alles war sonderbar, märchenhaft und beinahe allzu schön, alles wie nagelneu aus Gottes Spielzeugschachtel genommen, alles nur für ihn da, für Friedrich Klein, und er selbst nur dazu da, diesen Strom von Wunder und Schmerz und Freude durch sich hinzucken zu fühlen. Überall war Schönheit, in jedem Dreckhaufen am Weg, überall war tiefes Leiden, überall war Gott [...] Bibelsprüche kamen ihm in den Sinn, und alles, was er von begnadeten Frommen und Heiligen wusste [...] Sie waren denselben harten und finstern Weg geführt worden wie er, feig und voll Angst, bis zur Stunde der Umkehr und Erleuchtung [...] Wer aber die Angst überwunden hatte, der lebte nicht mehr in der Welt, sondern in Gott, in der Ewigkeit. So hatten alle gelehrt, alle Weisen der ganzen Welt, Buddha und Schopenhauer, Jesus, die Griechen. Es gab nur eine Weisheit, nur einen Glauben, nur ein Denken: Das Wissen um Gott in uns. (5, 253-255)

Mit diesen Worten artikuliert Klein seine zweite Erfahrung des Selbst. Die paradox anmutenden Extremreaktionen haben eine relativ einfache Erklärung: Eine Besessenheit durch den Archetypus des Selbst. Seit Klein zum ersten Mal die psychische Wirkung einer Selbst-Erfahrung im jungschen Sinn gemacht hat, ist er besessen von dem Willen, sie immer wieder zu produzieren und möglichst zu perpetuieren. Dieser radikale, im wahrsten Sinne des Wortes besessene Wille zur Alleinheitserfahrung aber macht ihn unfähig, auch nur die geringsten Dissonanzen, Fremdheitsgefühle und Leiden zu ertragen. Was er verlangt, ist nicht mehr und nicht weniger als die totale Erlösung auf Dauer. Daraus resultieren seine Überreaktionen gegenüber Teresina: Auf der einen Seite braucht er sie als Führerin ins Leben und in die Einheit, auf der anderen Seite aber erträgt er auch nicht die leiseste Disharmonie mit ihr. Dass dies nicht gutgehen kann, ist offensichtlich – befindet sich doch die Angebetete in ihrer Einfalt und Oberflächlichkeit noch im paradiesischen Vorstadium des Individuationsprozesses.[104] Die Reibungsflächen zwischen dieser Kind-Frau und dem ebenso verzweifelten wie erlösungssüchtigen Klein sind vorprogrammiert.

Aber die Novelle demonstriert, dass seine Erwartungen und Wünsche auch unabhängig von Teresina scheitern müssen. Bereits wenige Stunden nach der letzten Epiphanie des Selbst erfolgt ein neuer Stimmungsumschwung. Auslöser ist sein nächtliches Abenteuer mit der italienischen Gastwirtin, wo der nächtliche Beischlaf den skrupulösen Klein nicht darüber hinwegzutäuschen vermag, dass hier zwei vereinsamte und im Grunde beziehungslose Menschen Trost beieinander suchen:

> Noch während er mit durstigen Küssen an Mund und Brust des Weibes hing [...] durchfloß ihn schneidend kalt die Ahnung und Furcht, dass er tief in seinem Wesen nicht zur Liebe fähig sei, dass Liebe ihm nur Qual und bösen Zauber bringen könne [...] Ach, es kam wieder, die Schuld und Angst kam wieder und die Traurigkeit und die Verzweiflung! Alles Überwundene, alles Vergangene kam wieder. Es gab keine Erlösung. (5, 262)

Aber diese Selbstwahrnehmung trügt: Klein ist zur Liebe und Erlösung durchaus fähig – er hat beides ja unmittelbar vorher unter Beweis gestellt. Er ist es nur nicht dauernd, nicht in jedem Augenblick, nicht in jeder Situation[105], wie vermutlich kein Mensch. Er verliert sich wieder, versündigt sich, lädt Schuld auf sich – wie jeder Sterbliche. Aber eben dies kann und will er nicht annehmen. Klein verlangt nach einem Leben in der Permanenz des Selbst. Sein Traum ist das vollkommen leidlose, befreite, erlöste Leben nach dem Vorbild der großen Heiligen. Jeder Konflikt mit der Außenwelt, ja selbst die kleinsten Dissonanzen zwischen Ich und Welt stürzen den sensiblen Intellektuellen in die blanke Verzweiflung. Immer wieder wird er mit der Existenzialität des Leidens und der Unüberwindbarkeit des Polaritätsgesetzes konfrontiert, aber Friedrich Klein ist nicht bereit, sich damit abzufinden. Er sucht einen Ausweg aus dem ewigen Dualismus von Erlösung und Nichterlösung, von Selbst-Erfahrung und Verzweiflung, er will durchbrechen in die Permanenz des Selbst. Er weigert sich, die „Ewige Wiederkehr des Gleichen" zu akzeptieren. Da er aber instinktiv ahnt, dass dies zumindest in seinem Leben unmöglich ist, verfällt er wieder auf denselben „Ausweg" wie zu Beginn der Novelle: Selbstmord.

Noch einmal malt er sich in perverser masochistischer Wollust aus, wie sein eigener Körper unter den Rädern eines Eisenbahnzuges „zerkracht, zerknetet, zerpulvert, wegrasiert" (5, 264) wird. Eine zeitlang legt er seinen Kopf auf die Schienen einer Bahnlinie, schlummert sogar ein, erwacht wieder und taumelt weiter – ein Besessener, ein Wahnsinniger. Dabei zeigt sich mit aller Deutlichkeit, dass an seiner krankhaften Paralysierung durch das Selbst auch ein Mutterkomplex mitbeteiligt ist. Nach dem Intermezzo auf den Bahngleisen hat er folgenden Traum:

> In einem Traume [...] sah er folgendes: An einem Tor, das wie der Eingang zu einem Theater aussah, hing ein großes Schild mit einer riesigen Aufschrift: Sie hieß (das war unentschieden) entweder „Lohengrin" oder „Wagner". Zu diesem Tor ging er hinein. Drinnen war eine Frau, die glich der Wirtsfrau von heute nacht, aber auch seiner eigenen Frau. Ihr Kopf war entstellt, er war zu groß, und das Gesicht zu einer fratzenartigen Maske verändert. Widerwille gegen diese Frau ergriff ihn mächtig, er stieß ihr ein Messer in den Leib. Aber eine andere Frau, wie ein Spiegelbild der ersten, kam von hinten über ihn, rächend, schlug ihm scharfe, starke Krallen in den Hals und wollte ihn erwürgen. (5, 267)

Einige dieser Traumsymbole werden später vom Erzähler selbst interpretiert: Das Theater – übrigens ein erster Vorläufer des „Magischen Theater" im „Steppenwolf" – steht allgemein für Kleins Unbewusstes und die Notwendigkeit seiner Bewusstwerdung („die Aufforderung, in sich selbst einzutreten", 5/267). Der unglückliche Gralsritter Lohengrin mit seiner geheimnisvollen Herkunft steht für den Erlösungssucher Klein mit seiner unverarbeiteten Vergangenheit, während das Symbol „Wagner" wie dargelegt sowohl an die latente Aggressivität als auch an den unrealisierten Eros Kleins gemahnt. Die bedrohlichen Frauen mit den fratzenhaften Gesichtern deutet Klein als ein einheitliches Symbol für seine eigene Frau, für die Wirtsfrau und für Teresina (vgl. S. 274) – sie verkörpern also seine Anima.

Aber Klein gelingt keine vollständige Entschlüsselung des Traumes. Er assoziiert seinen Messerstich zwar dunkel mit dem Hieb gegen seine Frau in dem Traum vom rasenden Auto, kommt aber weder mit dieser Deutung noch mit dem Bezug auf Teresina zu einem abschließenden Ergebnis. Dabei liegt die Deutung auf der Hand: Die hässliche Frau mit dem verzerrten Gesicht ist ein Symbol seiner Anima, die ihm aus der Warte des Ich als eine dämonische Macht erscheint, welche ihn in den Abgrund zerren will. Dass dies keine unberechtigte Angst ist, beweist nicht nur Kleins Leben, sondern auch die Psychologie C. G. Jungs, nach der dieser Archetypus tatsächlich solche Wirkungen entfalten kann.[106]

Das Verlangen nach der Permanenz der Erlösung droht sein Ich-Bewusstsein zu zerstören. Die Gegenwehr des Ich, die in der Ermordung des Anima-Symbols zum Ausdruck kommt, ist deshalb im Grunde berechtigt, nur ihrerseits wiederum überzogen – denn eine archetypische Wunschvorstellung kann nicht einfach ausgemerzt werden. Deshalb erscheint im Traum auch sogleich eine zweite hässliche Frau[107], die erneut das Ich mit ihrem absoluten Lustverlangen konfrontiert. Der ganze Traum ist summa summarum also ein Indiz für die unversöhnliche, wesenhaft neurotische Spaltung von Kleins Psyche, wo eine Hälfte die andere auszurotten sucht, anstatt einen konflikthaften Zustand der Unerlöstheit mit „gleichen Rechten auf beiden Seiten" zu ertragen, wie dies die Endperspektive des jungschen Individuationsprozesses ist (s. Kap. 3, Anm. 79).

Da er diese implizite Botschaft seines Traumes nicht versteht, treibt Klein unaufhaltsam dem Untergang entgegen. Zwar kehrt er noch einmal zurück zu Teresina, in der schwachen Hoffnung, im Zusammensein mit ihr jene vollkommene Befreiung zu finden, die er sich wünscht. Aber der gemeinsame Ausflug in ein Spielcasino verdeutlicht ihm nur aufs Neue die unaufhebbare Diskrepanz, die zwischen ihrer Unschuld und seinem Erlösungsverlangen besteht:

> Wie war sie kindlich in ihrem Eifer, in ihrer Hoffnung, wie war sie gesund, naiv und lebenshungrig! Was würde sie davon verstehen, wenn sie seine tiefste Sehnsucht kannte, das Verlangen nach Tod, das Heimweh nach Erlöschen, nach Rückkehr in Gottes Schoß [...] Er selbst lachte ja auch vergnügt, warb ja auch um Freude und Liebe aus heitern Augen – und doch saß zugleich einer in ihm, der an das alles nicht glaubte, der dem allem mit Mißtrauen und Hohn zusah [...] (5, 275/276)

Dieser Passus offenbart noch einmal in aller Deutlichkeit die beiden Gründe für das Scheitern Kleins: Sein Verlangen nach der Permanenz der Erlösung und seine Unfähigkeit zur Überwindung seiner Persönlichkeitsspaltung, seiner Neurose. Beides wird ihm durch das Zusammensein mit Teresina – durch die Konfrontation mit seiner Anima – in aller Deutlichkeit und Unabweisbarkeit bewusst.

Dieser Erkenntnisprozess zeitigt bald darauf tragische Folgen. In der Nacht nach dem Spielcasino betrachtet der ruhelose Klein die neben ihm schlafende Geliebte und führt dabei folgenden inneren Monolog:

> Mit diesem schönen Leib, mit dieser Brust und diesen weißen, gesunden, starken, gepflegten Armen und Beinen würde sie ihn noch oft verlocken und ihn umschlingen und Lust von ihm nehmen und dann ruhen und schlafen, satt und tief, ohne Schmerzen, ohne Angst, ohne Ahnung, schön und stumpf und dumm wie ein gesundes schlafendes Tier. Und er würde neben ihr liegen, schlaflos, mit flackernden Nerven, das Herz voll Pein. Noch oft? [...] Nein, er wusste es: Keinmal mehr. (5, 282)

Der nun folgende psychische Reaktionsmechanismus wurde von seinem Traum bereits vorweggenommen: Klein sucht ein Messer, um die Projektion seiner Anima mit ihrer unerfüllbaren Forderung umzubringen. Anstatt zu seinem inneren Wunsch „nein" zu sagen, sagt er nein zu dessen äußerem Sinnbild. Aber der Vorsatz misslingt. In einer bezeichnenden freudschen Fehlleistung fällt ihm statt des Messers Teresinas Taschenspiegel in die Hand und so wird er im letzten Augenblick zur Selbsterkenntnis gezwungen. Zutiefst erschüttert begreift Klein, dass nunmehr sein Schatten in der Gestalt des Lehrers Wagner Gewalt über ihn erlangt hat und dass dies keinen Ausweg aus seiner Problematik bietet:

> [...] aus dem Spiegel schien ihm sein Gesicht entgegen, das Gesicht Wagners, ein irres verzogenes Gesicht mit tiefen schattigen Höhlen und zerstörten, zersprungenen Zügen [...] Nun stand er, Wagner, am Bett einer Schlafenden, und suchte das Messer! – Nein, er wollte nicht. Nein, er war nicht wahnsinnig! [...] Dies Gesicht des ehemaligen Friedrich Klein war fertig und verbraucht, es hatte ausgedient, Untergang schrie aus jeder Falte. Dies Gesicht musste verschwinden, es musste ausgelöscht werden. (5, 284/285)

Klein erkennt also in dieser Szene, dass ein Mord an dem harmlosen Mädchen das tiefe Leiden unter seiner Neurose und unerfüllbaren Erlösungssehnsucht keineswegs lösen, sondern höchstens noch verschlimmern könnte – die unauflösliche Schuld einer solchen Tat würde sein Leben vollends zur Hölle machen. Stattdessen begreift er definitiv, dass die Problematik in ihm selbst und nur in ihm liegt: Er selbst ist zutiefst gespalten und unerlöst – Teresina erinnert ihn nur daran. Klein gelangt in dieser Situation also erstmals zur vollen Einsicht in den existenziellen Charakter seiner Neurose – und dies bei gleichzeitiger Fortdauer seines Wunsches nach absoluter Erlösung. In diesem Bewusstsein um seinen tragischen inneren Konflikt ist es begreiflich, dass er nur noch einen Ausweg sieht: Selbstmord.

## 4.3 Die Einsicht in die Periodizität der Erlösung und das Erlebnis der Wiedergeburt

Das Ende der Novelle ist von der bisherigen Sekundärliteratur durchgängig als Selbstmord und Dokument des Scheiterns interpretiert worden.[108] Die vorliegende Arbeit will dagegen zeigen, dass praktisch alle Textmerkmale eine differenziertere Deutung nahelegen: Hesse beschreibt am Ende von „Klein und Wagner" sowohl ein Todes- als auch ein Wiedergeburtserlebnis. Friedrich Klein stirbt und erlebt im Sterben seine visionäre Wiedergeburt.

Die Argumente für diese Auslegung beginnen bei Äußerlichkeiten. Warum etwa – so muss man sich doch fragen – beschreibt der Erzähler über sieben (!) Textseiten hinweg Kleins Erlebnisse während seines Wasserganges, wenn er damit nur den Selbstmord eines Verzweifelten hätte schildern wollen? Zu diesem Zweck hätte doch die einfache Erwähnung seines Todes genügt! Aber ganz offenbar wollte der Dichter mit diesem „Untergang" etwas Bestimmtes ausdrücken. Und eben diese bestimmte Aussage lässt sich mit Hilfe der von Jung entwickelten psychologischen Kategorien zweifelsfrei als ein Wiedergeburtserlebnis nachweisen.

Sodann muss es auffallen, dass Klein seinen Exitus nicht mehr wie vorher unter den Rädern eines Eisenbahnzuges, sondern im Wasser sucht. Ersteres wäre ein Akt reiner Selbstzerstörung, eine sinnlose und grausame Todesart. Letzteres aber – das Sich-Fallen-Lassen ins Wasser – ist nach Jung ein archetypischer Ritus der Wiedergeburt, zu dem ein symbolischer Tod notwendig dazugehört.[109]

Der christliche Taufritus benutzt bekanntlich ebenfalls die numinosen Qualitäten des Wassers – wenngleich in sinnentleerter Form, da Kleinkinder ja das psychologische Faszinosum noch nicht nachvollziehen können. Der symbolische Tod in den primitiven Initiationsriten entspricht der psychologischen Notwendigkeit, dass für die Erfahrung der Ganzheit des Selbst – für das Gotteserlebnis – das bewusste Ich seine Macht zumindest zeitweise restlos aufgeben muss. C. G. Jung hat diesen Vorgang als „Opfer" bezeichnet. Nur auf diese Weise – so Jung – kann die ansonsten existenziell gegebene Polarität der Psyche aufgehoben und können jene Libidomengen freigesetzt werden, die am Ende im Faszinosum und Tremendum des Wiedergeburtserlebnisses ins Bewusstsein durchbrechen. Dieser Opferakt wird nach Jung häufig in der Form des Eingehens in ein bestimmtes Muttersymbol beschrieben, wozu unter anderem auch das Wasser gehört. Das Eintauchen ins Wasser – so Jung – ist die rituelle Basis für jene Überwindung des Ich, die notwendig ist, damit das Individuum zum Bewusstsein der Einheit und Ganzheit des Selbst und damit zur Erfahrung der Wiedergeburt gelangen kann.

Diese archetypischen psychologischen Vorgänge werden am Ende der Novelle in dichterischer Form beschrieben. Dass dabei vom Tod Friedrich Kleins gesprochen wird („die kleine Zahl von Augenblicken, welche er von da an noch lebte", 5/286) ist kein Widerspruch zu der hier entwickelten These, denn das alte Ich Kleins muss ja in der Tat einen symbolischen Tod sterben, damit ein neuer Mensch – ein Klingsor? – aus den Fluten steigen kann. Dann aber werden die psychologischen Details eines Wiedergeburtserlebnisses in aller Deutlichkeit entwickelt:[110]

Als Symbol des zu überwindenden Ich figuriert das Boot („Sein kleines Boot, das war er, das war sein kleines, umgrenztes, künstlich versichertes Leben", 5/286). Das Element der Wiedergeburt ist wie gesagt der See, der explizit mit den wiedergebärenden Archetypen der Großen Mutter und des Gottes identifiziert wird („rundum aber das weite Grau, das war die Welt, das war All und Gott / seit er sich hatte vom Bootsrand fallen lassen, in den Schoß der Mutter, in den Arm Gottes." 5/286/287).

Aber nicht nur diese äußere Symbolik, auch die ganzen Erkenntnisse, die Klein während seines „Sich-Fallen-Lassens" durchzucken, machen unmissverständlich klar, dass ein Wiedergeburtserlebnis beschrieben wird. Alles, was ihm an Einsichten zufliegt, bezieht sich auf das Leben, artikuliert seine Sichtweise eines befreiten, wissenden, erleuchteten Lebens. Es wird nicht nur verschiedentlich gesagt, dass aufgrund dieser neuen Erkenntnisse sein Sterben nicht mehr notwendig ist, sondern seine Wiedergeburt auch explizit angekündigt:

> Sein Sterben war nicht mehr notwendig, jetzt nicht mehr […] Die ganze
> Kunst war: sich fallen lassen! Das leuchtete als Ergebnis seines Lebens hell

durch sein ganzes Wesen: sich fallen lassen! Dass er sich ins Wasser und in
den Tod fallen ließ, wäre nicht notwendig gewesen, ebensogut hätte er sich
ins Leben fallen lassen können [...]Er würde leben, er würde wiederkommen
[...] Dann aber würde er keinen Selbstmord mehr brauchen und keine von
all diesen mühsamen und schmerzlichen Torheiten mehr, denn er würde die
Angst überwunden haben. (5, 287)

Dieser Passus artikuliert die erste wichtige Einsicht des wiedergeborenen Klein:
Die Bedeutsamkeit des Sich- Fallen-Lassens als Vehikel zur Überwindung der
Angst. Angst – so der Grundgedanke – schafft Leiden, weil es Reibungsflächen
und Mauern zwischen dem Einzelnen und der Welt, zwischen dem Ich und
dem Unbewussten errichtet. Aber Angst ist ein Resultat der Ich-Haftigkeit.
Der restlos verselbstete Mensch – derjenige, der sich fallen lassen kann in
seinen eigenen Urgrund – überwindet die Angst, denn er wird mit allem
eins. Er verbindet sich mit den synthetischen und allumfassenden Kräften des
Kollektiven Unbewussten und erreicht damit eine neue Freiheit ("Wer einmal das große Vertrauen geübt und sich dem Schicksal anvertraut hatte, der
war befreit", 5/288).
     Aber Klein hat noch weitere, nicht minder wichtige Lebenseinsichten wäh-
rend seines Selbstmordversuchs. Wenn die Angst eher auf die Überwindung
seiner neurotischen Persönlichkeitsspaltung zielt, so bezieht sich eine weitere Offenbarung auf das zweite große Problem seines Lebens: Sein Bedürfnis
nach einer Permanenz der Erlösung. Klein halluziniert Menschenströme, in
die er seine eigene psychische Problematik und deren mögliche Lösung hineinprojiziert:

[...] Züge von Wesen zogen gegeneinander, jedes sich selbst mißkennend,
sich selbst hassend, und sich in jedem anderen Wesen hassend und ver-
folgend. Ihrer aller Sehnsucht war nach Tod, war nach Ruhe, ihr Ziel war
Gott, war die Wiederkehr zu Gott und das Bleiben in Gott. Dies Ziel schuf
Angst, denn es war ein Irrtum. Es gab kein Bleiben in Gott! Es gab keine
Ruhe! Es gab nur das ewige, ewige, herrliche, heilige Ausgeatmetwerden
und Eingeatmetwerden, Gestaltung und Auflösung, Geburt und Tod, Auszug und Wiederkehr, ohne Pause, ohne Ende. Und darum gab es nur Eine
Kunst, nur Eine Lehre, nur Ein Geheimnis: sich fallen lassen, sich nicht
gegen Gottes Willen sträuben, sich an nichts klammern, nicht an Gut noch
Böse. Dann war man erlöst, dann war man frei von Leid, frei von Angst, nur
dann. (5, 289)

Diese Visionen enthalten eine richtige und eine falsche oder zumindest korrekturbedürftige Aussage, die Hesse später selbst wieder relativieren wird: Richtig und weiterführend ist, dass es kein Bleiben im Selbst, keine Permanenz der Erlösung geben kann. Das Leben – so erkennt Klein – ist ein polares Geschehen, in dem der Mensch auf immer und ewig darauf angewiesen ist, zwischen den verschiedenen Polen des Seins und seiner Psyche unterwegs zu sein. Er begreift auch, dass der Weg der Weisheit nur darin bestehen kann, diesem ontischen Gesetz keinen Widerstand zu leisten.

Was er noch nicht versteht und was ihm deshalb auch in seiner neuen Inkarnation wieder als Problem aufgegeben werden wird, ist die Tatsache, dass das Polaritätsgesetz des Seins sich auch auf die Gefühle von Angst und Leid erstreckt, dass auch diese Befindlichkeiten ewig wiederkehren – allem Wissen und aller Erleuchtung zum Trotz. Die nächste Novelle Hesses wird gerade dies in allen Einzelheiten zeigen. Erst in seinem neuen Leben als Maler Klingsor wird Friedrich Klein begreifen, dass es nur Wege zu sinnvollen und schöpferischen Umwandlungen von Angst und Leid, nicht aber Wege in die Angst- und Leidlosigkeit gibt.

Mit diesen Lösungsvisionen ist die eigentliche geistige Problematik der Novelle abgeschlossen. Der Rest von Kleins Epiphanien ist gedanklich gesehen Beiwerk, vermittelt aber interessante Einblicke in die Natur des kollektiven Unbewussten. Je tiefer Klein in den See hinabsinkt, desto mehr sinkt er von den persönlichen in die kollektiven Schichten seines Unbewussten. Er beginnt mit Assoziationen privater Art, sieht neben sich Teresina, seine Frau, seine Eltern und Geschwister einherschwimmen, dringt dann ein in die überpersönlich-kulturelle Sphäre, halluziniert Tizians Venus, sowie das Münster zu Straßburg und endet mit der Einsicht, dass das Polaritäts- und Zeitgesetz nur für den Bereich des Ich gilt und von der ganzheitlichen und zeitlosen Struktur des kollektiven Unbewussten aufgehoben wird (s. o.):

> Wie gut, dass auch diese Erkenntnis nunmehr zu ihm kam: dass es keine
> Zeit gab! Das einzige, was zwischen Alter und Jugend, zwischen Babylon
> und Berlin, zwischen Gut und Böse, Geben und Nehmen stand, das einzige,
> was die Welt mit Unterschieden, Wertungen, Leid, Streit, Krieg erfüllte, war
> der Menschengeist, der junge ungestüme und grausame Menschengeist im
> Zustand der tobenden Jugend, noch fern vom Wissen, noch weit von Gott.
> Er erfand Gegensätze, er erfand Namen [...] Eine seiner Erfindungen war die
> Zeit. (5, 291)

Aber bei dieser Entdeckung der Zeitlosigkeit und Einheitlichkeit des kollektiven Unbewussten[111] – bleibt Klein noch nicht stehen. Er dringt durch bis zu jenem innersten Kern des Selbst, in dem nach Jung das „imago dei" ruht. Im widerstandslosen Dahinfluten zwischen den Massen der erlösten und unerlösten Geschöpfe gelangt Friedrich Klein zum Erlebnis der innerseelischen Realität Gottes:

> Aus dem Gesang der Seligen und aus dem endlosen Qualschrei der Unseligen baute sich über den beiden Weltströmen eine durchsichtige Kugel oder Kuppel aus Tönen, ein Dom von Musik, in dessen Mitte saß Gott, saß ein heller, vor Helle unsichtbarer Glanzstern, ein Inbegriff von Licht, umbraust von der Musik der Weltchöre, in ewiger Brandung [...] Jetzt vernahm Klein seine eigene Stimme. Er sang. Mit einer neuen, gewaltigen, hellen, hallenden Stimme sang er laut, sang er laut und hallend Gottes Lob, Gottes Preis. Er sang im rasenden Dahinschwimmen, inmitten der Millionen Geschöpfe, ein Prophet und Verkünder. Laut schallte sein Lied, hoch stieg das Gewölbe der Töne auf, strahlend saß Gott im Innern. Ungeheuer braust die Ströme hin. (5, 292)

In dieser furiosen Kadenz findet Kleins Selbst-Erfahrung ihren Abschluss. Er ist durchgedrungen bis zum letzten und tiefsten Symbol des kollektiven Unbewussten, bis zum „imago dei". Damit hat er alle Höhen und Tiefen seines Selbst durchlebt und alle wesentlichen Archetypen ans Licht des Bewusstseins gehoben: Den Schatten, die Anima und das Gottesbild. Der existenzielle Charakter seiner Neurose und seine Einsicht, diese auf der Ebene des Bewusstseins und des Willens nicht aufheben zu können, hat sich als Eingangstor zu einer umfassenden Erfahrung des Unbewussten und des Selbst erwiesen.

Wenn Friedrich Klein damit in seinem Leben die Möglichkeiten des dem Menschen psychisch Erfahrbaren auch weitgehend ausgeschöpft hat, so bleibt doch die letzte große Aufgabe des jungschen Individuationsprozesses ungelöst: Die Herstellung eines ausgeglichenen und gleichberechtigten Verhältnisses von Ich und Selbst und mithin eine Akzeptanz des Leidens. Das Faktum, dass ein menschliches Leben, welches nicht dem Wahnsinn oder der vollkommenen Lebensuntüchtigkeit verfallen will, um die Notwendigkeit eines Ich und damit auch um die Angst und das Leiden – nicht herumkommt, wird nicht ins Auge gefasst. Dieses Problem wird erst in der nächsten Novelle angegangen.

# 5.  Klingsors letzter Sommer

## 5.1  Das Ausgangsleid

Die Novelle vom Maler Klingsor entstand bekanntlich im Sommer 1919 un-mittelbar nach dem Abschluss von „Klein und Wagner."[112] Wie schon das voran-gegangene Werk, so bietet auch sie keinen vollständigen Individuationsprozess im jungschen Sinn, sondern eine bestimmte Ausschnittsproblematik, die sich aber mit den Kategorien der analytischen Psychologie durchaus erfassen, deu-ten und auf einen übergeordneten Zusammenhang beziehen lässt. Dies soll im folgenden versucht werden.

Die psychologische Problematik der Erzählung setzt dort ein, wo „Klein und Wagner" aufgehört hatte: Der Maler Klingsor experimentiert mit je-nem rückhaltlosen „Sich- Fallen-Lassen" ins Leben, das Friedrich Klein bei seinem Wiedergeburtserlebnis als Weg zur Überwindung des Leidens er-schienen war.

Er übernimmt Kleins Vision eines befreiten Lebens und liefert sich wider-standslos seinen Antrieben und Erfahrungen aus. Diese manifestieren sich bei Klingsor zunächst in genau jenem Doppelaspekt, der auch bei Klein schon im Schatten seines „Wagner-Komplexes" lag und zu dem es ihn unbewusst drängte: Eros und Kunst. Freilich mit einem charakteristischen Unterschied: Stand bei Klein noch die Erotik im Mittelpunkt seiner Interessen und seiner Suche nach einer neuen Ganzheit, so ist es bei Klingsor die Kunst, wobei es sich allerdings nur um eine Akzentverschiebung handelt.

Klingsors Hoffnung ist, durch die vollständige Hingabe an Eros und Kunst – beides sind nach Jung übrigens archetypische psychische Funktionen der Anima[113] – das Leid zu überwinden und Erlösung zu finden. Und es scheint ihm zu glücken. Die berühmte Eingangssequenz der Novelle be-schreibt in mitreißenden Worten das rauschhaft-ekstatische Lebensgefühl Klingsors und dessen primäre Antriebe:

> Ein leidenschaftlicher und raschlebiger Sommer war angebrochen. Die hei-
> ßen Tage, so lang sie waren, loderten weg wie brennende Fahnen, den kur-
> zen schwülen Mondnächten folgten kurze schwüle Regennächte, wie Träume
> schnell und mit Bildern überfüllt fieberten die glänzenden Wochen dahin.
> Kein Ding auf der Erde, das man nicht hätte malen müssen! Keine Frau in
> der Welt, die man nicht hätte lieben müssen! Warum gab es Zeit? Warum

immer nur dies idiotische Nacheinander, und kein brausendes, sättigendes Zugleich? (5, 299)

Wer diese Zeilen genau liest, der erkennt, dass bereits in dieser Exposition das orgiastische Pathos nur eine Seite der Medaille ist: dahinter steht – kulminierend im Verlangen nach Aufhebung der Zeit – die halbbewusste Ahnung von der Vergänglichkeit dieses Sommers samt aller seiner Ekstasen, eine dunkle Todesdrohung. Dieses Gegenmotiv wird im Verlauf der Erzählung immer deutlicher entfaltet und bildet zusammen mit den sujets der Magie und des künstlerisch-erotischen Lebensrausches den grundlegenden Spannungsbogen des Werkes.[114] Klingsor muss die Erfahrung machen, dass das „Sich-Fallen-Lassen" ins Leben ihn keineswegs vor der Vergänglichkeit, vor dem Leiden und vor der Todesangst zu bewahren vermag. Bereits das einleitende Kapitel der Novelle zeigt in fließendem Übergang von auktorialer Erzählhaltung und personalem Erzählen die Kehrseite von Klingsors „rasendem Leben":[115]

> Er legte die Stirn und die schmerzenden Augen auf die kühle Eisenbrüstung, das erfrischte für einen Augenblick. In einem Jahr vielleicht, oder früher, waren diese Augen blind, und das Feuer in seinem Herzen gelöscht. Nein, kein Mensch konnte dies flammende Leben lang ertragen, auch nicht er, Klingsor, der zehn Leben hatte [...] In allen guten [...] Zeiten seines Lebens [...] hatte er so gelebt [...] mit einem bald jubelnden, bald schluchzenden Gefühl von rasender Verschwendung, von Verbrennen, mit einer verzweifelten Gier, den Becher ganz zu leeren, und mit einer tiefen, verheimlichten Angst vor dem Ende. (5, 295/296)

Dieses schwere Leiden hinter allem vordergründigen Lebensrausch offenbaren auch Klingsors Bilder, die allesamt als Projektionsflächen seiner verdrängten und nur mühsam im Zaum gehaltenen inneren Verzweiflung angesehen werden müssen. Über einen Berg, den er gemalt hat, heißt es: „er hatte ihn ganz nahe an ein Fratzengesicht heranmodelliert. Er schien zu schreien, der Berg, vor Schmerz zu klaffen." (5, 297).

Dieses Hin- und Hergerissensein zwischen rauschhaft-gesteigertem und depressiv-vermindertem Lebensgefühl ist nach der Psychologie C. G. Jungs keineswegs als Ausdruck einer bloß persönlichen Marotte zu begreifen, sondern als Symptom seiner widerstandslosen Auslieferung an die Kräfte des Unbewussten. Aniela Jaffé hat in ihrem großartigen und materialreichen Aufsatz über die Psychologie des Surrealismus darauf hingewiesen, dass die bedingungslose Auslieferung an das Unbewusste nicht nur dessen produktiv-synthetische Kräfte, sondern namentlich die düsteren und destruktiven Dispositionen des kollektiven Unbewussten freisetzt (was sich in den Bildern Salvador Dalis so überaus sprechend artikuliert).[116] Exakt darin besteht auch die Problematik Klingsors. Wie Dali und van Gogh ist er der Typus des hochproblematischen, potenziell psychotischen Malers. Seine Auslieferung an die Anima ist radikal und absolut – und entsprechend sieht sein Leben aus. Am Ende des ersten Kapitels zeigt ein Traum die ganze innere Problematik Klingsors:

> Ein Traumbild [...] entzückte und erschütterte ihn: Er lag in einem Walde und hatte ein Weib mit rotem Haar auf dem Schoß, und eine Schwarze lag an seiner Schulter [...] und überall und rundum waren Frauen und Mädchen, manche noch Kinder, mit dünnen hohen Beinen, manche in voller Blüte, manche reif und mit den Zeichen des Wissens und der Ermüdung in den zuckenden Gesichtern. Da brach Krieg und Flamme zwischen den Weibern aus [...] und alle stürzten sich aufeinander, jede schrie, jede riß, jede biß, jede tat weh, jede litt weh [...] Krallen schlugen blutig in feistes Fleisch. (5, 301)

Dieser Traum demonstriert mit geradezu klinischer Präzision Klingsors inneres Dilemma: Die erste Hälfte veranschaulicht die positiven Möglichkeiten der Anima, wobei die „Rote" und die „Schwarze" für die Erotik, die Mädchen für den Wunsch nach ungebrochenem Leben und die älteren, wissenden Frauen für seinen Kunsttrieb stehen.

Die zweite Hälfte aber zeigt, dass mit der umfassenden Öffnung gegenüber dem Unbewussten auch dessen zerstörerischen Potenzen freie Bahn gegeben wird und sich Eros gegen Kunsttrieb, der Drang nach geistiger Durchdringung gegen das Bedürfnis nach einer neuen Unschuld et vice versa richten kann. Wenn Klingsor am Ende die Traumgestalten auffordert, statt einander doch ihn selbst zu zerreißen, so illustriert diese Äußerung noch einmal in aller Deutlichkeit die Bereitschaft seines Ich, den positiven wie negativen Kräften seines Unbewussten bedingungslos das Feld zu räumen. Indem er sich rückhaltlos ins Leben fallen lässt, ist er dem Tode schon anheimgegeben.

Diese Vielschichtigkeit und innere Zerrissenheit Klingsors wird im zweiten Kapitel konterkariert durch den Maler und Lebenskünstler „Louis der Grausame". Er ist der Typus des unproblematischen Künstlers ohne Dämonie

und innere Tiefe, welcher die Kunst nur als notdürftigen Ersatz für Erotik
und materiellen Lebensgenuss ansieht und sich freimütig zum Primat des
Lebens bekennt. Eher an Wein, gutem Essen und schönen Frauen denn an
der Gunst der Musen interessiert, lautet sein Wahlspruch:

> Man malt doch bloß faute de mieux, mein Lieber. Hättest du immer das
> Mädchen auf dem Schoß, das dir gerade gefällt, und die Suppe im Teller,
> nach der dir heute dein Sinn steht, du würdest dich nicht mit dem wahnsin-
> nigen Kinderspiel plagen. (5, 302)

Klingsor insistiert dagegen auf der Gleichwertigkeit von Leben und Kunst
(„das Sinnliche ist um kein Haar mehr wert als das Geistige, so wenig wie
umgekehrt", 5/304) und verteidigt damit die grundlegende Polarität seines
Lebens auch in diesem Punkt. Noch weiß er nicht, dass diese beiden Aspekte
seiner Anima – die Kunst- und die Lebensfunktion – in den Tiefen seines
Unbewussten zusammenhängen und sich gegenseitig bedingen.

## 5.2 Magie als Erlebnis des kollektiven Unbewussten

Trotz aller rauschhaften Ekstase, die aus ihm spricht, steht das dritte Kapitel
„Der Kareno-Tag"[117] von vornherein im Zeichen einer bewussten Flucht
Klingsors vor der Nachtseite des Lebens und seiner eigenen Psyche. Gleich
zu Beginn weist Klingsor einen seiner Begleiter darauf hin, dass nicht nur die
Farben seiner Bilder, sondern das ganze Leben der Vergänglichkeit und dem
Tode anheimgegeben sind und spielt mit dem Gedanken an einen Selbstmord
im Fluss. Erst nach der ernstlichen Ermahnung durch eine Freundin schiebt
Klingsor diese düsteren Gedanken gewaltsam beiseite und versucht, sich dem
Tag und dem Lebensgenuss hinzugeben.

Durch seine vollkommene Offenheit und Widerstandslosigkeit gegenüber den Manifestationen des Unbewussten ist Klingsor innerlich dermaßen
sensibilisiert, dass praktisch alle Begegnungen mit der Außenwelt ihm auch
zu Begegnungen mit den archetypischen Strukturen seiner Innenwelt geraten. Dies ist gleichzeitig die psychologische Interpretation von Hesses Magie-
Verständnis: Der Protagonist empfindet die Erscheinungswelt als ein direktes
Abbild seiner Psyche, als eine Projektion des Unbewussten.[118] Auf diese Weise
wird für Klingsor ein äußerlich harmloser Ausflugstag mit Freunden zu einem
magischen „Weg nach Innen".

Der Introversionsprozess beginnt mit einer Vision der Großen Mutter. In einem abgelegenen, verkommenen Haus erblickt Klingsor eine Frau, die er wie folgt wahrnimmt:

> Aus einem finstern Steinraum wie aus Höhlen der Urzeit trat ein Weib, die Mutter [...] Aus schmutzigen Kleidern stieg der braune Hals, ein festes, breites Gesicht, sonnverbrannt und schön, breiter voller Mund, großes Auge, roher, süßer Liebreiz, Geschlecht und Mutterschaft sprach breit und still aus großen asiatischen Zügen [...] Diese Frau wollte er malen, oder ihr Geliebter sein, sei es nur eine Stunde lang. Sie war alles: Mutter, Kind, Geliebte, Tier, Madonna. (5, 313)

Die Charakterisierung dieser Frau und das Ambiente, in dem sie sich bewegt, stellen eindeutig klar, dass es sich um eine Projektion der Großen Mutter handeln muss: Der finstere, vorzeitliche Steinraum aktiviert Klingsors kollektives Unbewusstes, aus dem seine Assoziationen emporquellen. Die Universalität des Weiblichen samt der starken Gegensatzspannung, welche die Frau für ihn verkörpert (Tier – Madonna), muss als Projektion der starken Anima-Spannungen, unter denen Klingsor selbst steht, verstanden werden. Da er in hohem Maße unter einem Konfliktverhältnis von Trieb und Geist (Leben/Eros versus Kunst) leidet, projiziert er dies in die Frau hinein und halluziniert eine coincidentia oppositorum. Der Wunsch, ihr Geliebter zu sein, entspricht seinem unbewussten Drang nach Befruchtung der Großen Mutter und damit nach einer Wiedergeburt im Zeichen der Ganzheit.

Aber diese Vision bildet – psychologisch übrigens durchaus konsequent – nur den Auftakt zu einer gewaltigen Epiphanie des Kollektiven Unbewussten. Die Ankunft in dem bizarren Bergdorf Careno erzeugt in Klingsor das enthusiastische Gefühl, gleichzeitig drei verschiedene Erdteile zu besuchen – er erfährt die Raum- und Zeitlosigkeit der seelischen Tiefenschichten. Wie schon bei der Frau im Steinflur ist auch hier das äußere Objekt nur der Anlass, um eine sich verselbstständigende Eruption seiner Psyche auszulösen. Diese Visionen steigern sich im Verlauf der orgiastischen, weinseligen Nacht in einem Tessiner Grotto bis hin zum Gefühl der Aufhebung aller Grenzen von Raum, Zeit, Kultur und enden in Phantasien göttlicher Allmacht; in hymnischen Gesängen preist der Erzähler Klingsors Abtauchen in die tiefsten Abgründe der Kollektivseele:

Hoch saßen sie in schwebender Schaukel überm Abgrund der Welt und
Nacht, Vögel in goldenem Käfig, ohne Heimat, ohne Schmerz, den Sternen
gegenüber. Sie sangen, die Vögel, sangen exotische Lieder, sie phantasierten
aus berauschten Herzen in die Nacht, in den Himmel, in den Wald, in das
fragwürdige, bezauberte Weltall hinein. Antwort kam von Stern und Mond,
von Baum und Gebirg, Goethe saß da und Hafis, heiß duftete Ägypten und
innig Griechenland herauf, Mozart lächelte, Hugo Wolf spielte den Flügel
in der irren Nacht [...] Klingsor, König der Nacht, hohe Krone im Haar,
dirigierte den Tanz der Welt, gab den Takt an, rief den Mond hervor, ließ die
Eisenbahn verschwinden [...] Malen war schön, Malen war ein schönes, ein
liebes Spiel für brave Kinder. Anders war es, größer und wuchtiger, die Sterne zu dirigieren [...] (5, 320/321)

Nüchterne Leser werden diese Zeilen als größenwahnsinnige Exaltationen eines Betrunkenen oder Verrückten abtun; anderen mögen sie eine Offenbarung
sein. Bei beiden Urteilen wäre aber zu berücksichtigen, dass die Visionen
des Dichters keineswegs eine bloß subjektive Angelegenheit, sondern psychische Gegebenheiten sind, die in jedem Einzelnen bewusst oder unbewusst als Dispositionen bereitliegen. Es gibt nach Jung eben Bereiche der
Kollektivpsyche, wo alle Limitierungen des Normalbewusstseins aufgehoben sind, die Grenzen von Raum, Zeit, Kultur, Epoche nicht mehr gelten und wo das Individuum seiner inneren Teilhaberschaft am Ganzen der
Welt gewahr werden kann. Klingsor erfährt in dieser Nacht die befreiende,
enthusiasmierende, ja berauschende Wirkung der Bewusstwerdung dieser
Seelentiefe. Verständlich, dass ihm in diesen Augenblicken des vollendeten
Zusammenhangs mit Gott und dem Kosmos – der ekstatischen „unio mystica" – das Malen als ein hoffnungslos insuffizientes Unterfangen erscheint:
Malerei bleibt abhängig vom Gegenstand, perpetuiert die leidvolle Polarität
der Welt und der Psyche, anstatt sie aufzuheben. Was Klingsor sich aber
im Innersten ersehnt, ist Einheit, Ganzheit, reibungsloses Aufgehen in der
Welt – mit einem Wort: Magie.[119]
    In diesem Stadium seiner Entwicklung ist er überzeugt, dass nur Magie – also
die visionäre Umwandlung der Polarität und Vielheit in Einheit – ihm die ersehnte Befreiung zu bringen vermag. Dass er dabei zu Allmachtsphantasien
und zur Hybris neigt wie mancher Heils-Sucher vor ihm, ist nicht verwunderlich: Es ist eine archetypische Gefahr bei der Fühlungnahme mit den
Tiefenstrukturen des Selbst.

## 5.3 Der dunkle Aspekt des Unbewussten

Der Umschlag folgt auf den Fuß. Mit der gleichen naturgesetzlichen Notwendigkeit, wie die Heiterkeit des Sommers in die Melancholie des Herbstes überzugehen beginnt, meldet sich auch der dunkle Aspekt von Klingsors Unbewusstem wieder und wirft ihn zurück in Schwermut, Leid und Todesangst. Der positive Einfluss der Anima – ihre magischen, ekstatischen und ganzheitsstiftenden Wirkungen – hat sich wieder einmal als zeitlich begrenzt erwiesen. Wie für Friedrich Klein, so gibt es auch für Klingsor keine dauerhafte Erlösung – die Kehrseite des Lebens und der Psyche holt ihn unfehlbar wieder ein. Die Leidensproblematik wird aufs Neue gestellt.

Zunächst wird das Thema angeschlagen: Klingsor zeigt sich angezogen von einem Karussell – Symbol des Kreislaufs und der Vergänglichkeit – und versucht, es zu malen. Die Objektwahl und die Art und Weise seiner zeichnerischen Auseinandersetzung zeigen eindeutig, dass es für ihn dabei um den verzweifelten Versuch einer Bewältigung des Leidens und der Todesangst geht:

> Tief biß er sich fest im verschossenen Lila einer Zeltborte [...] grimmig wühlte er im Kadmium, wild im süß-kühlen Kobalt [...] Noch eine Stunde, oh, weniger, dann war Schluss, die Nacht kam, und morgen begann schon der August, der brennende Fiebermonat, der so viel Todesfurcht und Bangnis in seine glühenden Becher mischt. (5, 326)

Aber noch ist Klingsor der unlösliche Zusammenhang von Todesangst und künstlerischer Schaffenskraft in seinem Leben nicht vollkommen bewusst geworden. Noch kämpft er wild und blindlings gegen den Tod. Dieser Bewusstwerdungsprozess wird nun in symbolisch-allegorischer Form beschrieben. Klingsor begegnet einer Reihe von Gestalten, die teilweise als reine Projektionen seines Unbewussten verstanden werden müssen und die ihn mit den verschiedenen Lösungsmöglichkeiten für seine innere Problematik konfrontieren.[120]

Die erste dieser Allegorien wird von Klingsor sinnigerweise als der „Schatten" bezeichnet. Seine Charakterisierung lässt ohne weiteres erkennen, dass er Klingsors verdrängte Todesangst verkörpert und damit als vollgültiger Schatten im jungschen Sinn verstanden werden kann:

> Und da kam [...] auch der Schatten, der lange, dunkle, mit den weit zurückgeflohenen Augen in den tiefen Höhlen. Willkommen auch du, Schatten, lieber Kerl! (5, 328)

Später lädt der Schatten – seiner äußeren Lebensfeindlichkeit zum Trotz – alle Kinder zum Karussellfahren ein. Er ist also nicht nur eine Inkarnation des angenommenen Leidens und der Todesbereitschaft, sondern auch der Dennoch-Freundlichkeit, der Dennoch-Güte, der Dennoch-Liebe. All dies steckt zwar auch in Klingsor – wie sein Schokoladengeschenk an ein kleines Mädchen während des Kareno-Tages und seine Gaben für die Freundin Gina am Ende der Novelle demonstrieren – aber es ist ebenso unterentwickelt wie ein positives und fruchtbares Verhältnis zum Leiden. Der Schatten mahnt ihn nun, diese Seiten seines Selbst zu entwickeln.

Die zweite Alternative wird vom Dichter Thu Fu vorgetragen. Er verkörpert das poetische Alter Ego Klingsors und steht für die Möglichkeit einer Überwindung der düsteren Aspekte des Lebens durch Liebe und Poesie. Seine Liebeskraft und Heiterkeit zeigt sich im Tanz mit einem kleinen Mädchen, den er voller Freundlichkeit und Zuneigung absolviert (5, 332). Dass diese „apollinische" Seite seines Wesens keineswegs auf Oberflächlichkeit und Naivität beruht, sondern aus einem tiefen Wissen um die Vergänglichkeit alles irdischen Glücks resultiert, zeigt ein Gedicht, das ihm zugeschrieben wird und gleichzeitig eines der schönsten aus dem gesamten lyrischen Schaffen Hesses ist:

Vom Baum des Lebens fällt
mir Blatt um Blatt
O taumelbunte Welt

Wie machst du satt
Wie machst du satt und müd
Wie machst du trunken.

Was heut noch glüht
Ist bald versunken
Bald klirrt der Wind
Über mein braunes Grab
Über das kleine Kind
Beugt sich die Mutter herab
Ihre Augen will ich wiedersehn
Ihr Blick ist mein Stern
Alles andre mag gehn und verwehn
Alles stirbt, alles stirbt gern

Nur die ewige Mutter bleibt
Von der wir kamen
Ihr spielender Finger schreibt
In die flüchtige Luft unsre Namen.
(5, 337/338)

Verkörpert Thu Fu dergestalt die Ausbalancierung der düsteren Aspekte des Unbewussten durch Liebe und Heiterkeit[121] – also durch Hingabe an die positiven Aspekte der Anima (der Mutter), so wird Klingsor noch eine dritte Möglichkeit der Leidensbewältigung vorgetragen: Die Rückkehr zur Magie. Protagonist dieser Alternative ist der „Magier", auch „armenischer Sterndeuter" genannt. Dieser – vermutlich die einzig naturalistisch gemeinte Figur in dieser Reihe, das „lebende Vorbild" war Hesses Freund Jup Englert – verkündet die Lösbarkeit aller psychischen Probleme durch Willenskraft und Magie und wird in dieser Eigenschaft zu einer weiteren Alter-Ego-Projektion Klingsors. Seine zentralen Thesen lauten:

> [...] es ist das Werk einer Stunde mit zusammengebissenen Zähnen, dann ist man mit der Schwermut für immer fertig.. alle Gegensätze sind Täuschungen [...] Tod und Leben ist Täuschung [...] Magie hebt Täuschungen auf. Magie hebt jene schlimmste Täuschung auf, die wir Zeit heißen. (5, 333)

Was der Magier hier vorträgt, ist nichts anderes als die uralte hinduistisch-buddhistische „Maya"-Lehre: Die Welt der Gegensätze ist eine Welt des Scheins, welche die dahinterstehende und eigentliche Einheit des Seins verdeckt. Alles Leiden des Menschen resultiert daraus, dass er diese Einheit nicht erkennt und die Welt des Scheins für die Wahrheit hält. Es ist – psychologisch gesprochen – das Insistieren auf der Eigentlichkeit des Selbst und der Uneigentlichkeit des Ich. Der Magier formuliert diese Lehre in indischer Sprache, weshalb er auch als „Asiate" und „Bote aus dem Osten" bezeichnet wird (5, 330). Er predigt den indischen Weg zum Selbst.

Klingsor freilich ist mittlerweile erfahren und tapfer genug, um diese Möglichkeit für sich zurückzuweisen. Er weiß, dass Magie ihn immer nur für kurze Zeit zu befreien vermag und keine dauerhafte Erlösung von seinen Ängsten und Nöten bringen kann. Stattdessen bekennt er sich nun zu Alkohol und Kunst als „Waffen" gegen das Leid. Auf die leeren Weinflaschen vor sich deutend sagt er zum Magier:

> Dies sind unsere Kanonen [...] mit diesen Kanonen schießen wir die Zeit
> kaputt, den Tod kaputt, das Elend kaputt. Auch mit Farben habe ich auf den
> Tod geschossen [...] oft habe ich ihn auf den Schädel getroffen [...] oft habe
> ich ihn in die Flucht geschlagen. Noch oft werde ich ihn treffen, ihn besie-
> gen, ihn überlisten. (5, 333)

Damit hat Klingsor erstmals die existenzielle Polarität und Leidhaftigkeit seines Lebens angenommen. Er weiß, dass zumindest in seinem Dasein Leid und
Todesangst allen magischen Ekstasen zum Trotz immer wiederkommen werden und die permanente Erlösung ein auf ewig unerreichbarer Wunschtraum
bleiben wird.

Was er noch nicht weiß – oder zumindest noch nicht mit der gebotenen
Deutlichkeit erkennt – ist, dass seine Unfähigkeit zu einer Überwindung des
Leidens keineswegs ausschließlich negativ zu bewerten ist, sondern gleichzei-
tig die conditio sine qua non seiner Kunst bedeutet. Darüber klärt ihn nun
der allwissende Magier auf. Klingsor mit seinem chinesischen Lieblingsdichter
Li Tai Pe identifizierend, sagt er ihm geradewegs ins Gesicht:

> Es ist die Sache einer Stunde, die Angst zu überwinden. Aber Li Tai Pe will
> nicht. Li liebt ja den Tod, er liebt ja seine Angst vor dem Tode, seine Schwer-
> mut, sein Elend, nur die Angst hat ihn ja all das gelehrt, was er kann und
> wofür wir ihn lieben. (5, 334)

Klingsor erwidert nichts darauf. Er weiß, dass der Magier recht hat. Der düstere Aspekt des Daseins und des Unbewussten gibt ihm die entscheidenden
Impulse für seine Kunst, für das größte Faszinosum seines Lebens und die
Quelle seines tiefsten Glücks. Auch wenn er könnte – er würde seine Leiden
gar nicht abschaffen wollen, denn sie liefern ihm jene grundlegende innere Spannung, die er für seine schöpferische Arbeit braucht. Die Permanenz
der Erlösung auf dem Wege der Magie oder des Willens würde ihm das entscheidende movens für sein Künstlertum rauben. Deshalb braucht er, was
ihn quält.

Am Ende des Gesprächs mit dem Magier ist Klingsor also zum vollen
Bewusstsein seines Selbst und seiner Stellung zur Welt durchgedrungen. Er
weiß, dass er keine andere Aufgabe mehr hat, als sein Leiden anzunehmen
und in schöpferische Arbeit zu verwandeln. Und genau das wird er tun.

## 5.4 Kunst als Apotheose der Nichterlösung und Ausdruck des kollektiven Unbewussten

Die definitive Zurückweisung einer Erlösungsmöglichkeit und das – wenngleich nur widerwillige – Akzeptieren einer grundlegenden Daseinsspannung lösen in Klingsor eine künstlerische Explosion sondergleichen aus. Der große Schmerz treibt ihn zur großen Leistung. Der Text zeigt sehr schön den inneren Zusammenhang zwischen seinem dramatisch gesteigerten Vergänglichkeitsempfinden und der beinahe manischen Potenzierung seiner künstlerischen Schaffenskraft: Plötzlich hat er das Gefühl, Sonne und Mond liefen „gehetzt wie Amokläufer" über den Himmel und die Zeit liefe ihm davon „wie durch ein Loch im Sack" (5, 342). Die daraus resultierende Steigerung seiner schöpferischen Kräfte vergleicht er mit der Explosion von Dynamit (ebd.). Seine Malerei wird zum letzten Ausweg, um das Leid wenn schon nicht abzuschaffen, so doch wenigstens zu gestalten und sinnvoll zu machen. Kunst wird zur Apotheose des Leidens.

Die Züge dieses Leidens finden sich auch in Klingsors großem Selbstbildnis, das am Ende der Novelle beschrieben wird. Aber sein psychologischer Gehalt reicht weit darüber hinaus. Über den an seinem „opus magnum" arbeitenden Maler heißt es u. a.:

> Er war irrsinnig, wie jeder Schöpfer irrsinnig ist. Aber er tat im Irrsinn des Schaffens unfehlbar klug wie ein Nachtwandler alles, was sein Werk förderte. Er fühlte gläubig, dass in diesem grausamen Kampf um sein Bildnis nicht nur Geschick und Rechenschaft eines Einzelnen sich vollziehe, sondern Menschliches, sondern Allgemeines, Notwendiges. Er fühlte, nun stand er wieder vor einer Aufgabe, vor einem Schicksal, und alle vorhergegangene Angst und Flucht und aller Rausch und Taumel war nur Angst und Flucht vor dieser seiner Aufgabe gewesen. (5, 351)

Diese Worte werden von der modernen Tiefenpsychologie in allen Einzelheiten bestätigt. Nach Jung existiert eine signifikante Verwandtschaft – wenngleich nicht Identität – zwischen dem schöpferischen Prozess und der Psychose.[122] Hesse demonstriert am Beispiel Klingsors, dass diese verwandte psychische Konstellation durchaus zu sehr realen Besessenheitssymptomen führen kann: Klingsor schließt sich tagelang in seine Wohnung ein, kann seine Sachen nicht mehr in Ordnung halten, ist kommunikationsunfähig (eine Geliebte und ein Besucher ziehen sich peinlich berührt wieder zurück), träumt von seiner Selbstverstümmelung und schwankt in seinem seelischen Befinden zwischen schöpferischer Ekstase und abgrundtiefer Selbstverhöhnung (vgl. dazu auch die ganz ähnlichen Symptome Rilkes während der Fertigstellung seiner „Duineser Elegien" auf Muzot!). Und dennoch ist dieses absonderliche Verhalten nur eine fast unvermeidliche Begleiterscheinung seines nunmehr absolut gewordenen künstlerischen Ausdruckswillens. Mit nachtwandlerischer Sicherheit opfert er seine Lebenstüchtigkeit, um ganz zum Instrument jenes Werkes zu werden, von dem er fühlt, dass seine Bedeutung weit über ihn hinausreicht.

Auch dieser Aspekt der werkimmanenten Kunsttheorie wird übrigens von der jungschen Psychologie voll bestätigt. Nach Jung ist jedes eigentliche Kunstwerk ein Ausdruck des Kollektiven Unbewussten und seiner archetypischen Grundstruktur.[123]

Indem der Künstler – in der Regel unbewusst – die Eingaben und Bilder der Kollektivseele gestaltet, schafft er ein Werk, in dem andere Menschen sich nicht nur wiedererkennen können, sondern zugleich Zugang zu psychischen Bereichen erhalten, die ihnen sonst verschlossen wären. Damit aber erfüllt er nach Jung jene notwendige soziale Aufgabe, die auch Klingsor fühlt. Aufgrund der kompensatorischen Funktion des Unbewussten – so Jung – wird der Künstler nämlich am ehesten jene Archetypen gestalten, die dem kollektiven Zeitgeist am meisten mangeln und die er zur Realisierung seiner Ganzheit am nötigsten braucht. In dieser Funktion liegt nach Jung die gesellschaftliche Unentbehrlichkeit des Künstlers begründet.[124]

Das vollendete Selbstbildnis Klingsors erfüllt schließlich alle Kriterien eines notwendigen, weil archetypischen und kompensatorischen Kunstwerkes. Es wird u. a. wie folgt beschrieben:

> [...] viele Gesichter malte er in sein Bild hinein: Kindergesichter süß und erstaunt, Jünglingsschläfen voll Traum und Glut, spöttische Trinkeraugen, Lippen eines Dürstenden, eines Wüstlings, eines enfant perdu. Den Kopf aber baute er majestätisch und brutal, einen Urwaldgötzen, einen in sich verliebten, eifersüchtigen Jehova, einen Popanz, vor dem man Erstlinge und Jungfrauen opfert [...] Ein andres war das des Verfallenden, des Untergehenden, des mit seinem Untergang Einverstandenen: Moos wuchs auf seinem Schädel, schief standen die alten Zähne, Risse durchzogen die welke Haut, und in den Rissen stand Schorf und Schimmel. Das ist es, was einige Freunde an dem Bilde besonders lieben. Sie sagen: es ist der Mensch, ecce homo, der müde, gierige, wilde, kindliche und raffinierte Mensch unsrer

späten Zeit, der sterbende, sterbenwollende Europamensch, von jeder Sehnsucht verfeinert, von jedem Laster krank, vom Wissen um seinen Untergang enthusiastisch beseelt, zu jedem Fortschritt bereit, zu jedem Rückschritt reif, ganz Glut und auch ganz Müdigkeit, dem Schicksal und dem Schmerz ergeben wie der Morphinist dem Gift, vereinsamt, ausgehöhlt, uralt, Faust zugleich und Karamasow, Tier und Weiser, ganz entblößt, ganz ohne Ehrgeiz, ganz nackt, voll von Kinderangst vor dem Tode und voll von müder Bereitschaft, ihn zu sterben. (5, 348)

In diesem Bild ereignet sich jenes seltene Wunder, von dem Jung in seiner Kunsttheorie spricht: Indem Klingsor die innersten und letzten Winkel seiner Seele ausleuchtet und künstlerisch gestaltet, gestaltet er nicht nur Persönliches, sondern Allgemeinmenschliches, Kollektives.[125]

Mehr noch: Er drückt jene verdrängten oder unbewussten Dispositionen der zeitgenössischen Kollektivseele aus, deren Bewusstwerdung dem Zeitgeist am meisten Not getan hätte – jenen geballten Wust von Naivität, Morbidität, Hybris, Opportunismus, Immoralismus und Nihilismus, der das gesellschaftliche und geistige Leben in den 20er Jahren geprägt hat und der es schließlich möglich machte, dass das deutsche Volk samt einem erklecklichen Anteil seiner geistigen Avantgarde dem Faschismus widerstandslos in die Arme fiel. Klingsors Selbstporträt ist tatsächlich in allen Einzelheiten ein gültiges Porträt jener unbewussten zeitgenössischen Kollektivseele, die haltlos, blind und gleichgültig ihrem eigenen Untergang entgegentaumelt.

Dies gilt allerdings nicht für Klingsor als Charakter. Neben allem anderen, was ihn von der Massenseele trennt – man denke nur an seine künstlerische Schaffenskraft und seine Leidensfähigkeit – ist es namentlich ein Zug seiner Persönlichkeit, der leider nicht „archetypisch" gültig ist: Er ist sich seines Selbst bewusst. Er weiß um all das Chaos, die Hybris und den Nihilismus in sich und stellt sie an den Pranger.

Klingsor hat zu sich selbst gefunden, indem er das existenzielle Leid seines Lebens annahm und aus diesem Schmerz heraus die Kraft fand, den kollektiven Urgrund seiner Psyche und des Zeitgeistes zu gestalten. Damit hat er einen entscheidenden Schritt über Friedrich Klein hinausgetan. Kleins Flucht vor dem Leid blieb menschlich wie künstlerisch unfruchtbar – sie produzierte nichts weiter als ein ewiges Oszillieren zwischen Ekstase und tödlicher Verzweiflung. Klingsor hingegen findet über die Akzeptanz des Leidens zum genialen Kunstwerk. Dass diese Haltung den Postulaten der jungschen Psychologie entspricht, wurde bereits dargestellt.

Nach wie vor ungelöst im Sinne von Jungs Konzeption des Individuationsprozesses bleibt freilich dessen große Abschlussproblematik: Die Frage nach dem adäquaten Verhältnis von Ich und Selbst.

Es wurde aufgezeigt, inwiefern Klingsors Lebensvollzug als Mensch und Künstler stark psychotische Züge trägt; er ist besessen vom Faszinosum des Kollektiven Unbewussten und setzt dessen Eingaben praktisch keine Widerstände entgegen. Ob in der Magie oder in der Kunst – überall sucht er das Alleinheitserlebnis des Selbst und lässt nicht eher davon ab, als bis er es gefunden hat.

Klingsors Ich ist okkupiert vom Archetypus des Selbst und trägt alle Zeichen der Hybris und Bewusstseinsinflationierung. Es liegt auf der Hand, dass diese offene Problematik in den nachfolgenden Werken wieder aufgerollt und weiterentwickelt werden wird.

# 6.  Siddhartha. Eine indische Dichtung

## 6.1  Die Ausgangsproblematik und die Einsicht in die Insuffizienz des Logos

Das Ausgangsstadium von Siddharthas Individuationsprozess ist ein völlig anderes als das aller früheren Protagonisten von Hesses Erzählungen. Wenn für Emil Sinclair, Friedrich Klein und Klingsor am Beginn ihres Weges die qualvolle, tendenziell neurotische Spannung zwischen den hellen und dunklen Aspekten ihres Selbst und die vollkommene Unwissenheit über das Ziel ihres Lebens stand, so gilt für Siddhartha weder das eine noch das andere. Er leidet nicht unter innerer Zerrissenheit und auch nicht an fehlender Orientierung über das Telos seiner Existenz. Was dem jungen Siddhartha fehlt und was den Beginn seines geistigen Suchens auslöst, ist nicht eine verloren gegangene psychische Einheit und nicht Wissen, sondern ausschließlich das Erlebnis des Wissens. Siddhartha kennt die Rituale und die Lehren der überlieferten Brahmanenreligion und er weiß um das Wesen der Erleuchtung als Koinzidenz von Atman und Brahman. Was er aber nicht kennt und was er sehnlichst begehrt, ist das wirkliche Erleben dieser Erleuchtung – das Erlebnis des Selbst.[126] Atman, Brahman und Om – die heiligen Worte der Brahmanen – sind für ihn abstrakte Begriffe, lebensleere Chiffren für einen Erlebnisgehalt, den er nicht kennt und den ihm offenbar auch niemand vermitteln kann:

> Schon verstand er, im Innern seines Wesens Atman zu wissen, unzerstörbar, eins mit dem Weltall [...] Schon verstand er, lautlos das Om zu sprechen, das Wort der Worte [...] Aber wo, wo war dies Ich, dies Innerste, dies Letzte? Es war nicht Fleisch und Bein, es war nicht Denken noch Bewusstsein, so lehrten die Weisesten [...] Wo, wo also war es [...] Ach, und niemand zeigte diesen Weg. (5, 355-358).

Siddharthas psychologische Ausgangsproblematik ist das typische Dilemma eines gelehrigen Schülers oder Intellektuellen: Er besitzt Wissen ohne die dazugehörigen inneren Erfahrungen. Sein Kopf ist der Seele voraus. C. G. Jung hat immer wieder darauf verwiesen, dass auf diese Weise kein wirklicher Fortschritt im Individuationsprozess erzielt werden kann: Innerer Fortschritt ist immer an innere Erfahrung geknüpft, nicht an bloß intellektuelle Einsichten.[127] Deshalb muss Siddhartha die Religiosität seines Vaters und seiner Herkunft verlassen und sich selbst auf die Suche machen.[128]

Wie der historische Buddha, so schließt auch Siddhartha nach dem Verlassen seiner Familie sich zunächst der Asketenschule der Samanas an. Seine Hoffnung ist, durch geistige und körperliche Meditationsübungen jene Bewusstseinstranszendenz zu erreichen, die ihm als Vorbedingung der Erlösung gelehrt wurde. Aber wie bei seinem großen Vorgänger und späteren Vorbild, so scheitert dieser Versuch auch bei Siddhartha.

Wie lange er auch hungert, seinen Körper kasteit und sich in den verschiedensten Meditationstechniken übt, er kommt seinem Ziel um keinen Schritt näher. Mit der Zeit erkennt er den grundsätzlichen Fehler seiner Anstrengungen: Es ist die psychologische Unmöglichkeit, das Ich durch das Ich zu überwinden. Askese und Meditation, so begreift Siddhartha, sind wie der Alkoholrausch nichts als kurzfristige Betäubungen und Fluchtversuche vor dem Ich, dessen ewige Wiederkehr auf diese Weise nicht zu vermeiden ist. Zu seinem Freund Govinda sagt er am Ende ihrer gemeinsamen Askesezeit:

> Was ist Versenkung? Was ist Verlassen des Körpers? Was ist Fasten? Was ist Anhalten des Atems? Es ist Flucht vor dem Ich, es ist ein kurzes Entrinnen aus der Qual des Ich-Seins, es ist eine kurze Betäubung gegen den Schmerz und die Unsinnigkeit des Lebens. Dieselbe Flucht, dieselbe kurze Betäubung findet der Ochsentreiber in der Herberge, wenn er einige Schalen Reiswein trinkt [...]. (5, 366)

Tiefenpsychologisch betrachtet macht Siddhartha hier die nämliche Erfahrung wie der historische Buddha während seiner Askesezeit:[129] Die Erfahrung des Selbst ist vom Willen und vom Ich her nicht erzwingbar – seine Epiphanien erfolgen autonom und unwillkürlich (s. o.). Das Selbst manifestiert sich entweder „von selbst" oder gar nicht. Aber auch das muss Siddhartha erst einmal erfahren.

Darüber hinaus nimmt er von den Samanas noch eine zweite wichtige Erkenntnis mit. Wenn schon das bewusste Ich unfähig ist, die Erleuchtung herbeizuführen – so folgert Siddhartha – dann kann es auch keinen Sinn haben, sich vom Wissen und vom geistigen Lernen irgendeinen Fortschritt in dieser Richtung zu erhoffen. Wenn dem Logos keine erlösende Kraft innewohnt, so ist für den Heilssucher jede Art von bloß geistiger Weiterbildung sinnlos. Wissen vermittelt keine Weisheit – diese fundamentale Erkenntnis wird Siddhartha am Ende seiner Samanazeit zur Gewissheit. Zu Govinda sagt er:

Es gibt [...] jenes Ding nicht, das wir „Lernen" nennen. Es gibt [...] nur ein Wissen, das ist überall [...] das ist Atman, das ist in mir und in dir und in jedem Wesen. Und so beginne ich zu glauben: dies Wissen hat keinen ärgeren Feind als das Wissenwollen, als das Lernen. (5, 369)

Diese aufkeimende Ahnung über die Insuffizienz des Geistes ist es auch, die Siddhartha von Anfang an skeptisch in die Begegnung mit Buddha gehen lässt. Die Einsicht in die begrenzte Macht des Bewusstseins – eine Erkenntnis, die in der heutigen Psychologie völlig unumstritten ist – hat ihn skeptisch gegen jede Form von Heilslehre gemacht. Daraus resultiert auch sein gesamtes Verhalten gegenüber Buddha. Während sein Freund Govinda weiterhin auf die erlösende Kraft der Lehre setzt und dabei ohne weitere Probleme vom Asketismus zum Buddhismus konvertiert, interessiert sich Siddhartha ausschließlich für Buddhas Persönlichkeit. Er will kein Buddhist, sondern selbst ein Buddha, ein Erleuchteter werden. Er weiß: Buddhas Worte sind nicht mehr als ein äußerer Ausdruck der Tatsache, dass er innerlich ans Ziel gelangt ist. Auf das Erreichen dieses inneren Ziels aber kommt alles an, nicht auf die Worte. Dass Buddha dieses Ziel – die Erleuchtung – erreicht hat, daran zweifelt Siddhartha keine Sekunde. Sein Gesicht, sein Verhalten, sein gesamtes Charisma sprechen eine allzudeutliche Sprache, sagen mehr als alle Worte:

Der Buddha ging seines Weges bescheiden und in Gedanken versunken, sein stilles Gesicht war weder fröhlich noch traurig, es schien leise nach innen zu lächeln. Mit einem verborgenen Lächeln, still, ruhig, einem gesunden Kinde nicht unähnlich, wandelte der Buddha, trug das Gewand und setzte den Fuß gleich wie alle seine Mönche, nach genauer Vorschrift. Aber sein Gesicht und sein Schritt, sein still gesenkter Blick, seine still herabhängende Hand sprach Friede, sprach Vollkommenheit, suchte nicht, ahmte nicht nach, atmete sanft in einer unverwelklichen Ruhe, in einem unverwelklichen Licht, in einem unantastbaren Frieden. (5, 375)

Nach der jungschen Psychologie und nach den Kriterien dieser Arbeit muss Buddha als ein Symbol des Selbst[130] gedeutet werden – und zwar historisch wie werkimmanent. Sein tiefes Ruhen in sich selbst, seine Demut und Einfalt, seine Stille und die charakteristische Bipolarität in der Aura seines Gesichtsausdruckes sprechen Bände. Buddhas Äußeres ist ein getreues Abbild der Wirkungen jener psychischen Instanz, die das Ich transzendiert und umschließt. Dies erkennt auch Siddhartha gleich bei der ersten Begegnung. Im gemeinsamen Gespräch mit Buddha bekennt er voller Respekt die Verehrung seiner Persönlichkeit und seines Charismas, macht aber auch die grundlegenden Zweifel deutlich, auf die er mittlerweile gestoßen ist:

> Ich habe nicht einen Augenblick gezweifelt, dass du Buddha bist, dass du das Ziel erreicht hast [...] (Es) ist dir geworden aus deinem eigenen Suchen, auf deinem eigenen Wege, durch Gedanken, durch Versenkung, durch Erkenntnis, durch Erleuchtung. Nicht ist (es) dir geworden durch Lehre! Keinem wird Erlösung zuteil durch Lehre [...] Dies ist es, weshalb ich meine Wanderschaft fortsetze – nicht um eine andere, eine bessere Lehre zu suchen, denn ich weiß, es gibt keine, sondern um alle Lehrer zu verlassen und allein mein Ziel zu erreichen oder zu sterben. (5, 381)

Diese Worte Siddharthas werden – wie aufgezeigt – durch die jungsche Psychologie in allen Details bestätigt: Erleuchtung – das Erlebnis des Selbst – ist ein unwillkürliches, transrationales, durch den Intellekt nicht forcierbares Erlebnis, das sich nur am Ende einer ernsthaften individuellen Suche erschließt. Wichtig scheint dabei zu sein, dass einmal alle präformulierten Lehren aufgegeben werden und der einzelne sich zumindest unbewusst darauf einstellt, dass das Ganzheitserlebnis nur aus dem eigenen Inneren heraus produziert werden kann.[131]

Siddhartha tut dies bewusst und mit vollem Einsatz: Lieber will er sterben als ohne Erleuchtung leben. Auch diese Bereitschaft zur vollständigen Verausgabung an das große Ziel scheint eine der grundlegenden Voraussetzungen für das letztendliche Gelingen zu sein. Denn – wie C. G. Jung sagt – nur wer bereit ist, das Ganze einzusetzen, kann auch das Ganze gewinnen.[132]

Die Auseinandersetzung mit Buddha führt Siddhartha in jenes archetypische Stadium des Individuationsprozesses, welches Hesse als „Das Erwachen" bezeichnet hat. Es ist ein glücklich gewählter Ausdruck: „Erwachen" im Hesseschen Sinn bedeutet – und dies zieht sich durch bis zum „Glasperlenspiel"[133] – ein Heraustreten des einzelnen aus der Undifferenziertheit seiner unbewussten Kollektivverhaftung und impliziert immer ein Doppeltes: Die Bewusstwerdung der eigenen Individualität und die Erkenntnis der jeweils ganz persönlichen Aufgabe und Stellung in der Welt. Der erwachende Mensch – so Hesse – erkennt die Welt und sein eigenes Ich in ihrer spezifischen Eigengesetzlichkeit und begründet damit jenes Weltverständnis, das den autonomen Erwachsenen vom unmündigen Kind und Heranwachsenden unterscheidet. Dieser Doppelaspekt des Erwachens und seine Interdependenz wird in einem inneren Monolog Siddharthas wie folgt dargestellt:

> Nicht mehr will ich mein Denken und mein Leben beginnen mit Atman und mit dem Leid der Welt. Ich werde mich nicht mehr töten und zerstücken, um hinter den Trümmern ein Geheimnis zu finden [...] Bei mir selbst will ich lernen, will ich Schüler sein, will ich mich kennenlernen, das Geheimnis Siddhartha. Er blickte um sich, als sähe er zum ersten Male die Welt [...] All dieses, all dies Gelb und Blau, Fluss und Wald, ging zum ersten Mal durchs Auge in Siddhartha ein, war nicht mehr Zauber Maras, war nicht der Schleier der Maja, war nicht mehr sinnlose und zufällige Vielfalt der Erscheinungswelt [...] Sinn und Wesen war nicht irgendwo hinter den Dingen, sie waren in ihnen, in allen. (5, 385)

Wie später bei Josef Knecht, so ist auch Siddharthas Erwachen ein Erwachen zur Individualität und zur Welt. Die verstärkte Wahrnehmung des eigenen Ich – so die immanente Psychologie – bewirkt eine verstärkte Wahrnehmung seines Gegenpols, d. h. der Außenwelt. Dabei gilt es freilich, eines festzuhalten: Wenn Siddhartha an dieser Stelle erstmals ahnt, dass seine Suche nach dem Selbst nicht am Ich und an der Welt vorbei, sondern durch das Ich und durch die Welt hindurch führt, so verfolgt er hier einen Gedanken, der eher den Weisheitslehren des Abendlandes als denjenigen des Morgenlandes entspringt. Hesse selbst hat darauf hingewiesen, dass der Individualismus seiner Erzählung mit dem indischen Geist kaum vereinbar ist.[134]

Aber nicht nur der Individualismus, auch das dankbare Entzücken, das Siddhartha der Vielheit der Erscheinungswelt entgegenbringt – seine Weltfrömmigkeit – ist eher franziskanischer und goetheanischer denn indischer Natur.[135] Die Problematik pointierend, könnte man sagen: Siddhartha „erwacht" von Indien zu Europa – aber nur, um am Ende beide miteinander versöhnen zu können.

Versucht man den ersten Teil der Dichtung zusammenzufassen, so ergibt sich eine Quintessenz: Die Insuffizienz von Ich und Logos für die Entfaltung einer ganzheitlichen Persönlichkeit. Weder die traditionelle Religion seiner Väter noch der Asketismus oder der Buddhismus können Siddhartha den ersehnten inneren Durchbruch verschaffen. Sie alle erreichen bestenfalls sein Ich und seinen Geist – nicht aber die Tiefe und das Wesen seines Selbst. Am Ende weiß er allenfalls, wie es nicht geht und dass er jenseits des Geistes – in der unendlich vielgestaltigen und ihm noch völlig unbekannten Außenwelt – weitersuchen muss.

## 6.2 Die Auseinandersetzung mit dem Schatten und der Anima

Siddharthas Weltleben wird durch zwei archetypische Symbole antizipiert: Zunächst artikuliert sich die kompensatorische Funktion des Unbewussten mittels eines Traumes, indem Govinda sich in eine milchspendende Frau verwandelt – ein innerer Hinweis, dass Siddhartha nunmehr vom Geist ins Leben wechseln muss, wenn er seinen Individuationsprozess vorantreiben will.

Das zweite Symbol – die Flussquerung mit Vasudeva – ist bereits ein Hinweis, dass Siddhartha den Wink seines Unbewussten verstanden hat und eine grundlegende Umorientierung seiner bewussten Einstellung zu vollziehen bereit ist.[136] Gleich die erste Begegnung am jenseitigen Ufer symbolisiert das neue Leben, das nun beginnt: Ein hübsches junges Mädchen versucht, ihn zu verführen, aber er kämpft den aufflammenden Trieb nieder und entzieht sich.

Die Bedeutung dieser Episode ist klar: Was Siddhartha sucht, ist nicht ein flüchtiges erotisches Abenteuer, sondern eine umfassende, ganzheitliche Auseinandersetzung mit dem Leben und der Erotik. Das Mädchen als reine Eva-Projektion der Anima kann seine unbewussten Wünsche nach einer Ganzheit von Eros und Logos nicht befriedigen.[137]

Im Weiterziehen trifft er auf die Kurtisane Kamala, deren Erscheinungsbild den Antrieben seines Selbst schon eher zu entsprechen scheint. Sie verkörpert jene Einheit von Schönheit, Eros und Logos, die Jung der vierten und höchsten Stufe der Anima zugeordnet hat:

> Unter hochgetürmten schwarzen Haaren sah er ein sehr helles, sehr zartes, sehr kluges Gesicht, hellroten Mund wie eine frisch aufgebrochene Feige, Augenbrauen gepflegt und gemalt in hohem Bogen, dunkle Augen klug und wachsam, lichten hohen Hals aus grün und goldenem Oberkleide steigend. (5, 393)

Dies ist die Frau, die Siddhartha unbewusst sucht und braucht. Sie deutet in die Richtung jener Ganzheit des Selbst, nach der er unterwegs ist. Mit den gleichen Worten wie gegenüber Buddha bekundet er seinen Willen zur Assimilation des entsprechenden archetypischen Symbols („Nie mehr will ich meine Augen niederschlagen, wenn eine schöne Frau mir begegnet", 5/395). Siddhartha beginnt um sie zu werben und wird ihr Geliebter.

Die Funktion Kamalas erschöpft sich nun keineswegs darin, dass sie Siddhartha in die Geheimnisse der Erotik einführt; vielmehr wird sie für ihn zum movens einer umfassenden Auseinandersetzung mit der Welt und dem eigenen Unbewussten. Äußerer Anlass ist, dass die verwöhnte Halbweltdame von Siddhartha Geld und Geschenke für ihre erotischen Gefälligkeiten fordert. Damit sieht er sich gezwungen, in die Dienste des Kaufmannes Kamaswami[138] einzutreten und sich mit den Verhältnissen des Erwerbslebens auseinanderzusetzen.

Siddharthas Weltleben ist mit genialer psychologischer Einfühlungskraft beschrieben und muss nach der jungschen Psychologie als Auseinandersetzung mit dem Schatten[139] gedeutet werden. Dabei lassen sich drei Perioden und Stufen unterscheiden:

In einem ersten Stadium unterliegt er noch der Illusion, er könne die Souveränität seines philosophischen Ich dadurch sichern, dass er eine strikte innere Distanz zu seiner Arbeit, seinen Lebensverhältnissen und zu seinen Mitmenschen wahrt. Er versucht, die innere Haltung eines Samana auf die Gesetze der Handelswelt zu übertragen und damit seine bisherige Selbstinterpretation zu retten: Er übt Zurückhaltung beim Essen und Trinken, betrachtet die Geschäfte als bloßes Spiel, nimmt Gewinn und Verlust mit derselben Gleichgültigkeit hin, stellt das menschliche Element immer über das Geschäft und begreift die Erotik mit Kamala als das eigentliche Zentrum seines Lebens.

Aber Hesse demonstriert sehr eindrücklich, dass diese innere Schizophrenie auf die Dauer nicht gutgehen kann: Wenn der Mensch weite Strecken seines täglichen Lebensvollzuges nicht mehr ernst nimmt und als bloßes Spiel betrachtet, so ist der Selbstentfremdungsprozess auf Dauer unaufhaltbar.

Im selben Maße, wie sich sein Leben veräußerlicht, verliert Siddhartha die Fähigkeit zur Introversion und damit zu den sinnstiftenden und belebenden Kräften des Unbewussten. Und so ist die zweite Stufe seines Weltlebens dadurch charakterisiert, dass er seine ursprünglich spöttische Distanz gegenüber der Kaufmannssphäre immer mehr verliert und im Zuge des einsetzenden Reichtums und der allgemeinen Verwöhnung seines Lebens sich seinem wahren Selbst entfremdet:

Jene geschmeidige Bereitschaft, die göttliche Stimme im eigenen Herzen zu hören, war allmählich Erinnerung geworden [...] Sein Gesicht war noch immer klüger und geistiger als andre, aber es lachte selten, und nahm einen um den andern jene Züge an, die man im Gesicht reicher Leute so häufig findet,

jene Züge der Unzufriedenheit, der Kränklichkeit, des Mißmutes, der Trägheit, der Lieblosigkeit. Langsam ergriff ihn die Seelenkrankheit der Reichen.
(5, 411-413)

Langsam beginnt Siddharthas Samana-Ich und mit ihm sein geistiger Hochmut
zu zerbröckeln. Neue Eigenschaften und bislang versteckte Möglichkeiten
seines Selbst tauchen auf – die Anima-Aspekte setzen sich durch. Jene
Trägheit, Lieblosigkeit und dumpfe Unzufriedenheit, die der Dichter als
„Seelenkrankheit der Reichen" bezeichnet, ist noch längst nicht der Tiefpunkt
seiner weltlichen „Karriere". Es kommt die Zeit, da er endgültig jede philosophische Reserve verliert und hemmungslos der Habgier, der Sexualität, dem
Alkohol und dem Glücksspiel verfällt. Siddhartha, der Erlösungssucher und
selbsternannte Nachfolger Buddhas wird zum Bonvivant, der einzig beim
Bangen um seine astronomischen Einsätze beim Würfelspiel noch so etwas
wie Leben durch sich hindurchzucken fühlt. Der Verächter der Kaufleute und
Bürger ist endgültig selbst zu einem „Kindermenschen" geworden – habgie-
riger, skrupelloser und verschwendungssüchtiger als die meisten.[140] Dieses ist
die dritte und letzte Stufe von Siddharthas Weltleben.

In diesem Stadium seines Individuationsprozesses – dem drohenden
Untergang im Reich des „Schatten" und der „Anima" – meldet sich die Logos-
Seite von Siddharthas Selbst wieder zu Wort und versucht in zwei Träumen,
sich Gehör zu verschaffen. Der erste handelt von Kamalas Interesse für Buddha,
erinnert Siddhartha an die Vergänglichkeit aller Lust und mahnt ihn an die psychische Notwendigkeit, dieses Leben aufzugeben und sich nach neuen Ufern
umzusehen (5, 415). Im zweiten Traum halluziniert Siddhartha, Kamalas
Singvogel sei gestorben, er habe den Käfig geöffnet, den Vogel entfernt und
„mit diesem Vogel allen Wert und alles Gute von sich geworfen" (5, 416).

Beide Träume müssen als kompensatorische Reaktionen seines Unbewussten aufgefasst werden, welches die Vereinseitigung und Verwirrung seiner bewussten Einstellung aufzuheben trachtet. Der Vogel ist wie der Sperber im
„Demian" ein archetypisches Symbol des Selbst. Im Falle von Siddhartha bedeutet er eine Mahnung an die verlorene und quasi „weggeworfene" seelische
Ganzheit. Sein Erschrecken und der oben zitierte Passus zeigen, dass er diese
Bedeutung zumindest ahnt.

Diese beiden Träume führen Siddhartha unmittelbar zur Bewusstwerdung
seines Dilemmas: Er erinnert sich, dass das einzige Glück seines Lebens
im Gefühl seiner göttlichen[141] Berufung bestand und dass er dieses Gefühl
seit langem vermisst. Nach den Kategorien dieser Arbeit fehlt Siddhartha

das Gefühl seiner Berufung deshalb, weil er aufgrund der Veräußerlichung seines Lebens den Ruf des Selbst an das Ich nicht mehr zu hören vermag. Diese Erkenntnis führt ihn langsam aber sicher in jenes archetypische Individuationsstadium der Verzweiflung, das die psychologische Vorbedingung des Wandlungserlebnisses ist:

> Voll war er von Überdruß, voll von Elend, voll von Tod, nichts mehr gab es in der Welt, das ihn locken, das ihn freuen, das ihn trösten konnte [...] Sehnlich wünschte er, nichts mehr von sich zu wissen, Ruhe zu haben, tot zu sein. (5, 420)

## 6.3 Das Erlebnis der Wiedergeburt und die Realisierung des Selbst

Wie der historische Buddha, so verlässt auch Siddhartha über Nacht seine luxuriöse weltliche Vorexistenz und macht sich auf, um aufs neue Erlösung zu suchen. Wiederum wird die Flussquerung zum Symbol des Bewusstseinswandels: Siddhartha setzt noch einmal über denselben Fluss und wechselt damit aus dem Bereich des Eros wieder zurück zum Logos, zum Versuch einer geistigen Durchdringung des Lebens. Der Rest seines Daseins wird dem Bemühen gelten, diese beiden Erfahrungssphären seiner Existenz zu einer Ganzheit zusammenzuschließen. Wie Friedrich Klein, so erlebt nun auch Siddhartha auf dem Höhepunkt seiner Verzweiflung ein gänzlich unerwartetes Wiedergeburtserlebnis.

Die grundlegenden Gesetzmäßigkeiten des psychologischen Ablaufs sind dabei dieselben wie in „Klein und Wagner". Das Ganze beginnt mit einem Akt der Selbsterkenntnis: Wie Klein in Teresinas Handspiegel, so erblickt nun auch Siddhartha im Wasser des Flusses sein verzerrtes Gesicht, d. h. seine abgrundtiefe Verzweiflung auf Bewusstseinsebene. Sein Spucken nach dem Spiegelbild ist Ausdruck der einsetzenden inneren Bereitschaft, das alte Ich aufzugeben und den Prozess der Wandlung geschehen zu lassen. Das Ganze kulminiert wie bei Klein darin, dass Siddhartha bereit ist, sich willenlos ins Wasser fallen zu lassen und mit diesem „sacrificium intellectu" sein Wiedergeburtserlebnis auslöst:

> Mit verzerrtem Gesichte starrte er ins Wasser, sah sein Gesicht gespiegelt und spie danach. In tiefer Müdigkeit löste er den Arm vom Baumstamme und drehte sich ein wenig, um sich senkrecht hinabfallen zu lassen, um

endlich unterzugehen. Er sank, mit geschlossenen Augen, dem Tod entgegen. Da zuckte aus entlegenen Bezirken seiner Seele, aus Vergangenheiten
seines ermüdeten Lebens her ein Klang. Es war ein Wort, eine Silbe, die er
ohne Gedanken mit lallender Stimme vor sich hinsprach, das alte Anfangs-
wort und Schlusswort aller brahmanischen Gebete, das heilige „Om", das
so viel bedeutet wie das „Vollkommene" oder „die Vollendung". Und im
Augenblick, da der Klang „Om" Siddharthas Ohr berührte, erwachte sein
entschlummerter Geist plötzlich, und erkannte die Torheit seines Tuns [...]
„Om" sprach er vor sich hin: „Om" und wusste um Brahman, wusste um die
Unzerstörbarkeit des Lebens, wusste um alles Göttliche wieder, das er vergessen hatte. (5, 421)

Wie im „Demian" und in „Klein und Wagner" erscheint also auch im
„Siddhartha" das Erlebnis des Schattens und der Anima als Voraussetzung
für jene abgrundtiefe Verzweiflung, die am Ende zum Wiedergeburtserlebnis
und zur Erfahrung des Selbst führt. Besonders deutlich wird im „Siddhartha"
herausgearbeitet, dass der „direkte" Weg über Geist und Willen nicht funktioniert: Siddhartha muss durch das Leben und durch seine Schattenseiten hindurch – nicht an ihnen vorbei. Bevor die Psyche die Welt zu umfassen vermag, muss sie erst einmal die Welt in sich erleben. Dazu gehört freilich noch
jene Bereitschaft, die in „Klein und Wagner" so ausführlich dargestellt wurde: „Sich-Fallen-Lassen". Nur wer nach dem Erlebnis der Totalität des Lebens
und der Psyche bereit ist, sich fallen zu lassen, dem wird über das Chaos hinaus auch der Kosmos geschenkt – die Erfahrung der Einheit allen Seins.

Dass mit Siddharthas Erlebnis am Fluss ein psychologisches
Wiedergeburtserlebnis gemeint ist, wird später explizit hervorgehoben. Wie
Faust und Orest[142], so sinkt auch er nach dem Faszinosum der Wandlung erst
einmal in tiefen Schlaf. Als er danach wieder erwacht, fühlt er sich „erneut,
verjüngt, und gewandelt" (5, 422/423).

Auch der hier aufgezeigte psychologische Zusammenhang zwischen
Siddharthas Verzweiflung und seinem Wiedergeburtserlebnis wird wörtlich
hervorgehoben („Ich habe Verzweiflung erleben müssen [...] um Gnade erleben zu können, um wieder Om zu vernehmen", 5/429). Die primäre Wirkung
dieses Erlebnisses ist eine doppelte: Einmal ordnet sich für Siddhartha sein gesamtes bisheriges Dasein in einen universalen Sinnzusammenhang und zum
anderen wird er erstmals in seinem Leben zur Liebe fähig. Erschüttert begreift
er, dass sein vollkommenes Versinken im Schmutz des Weltlebens nötig war,
um die Einseitigkeit seines Philosophen-Ichs zu zerstören und der daraus re-

sultierende Ekel vor sich selbst wiederum die Vorbedingung des Wunders am Fluss war.

Erst jetzt vermag er zu verstehen, dass er die Insuffizienz des Geistes wie des Lebens bis in ihre letzten Winkel erfahren und erforschen musste, um am Ende zum Erlebnis der Ganzheit fähig zu sein. Vollendetes Dasein – so weiß er jetzt – ist ein Dasein jenseits der Polarität von Geist und Leben: es ist ein Dasein, das beide Pole berücksichtigt, beide annimmt, beide bejaht. Darin – so sagt der Erzähler – besteht die wichtigste Wirkung von Siddharthas Wiedergeburtserlebnis: Dass er jetzt alles annehmen, alles bejahen, alles lieben kann:

> Eben darin bestand die Verzauberung, welche im Schlafe und durch das Om in ihm geschehen war, dass er alles liebte, dass er voll froher Liebe war zu allem, was er sah. (5, 426)

Aber wie sollte er nicht zur Liebe fähig sein – er, der nun wie so viele andere Heilsucher vor ihm erfahren durfte, dass es auf dem Boden der tiefsten Verzweiflung eine Kraft gibt, die hält und eine neue Ganzheit schenkt? – Siddharthas Liebesfähigkeit wird später noch auf harte Proben gestellt. Zunächst freilich entschließt er sich, an jenem Fluss zu bleiben, dem er sein neues Leben verdankt und der ihn auf eine magische Weise anzieht.

Nach der Psychologie C. G. Jungs ist sein Interesse für den Fluss durchaus begreiflich, symbolisiert Wasser doch stets die Abgründigkeit des Unbewussten (s. o.). In dieser Funktion tritt es auch im Text auf. Es lässt sich in allen Einzelheiten nachweisen, dass Siddhartha in den Fluss die zentralen Eigenschaften seines unbewussten Selbst hineinprojiziert und auf diese Weise einen höheren Grad an Selbsterkenntnis erlangt. Der Dichter demonstriert mit genialer psychologischer Einfühlungskraft, wie Siddhartha von relativ oberflächlichen zu immer tieferen Projektionen seines kollektiven Unbewussten fortschreitet: Zunächst registriert er nur den Aspekt der Vielheit („Mit tausend Augen blickte der Fluss ihn an", 5/431), geht dann über auf das Goethesche Gesetz der Dauer im Wechsel – den Unsterblichkeitsaspekt – („dies Wasser war allezeit dasselbe und doch jeden Augenblick neu", 5/432), erkennt die Zeitlosigkeit der seelischen Tiefenschichten („dass es keine Zeit gibt", 5/436), realisiert die taoistische Zielprojektion der inneren Tiefe („dass es gut ist, nach unten zu streben, zu sinken, die Tiefe zu suchen", 5/435) und endet bei der Schlussvision der Einheit in aller Vielheit, die ja ebenfalls ein Aspekt des Selbst ist (vgl. 5/437).[143]

Einen guten Teil seiner Erkenntnisse verdankt er allerdings der wortlosen Anleitung durch den alten Fährmann Vasudeva, den er am Fluss kennenlernt und dessen Freund und Gehilfe er wird. Vasudeva muss nach der jungschen Psychologie als Archetypus des Alten Weisen und Symbol des Selbst gedeutet werden. Seine Funktion in der Erzählung entspricht der Charakterisierung dieses Archetypus in der jungschen Psychologie: Er wird für Siddhartha zum Psychopompos und Einweihenden in das Wesen des Selbst.[144]

Bereits sein Beruf ist von unübersehbarer psychologischer Symbolträchtigkeit: Vasudeva vermag die Menschen nicht nur ans andere Ufer des Flusses, sondern auch auf die andere Seite ihrer Seele zu bringen – vom Ich zum Selbst. Dass er dies keineswegs anstrebt und sich Siddhartha in keiner Weise aufzudrängen sucht, macht seine Wirkung nur desto nachdrücklicher. Mittels seiner Aura als Symbol des Selbst erreicht er mehr als durch alle Worte. Auch seine übrigen Eigenschaften sind nach der jungschen Psychologie eindeutige Merkmale eines verselbsteten Menschen. Vasudeva wird beschrieben als ein zwar schweigsamer, aber immer lächelnder, freundlicher und hilfsbereiter alter Mann, dessen ganze Erscheinung und Wesensart trotz des hohen Alters etwas Jugendliches behalten hat und gleichsam alterslos wirkt.

Dieses Phänomen wurde bereits erläutert: Wie bei Demian, so hat auch bei ihm die Zeitlosigkeit des Selbst einen Niederschlag in seinem Äußeren hinterlassen. Gleichzeitig wird bei Vasudeva erstmals jenes Ideal der Heiterkeit formuliert, das für Hesses Konzeption des Alten Weisen bis ins Spätwerk bestimmend bleibt (vgl. die Figur des Leo aus der „Morgenlandfahrt", sowie den alten Musikmeister aus dem „Glasperlenspiel"). Durchgängig gültig für den Alten Weisen bei Hesse ist auch, dass er wie Vasudeva das Wesen der Weisheit für nicht formulierbar hält.[145] Zu Siddhartha, der ihn über die Natur seiner Einsichten befragt, sagt Vasudeva:

> Du wirst es lernen, vielleicht auch weißt du es schon. Sieh, ich bin kein Gelehrter, ich verstehe nicht zu sprechen, ich verstehe auch nicht zu deuten. Ich verstehe nur zuzuhören und fromm zu sein, sonst habe ich nichts gelernt. Könnte ich es sagen und lehren, so wäre ich vielleicht ein Weiser, so aber bin ich nur ein Fährmann, und meine Aufgabe ist es, Menschen über diesen Fluss zu setzen. (5, 435)

Dieses Frommsein, Zuhören und Übersetzen – auch im symbolischen Sinn – erfüllt Vasudeva nun aber so gut, dass Siddhartha mit der Zeit alle die verschiedenen Stimmen des Flusses hören lernt. Das Lauschen-Können auf das äußere Symbol aber ist die Voraussetzung für das Horchen nach der inneren Stimme und damit für jenes möglichst reibungslose innere „Kolloquium" zwischen Ich und Selbst, welches Jung als das Ziel des Individuationsprozesses bezeichnet hat.[146] Von Vasudeva lernt Siddhartha also jenes voraussetzungslose, demütige Lauschen und Handeln nach dem Selbst, das den Weisen nach Hesse auszeichnet.

Als nach Jahren plötzlich Kamala auftaucht und auf der Suche nach Buddha in seinen Armen stirbt, findet sie in ihrem früheren Geliebten einen gleichwertigen Ersatz. Ohne dass Siddhartha darum weiß, ist er ebenfalls zu einem Symbol des Selbst geworden:

> Sie dachte daran, dass sie zu Gotama hatte pilgern wollen, um das Gesicht des Vollendeten zu sehen, um seinen Frieden zu atmen, und dass sie statt seiner nun ihn gefunden und dass es gut war, ebenso gut, als wenn sie jenen gesehen hätte. (5, 442)

Es muss als bezeichnend angesehen werden, dass die Erzählung in diesem Stadium seines Individuationsprozesses noch nicht abgeschlossen ist. Siddharthas Leben geht über die Realisierung des Selbst hinaus und integriert weitere Dimensionen des Psychischen.

Kamala lässt Siddhartha den gemeinsamen Sohn zurück, um den er sich nun als Erzieher kümmern muss. Siddhartha, der Erleuchtete, sieht sich plötzlich in die Rolle des Vaters gedrängt. Diese Periode seines Lebens vermittelt ihm in positiver wie in negativer Hinsicht die letzten Erlebnisse, die er für die Vollendung seines Individuationsprozesses braucht.

Das Wichtigste, was Siddhartha von seinem Sohn lernt, ist die Liebe und damit jene mitmenschliche Bezogenheit, ohne die ein Individuationsprozess nicht möglich ist.[147]

Nachdem Siddhartha den inneren Integrationsprozess abgeschlossen hat, muss er noch den äußeren Beziehungsvorgang vollenden, damit er seine Ganzheit realisieren kann. Indem Siddharthas Sohn seinem Vater über dessen bislang unverbindliche Liebe zur Natur, zum All und zum Göttlichen die verbindliche, konkrete Liebe zu einem bestimmten Menschen lehrt, entwickelt Siddhartha jene elementare Fähigkeit, die Jung in anderem Zusammenhang auch als „sozialen Aspekt des Selbst" bezeichnet hat:

> Nun war auch er, Siddhartha [...] an eine Liebe verloren, einer Liebe wegen ein Tor geworden. Nun fühlte auch er, spät, einmal im Leben diese stärkste

und seltsamste Leidenschaft, litt an ihr, litt kläglich, und war doch beseligt, war doch um etwas erneuert, um etwas reicher. (5, 448)

Diese neu erworbene Liebesfähigkeit wird am Ende zur wichtigsten Voraussetzung für jene Allbejahung auch im menschlichen Bereich, ohne die eine vollständige Realisierung des Selbst unmöglich ist. Durch den liebenden Umgang mit dem Sohn entwickelt Siddhartha ein ganz neues Verhältnis zu jenen Menschen, die er täglich mit der Fähre über den Fluss setzen muss und deren Eitelkeiten und Lächerlichkeiten er bislang eher mitleidig belächelt hatte. Die Liebe zu seinem Sohn schafft nunmehr den Raum für jenes umfassende Verstehen und Geltenlassen auch des Andersartigen, das vielleicht als sicherstes Indiz für einen wahrhaftigen Durchbruch zum Selbst gelten kann.

Aber sein Kind vergilt ihm diese Zuneigung schlecht. So sehr er sich um das verwöhnte Bürschchen auch bemüht und seine Gegenliebe zu gewinnen sucht, so verstockt und eigensinnig weist der Umworbene alle Annäherungsversuche ab und flieht schließlich aus der Hütte am Fluss, um in der Stadt seine jugendliche Abenteuerlust auszuleben. Wie Siddhartha einst vor seinem eigenen Vater geflohen war, so flieht jetzt sein Sohn vor ihm. Der Text zeigt sehr schön, dass er sein Kind erst dann seine eigenen Wege gehen lassen kann, als er auf der Verfolgung sich daran erinnert, wie nötig er selbst seine eigenen Wege und Irrwege brauchte. Nicht die Mahnungen Vasudevas, sondern nur Selbsterkenntnis vermag Siddhartha zu der schmerzlichen Einsicht zu führen, dass auch im Verhältnis zum eigenen Kind Weisheit nicht lehrbar ist.

Diese Erkenntnis führt ihn zu der letzten Integrationsleistung, die er noch zu vollziehen hat – die Annahme des Leidens.[148]

Der Erzähler demonstriert nachdrücklich, dass Siddhartha erst in dem Moment zum vollkommenen Einklang mit sich und der Welt fähig ist, als er nicht nur die Liebe, sondern auch das Leid als existenziellen Part des Lebens akzeptiert hat. Erst nach der definitiven Aufgabe der Suche nach seinem Sohn – dem größten Schmerz seines Lebens – ist Siddhartha fähig, die vielleicht tiefste Dimension der Weisheit zu verstehen:

> Langsam blühte, langsam reifte in Siddhartha die Erkenntnis, das Wissen darum, was eigentlich Weisheit sei, was seines langen Suchens Ziel sei. Es war nichts als eine Bereitschaft der Seele, eine Fähigkeit, eine geheime Kunst, jeden Augenblick, mitten im Leben, den Gedanken der Einheit denken, die Einheit fühlen und einatmen zu können [...] Und wenn er die Wunde brennen fühlte, sprach er lautlos das Om, füllte sich mit Om. (5, 452 und 454)

Diese Integration von Liebe und Leid – also der spezifisch christlichen Existenzialien – in das Konzept eines ganzheitlich entwickelten, erlösten Menschentums bleibt für Hesse der entscheidende Gewinn seines „Siddhartha". Wenn Friedrich Klein vor dem Leid in seine magischen Ekstasen und Klingsor in die Kunst entflohen waren, so blickt Siddhartha ihm unverwandt ins Auge und spricht das „Om" – integriert es also in sein Selbst. Siddhartha flieht weder in die Magie noch in die Kunst – das Leid ist angenommen als integraler Bestandteil des Daseins und wird über die Rückbesinnung auf das Selbst psychisch verarbeitet: „Seine Wunde blühte, sein Leid strahlte, sein Ich war in die Einheit geflossen" (5, 459) heißt es in einem späteren Passus. Das ist eindeutig: Indem Siddhartha auch das Leiden annimmt, vollendet er seinen Weg zu einer universalen Bejahung des Daseins.

## 6.4 Siddhartha als Führer zum Selbst. Govindas Erleuchtungserlebnis

Govinda ist konzipiert als Kontrastfigur zu Siddhartha und verkörpert die Hoffnung auf Erlösung über das Befolgen der rechten Lehre. Zusammen mit Siddhartha bricht er auf und wird Schüler bei den Samanas und bei Buddha. Während sein Freund jedoch mit der Zeit erkennt, dass Weisheit nicht lehrbar ist und deshalb seinen eigenen Weg geht, verbleibt Govinda bei den Jüngern Buddhas und setzt auf die befreiende Kraft seiner Lehre.

Es ist nun einer der großen kompositorischen Kunstgriffe des Romans, die beiden Protagonisten auf verschiedenen Stufen ihrer Entwicklung immer wieder zusammenzuführen und dabei zu zeigen, wie Govindas Vorhaben misslingt. Er versucht, es sich einfacher zu machen und macht es sich am Ende schwerer. Das erste Wiedersehen feiern die beiden Freunde unmittelbar nach Siddharthas Wiedergeburtserlebnis, das zweite nach seiner endgültigen Erleuchtung, also am Ende der Erzählung.

Für beide Begegnungen ist charakteristisch, dass Siddhartha eben aus umwälzenden seelischen Wandlungserlebnissen kommt und dass Govinda seinen Freund nicht mehr erkennt. Govinda, der Unverwandelte, vermag Siddhartha, den Verwandelten, nicht mehr zu erkennen – ein kleines Indiz für die von Jung formulierte Gesetzmäßigkeit, dass jedes Manko an innerer Entwicklung auch ein Defizit an äußerer Erkenntnisfähigkeit bewirkt. Wer niemals Wandlungen an sich selbst erfahren hat, vermag diese auch bei anderen nicht nachzuvollziehen.

Ein zweites Symptom von Govindas innerer Stagnation während seiner Jüngerschaft bei Buddha ist die Tatsache, dass er bei seinem letzten Zusammentreffen mit Siddhartha am Ende des Romans seine Erlösungshoffnungen immer noch auf die rechte Lehre setzt.

Kaum hat Siddhartha sich zu erkennen gegeben, so bittet er ihn, ihm seine Weisheit mitzuteilen. Siddharthas Reaktion entbehrt nicht einer gewissen Paradoxie: Obgleich er sofort darauf hinweist, dass seine eigentliche Botschaft nicht in Worte zu fassen sei („Weisheit ist nicht mitteilbar", 5/462), versucht er das angeblich Unmögliche dennoch und teilt Govinda die grundlegenden Einsichten seines Lebens mit. Anhand der bereits entwickelten Kriterien lässt sich leicht nachweisen, dass jede einzelne von Siddharthas Hauptaussagen eine jungsche Erfahrung des Selbst artikuliert: „Die Relativität aller Wahrheit"[149] („Von jeder Wahrheit ist das Gegenteil ebenso wahr", 5/463) entspringt dem Wesen des Selbst als einer „coincidentia oppositorum."

Die Einseitigkeit und Insuffizienz aller Worte („Einseitig ist alles, was mit Gedanken gedacht und mit Worten gesagt werden kann, alles einseitig, alles halb, alles entbehrt der Ganzheit, des Runden, der Einheit", ebd.) resultiert aus der Unmöglichkeit, die Einheitlichkeit und weltumfassende Totalität des Selbst jemals vollständig in die polare und notwendigerweise fragmentarische Welt des Bewusstseins und der Worte zu übertragen. Die Unwirklichkeit der Zeit („Zeit ist nicht wirklich", ebd.) entspringt der Zeitlosigkeit des kollektiven Unbewussten, die mit jeder seelischen Tiefenerfahrung bewusst wird und auf die bereits verschiedentlich hingewiesen wurde. Die Vollkommenheitserfahrung („die Welt ist in jedem Augenblick vollkommen", 464) ist ein Ausfluss des Einheits- und Ganzheitsaspektes des Selbst, welcher den verselbsteten Menschen in einem umfassenden Sinn mit sich selbst und mit der Welt versöhnt.

In seinem Steingleichnis („dieser Stein ist Stein, er ist auch Tier, er ist auch Gott, er ist auch Buddha", 465) demonstriert Siddhartha anhand eines jungschen Symbols des Selbst (s. o.), dass Vollkommenheit nicht nur beim Menschen, sondern bei jedem Element des Seins anzutreffen ist; jeder Stein, jede Pflanze, jedes Tier ist vollkommen, denn sie sind immer schon das, was sie sein könnten. Mehr noch: Alles Sein ist immer und in jedem Moment vollkommen – nur der Mensch muss es erst werden. Und auch Siddharthas Lob der Liebe („Die Welt zu durchschauen, sie zu erklären, sie zu verachten, mag großer Denker Sache sein. Mir aber liegt einzig daran, die Welt lieben zu können [...] Die Liebe, o Govinda, scheint mir von allem die Hauptsache zu sein." (467) steht wie aufgezeigt in einem notwendigen Zusammenhang mit dem Abschluss des Individuationsprozesses und seiner Bedingung eines sozialen und bezogenen Menschentums. Der vollständig entwickelte Mensch – so Siddhartha – weiß um den überpersönlichen Charakter des eigenen Selbst und ist deshalb willens und fähig zur Liebe.

Was Siddhartha dem erlösungssuchenden Govinda mitzuteilen sucht, ist also eine Psychologie und Kosmologie aus der Sicht des Selbst.[150] Und hier gilt es, einen kleinen Irrtum des Buches und wohl auch Hesses aufzulösen: Govinda behauptet, Siddharthas Verklärung der Liebe stünde im Widerspruch zu den Lehren Buddhas und dieser gibt ihm darin recht.

Um die tiefe Ahnung von der Identität seines Erleuchtungserlebnisses und seiner Worte mit der Quintessenz von Buddhas Leben und Lehre dennoch aufrechtzuerhalten, flüchtet sich Siddhartha in die These, dass zwar nicht Buddhas Lehre, wohl aber Buddhas Leben ein Zeugnis für den hohen Stellenwert der Liebe auch in seinem Dasein ablege.

Ein solches Ausbiegen wäre nach neueren Dokumenten aber gar nicht nötig gewesen. Eine moderne Buddha-Monografie hat aufgezeigt, dass Buddha sich mit allen maßgeblichen Weisheitslehrern darin einig ist, dass er – wie Jesus – zwar das gierige, besitzergreifende, wesenhaft egoistische Begehren verworfen hat, keineswegs aber die wahrhafte, objektive, opferbereite Liebe, die er als „Erlösung des Herzens" bezeichnete. Mehr noch: Wie Jesus, Paulus und Laotse hat Buddha die wahre Liebe dem Streben nach Werkgerechtigkeit explizit vorgezogen und als sichersten Weg zur Überwindung des Ich und damit zur Erlösung gepriesen.[151] Offenbar war dies Hesse damals noch nicht bekannt, obgleich er es instinktiv ahnte.

Nach den heute vorliegenden Zeugnissen kann aber zweifelsfrei nachgewiesen werden, dass Siddharthas hohes Lied auf die Liebe einer jener Punkte ist, in dem sich alle großen Religionen und Weisheitslehren einig sind. Wenn das psychologische Ziel aller Weltreligionen in der Überwindung des Ich hin zum Selbst besteht, so ist das universal empfohlene Mittel dazu die Liebe – jene umfassende Liebe zu aller Kreatur, die auch Siddhartha seinem Freund Govinda empfiehlt. Insofern ist Hesses Anspruch, in seinem Werk „[...] das zu ergründen, was allen Konfessionen und allen menschlichen Formen der Frömmigkeit gemeinsam ist, was über allen nationalen Verschiedenheiten steht, was von jeder Rasse und von jedem Einzelnen geglaubt und verehrt werden kann" in jeder Hinsicht eingelöst.[152]

Exakt diese religionsübergreifende Kardinaltugend der Liebe ist es auch, die Govinda am Ende zur Erleuchtung führt. Wie Siddhartha vorausgesagt hatte, können seine Worte Govindas Innerstes nicht erreichen – sie dünken ihm ebenso närrisch, wie nach Siddhartha jede Weisheit klingt, wenn man sie in Worte fasst („Weisheit, welche ein Weiser mitzuteilen versucht, klingt immer wie Narrheit", 5/462).

Siddhartha bemerkt natürlich sofort, dass seine große Predigt dem Freund nichts genützt hat („Leid und ewiges Suchen stand in seinem Blick geschrieben, ewiges Nichtfinden", 468). Und da greift er – welch genialer Kunstgriff! – in einer plötzlichen Eingebung zum letzten Mittel, um Govinda von der Theorie zur Praxis, vom Denken zum Fühlen, vom Wissen zum Erleben zu führen: Er fordert den Freund auf, ihn zu küssen. Und dieses Vehikel funktioniert. Govindas Kuss auf die Stirn Siddharthas – Symbol der Liebe und der Hingabe seines Ich an das Vollkommene, All-Eine, Heilige[153] – löst jene unwillkürliche Emanation seines Selbst aus, die der altgewordene Mann sein ganzes Leben lang vergeblich gesucht hat:

> Während aber Govinda verwundert, und dennoch von großer Liebe und Ahnung gezogen, seinen Worten gehorchte, sich nahe zu ihm neigte und seine Stirn mit den Lippen berührte, geschah ihm etwas Wunderbares [...] Er sah seines Freundes Siddhartha Gesicht nicht mehr, er sah statt dessen andre Gesichter, viele, eine lange Reihe, einen strömenden Fluss von Gesichtern, von Hunderten, von Tausenden [...] Er sah das Gesicht [...] eines sterbenden Fisches [...] eines neugeborenen Kindes [...] eines Mörders [...] er sah Leichen [...] Tierköpfe [...] und über alle war beständig etwas Dünnes, Wesenloses, dennoch Seiendes gezogen [...] und diese Maske war Siddharthas Gesicht, das er, Govinda in eben diesem selben Augenblick mit den Lippen berührte. Und, so sah Govinda, [...] dies Lächeln der Einheit über den strömenden Gestaltungen, dies Lächeln der Gleichzeitigkeit über den tausend Geburten und Toden, dies Lächeln Siddharthas war genau dasselbe [...] stille, feine, undurchdringliche, vielleicht gütige, vielleicht spöttische, weise, tausendfältige Lächeln Gotamas, des Buddha [...] im Innersten wie von einem göttlichen Pfeile verwundet, dessen Verwundung süß schmeckt, im Innersten verzaubert und aufgelöst, stand Govinda noch eine kleine Weile, über Siddharthas stilles Gesicht gebeugt [...] Tief verneigte sich Govinda, Tränen liefen, von welchen er nichts wusste, über sein altes Gesicht, wie ein Feuer brannte das Gefühl der innigsten Liebe, der demütigsten Verehrung in seinem Herzen. (5, 469-471)

Was Govinda hier erlebt, ist deshalb ein vollgültiges Erlebnis des Selbst, weil er begreift, dass Siddharthas Gesicht nur ein Abbild des Ewigen ist, ein

Symbol für jene Einheit hinter aller weltumspannenden Vielheit, die auch in Buddha und die auch in ihm selbst ist. Govinda begreift und spürt, dass Siddhartha die Totalität des Seins in sich vereinigt und liebend bejaht, dass er aber wie Buddha und er selbst nicht mehr zu sein vermag als ein Zeuge des Ewigen. Indem Govinda durch die Liebe zu einem gleichberechtigten Teilhaber am Göttlichen wird – wie Siddhartha, wie Buddha – verwirklicht er das ewige Selbst in reiner Form und geht wie seine großen Vorbilder in die Unsterblichkeit ein.[154]

Betrachtet man die psychologischen Ergebnisse des „Siddhartha" im Zusammenhang mit den übrigen bereits analysierten Erzählungen, so muss man sagen, dass er eher eine Zusammenfassung der bisherigen Einsichten denn einen Durchbruch zu wirklich Neuartigem bringt. Der bleibende Gewinn ist die definitive Integration der Liebe und des Leidens in Hesses Bild der vollendeten Menschen, wobei aber beides wie aufgezeigt bereits vorher angelegt war. Der Rest ist im wesentlichen eine Wiederaufnahme, Systematisierung und poetisch-legendäre Verklärung der bereits erarbeiteten und in verschiedenen Werken dargestellten Stufen des Individuationsprozesses.

Das ungelöste Problem aus den früheren Dichtungen – die Frage nach dem adäquaten Verhältnis von Ich und Selbst – bleibt auch im „Siddhartha" unangetastet. Siddhartha und Govinda enden im Faszinosum einer Epiphanie des Selbst – über ihr Leben nach der Erleuchtung erfahren wir nichts mehr. Es liegt auf der Hand, dass diese Problematik – die Frage: Wie sieht der Alltag eines Menschen aus, der zu den letzten Erkenntnissen durchgedrungen ist in den nächsten Werken zur Klärung und Beantwortung ansteht.

# 7.  Kurgast

## 7.1  Die Ausgangsproblematik

Um die Psychologie dieser 1923 entstandenen Aufzeichnungen mit ihrem unverhüllt autobiografischen Charakter verstehen zu können, bedarf es zunächst einer kurzen Skizzierung ihrer Voraussetzungen. Ohne diese Kenntnis der persönlichen und literarischen Begleitumstände dürfte weder die Ausgangsproblematik dieses Werks noch seine Stellung in Hesses Oeuvre adäquat zu würdigen sein.

Es gehört zu den unverbrüchlichen Eigenheiten Hermann Hesses, dass er die Entwürfe und Ideale seiner Dichtungen nicht nur literarisch zu gestalten, sondern stets auch zu leben versuchte. Poetischer Entwurf und Lebensentwurf sind für ihn nicht voneinander zu trennen. Wie die individualistischen und ländlichen Ideale Peter Camenzinds den Dichter anno 1904 zum Rückzug in die Idylle Gaienhofens führten und die erzieherisch-pädagogischen Ideale des „Glasperlenspiels" mit einer umfangreichen humanitären Tätigkeit im „Dritten Reich" und in den Jahren nach 1945 korrespondierten, so blieb auch die gedankliche Quintessenz des „Siddhartha" bis auf weiteres die Leitlinie von Hesses Leben. Dies belegen sowohl briefliche Dokumente als auch die weitere Entwicklung seines Werkes. „Ich bin nicht Siddhartha", schreibt er 1922 an Bruno Randssus, „ich bin nur immer wieder auf dem Weg zu ihm."[155]

In einem weiteren Brief aus dem Herbst desselben Jahres formuliert er seine Zielutopie noch konkreter: „Obwohl ich voll europäisch-egoistischer Begierden und voll heimlicher Aktivität stecke, ist mein Ideal doch der Mönch und der stille Heilige."[156]

Und noch zwei Jahre später heißt es in einer Note an den Dichter Wilhelm Schäfer:

> Es freut mich, dass der Siddhartha dich erreicht hat und Dir lieb ist. Von zwanzig Jahren der Beschäftigung mit Asiatischem und vier Eremitenjahren im Tessin ist dies nun übrig geblieben, für mich keine bequeme Frucht, da seine Forderung mich selber immer wieder kämpfend und unterliegend trifft, aber mir doch lieb ist wie ein eigenes Kind.[157]

Diese Dokumente dürften zur Genüge andeuten, worum es Hesse in der unmittelbaren Folgezeit des „Siddhartha" ging: Die humanistische Utopie des

Werkes – das Ideal des restlos verselbsteten, heiligen Menschen – war nicht als eine bloße dichterische Spielerei, sondern als verbindliches Ethos des eigenen Lebens gemeint. An den Reibungspunkten dieses Ideals mit den empirischen Gegebenheiten der Welt und des eigenen Ich wird sich fortan das Ringen von Hesses Leben und Werk entzünden. Als erstes Zeugnis dieses „ewigen Weges zu Siddhartha" sind die Aufzeichnungen des „Kurgast" zu betrachten.

Die Tatsache, dass Hesse das Manuskript zunächst unter dem Titel „Psychologia Balnearia" als Privatdruck herausgab und erst ein Jahr später (1925) einer regulären Veröffentlichung unter dem heutigen Titel zustimmte, lässt vermuten, dass er das Werk anfangs als eine rein private Confessio verstand. Dies bestätigen auch briefliche Selbstzeugnisse aus der Zeit der Niederschrift.[158] Die nachfolgende Analyse wird dagegen zu zeigen versuchen, dass auch dieses scheinbar rein persönliche Werk einen archetypischen Weg – vielmehr zwei Wege! – zum Selbst beschreibt und von Hesse deshalb später zurecht in die Reihe seiner vollgültigen Werke aufgenommen wurde.

## 7.2  Das Leiden am Ich

Das psychologische Ausgangsstadium des Ich-Erzählers im „Kurgast" ist wiederum etwas völlig Neues und mit keinem anderen Werk Hesses zu vergleichen: Es ist weder die tendenziell oder auch akut neurotische Gemütsverfassung Emil Sinclairs, Friedrich Kleins und Klingsors noch etwa Siddharthas gezielte Suche nach dem Erlebnis des Selbst, welche den Spannungsbogen des Werkes inszeniert, sondern eine Befindlichkeit, die lediglich auf eine besonders drastische Weise die Empfindungen eines nichtverselbsteten, wesenhaft egozentrischen Mannes schildert. Es ist ein psychischer Zustand, der vermutlich von keinem fachmännischen Diagnostiker als krankhaft bezeichnet werden würde und der doch möglicherweise als Ursache für mannigfache Leiden und Probleme unserer Zeit angesehen werden muss: Die Verabsolutierung des individuellen Ich und seiner Empfindungen. Hesse bezeichnet dies später als „Durchschnittsreligion unserer Zeit" (7, 62).

Beim Kurgast Hesse manifestiert sich das verkrampfte Festhalten am Ich in einem von Minderwertigkeitsgefühlen, ironischer Distanz und latenten Aggressionen gegen seine Umwelt geprägten Verhalten. Der Erzähler zeigt auf eine erschütternde und beklemmende Weise, wie die moderne „Durchschnittsreligion" entsteht: Das vom Selbst und damit von der inneren Ganzheit wie vom Löwenanteil an Libido vollkommen isolierte Ich ist unfähig, ein synthetisches und konstruktives Verhältnis zur Außenwelt aufzubauen.[159] Voll von Hemmungen, Minderwertigkeitsgefühlen und latenten Aggressionen schottet es sich ab von der Umwelt und kreist ängstlich um sich selbst und seine Bedürfnisse.

Gleich nach seiner Ankunft auf dem Bahnhof des Kurortes sucht der Erzähler unbewusst, aber gezielt nach kränker und hinfälliger aussehenden Kurgästen, um dadurch sein defizitäres Selbstbewusstsein aufzubessern. Die Entdeckung einiger offensichtlich Schwerkranker verschafft ihm auf makabre Weise eine erste Scheinaufwertung seines schwachen Ich („ich [...] fühlte mich schon beinahe wieder gesund, jedenfalls unendlich viel weniger krank als alle diese armen Menschen“, 7/12).

Der erste Arztbesuch gerät in den Augen des Dichters gar zu einem versteckten Boxkampf („Vorsichtig begannen wir den Kampf, tasteten einander ab, probierten zögernd die ersten Schläge“, 7/20), wobei die Anerkennung seiner psychosomatischen Krankheitstheorie durch den Fachmann ihm den triumphierenden Eindruck eines unentschiedenen Kampfausganges verschafft.

Den Höhepunkt dieser gleichermaßen egozentrischen wie im Grunde lächerlichen Suche nach Selbstbestätigung auf Kosten der Umwelt aber bilden jene vor Ironie triefenden Karikaturen des Speisesaalpublikums, die ebensogut in einem Roman Thomas Manns stehen könnten und die – neben dem Atmosphärischen – vermutlich der Grund waren, weshalb der Kollege und Freund eine besondere Vorliebe für dieses Hessesche Werk bekannte.[160]

Auch wenn diese bitterbösen Persiflagen – Hesse kann das durchaus auch, wenn er nur will – in einem großartigen Stil geschrieben sind, so enthüllen sie doch unübersehbar die Dürftigkeit eines von Minderwertigkeitsgefühlen vollkommen übermannten Ich, das sich seiner selbst nur noch dadurch zu vergewissern vermag, dass es seine Mitmenschen denunziert:

> Es ist eine Riesin aus Holland da, zwei Meter hoch oder mehr und reichlich schwer, eine majestätische Erscheinung, würdig unsere Kurfürstin darzustellen. Ihre Haltung ist prachtvoll, ihr Gang aber lässt zu wünschen übrig und seltsam kokett und gefährlich, fast beklemmend sieht es aus, wenn sie den Saal betritt, gestützt auf einen zierlich dünnen, spielerischen Stock, den man in jedem Augenblick erwartet brechen zu sehen. Aber vielleicht ist er von Eisen. Dann ist ein furchtbar ernsthafter Herr da, ich wette, dass er mindestens Nationalrat ist, durch und durch moralisch, männlich, patriotisch, das untere Augenlid etwas rot und hängend wie bei jenen treuen

Hunden am St. Bernhard, der Nacken breit und steif, jedem Schlag
standhaltend, die Stirn voll Falten, die Brust voll einwandfreier, hoher,
doch intoleranter Ideale [...] Dagegen wie hold, wie lieblich und voll
Anmut ist Herr Kesselring [...] Hellblond wallt das Seidenhaar um seine
reine Stirn, zart lockt in seiner Wange das heitere Grübchen, schwärme-
risch und entzückt blickt das hellblaue Kinderauge, zärtlich streicht die
lyrische Hand über die elegante farbige Weste [...] Rosig vom Scheitel
bis zur Zehe wie ein Mädchen von Renoir, mag Kesselring in jüngeren
Jahren wohl den schelmischen Gespielen Cupidos sich gesellt haben, der
Holde. Wie aber dieser süße Bursche mich erschreckte und enttäuschte,
als er mir einst zur Dämmerstunde im Rauchzimmer eine kleine Ta-
schenkollektion von unanständigen Bildchen zeigte, dafür fehlen mir die
Worte. (7, 38-40)

Man kann sich lebhaft vorstellen, mit welch innigem Entzücken und brü-
derlichen Gefühlen Thomas Mann diese Zeilen las, wie er möglicherweise
Tränen darüber lachte (er konnte das!). Aber Hesse ist nicht Thomas Mann.
Es gibt vielleicht keinen zweiten Passus in Hesses ganzem Werk, an dem der
wichtigste und tiefgreifendste Unterschied in der Geisteshaltung dieser beiden großen Dichter deutlicher und sinnfälliger gemacht werden kann. Wenn
für Mann die Ironie trotz allem Wissen um ihre zynischen Konsequenzen ein
vollgültiges und niemals widerrufenes Mittel zur Umsetzung seiner künstlerischen und weltanschaulichen Positionen war, so gilt dies nicht für Hesse.
Für ihn ist Ironie am Ende immer ein Ausdruck der Verzweiflung, der fehlenden Liebe, der Nichterlösung. Mann strebt seiner ganzen Natur nach zur
erzählerischen Distanz, zum Wertrelativismus, zur Bindungslosigkeit – Hesse
dagegen zur Konfession und Religion. Für ihn kann Ironie nur eine ver-
zweiflungsvolle Zwischenstation auf dem Wege zu neuer Bindung, neuem
Einheitsbewusstsein, neuer Liebe sein.[161]
    Und so endet für den Dichter sein Zynismus am Ende unfehlbar in ei-
nem „Anfall tiefer Enttäuschtheit und faden Lebensekels" (7, 50). Sein
wahres Wesen verlangt eine bejahende, synthetische Lebenshaltung – die
Rückkehr zum Alleinheitsbewusstsein Siddharthas, zum Selbst. Die Flucht
zum Marderkäfig bietet da nur eine vordergründige Lösung. Die Raubtiere
bezeugen dem Verzweifelten zwar die Weiterexistenz alles Naturhaften und
Ungebrochenen, aber sie können sein inneres Dilemma nicht lösen. Der
Dichter beginnt zu ahnen, dass er eine neue Verwandlung eingehen muss.

## 7.3 Der Weg der Moral

Das konfliktträchtige Verhältnis des egozentrischen Erzählers zu seiner gesamten Umwelt kulminiert und wandelt sich in der Auseinandersetzung mit dem „Holländer" – jenem robusten Zimmernachbarn, der durch seine vehemente Geräuschentwicklung dem nervösen Dichter die Arbeits- und Nachtruhe zu rauben droht. Der Text signalisiert dabei unübersehbar, dass es im Grunde gar nicht die Geräusche an sich sind, die ihn stören, sondern das, was er mit ihnen assoziiert. Was ihn beunruhigt, ärgert und schließlich mit ziemlich vehementem Hass erfüllt, ist nicht der Lärm, sondern das Wesen des Holländers:

> [...] am meisten hasste ich alle die unzähligen Anzeichen seiner Kraft, Gesundheit und Unverwüstlichkeit, sein Lachen, seine gute Laune, die Energie seiner Bewegungen, die überlegene Apathie seines Blickes, alle diese Anzeichen seiner biologischen und sozialen Überlegenheit" (7, 60).

Diese Worte sind deutlich: Der Dichter hasst in dem Holländer seine eigene Unfähigkeit zur Empfindung seelischer Ganzheit und projiziert auf ihn den versammelten Hass, den er gegen sich selbst empfindet, weil er wieder einmal zur Empfindung des Selbst unfähig ist.[162]

Der Holländer ist zwar kein Symbol des Selbst – dazu ist er zu naiv, zu undifferenziert, zu sehr Normalbürger – aber seine feiste Selbstzufriedenheit und Robustheit reichen doch aus, um den Dichter unbewusst an seine verlorene innere Einheit und Ganzheit zu erinnern. Gleichwohl ist der Erzähler nun psychologisch dermaßen geschult und vorbereitet, dass die entsprechende Einsicht nicht lange auf sich warten lässt.

Bald schon wird ihm klar, dass sein Hass auf den harmlosen Niederländer in eklatantem Widerspruch zu seinem Glauben an die Alleinheit der Welt und des Selbst steht („Ich glaube nämlich an nichts in der Welt so tief, keine andre Vorstellung ist mir so heilig wie die der Einheit, die Vorstellung, dass das Ganze der Welt eine göttliche Einheit ist und dass alles Leiden, alles Böse nur darin besteht, dass wir einzelne uns nicht mehr als unlösbare Teile des Ganzen empfinden, dass das Ich sich zu wichtig nimmt", 7/61). Diese Wiedererinnerung an den zentralen Gedanken des „Siddhartha" und all seiner übrigen Werke bewirkt die volle Bewusstwerdung des inneren Konflikts und damit ein erstes Stadium der Verzweiflung. Er erkennt seine bisherige Befangenheit in reiner Egozentrik und beschließt, das Problem auf dem Wege von Jesu Bergpredigt – dem Weg der Moral und der Liebe – anzugehen.

Es ist ergreifend zu lesen, wie der Dichter im Verlauf einer schlaflosen Nacht jede nur denkbare Anstrengung unternimmt, um zu seinem Störenfried vom Zimmer nebenan ein uneingeschränkt bejahendes, liebendes Verhältnis aufzubauen. Mit Hilfe diverser phantastischer Tricks – er versucht, sich das Wesen und den Lebenslauf seines Widersachers von der Geburt bis zum Tode in allen Einzelheiten vorzustellen – gelingt es ihm am Ende tatsächlich, den Ruhestörer liebenswert zu finden. Fortan hat er keine Probleme mehr mit ihm. Der Konflikt scheint gelöst. Die Ironie des Schicksals sorgt freilich dafür, dass der Niederländer am nächsten Tag abreist. Damit ergeben sich für den Erzähler Probleme und Verwicklungen völlig neuer Art.

## 7.4 Der Weg der Gnade

Mit dem Verschwinden des Holländers entsteht eine völlig neuartige psychologische Situation. Entzündeten sich bislang die Konflikte des Dichters an seinem Verhältnis zur Außenwelt, so werden sie jetzt introjiziert und nehmen essenziell neurotische Formen an.

Der Erzähler entfesselt eine wahre Orgie der Selbstverurteilung. Er empfindet instinktiv Spaß an gutem Essen und Trinken – und verurteilt sich nachher dafür („wie leicht es ist, ein Hund von Faulenzer, ein Schwein von fettem Genießer zu werden!" 7, 73); er hört sich im Kursaal die Operettenbearbeitungen des Kurorchesters an – und wirft sich später Trägheit, geistige Verflachung, sowie Anpassung an das durchschnittliche Kurgastniveau vor („Mit der körperlichen Verwöhnung und Trägheit geht die geistige Hand in Hand", 7/73). Er hält eine harmlose Plauderei mit anderen Gästen – und bezichtigt sich danach „der Sünde des dummen, nutzlosen Schwatzens, des faulen, gedankenlosen Jasagens" 7, 75); er geht in ein Kino – und meint nach der Vorstellung, er habe sich „durch Augenlust verführt und abgestumpft, nicht nur das Haarsträubendste an Kunstersatz und Pseudodramatik, neben einer grauenhaften Musik, widerspruchslos gefallen lassen, sondern habe auch die physisch wie seelisch üble Atmosphäre in jenem Raum ertragen" (7, 76); er sucht Ablenkung und Zerstreuung am Roulettetisch – und rügt später den rein äußerlichen und mechanischen Charakter der seelischen Anregung, dem „jede aktive Übung der Seele" vorzuziehen sei (7, 84).

Diese universale Selbstverurteilung leitet jenen zweiten Verzweiflungszustand ein, der am Ende das definitive Wandlungserlebnis heraufbeschwört. Im Unterschied zum ersten Teil der Aufzeichnungen ist das Zerwürfnis nunmehr ein rein innerseelisches: Der Konflikt mit der Außenwelt ist in die Psyche des Erzählers verlagert worden.

Über die Hintergründe dieser Introjektion lassen sich nur Vermutungen anstellen. Aus freudscher Perspektive mag sie als Ausfluss jener neurotisch-schizoiden Charakterstruktur des Dichters erscheinen, wie dies in der Sekundärliteratur bisweilen diagnostiziert worden ist.[163]

Die jungsche Psychologie bietet aber einen anderen Erklärungsansatz an: Die neurotische Grunddisposition des Kurgasts ist zwar auch von ihrer Warte aus nicht zu leugnen – Hesse bezeichnet sich in der Einleitung des „Kurgast" selbst als „leidlich begabten, nicht internierungsbedürftigen Einzelgänger aus der Familie der Schizophrenen" (7, 8) – aber sie beruht gewissermaßen auf einer gesunden Basis. Was den Erzähler immer wieder in die Neurose stürzt und an seinem empirischen Menschsein verzweifeln lässt, ist nämlich nichts anderes als die Stimme seines Selbst – jene Stimme seines Seelenkernes, die er als Stimme Gottes empfindet und die ihn immer wieder an die Realisierung seiner Ganzheit mahnt. Und wer würde es wagen, es als neurotisch zu bezeichnen, wenn ein Mensch von sich verlangt, immer wieder sein Ich zu transzendieren und die imitatio Jesu anzutreten?

Der Höhepunkt seiner Verzweiflung ist erreicht, als seine Selbstvorwürfe ihn derart lähmen, dass er am Morgen nicht einmal mehr das Bett zu verlassen vermag. Mit dieser vollkommenen Blockade auf Bewusstseinsebene ist die archetypische Voraussetzung für die Aktivierung der unbewussten Kompensationen geschaffen. Der Kurgast Hesse erlebt den unwillkürlichen inneren Durchbruch – auch für ihn selbst völlig überraschend – auf dem Weg zum Speisesaal:

> Als es endlich Mittag geworden war und ich verdrossen und ohne Appetit zum Speisesaal schlich, nahm ich plötzlich mich selber wahr, war ich plötzlich nicht mehr bloß der Kurgast, der mit schwerfälligem Gebein und freudlosem Gesicht die Hoteltreppen hinunterstieg, sondern war zugleich Zuschauer meiner Selbst. Auf irgendeiner der vielen Treppenstufen war es plötzlich da, war ich plötzlich in zwei gespalten, sah mir selber zu, sah diesen appetitlosen Kurgast seine Treppe hinabschleichen, sah ihn die Hand hilfsbedürftig auf die Treppenbrüstung legen, sah ihn am grüßenden Oberkellner vorbei den Speisesaal betreten." (7, 88)

Die psychische Instanz, die sich hier zu Wort meldet und sogleich als wohltuend befreiend empfunden wird, ist natürlich das jungsche Selbst, das die quälende Spaltung des Ich-Bewusstseins aufhebt und ein neues Ganzheitsempfinden schenkt. Dies zeigt zweifelsfrei ein späterer Passus, wo der Erzähler diese Instanz als „Stimme Gottes" (7, 103) bezeichnet.[164]

Zunächst folgt freilich ein scheinbares Gespräch zwischen dem Erzähler und einem weiteren Kurgast, das sich bei näherer Betrachtung als ein innerer Monolog – vielmehr Dialog – zwischen dem bisherigen Kurgast-Ich und dem neuerwachten Selbst erweist. Dieser innere Dialog offenbart nun in aller Deutlichkeit und Schärfe jenes unversöhnliche Verhältnis von Ich und Selbst, das seit „Klein und Wagner" in Hesses Erzählungen angelegt ist und das die psychologische Problematik bis hin zum Steppenwolf entscheidend bestimmen wird: Das Selbst wirft dem Ich eine bürgerlich-uneigentliche, verlogene und unwesentliche Existenz vor, während dieses ebenso ironisch-aggressiv seine Position verteidigt und das polare Spannungsverhältnis innerhalb des Selbst als Widersprüchlichkeit denunziert.

Die Stimme des Selbst insistiert dagegen auf dem naturgegebenen Charakter der psychischen Polarität und schlägt mit einer fiktiven Faust gegen seinen Widersacher. Erst in diesem Moment erkennt der in seine Visionen versunkene Dichter den Phantomcharakter dieser Auseinandersetzung und erwacht aus seinen Träumen („Erst jetzt bemerkte ich, stehenbleibend, dass ich ohne Hut das Haus verlassen und das einsame Flussufer aufgesucht hatte", 7/99). Dass dieser imaginäre Kampf ein innerseelisches Ringen samt dem definitiven Sieg des Selbst über das Ich symbolisieren soll, geht aus dem Schlussteil der Aufzeichnungen zweifelsfrei hervor. Unmittelbar nach dieser Episode verkündet der Erzähler feierlich den Tod des (Kurgast-)Ich und den Sieg des Selbst:

> Der Kurgast Hesse ist Gott sei Dank gestorben und geht uns nichts mehr an [...] Es ist ja alles gut geworden. Ich höre ja die Stimme Gottes wieder, es ist ja alles gut. (7, 103 und 106)

Noch deutlicher manifestiert sich der erneute Durchbruch zum Selbst[165] samt allen archetypischen Kriterien dafür in folgendem Passus aus dem Schlussteil der Aufzeichnungen:

> Die *Einheit*, die ich hinter der Vielheit verehre, ist keine langweilige, keine graue, gedankliche, theoretische Einheit. Sie ist ja das *Leben* selbst, voll Spiel, voll Schmerz, voll Gelächter [...] Du kannst jederzeit in sie eintreten, sie gehört dir in jedem Augenblick, wo du *keine Zeit, keinen Raum*, kein Wissen, kein Nichtwissen kennst, wo du aus der Konvention austrittst, wo

du in *Liebe* und Hingabe *allen Göttern*, allen *Menschen*, allen Welten, allen *Zeitaltern* angehörst. In diesen Augenblicken erlebst du *Einheit* und *Vielfalt* zugleich, siehst *Buddha* und *Jesus* an dir vorübergehen, sprichst mit *Moses* [...]. (7/108, Hervorhebungen vom Verf.).

Als Ausfluss des Selbst sind auch die poetologischen Schlussfolgerungen zu betrachten, die der Dichter am Ende seiner Aufzeichnungen aufstellt. So etwa, wenn er – in unausgesprochener Anlehnung an Schopenhauer – sich zum Entwurf einer „Psychologie mit dem Weltauge" (7, 110) bekennt und dies als Essenz seiner Dichtung „seit manchen Jahren" bezeichnet.

Dass dies zutreffend ist, konnte die vorliegende Arbeit nachweisen: Seit dem „Demian" schreibt Hesse aus der Perspektive des Selbst – d. h. seine gesamte Dichtung ist geprägt von dem Willen zu einer möglichst umfassenden, voraussetzungslosen und tiefgründigen Erkenntnis der Welt und des eigenen Ich. Diese begierdelose, nur der Erkenntnis verschworene Haltung gegenüber der Welt und dem eigenen Ich entspricht genau jener Wahrnehmung mit dem „Weltauge", die Schopenhauer als wichtigstes Kennzeichen des Genies ansah. Dabei ist sich der Dichter mittlerweile sehr wohl bewusst, dass das Paradoxon des Selbst – sein Einheits- und Vielheitsaspekt – mit Worten immer nur insuffizient ausdrückbar ist:

> Beständig möchte ich mit Entzücken auf die selige Buntheit der Welt hinweisen und ebenso beständig daran erinnern, dass dieser Buntheit eine Einheit zugrundeliegt; beständig möchte ich zeigen, dass Schön und Häßlich, Hell und Dunkel, Sünde und Heiligkeit immer nur für einen Moment Gegensätze sind, dass sie immerzu ineinander übergehen [...]. Diese Doppellinie möchte ich mit meinem Material, mit Worten, zum Ausdruck bringen, und arbeite mich wund daran, und es geht nicht. (7, 111/112)

Die Nichtsagbarkeit der Gesamtheit des Selbst – darauf wurde in der vorliegenden Arbeit mehrmals verwiesen – liegt darin begründet, dass es ja auch die Gesamtheit des Kollektiven Unbewussten umfasst und damit per definitionem niemals vollkommen bewusstseinsfähig ist. Es ist so unerschöpflich wie die Welt selbst, denn es ist ja die Welt selbst.

Auch die weiteren Aspekte der Schlussperspektive bringen psychologisch nichts wirklich Neues, sondern nur eine Neuverknüpfung bereits behandelter Einsichten und Gesetzmäßigkeiten. So etwa die Einsicht in das Selbst als leitendes Zentrum und in die Periodizität der Selbsterfahrung:

Ich werde auf neue Arten mich versündigen, auf neuen Wegen wieder zu
Gott finden. Und immer werde ich glauben, der Handelnde, der Denkende,
der Lebende zu sein, und weiß doch, dass Er es ist. (7, 109)

Der Dichter weiß mittlerweile um jene dämonisch-numinose Macht, die sich
seiner Willkür entzieht und die ihn gleicherweise in die Verzweiflung wie in
die Erlösung stürzt. Indem er seinen Versuch mit der Moral scheitern und
nur sein Erlebnis auf dem Weg zum Speisesaal als wirklichen Durchbruch
zum Selbst gelten lässt, bestätigt er noch einmal die Gesetzmäßigkeit seiner bisherigen Dichtungen, dass das Erlebnis des Selbst stets unwillkürlichen
Charakter hat. Dies wird vom Dichter am Ende der Erzählung explizit bestätigt:

> Es gibt zwei Wege zur Erlösung: den Weg der Gerechtigkeit, für die Gerech-
> ten, und den Weg der Gnade, für die Sünder. Ich, der ich ein Sünder bin,
> habe wieder den Fehler begangen, es mit der Gerechtigkeit zu versuchen.
> Nie wird sie mir gelingen [...] immer endet es mit einem Zustand von Leid
> und Verirrtsein. Aber immer wieder folgt diesem Tod auch die Neugeburt,
> immer wieder rührt Gnade mich an, und das Leid und Verirrtsein ist nicht
> mehr schlimm, die Fehlgänge sind gut gewesen, die Niederlagen sind köst-
> lich gewesen, denn sie haben mich zurück ans Herz der Mutter geworfen,
> haben mir von neuem das Erlebnis der Gnade ermöglicht. (7, 102/103)

Hesses „Kurgast" zeigt also die Psychologie eines Mannes, der aufgrund bestimmter Ereignisse zunächst in einen tiefen Zwiespalt zu seiner Umwelt, dann
zu sich selbst gerät und der – nachdem er an einer ethisch-rationalen Lösung
seiner Konflikte gescheitert ist – durch eine unwillkürliche Manifestation
des Selbst zu einer neuen Einheit und Ganzheit findet. Das Werk dokumentiert die Lebensweise und die Problematik eines Mannes, der auf eine radikale und schonungslose Weise Ernst macht mit dem Ideal eines restlos verselbsteten Lebens und der sich nicht scheut, im Interesse der Wahrhaftigkeit
auch die peinlichsten Insuffizienzen seines Charakters offenzulegen. Es endet
wie aufgezeigt mit einem erneuten Durchbruch zum Selbst, zur „göttlichen
Stimme" – wobei dem Dichter klar ist, dass er diese innere Ganzheit und
Teilhabe an der Transzendenz bald wieder verlieren wird (s. o.).
    Die Periodizität der Selbst-Erfahrung ist ihm mittlerweile genauso selbst-
verständlich, wie er sie instinktiv immer wieder anstrebt. Von dieser Seite her
ist sein Individuationsprozess abgeschlossen. Was noch fehlt – und gerade das

wird im „Kurgast" besonders augenfällig – ist eine Berücksichtigung der legitimen Ansprüche des Ich, sowie die Herstellung eines gleichberechtigten und ausgewogenen Verhältnisses zwischen Ich und Selbst.

Der Erzähler ist nach wie vor besessen vom Archetypus des Selbst und vom Drang nach dessen möglichst absoluter und permanenter Verwirklichung. Der gegebenen Insuffizienz der Welt und des eigenen Ich wird immer noch jegliche Akzeptanz verweigert. Hier ist ein Konfliktpotenzial angelegt, das – über die Interimslösungen der „Nürnberger Reise" hinaus – erst in der Katharsis des „Steppenwolf" eine endgültige Lösung erfahren wird.

# 8.  Die Nürnberger Reise

## 8.1  Der psychologische und der soziale Konflikt

Wie bereits beim „Kurgast", so handelt es sich auch bei den nachfolgenden Aufzeichnungen über „Die Nürnberger Reise" um ein in seiner Bedeutung für Hesses Oeuvre gemeinhin stark unterschätztes Werk.[166] Dabei entwickelt der Autor hier nicht nur vollkommen neue Lösungsperspektiven für die Individuationsproblematik in seinem Leben und Werk, sondern gleichzeitig auch die wichtigsten Gedanken und Motive, die später in dem Hauptwerk vom „Steppenwolf" zu einer großen Symphonie – vielmehr Sonate![167] – zusammengeführt werden. Es wird sich freilich zeigen – und gerade hierin liegt das hohe Eigengewicht der Nürnberger Aufzeichnungen begründet – dass diese neuen Motive nur formal, keineswegs aber inhaltlich mit ihrer späteren Ausformung im „Steppenwolf" übereinstimmen und somit der Reisebericht einer eigenständigen Analyse und Bewertung unterzogen werden muss. Soweit mir bekannt, sind die motivischen Parallelen und Divergenzen zwischen diesen beiden nahe verwandten Dichtungen noch niemals wirklich systematisch untersucht worden.

Der Text enthält Aufzeichnungen von einer literarischen Vortragsreise durch Süddeutschland, die Hesse von Anfang bis Mitte November 1925 über die Stationen Tuttlingen, Blaubeuren, Ulm, Augsburg bis nach Nürnberg führte und deren Impressionen er anschließend innerhalb von drei Wochen in seinem Tessiner Domizil niederschrieb.[168]

Psychologisch interessant und für unser Erkenntnisinteresse wesentlich ist, dass die Eingangspassage der Aufzeichnungen wiederum eine Tendenz zu jener neurotischen Selbstzerfleischung zeigt, die zuletzt im zweiten Teil des „Kurgast" zu beobachten war. So fällt auf, dass der Dichter – obgleich er sich bereits auf der ersten Seite zu einer irrationalen und akausalen Lebensphilosophie bekennt („Kausalität findet im Leben nirgends statt, nur im Denken", 7/117), dennoch eine ganze Reihe von Gründen anführt, um seine Reise zu rechtfertigen: Die Einladung eines schwäbischen Freundes: den „Komplex Blaubeuren"[169] mit seinen heimatlichen Lockungen, seinen Natur- und Kunstdenkmälern und seinen Beziehungen zu Mörike[170] und schließlich die Einladung zu den Vorlesungen in Ulm, Augsburg und Nürnberg.

Der zweite innere Widerspruch ist darin zu sehen, dass dem Dichter die Reise zwar einerseits als willkommene Flucht aus der Einsamkeit seiner

Tessiner Klause erscheint, er aber andererseits die Störung seiner menschlichen und dichterischen Freiheit fürchtet. Seine hypochondrisch-nervösen Aversionen gegen das Reisen und alle festen Terminzusagen führen schließlich so weit, dass er bereits auf halber Strecke in Zürich resigniert und allen Ernstes erwägt, das ganze Unternehmen abzusagen. Erst der dringliche Zuspruch einiger Freunde kann ihn dazu bewegen, am Ende doch noch zu fahren.

Aber auch seine Haltung zu den Vorlesungen selbst ist zwiespältig: Auf der einen Seite lehnt er sie ab wegen grundsätzlicher Zweifel am Wert der Gegenwartsliteratur wie auch seiner eigenen Dichtung, andererseits aber führt er die Veranstaltungen trotz dieser Zweifel am Ende dennoch durch.

Diese Beispiele demonstrieren zur Genüge, dass auch dieses Werk wieder mit charakteristischen Symptomen für jenen inneren Zwiespalt einsetzt, der ein Leitmotiv von Hesses mittlerer Schaffensperiode bildet und dessen archetypische psychologische Implikationen hinlänglich angedeutet wurden.

Auch „Die Nürnberger Reise" offenbart also die neurotische Grundtendenz des Dichters. Es ist faszinierend zu beobachten, wie er beinahe instinktiv wieder jene psychische Befindlichkeit anstrebt, die ihn nun schon oft aus seiner Misere befreit hat und zu der er auch im Kurgast sich nach vielen Mühen durchgerungen hatte: Die Transzendierung des leidenden Ich durch das Selbst. In der „Nürnberger Reise" klingt dies so:

> [...] ich kenne besser als irgendeiner den Zustand, in welchem das ewige Selbst in uns dem sterblichen Ich zuschaut und seine Sprünge und Grimassen begutachtet, voll Mitleid, voll Spott, voll Neutralität. Wie sollte ich sonst dazu kommen, mein Ich dem Spott minder wissender Leser preiszugeben? (7, 156/157)

Nach dieser quasi theoretischen Einführung der neuen psychologischen Ebene demonstriert der inzwischen wissender gewordene Dichter aber mit aller Deutlichkeit, dass es zwei mögliche Wirkungen der Selbst-Erfahrung im jungschen Sinne gibt. Da ist zunächst die „Kurgast-Lösung": Die erlösende Transzendierung des leidenden und mit sich selbst zerfallenen Ich durch das neutral, unabhängig und objektiv erfahrene Selbst.[171]

Hesse demonstriert den Unterschied zwischen Ich-haftem und verselbstetem Erleben höchst eindrücklich anhand seiner doppelbödigen Reaktionen auf die von Motorenlärm und Abgasen eingehüllte Altstadt Nürnbergs – übrigens ein Passus von geradezu bedrückender prophetischer Kraft:

Ich sah alles nur noch in die Auspuffgase dieser verfluchten Maschinen ge-
hüllt, alles unterwühlt, alles vibrierend von einem Leben, das ich nicht als
menschlich, nur als teuflisch empfinden kann, alles bereit zu sterben, bereit
zu Staub zu werden, sehnsüchtig nach Einsturz und Untergang, angeekelt
von dieser Welt, müde des Dastehens ohne Zweck, des Schönseins ohne Seele [...] Indessen nahm der Beobachter in mir diesen ganzen Befund mit der
gewohnten Ruhe auf, neugierig, ob der Bursche diesmal explodieren oder es
doch noch aushalten würde. Der Beobachter in mir (eine Figur, welche nicht
zu den Personen dieser Erzählung gehört), der mit den zufälligen Freuden
und Leiden des reisenden Barden nichts zu tun hat, als dass er sie notiert,
er war dabei und wird ein andermal sachlicher von diesen Erlebnissen sprechen. Heute spricht nur der reisende Tenor, der zufällige Mensch in mir, der
Zufälliges erlebt und leidet. (7, 173/174)

Dieser Wechsel in der Selbstwahrnehmung des Dichters resultiert aus dem
Sprung in jene psychologische Befindlichkeit, die er mittlerweile schon quasi instinktiv sucht und praktiziert: Der innerseelische Schwerpunkt wird vom
Ich zum Selbst hin verschoben, so dass eine Verobjektivierung des gesamten
persönlichen Erlebens eintritt. Das als unbewegt, überindividuell und unsterblich empfundene Selbst tritt als ruhende und beobachtende Instanz dem
persönlichen Ich mit seinem Leiden an der Welt gegenüber und schafft damit
jene Leidrelativierung oder gar -aufhebung, die der Einzelne braucht, um die
Wechselfälle des Lebens ohne Schaden zu überstehen.

Aber diese leidrelativierende Funktion ist nur eine Wirkungsform
des Selbst bei Hermann Hesse. Der andere Effekt, den der Dichter beschreibt, wurde auch im „Kurgast" bereits angeschnitten: Als er während eines Nachtspazierganges unter alten schwäbischen Giebeldächern
in Tuttlingen ein Hölderlin-Gedicht assoziiert, überkommt ihn mit der
Wiedererinnerung an erste poetische Ergriffenheiten nicht nur das Gefühl
einer überwältigenden Sinnhaftigkeit seines Lebens, sondern auch die erschütternde Erkenntnis, in welch tiefes Leid ihn das Faszinosum der Poesie
und die Entdeckung des Selbst gestürzt hat. Auf einmal wird ihm klar, dass
die Stimme des Selbst nicht nur die Stimme der inneren Einheit, Ganzheit
und Teilhabe am Göttlichen war, sondern auch die der unerbittlichen
Forderung nach einem an überpersönlichen, menschheitlichen und transzendenten Zielen orientierten Leben:

Ach, wohin hatte diese Stimme mich nicht verlockt, wie weit hatte sie, in den vielen Jahren, mich von allem weggeführt, was den andern, den nicht Gezeichneten, wert und wichtig ist! Wieviel tiefe und nicht mitteilbare, einsame Seligkeiten hatte sie mir gebracht und wie tief mich in Leid und Zwiespalt verwirrt, die Zauberstimme, das gefährliche Lied von einem höheren Leben, einem edleren Menschentum, als es uns angeboren ward! In Streit und Zerfall mit aller Wirklichkeit hatte sie mich geführt, in eiskalte, nicht mehr zu heilende Einsamkeit, in scheußliche Abgründe der Selbstverachtung, in göttliche Verstiegenheiten der Frömmigkeit. (7, 147)

In diesem Zusammenhang erkennt der Dichter also erstmals, dass das Selbst nicht nur die Stimme der inneren Versöhnung, sondern auch die Aufforderung zur Lebenssteigerung ist und dergestalt sowohl für seine magischen Ekstasen als auch für seine neurotische Grunddisposition verantwortlich zeichnet. Er begreift, dass es dieselbe archetypische Instanz ist, die einmal als unbarmherziger Richter – als freudsches „Über-Ich" – und das andere Mal als Mittler der göttlichen Gnade sich manifestiert.

Damit wird der Dichter erneut mit der Existenzialität des Leidens konfrontiert. Wenn das Selbst einmal als universal versöhnende und das andere Mal als rigoros fordernde und damit ent-zwei-ende psychische Instanz auftritt, so kann es keinen dauerhaften inneren Frieden geben. Aber dies ist nur die psychologische Begründung für das Faktum des Leidens, das der Dichter – wie aufgezeigt – grundsätzlich bereits in seine Anthropologie integriert hat. Daneben aber taucht in der „Nürnberger Reise" erneut jener Bereich auf, der bereits in der Eingangspassage des „Kurgast" thematisiert wurde und der nun immer mehr ins Zentrum der gedanklichen Problematik des Dichters rückt: Die Auseinandersetzung mit der modernen Zivilisation und Städtekultur.

Der oben zitierte Passus über seine „Nürnberger Impressionen" macht deutlich, worum es geht: Mehr noch als unter der Insuffizienz seines Ich leidet der nach jahrelanger Einsamkeit erstmals wieder reisende „Weise von Montagnola" unter der Unwirtlichkeit unserer Städte und unter der Inhumanität unserer wissenschaftlich-technischen Zivilisation.

Die Frage, die nun immer unabweisbarer am Horizont auftaucht, lautet: Was ist die angemessene Haltung des wissenden und verselbsteten Menschen auf die Gegebenheiten der modernen Welt? Welche Antwort ist darauf zu geben? Diese Problematik – übrigens ein archetypischer Ausdruck für den Bezogenheitsdrang (den sozialen Aspekt) des Selbst – wird von nun an den

Dichter nicht wieder loslassen. „Die Nürnberger Reise" versucht eine erste Antwort darauf.

Dass er sich an den Status quo nicht anpassen wird, steht für ihn von vornherein fest („Nein, du hast tausendmal recht mit deinem Protest gegen diese scheußliche Welt, wie sie nun einmal ist, du hast recht, wenn du stirbst und erstickst an dieser Welt, statt sie anzuerkennen", 7/164). Stattdessen sucht er nach Wegen, um an seiner Ablehnung der zeitgenössischen „Wirklichkeit" nicht zu zerbrechen.

## 8.2 Lösungsvisionen: Die Unsterblichen und der Humor

Er findet zwei Wege: Den Mythos von den „Unsterblichen" und den Humor. Es ist bezeichnend, dass Hesses essenziell romantisches Verhältnis zur Wirklichkeit in den Nürnberger Aufzeichnungen auch ein romantisches Verständnis der „Unsterblichen" bedingt. Während später im „Steppenwolf" die klassisch-harmonischen Künstlerpersönlichkeiten Mozart und Goethe Hesses Ideal der Verselbstung und der Unsterblichkeit symbolisieren, sind es hier noch Mörike und Hölderlin. Die beiden tragisch-problematischen schwäbischen Dichtergenies und ihre unsterbliche Poesie erscheinen Hesse als Apotheose des eigenen Leidens und Außenseitertums:

> Es war Hölderlin, in jenem Augenblick unter den Tuttlinger Giebelhäusern, es war Mörike, mit der schönen Lau [...] Und so wie auf dieser Reise waren immer und überall Tote um mich gewesen, vielmehr Unsterbliche. Und diese lang gestorbenen Menschen, deren Worte mir lebendig waren, deren Gedanken mich erzogen, deren Gedanken die nüchterne Welt schön und möglich machten – waren das denn nun nicht alle auch besondere, kranke, leidende, schwierige Menschen gewesen, Schöpfer aus Not, nicht aus Glück, Baumeister aus Ekel gegen die Wirklichkeit, nicht aus Übereinstimmung mit ihr? (7, 162)

Das Leiden der unsterblichen romantischen Dichter als Trost für das eigene Leiden an der Welt und an der eigenen Psyche – dieser Gedanke bildet eine der beiden Schlussvisionen der Aufzeichnungen. Psychologisch betrachtet erscheint dies als ein legitimer Mythos, um jene Existenzialität des Leidens erträglich zu machen, von der auch die Analytische Psychologie ausgeht (vgl. Kap. 3, Anm. 93).

Die zweite Lösungsvision des Reiseberichts ist dieser geradezu entgegengesetzt. Wenn Hesses Verständnis der Unsterblichen die gegebene Wirklichkeit
und das Leiden daran als unüberwindbar voraussetzt, so intendiert seine
Konzeption des Humors eine Aufhebung der tragischen Diskrepanz zwischen
innerer Stimme und Wirklichkeit. Humor ist nach Hesses Psychologie ein
Produkt des Leidens („ein Kristall, der nur in tiefen und dauernden Schmerzen
wächst", 7/126) und hat die Funktion, über das Nichternstnehmen der
Wirklichkeit auch das Leiden daran aufzuheben:

> Und wenn ich heute, unterm steigenden Druck meines Lebens, mich zum
> Humor flüchte und die sogenannte Wirklichkeit von der Narren-Seite be-
> trachte, sei es auch nur für die kurze Stunde einer Zwischenstufe, so ist auch
> das nichts als ein Ja zu jener heiligen Stimme und ein Versuch, den Abgrund
> zwischen ihr und der Erfahrung für Augenblicke mit gebrechlichen fliegen-
> den Brücken zu überspannen. Tragik und Humor sind ja keine Gegensätze
> oder sind vielmehr nur darum Gegensätze, weil die eine den andern so un-
> erbittlich fordert. (7, 147)

Hesses Humor-Verständnis ist bezeichnend: Absolut ernstgenommen und
völlig unrelativiert bleibt das eigene Selbst, die „heilige Stimme", während
die Wirklichkeit preisgegeben und im versöhnlichen Licht des Humors betrachtet wird.

Dies entspricht einer wesensmäßig romantischen Konzeption, wie sie
etwa Jean Paul als erster großer Theoretiker des Humors in seiner „Vorschule
der Ästhetik" vertreten hat[172]: Humor wird zur großen Vermittlungsinstanz
zwischen innerer Unendlichkeitssehnsucht und realer Beschränktheit – ein
Vehikel zur Überwindung des essenziell romantischen Leidens an der
Insuffizienz der Welt.

Charakteristisch ist das denunzierende Nichternstnehmen der Wirklichkeit
zugunsten der Absolutheit des Selbst. Das ist der Grund, weshalb Hesse hier
zwar die romantische Konzeption des Humors, keineswegs aber die romantische Ironie kolportiert: Nur die Welt, nicht aber der eigene Genius fällt der
humoristisch-distanzierten Betrachtung anheim: diese humoristische Distanz
zur Außen- und zur Innenwelt wäre aber erforderlich, um im Sinne Friedrich
Schlegels und Ludwig Tiecks von romantischer Ironie sprechen zu können.
Dazu wird Hesse sich erst im „Steppenwolf" durchringen. Wie in dem nachfolgenden Roman geht Hesses „humoristische" Distanz zur Wirklichkeit bis
hin zur Bejahung des Untergangs der zivilisierten Welt:

Ja, mit Humor war es zu ertragen, sogar die Bahnhöfe, sogar die Kasernen, sogar die literarischen Vorlesungen. Mit Lachen, mit Nichternstnehmen der Wirklichkeit, mit dem beständigen Wissen um ihre Zerstörbarkeit war es zu ertragen. Die Maschinen würden einst gegeneinander Amok laufen, die Arsenale ihren Kram entladen, und irgendeinmal würde da, wo heute eine Großstadt steht, wieder Gras wachsen und Wiesel und Marder schleichen. Nein, man brauchte dieser komischen Welt nicht die Ehre anzutun, sie ernst zu nehmen. (7, 164)

Dieser Passus demonstriert die äußerste Konsequenz von Hesses humoristischer Distanz zur Welt: Die zynische Bejahung der Apokalypse. Um der Aufhebung des Leidens willen wird die Welt preisgegeben.[173] Im „Steppenwolf" werden diese maschinenstürmerischen und antistädtischen Dispositionen des Dichters noch wesentlich drastischer zum Ausdruck kommen. Dass ein derartiges Verständnis des Humors zumindest in einem tendenziellen Widerspruch zum hier entworfenen Mythos der Unsterblichen steht, scheint den Dichter nicht weiter gestört zu haben. Hölderlin hatte keinen Humor – eben nicht! Sein Schicksal war, an dieser Welt zu zerbrechen. Da Hesse diese innere Konsequenz der romantischen Haltung in sich ebenfalls spürt, entwirft er die beiden kontradiktorischen „Auswege".

Für unser Erkenntnisinteresse wesentlich ist, dass „Die Nürnberger Reise" für die in ihr aufgeworfenen Fragen und Probleme keine wirklichen Antworten bietet. Hesse scheint dies selbst geahnt zu haben, wenn er seine Aufzeichnungen mit den folgenden Worten beschließt:

[...] überall würde es mir freistehen, über den kalten Wind und die treibenden Blätter nicht bloß traurig zu sein, sondern zu lachen. Vielleicht war doch, wie ich je und je gemeint hatte, etwas wie ein Humorist in mir verborgen, und dann war es ja gut um mich bestellt. Er war nur noch nicht ganz entwickelt, es war mir nur noch nicht schlecht genug gegangen. (7, 179)

Diese furchtbare Ahnung sollte sich als richtig erweisen: Das Leiden am eigenen Selbst und am Zustand der Welt wird seine größte Tiefe erst im „Steppenwolf" erreichen. Und auch erst in diesem Werk wird dem Dichter jener letzte innere und äußere Durchbruch gelingen, der ihm bislang noch nicht möglich war: Die Annahme der ewigen Insuffizienz des eigenen Ich und der Welt – d. h. die Akzeptanz des ewigen Leidens und des ewigen Unterwegsseins. Bislang – und dieser rote Faden zieht sich durch bis eben zur

Nürnberger Reise – hatte Hesse immer noch ein Harmoniemodell verfolgt. Das Leiden, obgleich von Klingsor wie von „Siddhartha" als unausweichlich erkannt, wurde geflohen und am Ende in eine harmonische Befindlichkeit im Rahmen des Selbst verwandelt.

Alle Werke bis hin zum Siddhartha endeten mit der Beschreibung eines neugewonnenen Harmoniezustandes. „Kurgast" und „Die Nürnberger Reise" erbringen nun einen Umschlag: In beiden Werken finden sich erste Einsichten in die Unlösbarkeit der innerseelischen wie der sozialen Problematik – aber keine letztgültige Klärung. Weder das Leiden am Ich noch der Schmerz über den Zustand der Welt werden am Ende angenommen, sondern über neue gedankliche Konstruktionen zu überwinden gesucht. Es wird in der Tat noch tiefere Leiden brauchen, bis der Dichter endgültig Idee und Erscheinung, Wunsch und Wirklichkeit, göttliches Sein und menschliches Sein auseinanderhalten und die strukturelle Insuffizienz der innerseelischen und sozialen Realitäten akzeptieren kann. Noch ist er nicht reif für den großen Schmerz.

# 9.  Der Steppenwolf

## 9.1  Das Ausgangsleid und die Entfaltung der Problematik

Um den psychologischen Sinngehalt dieses vielschichtigen Romans verstehen zu können, bedarf es zunächst einer Vergegenwärtigung seiner inhaltlichen Grundstrukturen. Obgleich diese offenkundig zutage liegen und Hermann Hesse in mehreren Briefen explizit darauf verwiesen hat, scheint der Aufbau des Werkes von der bisherigen Sekundärliteratur noch nicht mit der gebührenden Deutlichkeit erkannt worden zu sein. Ohne eine genaue Kenntnis der einzelnen Strukturelemente und ihrer inhaltlichen Funktion aber lassen sich die Aussagen dieser Dichtung keinesfalls adäquat würdigen.

Unmittelbar nach der Veröffentlichung des Werkes, am 8. 7. 1927, schreibt der Dichter in einem Brief an F. Braun:

> Was bisher niemand gesehen hat, auch kein Kritiker, ist die Form der Dichtung, eine neue Form, die keineswegs (wie viele meinen) fragmentarisch ist, sondern wie eine Sonate oder Fuge proportional gebaut.[174]

Drei Jahre später, in einem Brief vom 13. 11. 1930 an M. W., erläutert Hesse das musikalische Kompositionsprinzip des „Steppenwolf" noch genauer. Das Werk mit der nachfolgenden Erzählung „Narziss und Goldmund" vergleichend, bemerkt der Dichter:

> Rein künstlerisch ist der ‚Steppenwolf' mindestens so gut wie 'Goldmund', er ist um das Intermezzo des Traktats herum so streng und straff gebaut wie eine Sonate und greift sein Thema reinlich an.[175]

Der amerikanische Germanist Theodore Ziolkowski hat diese Äußerungen zum Anlass genommen, um für den ersten Teil der Dichtung – bis hin zum Traktat – die Sonatenform als thematisch-motivisches Kompositionsprinzip nachzuweisen.[176] Für den zweiten Teil des Werkes – also für die Binnenhandlung und das „Magische Theater" – gilt diese Gesetzlichkeit nach Ziolkowski allerdings nicht mehr; musikalisch betrachtet sei dieser Abschnitt des Buches ein „Thema mit Variationen".

Die nachfolgende Analyse versucht dagegen aufzuzeigen, dass Hesses Selbstinterpretation für das Werk als Ganzes gilt und seine Tiefenstrukturen sich nur einer derartigen Betrachtungsweise öffnen. Ziolkowski hat insofern recht, als der erste Teil der Dichtung – vom Vorwort des fiktiven Herausgebers bis hin zum Traktat – bereits dem dialektischen Dreischritt einer Sonate entspricht (Exposition – Durchführung – Reprise).

Das Vorwort des Herausgebers bringt die Exposition des essenziell neurotischen Grundkonfliktes des Protagonisten. Mit der nämlichen Mischung von dunkler Faszination und ängstlicher Distanz, von reserviertem Verständnis und bürgerlichen Vorbehalten, mit der später Thomas Mann in seinem „Dr. Faustus" Serenus Zeitblom den dämonisch-genialen Künstler Adrian Leverkühn kommentieren lässt, beschreibt auch der fiktive Herausgeber die Persönlichkeit des Ich-Erzählers Harry Haller:

> [...] ich spürte, dass der Mann krank sei, auf irgendeine Art geistes- oder gemüts- oder charakterkrank, und wehrte mich dagegen mit dem Instinkt des Gesunden [...] In dieser Periode kam mir mehr und mehr zum Bewusstsein, dass die Krankheit dieses Leidenden nicht auf irgendwelchen Mängeln seiner Natur beruhe, sondern im Gegenteil nur auf dem nicht zur Harmonie gelangten großen Reichtum seiner Gaben und Kräfte [...] Zugleich erkannte ich, dass nicht Weltverachtung, sondern Selbstverachtung die Basis seines Pessimismus sei. (7, 191)

Es gehört übrigens zu den genialen Leistungen des Dichters, dass er durch die so charakterisierte Haltung des Herausgebers die Rezeption seines Werkes durch weite Kreise des bürgerlichen Lesepublikums quasi vorweggenommen hat.[177]

Der Publizist bemerkt zwar die Verzweiflung Hallers, nicht aber dessen innerste Sehnsucht, durch Humor und die Realisierung des Selbst seine Spaltung zu überwinden und ein „Unsterblicher" – ein Mozart oder ein Goethe – zu werden. In der Distanz zum Genie lebt sichs offenbar besser und ruhiger als in der Bemühung um ein wirkliches, integrales Verständnis.

Über den Schlusspassus des Vorwortes und den darin formulierten Anspruch, Hallers Neurose sei nicht nur ein persönliches, sondern ein exemplarisches Problem seiner Zeit und Epoche, ist viel diskutiert worden.[178]

Die vorliegende Studie geht über diese Reklamation des Dichters noch hinaus und wird nachweisen, dass in diesem – wie auch in allen anderen hier besprochenen Werken Hesses – zeitübergreifende, essenziell archetypische Seelenprobleme beschrieben und diskutiert werden.

Die sich an das Vorwort anschließenden Aufzeichnungen Hallers entsprechen der „Durchführung" in der klassischen Sonatenform. Wenn der neurotische Grundkonflikt Hallers bislang aus dem distanzierten Blickwinkel eines neutralen Beobachters theoretisch antizipiert wurde, so wird er jetzt durch das unmittelbare Erleben des Ich-Erzählers konkretisiert.

Im Mittelpunkt steht dabei Hallers ambivalentes Verhältnis zum Bürgertum. Auf der einen Seite bekennt er sich als leidenschaftlichen Hasser der Bürgerwelt und ihrer Mediokrität, auf der anderen Seite aber zeigt er eine geradezu sentimentale Vorliebe für das Ambiente von Kleinbürgerhäusern. Diese erste Manifestation seiner inneren Zerrissenheit aber wird – wie in der Durchführung der klassischen Sonate[179] – überlagert und konterkariert durch blitzhafte Manifestationen des Selbst, in denen die neurotischen Spannungen Hallers sich für einen Moment in einer erlösenden Synthese auflösen. Als derartige Epiphanien müssen sein Konzerterlebnis und die visionäre Verwandlung der alten Steinmauer in ein „Magisches Theater" gewertet werden. Die Emanation des Selbst während des Konzertes wird wie folgt beschrieben:

> Es war bei einem Konzert gewesen, eine herrliche alte Musik wurde gespielt, da war zwischen zwei Takten eines von Holzbläsern gespielten Piano mir plötzlich wieder die Tür zum Jenseits aufgegangen, ich hatte Himmel durchflogen und Gott an der Arbeit gesehen, hatte selige Schmerzen gelitten und mich gegen nichts mehr in der Welt gewehrt, mich vor nichts mehr in der Welt gefürchtet, hatte alles bejaht, hatte an alles mein Herz hingegeben. Es hatte nicht lange gedauert [...]. (7, 210).

Diese Vision ist ein Ausdruck seines unbewussten Bedürfnisses, die Insuffizienz der empirischen Außen- und Innenwelt in eine ideale Einheit zu verwandeln. Die Symbolik der Mauerszene deutet den archetypischen Weg dorthin an: Die schmutzige und mit Pfützen übersäte Straße zwischen dem Standort Hallers und der Mauer ist ein Symbol für den jungschen „Schatten", der auf dem Wege zum Selbst als erste archetypische Figur assimiliert werden muss.

Die flüchtig erscheinenden Worte auf der Leuchtreklame stehen für die schwierige Erkennbarkeit der dahinterliegenden, mehr kollektiven Inhalte der Unbewussten, die Haller erst nach den Erlebnissen des gesamten Romans in Pablos „Magischem Theater" zu entziffern vermag (vgl. die Überschriften über den einzelnen Logentüren!).

Auch dass Haller das imaginäre Portal des Theaters nicht zu öffnen vermag, hat psychologische Bedeutung: Die Inhalte des Unbewussten sind nicht willentlich aktivierbar, sondern manifestieren sich autonom und nur nach

entsprechender Vorbereitung des Ich-Bewusstseins. Das „Magische Theater"
kann nicht gesucht, sondern nur gefunden werden. Statt der erhofften
Theatervorführung trifft Haller aber auf einen Trödler, der ihm den „Traktat
vom Steppenwolf" überreicht.

Auch dieses Ereignis entbehrt natürlich nicht der psychologischen
Symbolik: Wenn Haller den Eintritt ins „Magische Theater" sich bisher als
einen mühelosen, rein passiven Akt in der Art eines normalen Theaterbesuchs
vorgestellt hat, so klärt ihn nun der Traktat darüber auf, dass hierzu eine ganz
andere Voraussetzung nötig ist: Selbsterkenntnis.

Nachdem nun die Exposition des Vorwortes den Grundkonflikt Hallers theoretisch antizipiert und die Durchführung der ersten Aufzeichnungssequenz
die Problematik persönlich verankert, thematisch erweitert und ersten Lösungsvisionen zugeführt hat, erbringt der Traktat als Reprise eine
Wiederaufnahme aller bisherigen Motive und einen ersten Anlauf zu ihrer gedanklichen Klärung. Dabei korreliert der Wechsel der Tonarten in der musikalischen Sonatenform mit der sich wandelnden literarischen Erzählperspektive:
Wenn die Exposition eine objektive Schilderung der Problematik aus der Sicht
des auktorialen Herausgebers zu geben versuchte und die Durchführung ein
subjektives Bekenntnis des Ich-Erzählers enthält, so intendiert der Traktat eine
umfassende, subjektive wie objektive Aspekte vereinigende Gesamtschau der
psychologischen Problematik. Dies wird dadurch erreicht, dass die psychologischen Schwierigkeiten Hallers in der Art eines populärwissenschaftlich gefass-
ten Essay analysiert und einer denkbaren Lösung zugeführt werden.[180]

Inhaltlich gliedert sich der Traktat – übrigens ein Terminus, der die pa-
rareligiös-heilslehrenhafte Form seines Inhaltes bereits im Titel vorwegnimmt – in drei Teile und birgt damit auch in sich selbst jenen klassischen
Dreischritt der Sonate, der sich später für den Aufbau des gesamten Werkes
als bestimmend erweisen wird.

Der erste Teil nimmt die Grundproblematik der Persönlichkeitsspaltung
noch einmal auf, erweitert sie durch weitere Einzelsymptome und stellt sie
in einen systematischen anthropologischen Zusammenhang. Dabei wird
deutlich, dass das eigentliche Problem Hallers in jenem unversöhnlichen
Verhältnis von Ich und Schatten[181] zu sehen ist, das der Traktat mit den
Symbolen Mensch und Wolf beschreibt und das auf eine ungewöhnlich eindrückliche Weise seine Disposition zur Neurose veranschaulicht:

> Bei unserem Steppenwolfe nun war es so, dass er in seinem Gefühl zwar bald
> als Wolf, bald als Mensch lebte, wie es bei allen Mischwesen der Fall ist, dass

aber, wenn er Wolf war, der Mensch in ihm stets zuschauend, urteilend und richtend auf der Lauer lag – und in den Zeiten, wo er Mensch war, tat der Wolf ebenso [...] in ihm liefen Mensch und Wolf nicht nebeneinander her, und noch viel weniger halfen sie einander, sondern sie lagen in beständiger Todfeindschaft gegeneinander, und einer lebte dem andern lediglich zu Leide, und wenn zwei in Einem Blut und Einer Seele miteinander todfeind sind, dann ist das ein übles Leben. (7, 223/224)

Dieser Zustand abgrundtiefer Zerfallenheit mit sich selbst wird nachfolgend anhand einiger Symptome aus Hallers Leben konkretisiert: Der Wolf in ihm will ein ungebundenes, freies, nur den Trieben verpflichtetes Leben („einsam durch Steppen zu traben, zuweilen Blut zu saufen oder eine Wölfin zu jagen", 7/224), während der Mensch in ihm dies vehement verurteilt und nach geistig-seelischer Sublimierung strebt („Güte [...] Zartheit [...] Mozart Verse [...] Menschheitsideale", 7/225); der Wolf in ihm schlägt alle bürgerlichen Berufsbindungen, materiellen Vorteile und verbindlichen menschlichen Beziehungen aus, um sich auf diesem Wege ein Höchstmaß an Freiheit zu bewahren – und zur gleichen Zeit droht der menschliche Anteil in einem Vakuum von „Beziehungslosigkeit und Vereinsamung" (7, 228) zu ersticken; der Wolf in ihm hat eine Tendenz zum Selbstmord als Weg zur „Auflösung, zurück zur Mutter, zurück zu Gott, zurück ins All" (7, 230)[182], während der Mensch den Selbstmord als „Sünde" und „illegitimen Notausgang" (7, 231) ansieht; schließlich verweigert der Wolf in Haller jede Einordnung in die bürgerliche Welt, kennt weder Familienleben noch sozialen Ehrgeiz und verachtet den Bourgeois – wohingegen sein menschlicher Anteil nicht nur nach Anpassung an bürgerliche Mächte wie Finanzamt und Polizei drängt, sondern darüber hinaus sogar eine recht sentimentale Vorliebe für die Atmosphäre von Kleinbürgerhäusern bekundet.

Kurzum: Die innere Spaltung ist total und umfasst praktisch alle Lebensbereiche. [183]

Dieser Phänomenologie von Hallers Neurose folgt im zweiten Teil des Traktats eine allgemeine Anthropologie, die diesen Befund in eine systematische psychologische Typenlehre zu integrieren versucht und Hesses Bild vom Menschen in gültiger Form zusammenfasst. Ausgehend von der Prämisse „Intensiv leben kann man nur auf Kosten des Ichs" (7, 235) werden vier grundsätzliche Möglichkeiten des Menschseins vorgestellt: Der Heilige, der Wüstling, der Bürger und der Außenseiter. Als Unterscheidungskriterium gilt der Grad an Verselbstung. Heiliger und Wüstling haben nach dieser

Konzeption gemeinsam, dass sie die absolute Hingabe des Ich an das Selbst praktizieren:

> Der eine Weg führt zum Heiligen, zum Märtyrer des Geistes, zur Selbstaufgabe an Gott. Der andere Weg führt zum Wüstling, zum Märtyrer der Triebe, zur Selbstaufgabe an die Verwesung. (7, 234)

Diese beiden psychologischen Typen verkörpern die radikalen Möglichkeiten zur Lösung des Individuationsproblems: Die Überwindung des „principium individuationis" hin zu einem geistig begriffenen Selbst und damit zum Erlösungsbegriff der Weltreligionen – oder aber die Hingabe des Ich an das Triebhafte und mithin die Realisierung von Nietzsches Konzept des tragisch-dionysischen Übermenschen. Ersterer Weg führt nach Hesse zur Dauerhaftigkeit und zum Ewigen – er ist der Weg der „Unsterblichen"; die zweite Möglichkeit – der Weg des Wüstlings – überwindet zwar auch das Ich, endet aber in der Vergänglichkeit und im Tod: Ein Leitmotiv der nachfolgenden Erzählung „Narziss und Goldmund". Deshalb wird für Haller später nur der Weg der „Unsterblichen" in Frage kommen.

Es ist nun aber wichtig und von zentraler Bedeutung für das Verständnis des Romans, dass im Traktat die radikale Praktizierung des Selbst durch den Heiligen oder den Wüstling – wie übrigens auch bei Nietzsche – untrennbar mit der Vorstellung einer tragischen Existenz verknüpft ist:

> Die Wenigen, die sich losreißen, finden ins Unbedingte und gehen auf bewundernswerte Weise unter, sie sind die Tragischen, ihre Zahl ist klein [...]. (7, 237).

Der dritte psychologische Typus, den der Traktat vorstellt, ist der Bürger. Er wird definiert durch seine Suche nach Erhaltung des Ich und nach einer Mitte zwischen Heiligem und Wüstling. Es ist bezeichnend für die kompromisslose Weltsicht dieses Essay, dass er den Bürger nicht gelten lässt, sondern in einem Atemzug mit der Charakterisierung ihn sogleich als ein halbherziges, ängstliches und im Grunde verächtliches Geschöpf denunziert:

> Der Bürger nun schätzt nichts höher als das Ich (ein nur rudimentär entwickeltes Ich allerdings) [...] Nie wird er sich aufgeben, sich hingeben, weder dem Rausch noch der Ekstase, nie wird er Märtyrer sein [...] Unbedingtheit ist ihm unerträglich, er will zwar Gott dienen, aber auch dem Rausche, will

zwar tugendhaft sein, es aber auch ein bißchen gut und bequem auf Erden haben [...] Der Bürger ist deshalb seinem Wesen nach ein Geschöpf von schwachem Lebensantrieb, ängstlich, jede Preisgabe seiner selbst fürchtend, leicht zu regieren. (7, 235)

Der letzte und für die gedankliche Konzeption des Romans wichtigste Typus ist der „Außenseiter", dem explizit auch Haller zugerechnet wird.[184] Wie bereits der Name sagt, steht dieser zwischen allen Fronten: Weder zur naiven Selbstzufriedenheit des Bürgers noch zur Opferung des Ich nach dem Vorbild der Unsterblichen oder des Wüstlings bereit und fähig, steht der Outsider zwischen allen Möglichkeiten einer seelischen Befriedung. Sein Charakteristikum und sein Leiden besteht in seiner seelischen Zerrissenheit, in seiner Unerlöstheit, in seiner Geworfenheit zwischen alle Möglichkeiten einer ungebrochenen Existenz. Es ist nun wiederum bezeichnend für die Radikalität des Traktats, dass er nicht nur den Bürger, sondern auch den Outsider wegen seiner angeblichen Schwäche, Trägheit und mangelhaften Unbedingtheit kritisiert:

> Und so lagern um die eigentliche Masse des echten Bürgertums weite Schichten der Menschheit [...] deren jede dem Bürgertum zwar entwachsen und für ein Leben im Unbedingten berufen wäre, deren jede aber, durch infantile Gefühle der Bürgerlichkeit anhängend und von ihrer Schwächung der Lebensintensität ein Stück weit angesteckt, dennoch irgendwie im Bürgertum verharrt, ihm irgendwie hörig, verpflichtet und dienstbar bleibt [...] Prüfen wir daraufhin die Seele des Steppenwolfs, so stellt er sich dar als ein Mensch, der sowohl nach dem Heiligen wie nach dem Wüstling starke Antriebe in sich hat, jedoch aus irgendeiner Schwäche oder Trägheit heraus den Schwung in den freien wilden Weltraum nicht nehmen konnte und an das schwere mütterliche Gestirn des Bürgertums gebannt bleibt. (7, 236/237)

In ein graphisches Schema übertragen, würde die Anthropologie des Traktats wie folgt aussehen:
Aus der Intermediärstellung des Outsiders zwischen Bürger und Heiligem bzw. Bürger und Wüstling ergibt sich nach dem Traktat seine innere Zerrissenheit

Geistiges Selbst  Ich  Dionysisches Selbst

⟵————————————————————————————⟶

Heiliger  Outsider      Bürger      Outsider  Wüstling

zwischen Ich und Selbst und damit sein Leiden. An dieser Stelle wird erstmals unübersehbar deutlich, dass die Anthropologie des Traktats auf einer anderen Akzentsetzung beruht als die jungsche Psychologie: Was bei Jung als natürliches und notwendiges Spannungsverhältnis erscheint, stellt sich für Hesse als ein tragisches seelisches Dilemma dar.

Wenn man so will, entspricht die grundsätzliche psychische Konstitution des Outsiders genau dem von Jung als wünschenswert und unvermeidlich beschriebenen Endzustand des Individuationsprozesses; denn für Jung ist – wie aufgezeigt – die Polarität von Ich und Selbst ebenso natürlich wie durchaus lebbar. Die immanente Anthropologie des Traktats aber suggeriert eine tragische Unversöhnlichkeit von Ich und Selbst samt der entsprechenden psychologischen Typen. Eine Lösung der psychischen Problematik Hallers scheint nur möglich, wenn er sich entweder zur reinen Egozentrik des Bürgers oder aber zur vollständigen Überwindung des Ich nach dem Vorbild der Unsterblichen durchringt.

Im dritten und letzten Teil der Schrift werden bestimmte Lösungsvisionen für den inneren Zwiespalt Hallers thematisiert und diskutiert. Dieser dritte Abschnitt ist wiederum in drei klar voneinander unterscheidbare Gedankenschritte unterteilt. Zunächst wird die bisherige dualistisch-neurotische Selbstinterpretation Hallers wiederaufgenommen und als Irrtum entlarvt. Indem der Traktat darauf insistiert, dass Hallers Seele nicht aus zwei, sondern aus unzähligen Aspekten besteht, demonstriert er in seltener Eindringlichkeit einen der kardinalen Unterscheidungspunkte zwischen der freudschen und der jungschen Tiefenpsychologie[185] und schafft sich eine vollkommen neue Argumentationsbasis:

> Harry besteht nicht aus zwei Wesen, sondern aus hundert, aus tausenden. Sein Leben schwingt (wie jedes Menschen Leben) nicht bloß zwischen zwei Polen, etwa dem Trieb und dem Geist, oder dem Heiligen und Wüstling, sondern es schwingt zwischen tausenden, zwischen unzählbaren Polpaaren. (7, 241)

Hinter dieser Lehre von der inneren Vielheit Hallers steckt natürlich Jungs Lehre vom kollektiven Unbewussten, aus welcher der Traktat zurecht folgert, dass jeder einzelne Mensch die seelischen Dispositionen der gesamten Menschheit in sich trägt. Jungs Lehre von der unendlichen Vielschichtigkeit des Menschen soll Haller also zur Überwindung seiner Neurose verhelfen.

Die dualistische Lehre vom Menschen wird durch eine Anthropologie der Polyvalenz ersetzt.

Es stellt sich nunmehr naturgemäß die Frage, was Haller mit dieser neuen Psychologie anfangen soll. Diese Frage leitet über zur ersten Lösungsvision des Traktates. Die Antwort ist ebenso konsequent wie radikal: Haller soll seine empirische innere Vielheit annehmen, das „principium individuationis" durchbrechen und damit die Nachfolge Buddhas antreten. Noch einmal wird die rückhaltlose Hingabe an den Ganzheitsaspekt des Selbst als Weg zur Erlösung eingefordert:

> Statt deine Welt zu verengen, deine Seele zu vereinfachen, wirst du immer
> mehr Welt, wirst schließlich die ganze Welt in deine schmerzlich erweiterte Seele aufnehmen müssen, um vielleicht einmal zum Ende, zur Ruhe zu
> kommen. Diesen Weg ist Buddha, ist jeder große Mensch gegangen, der eine
> wissend, der andere unbewusst, soweit ihm eben das Wagnis glückte. Jede
> Geburt bedeutet Trennung vom All, bedeutet Umgrenzung, Absonderung
> von Gott, leidvolle Neuwerdung. Rückkehr ins All, Aufhebung der leidvollen Individuation, Gottwerden bedeutet: Seine Seele so erweitert haben, dass
> sie das All wieder zu umfassen vermag. (7, 248)

Die Menschen, die dieses Ziel erreicht haben, bezeichnet der Traktat zurecht als „Unsterbliche" (ebd.): Indem sie ihr vergängliches, persönliches Ich überwunden haben und ganz zum überpersönlichen, kollektiven, allhaften Kern ihrer Persönlichkeit – eben zum Selbst – durchdrangen, sind sie objektiv unsterblich, denn alles Überpersönliche, Kollektive, Allhafte ist ja unsterblich.[186]

Der Traktat erwähnt als Beispiele geglückter Verselbstung in diesem Sinne Jesus, Buddha und Mozart (sic!). Im weiteren Verlauf des Werkes kommen noch Goethe und die Romanfigur Pablo hinzu. Alle diese Personen sind nach der Psychologie Jungs als Symbole des Selbst zu begreifen. Sie verkörpern jenes Paradoxon der Einheit in der Vielheit, das der Traktat zum Ziel des Individuationsprozesses erklärt. Dieses Ideal ist die erste Lösungsperspektive für die seelische Problematik des Außenseiters Harry Haller.

Aber der Traktat deutet noch einen zweiten Ausweg an: Den Humor. Damit wird ein Motiv wiederaufgenommen, das – wie dargestellt – erstmals während der „Nürnberger Reise" in Hesses Gesichtskreis rückte. Wichtig und für das psychologische Verständnis des Romans zentral ist zunächst die Tatsache, dass die Humorkonzeption des Traktats als Alternative begriffen wird für den anderen Weg zur inneren Befreiung – die Realisierung des Selbst. Dabei wird

der Humor als vermeintlich leichterer und bequemerer Ausweg aus dem psychologischen Dilemma des Außenseiters unverkennbar ironisiert:

> Die friedlosen Steppenwölfe, diese beständig und furchtbar Leidenden,
> denen die zur Tragik, zum Durchbruch in den Sternenraum erforderliche
> Wucht versagt ist, die sich zum Unbedingten berufen fühlen und doch in
> ihm nicht zu leben vermögen: ihnen bietet sich, wenn ihr Geist im Leiden
> stark und elastisch geworden ist, der versöhnliche Ausweg in den Humor.
> Der Humor bleibt stets irgendwie bürgerlich, obwohl der echte Bürger un-
> fähig ist, ihn zu verstehen. In seiner imaginären Sphäre wird das verzwickte,
> vielspältige Ideal der Steppenwölfe verwirklicht: hier ist es möglich, nicht
> nur gleichzeitig den Heiligen und den Wüstling zu bejahen, die Pole zuein-
> ander zu biegen, sondern auch noch den Bürger in die Bejahung einzubezie-
> hen. (7, 237)

An anderer Stelle wird der Humor als Möglichkeit zu einer „Vernunftehe"
zwischen den widerstreitenden Elementen von Hallers Psyche bezeichnet (7,
239). Die ironische Distanz und damit die pejorative Bewertung ist unübersehbar: Der Traktat begreift den Humor als eine nachgeordnete, bürgerlich-
mediokre Alternative zum Ideal der Verselbstung. Das primäre, eigentliche
Ziel bleibt die Realisierung des Selbst nach dem Vorbild Jesu und Buddhas.

Trotz dieser Minderbewertung ist mit dem Traktat eine vollkommen
neue Qualität im Humorverständnis des Dichters erreicht: Wenn in der
„Nürnberger Reise" der Humor noch als ausschließlich extravertierte geistige Haltung zum Ertragen einer inhumanen Wirklichkeit erschien, so wird er
nun darüber hinaus als ein möglicher Weg zur Versöhnung mit dem eigenen
Ich und der empirischen Persönlichkeit gesehen.

Wenn Humor hier erstmals in voller Tragweite als eine Möglichkeit
zur Versöhnung der objektiv-welthaften und der subjektiv-innerseelischen
Diskrepanz zwischen Ideal und Wirklichkeit ins Auge gefasst wird, so nähert sich Hesse im „Steppenwolf" der Romantischen Ironie als Vehikel zur
Lösung der Individuations-Problematik. Auf seinem langen Weg der Leiden
an Ich und Welt ist der Dichter nunmehr bis vor die Tore des Schlegelschen
Ironiebegriffs geführt worden.[187]

Nunmehr sind alle Voraussetzungen erarbeitet, um die Grundstruktur
und die zentralen psychologischen Aussagen der Eingangspassagen des
Romans übersehen zu können. Auf den ersten Sonatensatz mit dem Vorwort
als Exposition, der ersten Erzählsequenz als Durchführung und dem ersten

Teil des Traktates als Reprise wurde bereits verwiesen; an dieser Stelle dürfte aber deutlich werden, dass der zweite Teil des Traktates mit seinen beiden
Lösungsvisionen der Verselbstung und des Humors gleichzeitig als eine neuerliche Exposition zu betrachten ist.

Damit – und dies scheint von der bisherigen Kritik überhaupt noch nicht
bemerkt worden zu sein – erfüllt der Traktat jene Funktion eines Intermezzos,
von der Hesse in dem oben zitierten Brief spricht. Seine Anthropologie der
inneren Vielheit hebt das dualistisch-neurotische Erscheinungsbild Hallers in
Exposition und Durchführung auf und induziert mit den Lösungsperspektiven
des Humors und der Verselbstung gleichzeitig jene neuen Leitmotive, die im
Verlauf der Haupthandlung des Romans kontrapunktisch durchgeführt und
erprobt werden. Es wird noch zu zeigen sein, inwiefern der Erzählabschnitt
nach dem Traktat als eine neuerliche Durchführung und Reprise mit den
Leitmotiven Humor und Verselbstung begriffen werden kann.

Damit ist auch die inhaltliche Bedeutung des Traktates klar vorgegeben:
Er gibt ein objektives und einigermaßen umfassendes Bild von Hallers innerem Zustand, seinen Hoffnungen und Perspektiven vor Beginn des eigentlichen Individuationsprozesses, so wie er in den nachfolgenden Aufzeichnungen
des Ich-Erzählers beschrieben wird. Er markiert die eigentliche gedanklich-psy-
chologische Ausgangsposition des Romans und seines Protagonisten, die später
in einer noch aufzuzeigenden Weise relativiert, korrigiert und ergänzt wird.[188]

Der Traktat bildet die Exposition des literarischen Sonatenhauptsatzes.
Bevor dieser beginnen kann, muss Haller aber erst eine Voraussetzung erfüllen, die als „conditio sine qua non" für die Aufhebung seiner Leiden bezeichnet wird und später im „Magischen Theater" der Schlusssequenz noch einmal
auftaucht: Selbsterkenntnis. Dazu heißt es im Traktat:

> [...] um vielleicht am Ende doch noch den Sprung ins Weltall wagen zu
> können, müsste solch ein Steppenwolf einmal sich selbst gegenübergestellt
> werden, müsste tief in das Chaos der eigenen Seele blicken und zum vollen
> Bewusstsein seiner selbst kommen (7, 239).

Mit dieser Trias Selbsterkenntnis, Verselbstung und Humor sind nunmehr
alle Leitmotive genannt, die in der Haupthandlung des Romans kunstvoll
miteinander verwoben werden und schließlich in die spezifische Lösung ein-
münden, mit der diese Dichtung die Individuationsproblematik behandelt
und zu lösen versucht.

## 9.2 Der Weg in die Verzweiflung

Die Lektüre des Traktates und der damit einsetzende Bewusstwerdungsprozess führt Haller unmittelbar in das archetypische Individuationsstadium der Verzweiflung. Diese Entwicklung vollzieht sich in mehreren Stufen. Die primäre Wirkung der Schrift besteht darin, dass Haller die Unhaltbarkeit seines Lebens und seines inneren Zustandes ins Auge fasst, ein illusionsloses Resümee seines einsamen, verzweifelten, im bürgerlichen Sinne gescheiterten Daseins zieht und beschließt, beim nächsten Anfall von Verzweiflung und Lebensmüdigkeit dem inneren Drang nachzugeben und sich umzubringen. Diese Bereitschaft zum Selbstmord ist die erste Stufe der Verzweiflung.

Das zweite Stadium wird markiert durch die Episode mit der Beerdigung. „Einer Laune folgend" (7, 257) schließt sich Haller einem zufällig vorbeikommenden Leichenzug an und beobachtet die anschließende Bestattung auf dem Friedhof. Das bigotte Getue des Pfarrers und der Trauergäste steigert seinen Lebensekel in bislang unbekannte Dimensionen und leitet die akute Krisis ein („ich fühlte, wie der seit langem gewachsene Ekel seine Höhe erreichte, wie das Leben mich ausstieß und wegwarf", 259).

Der absolute Höhepunkt und die vollständige psychische Lähmung tritt freilich erst nach dem Eklat im Hause des Professors ein. Die genauere Analyse dieser Episode zeigt, dass der Skandal eine nahezu notwendige Folgeerscheinung von Hallers Neurose ist: Wenn er den ganzen Abend über schlecht disponiert ist und seine innere Spannung sich schließlich in einem taktlosen Ausfall gegen ein angeblich kitschiges Goethe-Porträt entlädt, so resultiert dieses Verhalten aus jenem Ressentiment gegen alles Bürgerliche, das einen Teil seiner neurotischen Disposition ausmacht. Er hasst das Bürgerliche am Professor und am Goethe-Bild, weil er das Bürgerliche in sich selbst nicht anzunehmen vermag. Diese neurotische Persönlichkeitsspaltung führt nach dem skandalösen Abgang vom Hause des Professors zu jenem Zustand einer vollständigen inneren Verzweiflung und Lähmung, für den er sich den Selbstmord vorgenommen hatte. Aber seine Zerrissenheit geht so weit, dass er auch dazu nicht in der Lage ist:

> Natürlich war es dumm von mir gewesen, den guten Leuten ihren Salonschmuck zu bespucken [...] aber ich konnte und konnte nun einmal nicht anders, ich konnte dies zahme, verlogene, artige Leben nicht mehr ertragen. Und da ich, wie es schien, auch die Einsamkeit nicht mehr ertragen konnte, da auch meine eigene Gesellschaft mir so unsäglich verhasst und zum Ekel gewor-

den war, da ich im luftleeren Raum meiner Hölle erstickend um mich schlug, was gab es da noch für einen Ausweg? Immer deutlicher [...] mit rasend klopfendem Herzen, fühlte ich die Angst aller Ängste: die Todesfurcht! Ja, ich hatte eine grausame Angst vor dem Tode (7, 269).

Es ist interessant, zu beobachten, wie Haller von seinem Selbstmordvorsatz über das Begräbnis bis hin zu der Episode mit dem Professor unbewusst solche Erlebnisse konstelliert, die seine Neurose sukzessive bis ins Unerträgliche steigern und so am Ende die Basis für das Wandlungserlebnis schaffen. Auf diese Weise manifestiert sich das Selbst als leitende Instanz für den Individuationsprozess und bereitet Haller vor für die Begegnung mit jener archetypischen Figur, die ihn zu einer neuen Ganzheit führen wird: Hermine.

## 9.3   Die Auseinandersetzung mit der Anima

### 9.3.1 Hermine
Bereits ihr Name signalisiert ihre psychologische Bedeutung: Hermine ist die weibliche Form des Dichtervornamens Hermann und damit ein Symbol für den unbewussten Anima-Archetypus der weitgehend autobiografischen Figur Harry Haller. Dies lässt sich durch ihre Eigenschaften und ihr Verhältnis zu Haller in allen Einzelheiten nachweisen.

Bezeichnend und archetypisch im Sinne der Psychologie Jungs sind bereits die Rahmenbedingungen ihres ersten Zusammentreffens: Es ist jener charakteristische Moment der tiefsten Verzweiflung und der vollkommenen Lähmung auf Bewusstseinsebene, der Haller auf das Äußerste empfänglich macht für jene innere Harmonie und Lebenstüchtigkeit, die Hermine auf den ersten Blick für ihn verkörpert. Sie steht für jenes psychologische Prinzip, das Haller in dieser verfahrenen Situation allein zu retten vermag. [189]

Was Haller zunächst an ihr wahrnimmt, ist die Vielfalt ihrer weiblichen Aspekte. Die Kamelie im Haar ist seit Alexandre Dumas' Komödie „Die Kameliendame" (1852) das Signum der Kurtisane und Hermines Verhalten wie Umgang lassen keinen Zweifel daran, dass sie tatsächlich dem „ältesten Gewerbe der Welt" angehört. Gleichwohl liegt ihre Bedeutung für Haller keineswegs im sexuellen Bereich – es kommt bezeichnenderweise zu keinem Geschlechtsverkehr – sondern ist in weit komplexeren geistig-psychologischen Zusammenhängen anzusiedeln. [190]

Gleich beim ersten Zusammentreffen im Wirtshaus wird für den lebensmüden Haller der mütterliche Aspekt Hermines weitaus wichtiger als jede

Erotik. Mit dem sicheren Instinkt der sensiblen und emotional differenzier-
ten Frau spürt sie sofort, was der vereinsamte und verzweifelte „Steppenwolf"
braucht: Sie bestellt Essen und Trinken, erteilt Verhaltensmaßregeln, tadelt,
schimpft und bezeichnet ihn am Ende als „Bub" und „Kindskopf" (7, 275
und 277).

Der beziehungslose und seiner Freiheit längst überdrüssige Haller schlüpft
nur allzugern in die Rolle eines unmündigen Kindes und nennt sie am Ende
gar „Mama" (277). Nach der jungschen Psychologie ist dieses Verhalten nur
auf einer oberflächlichen Ebene als ödipale Regressionstendenz zu werten, im
tieferen und eigentlichen Sinne aber ein Ausdruck seines hier noch vollkommen unbewussten Verlangens nach Wiedergeburt im Zeichen der Ganzheit.
Haller wünscht sich unbewusst einen seelischen Neuanfang jenseits der
Verzweiflung und schlüpft deshalb Hermine gegenüber in die Rolle eines unmündigen Kindes. Deshalb erscheint sie hier als Archetypus der wiedergebärenden Großen Mutter.

Zu den spezifisch weiblichen Attributen Hermines gehört auch, dass sie in
Haller Assoziationen an seine Jugendliebe Rosa Kreisler weckt. Damit kom-
plettiert sich die klassische Trias von Mutter, Hure und Geliebter, die auch
in der Figur der Frau Eva im Demian zum Ausdruck kam und die Vielfalt
des archetypischen männlichen Bildes von der Frau umschreibt. Gleichzeitig
ist sie ein Symbol für die Vielfalt jener inneren Frau, die Haller in sich selbst
assimilieren und zu einer Einheit bringen muss, wenn er wieder lebensfähig
werden will.

Aber mit dieser Verkörperung des „Ewig-Weiblichen" sind die Eigenschaften
Hermines noch keineswegs erschöpft. Ein zweiter, äußerst wichtiger Komplex
umfasst ihre hermaphroditischen und bisexuellen Attribute. Bereits beim ersten Zusammentreffen fällt Haller ihre knabenhafte Frisur auf. Später bemerkt
er, dass auch ihr Gesicht zuweilen knabenhafte Züge annimmt und ihn dann
an seinen „Jugendfreund Hermann" erinnert (vgl. 7, 294).

Die genauere Analyse dieser Figur im „Magischen Theater" wird ergeben,
dass sie ein Symbol für die verloren gegangene Lebensfreude und psychische
Universalität von Hallers Jugend ist. Auch das verkörpert also Hermine. In
die gleiche Kategorie gehören ihre bisexuellen Züge. Wie alle Hauptfiguren
des Romans (außer Haller), unterhält Hermine nicht nur heterosexuelle, sondern auch homosexuelle Beziehungen: Sie liebt sowohl Pablo als auch Maria.

Damit erfüllt sie sowohl in ihrem äußeren Erscheinungsbild als auch in ihrem sexuellen Verhalten das Ideal jenes hermaphroditischen Menschentypus,
der sich als eine notwendige Konsequenz aus der jungschen Psychologie er-

gibt: Der verselbstete oder sich verselbstende Mensch hat sowohl männliche als auch weibliche Züge, ist also psychologisch bisexuell veranlagt.[191] Das aber bedeutet: Die Transsexualität Hermines ist ein Symbol für jene ursprüngliche, mannweibliche Ganzheit des Selbst, die Haller verloren hat und die er nun durch die Assimilation seiner Anima wiedergewinnen soll.

Alle bislang erwähnten Eigenschaften Hermines – ihre weibliche Vielschichtigkeit und ihre Transsexualität – lassen sich unter dem Sammelbegriff „Lebensprinzip" rubrizieren. Sie ist für Haller eine Führerin ins Leben – in jenen unschuldigen, rechenschaftslosen Lebensgenuss, zu dem er in seiner Zerrissenheit und Geistbetontheit so vollkommen unfähig geworden ist. Deshalb ist auch ihre Tätigkeit als Tanzlehrerin und Führerin durch die Welt der Bars, der Maskenbälle und der Genussmenschen als für Haller primär relevant einzustufen. Sie konfrontiert ihn mit jenen Bereichen des Lebens und seiner Psyche, denen er bislang aus dem Weg ging und die er zur Realisierung seiner Ganzheit dringend braucht. Dies sagt sie ihm auch in aller Deutlichkeit:

> Du brauchst mich jetzt, im Augenblick, weil du verzweifelt bist und einen Stoß nötig hast, der dich ins Wasser wirft und dich wieder lebendig macht. Du brauchst mich, um tanzen zu lernen, lachen zu lernen, leben zu lernen [...] Bei dir [...] ist das Geistige sehr hoch ausgebildet, und dafür bist du in allerlei kleinen Lebenskünsten sehr zurückgeblieben. Der Denker Harry ist hundert Jahre alt, aber der Tänzer Harry ist kaum erst einen halben Tag alt. Den wollen wir jetzt weiterbringen und alle seine kleinen Brüderlein, die ebenso klein und dumm und unerwachsen sind wie er. (7, 298 und 315)

Aber auch damit ist die schillernde Vielfalt ihres komplexen Charakters noch nicht erschöpft. Es wurde von der Kritik häufig übersehen, dass Hermine keineswegs bloß das „Ewig-Weibliche" und das Lebensprinzip vertritt, sondern auch noch einen geistigen Aspekt besitzt. So dürfte es mehr als ein Zufall sein, dass Hesse seine zeitkritischen Äußerungen und seine nur allzu berechtigten Warnungen vor einem sich abzeichnenden neuen Krieg Hermine in den Mund legte („Natürlich wird es wieder Krieg geben, man braucht keine Zeitungen zu lesen, um das zu wissen", 7/306).

Darüber hinaus bekennt sie Haller gegenüber eine tiefe, katholisch gefärbte Religiosität. Auch die tiefsinnigen Betrachtungen über Zeit und Ewigkeit stammen von Hermine, nicht von Haller („Immer ist es so gewesen und wird immer so sein, dass die Zeit und die Welt, das Geld und die Macht den

Kleinen und Flachen gehört, und den anderen, den eigentlichen Menschen, gehört nichts. Nichts als [...] die Ewigkeit." 7/343).

Und am Ende zeigt sich, dass Hermine keineswegs jene oberflächliche Halbweltdame und flache Lebensgenießerin ist, für die Haller sie zunächst gehalten hat, sondern eine gebrochene Existenz. Ihre Tragik besteht darin, dass eine ursprünglich geistige Anlage und Bestimmung sich unter dem Druck ungünstiger äußerer Umstände nicht zu entfalten vermochte.[192]

Eines Tages bekennt sie Haller:

> Ich war ein Mädchen von guten Gaben und dafür bestimmt, nach einem hohen Vorbild zu leben, hohe Forderungen an mich zu stellen, würdige Aufgaben zu erfüllen. Ich konnte ein großes Los auf mich nehmen, die Frau eines Königs sein, die Geliebte eines Revolutionärs, die Schwester eines Genies, die Mutter eines Märtyrers. Und das Leben hat mir nur eben erlaubt, eine Kurtisane von leidlich gutem Geschmack zu werden – schon das ist mir schwer genug gemacht worden! (7, 340)

Es gibt noch einige andere Stellen, wo Hermine ihre Unzufriedenheit und ihr Leiden an der Insuffizienz ihres Lebens artikuliert. Das aber heißt: Hermine bedeutet für Haller zwar eine Führerin ins Leben und zur Überwindung seiner inneren Verhärtung, Eindimensionalität und Verzweiflung, aber in sich selbst ist sie durchaus eine gebrochene und am Leben gescheiterte Existenz. Wenn Haller bei ihr das Leben sucht, so sucht sie bei ihm den Geist: Haller ist ihre Animus-Projektion. Die wünschenswerte Einheit von Eros und Logos aber kann sie ihm nicht geben, weil sie ihr selbst nicht innewohnt. Dieses tragische Missverhältnis zwischen der Sehnsucht nach Vergeistigung und der gegebenen Geistlosigkeit ihrer Halbweltexistenz muss übrigens auch als Ursache ihrer ominösen Todeswünsche angesehen werden. Wenn Haller an der Leblosigkeit des Geistes zerbricht, so verzweifelt sie an der Geistlosigkeit des Lebens. Eine lebensfähige Synthese gelingt weder ihr noch ihm.

Hermines Bedeutung für Haller beschränkt sich dergestalt auf die klassische Anima-Funktion der psychologischen Beziehungsstiftung und der Einführung ins Leben. Als Psychopompos zur Lebenslust hilft sie ihm, seinen Intellektualismus und seine Verzweiflung zu überwinden und in ein neues Verhältnis zum Leben zu treten. In dieser Funktion ist sie für ihn unersetzbar. Was sie ihm nicht geben kann oder will, ist Erotik und einen harmonischen Ausgleich der komplexen Aspekte des Selbst. Ersteres beruht auf ihrer Funktion als Psychopompos – die Anima als Seelenführerin gibt sich erotisch niemals hin[193] – zweiteres auf ihrer Charakterstruktur. Deshalb braucht Haller weitere Vor-Bilder, die ihn auf seinem Weg zur psychischen Gesundheit und Ganzheit voranbringen können.

### 9.3.2 Maria

Je länger Haller mit Hermine zusammen ist, desto deutlicher wird, dass sein unrealisierter Eros einer inneren Weiterentwicklung im Wege steht. Seine nicht-ausgelebte Geschlechtlichkeit, die Hermine aus psychologischen Gründen nicht zu befriedigen vermag, verhindert jene Integration von Eros und Logos, die eines der Kriterien für einen abgeschlossenen Individuationsprozess bildet. Eines Tages wird Haller diese strukturelle Defizienz in der Beziehung zu seiner Seelenführerin in vollem Umfang bewusst:

> Immer hatte ich von den Frauen, die ich geliebt hatte, Geist und Bildung verlangt, ohne je ganz zu merken, dass auch die geistreichste und verhältnismäßig gebildetste Frau niemals dem Logos in mir Antwort gab, sondern stets ihm entgegenstand. (7, 332)

Die sensible und wissende Hermine erspürt diese Problematik und spielt Haller ihre schöne Freundin Maria zu. Es entwickelt sich ein Verhältnis, welches eindeutig unter dem Primat des Sexuellen steht und das er rückblickend selbst als eine späte Kompensation seiner Sexualneurose ansieht:

> Durch sie hatte ich gelernt, noch einmal vor dem Ende mich kindlich dem Spiel der Oberfläche anzuvertrauen, flüchtigste Freuden zu suchen, Kind und Tier zu sein in der Unschuld des Geschlechts – ein Zustand, den ich in meinem früheren Leben nur als Ausnahme gekannt hatte, denn Sinnenleben und Geschlecht hatten für mich fast immer den bitteren Beigeschmack von Schuld gehabt, den süßen, aber bangen Geschmack der verbotenen Frucht, vor der ein geistiger Mensch auf der Hut sein muss. (7, 347)

Damit wird deutlich, dass Maria für Haller die Bedeutung eines Anima-Symbols der 1. Stufe[194] (Eva-Stadium) einnimmt und in dieser Funktion seinem unrealisierten und tendenziell unterdrückten Eros zum Durchbruch verhilft. Nach der jungschen Psychologie ist dies ein gleichermaßen archetypisches wie transzendierungsbedürftiges Stadium des Individuationsprozesses für den Mann. Die Integration des Eros ist eine notwendige, wenngleich keineswegs hinreichende Bedingung seelischer Reife.

Es ist von der bisherigen Kritik praktisch durchgängig übersehen worden, dass Marias Bedeutung für Haller sich keineswegs im Sexuellen erschöpft, sondern weitaus größere Bereiche seiner Psyche ergreift und umfasst. Der durch sie aktivierte Eros Hallers verharrt keineswegs in sich selbst, sondern greift über seine Sphäre hinaus und beginnt, auch die festgefahrenen Strukturen seines Logos umzuwandeln. Er muss erleben, wie durch den Einfluss Marias sein gesamtes Selbstbewusstsein sich zu verändern beginnt:

> Marias liebevolle Worte, ihr sehnsüchtig aufblühender Blick riß breite Breschen in meine Ästhetik [...] War nicht Marias blühende Kinderrührung über den Song aus Amerika ein ebenso reines, schönes, über jeden Zweifel erhabenes Kunsterlebnis wie die Ergriffenheit irgendeines Studienrats über den Tristan oder die Ekstase eines Dirigenten bei der Neunten Symphonie? (7, 238)

Diese Metamorphose festgefahrener geistiger Einstellungstendenzen durch die aktivierte Anima – die „Erotisierung des Geistes" gewissermaßen – entspricht einem archetypischen psychologischen Prozess, auf dessen Notwendigkeit oder zumindest Wünschbarkeit Jung in seinen Werken immer wieder hingewiesen hat.[195]

Dieser Prozess ist von elementarer Bedeutung für die nachfolgenden Erlebnisse Hallers im „Magischen Theater", wo geistige und gefühlsmäßige Erfahrungen eine untrennbare Einheit bilden. Maria bewirkt, dass Haller jene neue Unvoreingenommenheit zu den Quellgründen seines Unbewussten findet, ohne die er die abgründigen Erfahrungen und Einsichten in der Schlusskadenz des Romans nicht hätte machen können.

## 9.4    Symbole des Selbst

### 9.4.1 Pablo

In der jungschen Psychologie folgt auf die Auseinandersetzung mit der Anima die Realisierung des Selbst als letzte kategoriale Aufgabe des Individuationsprozesses. Diese psychische Problematik wird im Roman über die Darstellung von Hallers Verhältnis zu dem Jazzmusiker Pablo aufgerollt.

Pablo wird beschrieben als eine durchaus vielschichtige, geistig und emotional ganzheitlich entwickelte, dabei aber vollkommen unproblematische und harmonische Persönlichkeit – ergo als Symbol des Selbst.[196]

Die nachfolgende Analyse wird dies anhand der von Jung entwickelten Kriterien für das Selbst zweifelsfrei nachweisen können. Schon allein der Tatsache, dass es Hermine ist, die Hallers Beziehung zu Pablo stiftet, kommt tiefenpsychologische Symbolkraft zu: Nach der jungschen Psychologie ist es in aller Regel die Anima, die den Zugang zum Selbst als tiefstem Urbild des kollektiven Unbewussten vermittelt – vgl. Dantes Beatrice und Goethes Schlussapotheose im Faust: „Das Ewig-Weibliche zieht uns hinan".

Hesse hat – wie aufgezeigt – denselben archetypischen Individuationsschritt bereits im „Demian", in „Klein und Wagner", in „Klingsors letzter Sommer" und im „Siddhartha" beschrieben. Es wirft nun ein bezeichnendes Licht auf den unabgeschlossenen inneren Integrationsprozess Hallers, dass er Pablo beim ersten Zusammentreffen auf eine ziemlich arrogante und dünkelhafte Weise ablehnt. Anstatt sein freundliches, harmonisches und heiteres Wesen gelten zu lassen oder gar zum Vorbild zu nehmen, sieht er in Pablo nur einen hübschen, dümmlichen Schönling und Don Juan, der nichts weiter kann als Saxophon blasen und Frauen verführen („ [...] aus der Nähe besehen war dieser schöne exotische Halbgott ein vergnügter und etwas verwöhnter Junge mit angenehmen Manieren, nichts weiter", 7/311).

Diese Haltung ist bezeichnend für Hallers inneren Zustand zu diesem Zeitpunkt: Anstatt das Positive, Mahnende und Herausfordernde an Pablos Wesen zu bemerken, sieht er nur das vermeintlich Unzulängliche und verbaut sich damit die Möglichkeit zu seelischem Wachstum. Indem er Pablo ablehnt, lehnt er auch die Konfrontation mit seinem eigenen Selbst ab.

Dass Hallers Urteil über Pablo von allem Anfang an ein Irrtum ist, wird vom Text deutlich angezeigt. Schon bei der ersten Begegnung besitzt der Musiker trotz Hallers ostentativer Feindseligkeit Geist und Mitgefühl genug, um dessen Unglück zu erkennen und Hermine zu einem sorgsamen Umgang mit ihm zu ermahnen. In die gleiche Kategorie gehört Pablos rührende Sorge um seinen erkrankten Musikerkollegen Agostino, für den er sich vollkommen aufzuopfern bereit ist.

Auch die uneigennützige Teilnahme an Hallers Schicksal und Seelenkrankheit, sowie das abgründige psychologische Wissen, das Pablo als Führer durch das „Magische Theater" offenbart, zeigt die Unhaltbarkeit der These von einem oberflächlichen Gigolo. Pablo ist bei aller Unbeschwertheit und Heiterkeit ein höchst sensibler, wissender und teilnahmsvoller Mensch. Von daher erscheint es nicht unberechtigt, wenn Hermine Pablo einmal einen „versteckten Heiligen" nennt (7, 344). Seine Philanthropie muss nach Jung als sozialer Aspekt des Selbst verstanden werden und ist eine conditio sine qua non des entwickelten Menschen.[197]

Wie alle Symbole des Selbst in Hesses Werk seit Vasudeva, Buddha und Siddhartha, zeichnet sich auch Pablo durch eine unerschütterliche Heiterkeit und innere Harmonie aus. Niemals erscheint er verzweifelt, trauernd oder auch nur unfreundlich, sein Lächeln und seine Menschenliebe sind untrennbar mit seinem innersten Wesen verknüpft. Mit der Zeit erkennt Haller, dass diese Züge Pablos keineswegs aus Oberflächlichkeit, sondern aus einer großen inneren Tiefe resultieren und sieht sich so gezwungen, sein Urteil über ihn zu revidieren.[198] („Mein Urteil über diesen frohen, klugen, kindlichen und dabei unergründlichen Menschen änderte sich beständig, wir wurden Freunde", 7/334).

Diese Freundschaft – psychologisch gesprochen: Die beginnende Öffnung Hallers gegenüber dem projizierten Symbol seines Selbst – ist die notwendige Voraussetzung für sein Wandlungserlebnis. Nunmehr kann Pablo die charismatischen Kräfte, die ihm als Archetypus zukommen, voll ausspielen und seine positiv-heilenden Kräfte entfalten. Indem Haller sich Pablo gegenüber öffnet, öffnet er sich auch für sein eigenes Selbst und dessen Tendenz zur Herstellung der Ganzheit. Damit ist der Weg zum „Magischen Theater" frei.

### 9.4.2 „Die Unsterblichen"

Das letzte und für den gedanklichen Gehalt des Romans wichtigste psychologische Symbol ist Hesses Mythos von den „Unsterblichen". Wie dargestellt, taucht dieses Motiv bereits im vorangegangenen Werk „Die Nürnberger Reise" auf und wurde dort im Sinne einer Apotheose des Leidens und der Unerlöstheit verstanden. Im vorliegenden Werk nun erfährt dieses Leitmotiv von Hesses mittlerem und spätem Werk eine wichtige Metamorphose, die nachfolgend dargestellt und diskutiert werden soll.

Als Sendboten aus der Welt der Unsterblichen erscheinen im „Steppenwolf" Goethe und Mozart. Schon diese Auswahl indiziert eine Richtung, welche die genauere Analyse bestätigen wird: Stand der Unsterblichkeitsmythos in der „Nürnberger Reise" noch ganz im Zeichen tragisch-problematischer Künstlergenies wie Hölderlin, Mörike, Hamsun und Nietzsche, so ist im „Steppenwolf" mit der Wahl Goethes und Mozarts eine Hinwendung zum Gesunden, Synthetischen, Klassischen präjudiziert.[199]

In diesem Spannungsverhältnis zwischen der neurotischen Natur Hallers und dem ganzheitlich-harmonischen Wesen der beiden Klassiker bewegt sich auch die fiktive Auseinandersetzung, die im Roman beschrieben wird.

Die erste Begegnung mit der Welt der Unsterblichen – von der Antizipation im Traktat einmal abgesehen – hat Haller während der ersten Begegnung mit Hermine in Form seines Goethe-Traums. Dieser Traum veranschaulicht mit geradezu klinischer Präzision Jungs These von der kompensatorischen Funktion des Unbewussten: Nachdem Hallers skandalöser Ausfall gegen das angeblich sentimentale und bürgerlich verkitschte Goethe-Bild des Professors sowohl von seiner Selbstwahrnehmung als auch von Hermine als uneigentliche Reaktion entlarvt wurde, versucht sein Unbewusstes, durch das erneute Aufgreifen der Problematik im Traum die Angelegenheit einer Lösung zuzuführen.

Der Traum weist Haller nun dergestalt auf den subjektiven und voreingenommenen Charakter seines Goethe-Bildes hin, dass er ihn als „Korrespondent einer Zeitschrift" (7, 280) in Weimar erscheinen lässt und deutlich macht, wie er aus diesem Grunde alle möglichen Aversionen gegen ihn hat. Das heißt: Es ist die Rolle, die spezifische Problematik und Psychologie Hallers, die ihn spezifische Vorurteile über Goethe haben lässt. Die genauere Analyse zeigt, dass letzten Endes Hallers Neurose es ihm unmöglich macht, ein angemessenes Verhältnis zu dem Dichterfürsten zu begründen. Seine persönliche innere Spaltung lässt ihn die Anthropologie des Traktats und der „Nürnberger Reise" übernehmen, nach der die Unsterblichen als tragische Menschen einzustufen sind. Weil er selbst ein Verzweifelter ist, sollen auch die Unsterblichen Verzweifelte sein. Da Goethes Leben und Weltsicht diesem Theorem ganz offenkundig nicht entsprechen, wirft Haller ihm Unaufrichtigkeit vor:

> Sie haben, Herr von Goethe, gleich allen großen Geistern die Fragwürdigkeit, die Hoffnungslosigkeit des Menschenlebens deutlich erkannt und gefühlt [...] und dennoch haben Sie mit ihrem ganzen Leben das Gegenteil gepredigt, haben Glauben und Optimismus geäußert, haben sich und andern eine Dauer und einen Sinn unserer geistigen Anstrengungen vorgespielt. Sie haben die Bekenner der Tiefe, die Stimmen der verzweifelten Wahrheit unterdrückt, in sich selbst ebenso wie in Kleist und Beethoven. (7, 281)

Nun liegt es allerdings an dem Traum-Goethe, Haller auf die Widersprüchlichkeit seiner inneren Haltung hinzuweisen. Das Stichwort „Zauberflöte" genügt, um dem großen Mozart-Verehrer Haller aufzuzeigen, dass es nicht angehen kann, das Prinzip der Lebensbejahung bei Mozart gelten zu lassen, bei Goethe aber abzulehnen. Daraufhin flüchtet sich Haller in die Anprangerung von Goethes Ansprüchen an „Dauer, an Ordnung, an steife Würde" (7, 283). Aber auch diese Vorhaltung entkräftet der Klassiker, indem er sich vor Hallers Augen in Mozart, in Schubert, in ein kleines Kind und am Ende in einen Greis verwandelt. Und der kindliche Goethe ist schließlich derjenige, welcher Haller jene entscheidende Lektion vermittelt, die er noch zu lernen hat:

> Mein Junge, du nimmst den alten Goethe viel zu ernst [...] Wir Unsterblichen lieben das Ernstnehmen nicht, wir lieben den Spaß. Der Ernst, mein Junge, ist eine Angelegenheit der Zeit; er entsteht, soviel will ich dir verraten, aus einer Überschätzung der Zeit [...] In der Ewigkeit aber, siehst du, gibt es keine Zeit; die Ewigkeit ist bloß ein Augenblick, gerade lange genug für einen Spaß. (7, 284)

An dieser Stelle wird also erstmals eine Zusammenführung der bislang – im Traktat wie in Hallers Bewusstsein – streng getrennten Leitmotive des Humors und der Unsterblichkeit vorgenommen. Goethe demonstriert Haller, dass Humor keine „Vernunftehe mit dem Bürgerlichen" bedeuten muss, sondern mit dem Ideal der Unsterblichkeit – der Realisierung des Selbst – durchaus vereinbar ist; mehr noch: Dass gerade Humor das eigentliche Kennzeichen und Kriterium der Unsterblichen ist. Humor – so Goethe – entsteht aus dem Wissen um die Nichtigkeit aller zeitlichen Probleme im Angesicht der Ewigkeit. Humor haben heißt: Alles Zeitliche aus der Perspektive des Ewigen betrachten und damit jene innere Distanz zur Welt gewinnen, die ein befreites Leben recht eigentlich erst ermöglicht.

Auf diese Weise wird Haller damit konfrontiert, dass sein Begriff der Unsterblichen bislang ein recht einseitiger war: Nicht nur die tragisch Scheiternden, die Märtyrer des Geistes wie Jesus, Paulus, Hölderlin, Kleist, Nietzsche gehören zu den Unsterblichen, sondern auch die großen „Humoristen" und Lebensbejaher vom Schlage Goethes und Mozarts. In dieser Versöhnung der beiden alternativen Lösungsvisionen des Traktates werden nicht nur die beiden Grundthemen des Sonatenhauptsatzes erstmals zusammengeführt, sondern eröffnet sich auch eine vollkommen neue Daseinsperspektive für Haller. Erstmals keimt in ihm der Gedanke auf, dass der Durchbruch zum Selbst die Akzeptanz der gegebenen Welt und Ich-Persönlichkeit nicht aus-, sondern einschließt.

Aber er ist noch weit entfernt von einer derartigen Lebenspraxis. Und Goethe demonstriert ihm auch den Grund dafür: Er zeigt Haller ein winziges Frauenbein in einer Schachtel, das sich unter seinem Anblick sofort in ei-

nen Skorpion verwandelt und das er mit einer bezeichnenden Mischung von
Begehren und Angst betrachtet. Die Symbolik ist deutlich: Es ist Hallers ambivalentes Verhältnis zur Sexualität und damit auch zu seiner Anima, das als
ein Symptom seiner Neurose eine humoristische Selbst- und Weltbejahung
nach Goethes Vorbild unmöglich macht.[200]
Alle Grundeigenschaften des Traum-Goethe: Humoristische Lebensbejahung, psychische Wandlungsfähigkeit und kosmischer Bezug finden sich
auch in dem Gedicht mit dem Titel „Die Unsterblichen" wieder, das Hesses
Mythos in allen seinen Aspekten zusammenfasst und von dem die zweite
Strophe hier angeführt werden soll:

Wir dagegen haben uns gefunden
In des Äthers sterndurchglänztem Eis,
Kennen keine Tage, keine Stunden.
Sind nicht Mann noch Weib, nicht jung noch Greis.
Eure Sünden sind und eure Ängste,
Euer Mord und eure geilen Wonnen
Schauspiel uns gleichwie die kreisenden Sonnen,
Jeder einzige Tag ist uns der längste.
Still zu eurem zuckenden Leben nickend.
Still in die sich drehenden Sterne blickend
Atmen wir des Weltraums Winter ein.
Sind befreundet mit dem Himmelsdrachen,
Kühl und wandellos ist unser ewiges Sein,
Kühl und sternhell unser ewiges Lachen.
(7, 346/347)

Praktisch alle Eigenschaften, die Hesse hier den Unsterblichen zuschreibt – ihre
Zeitlosigkeit und Alterslosigkeit, ihre Doppelgeschlechtlichkeit und ihre
Allbejahung, ihr kosmischer Bezug und ihr Humor – sind nach der jungschen Psychologie auch Eigenschaften des Selbst.[201]
Das aber heißt, dass Hesses Mythos von den „Unsterblichen" – zumindest
in der Fassung des „Steppenwolf" – psychologisch nichts anderes bedeutet als
einen Mythos vom Selbst. Tief im Unbewussten – so sagt das Gedicht – ruht
die Möglichkeit, über die Rückbesinnung auf die ewig gültigen Wahrheiten
des Selbst das leidende Ich zu überwinden und den Anschluss an die kosmische Alleinheit wieder zu gewinnen. Es ist bezeichnend, dass Hesse sich jetzt
nicht mehr mit der bloßen Erfahrung und Verklärung des Selbst zufrieden-

gibt, sondern den Humor in seine Befreiungsvision mit einbaut. Damit setzt er – wie aufgezeigt – eine Tendenz fort, die seit der „Nürnberger Reise" in sein Werk eingeflossen war. Er weiß nunmehr, dass der verselbstete Mensch in seinem Absolutheitsverlangen nach innen wie außen unter den Bedingungen der modernen Zivilisation nicht existenzfähig ist. Die Berührung mit der modernen Welt – seit dem „Kurgast" im Zentrum seiner Erzählungen – hat den Autor des Siddhartha die Notwendigkeit des Humors gelehrt. Das einleitende Kapitel dieser Arbeit hat gezeigt, dass der Dichter hier eine psychische Qualität entdeckt, die nach Jung unverzichtbar ist, um die Gefahren des Verselbstungsprozesses im Zaum zu halten und ein innerseelisches Gleichgewicht herzustellen.

## 9.5    Schlussperspektiven

### 9.5.1 Psychologische Voraussetzungen und strukturelle Bedeutung

Trotz aller inneren Fortschritte, die Haller im Zusammensein mit Hermine, Maria und Pablo gemacht hat und trotz der erheblichen Besserung seines Allgemeinbefindens ist ihm der entscheidende Durchbruch bislang noch nicht gelungen: Von den beiden Wegen zur Erlösung, die der Traktat vorgestellt hatte – Humor oder die Realisierung des Selbst – hat er noch keinen zu realisieren vermocht. Dies ist namentlich daran ablesbar, dass Haller auch nach der Begegnung mit Hermine, Pablo und Maria wieder in seine alte Weise der Selbstzerfleischung zurückfällt und sich u. a. wegen seiner Haltung im Ersten Weltkrieg, sowie wegen Aktienbesitz und der angeblichen Verlogenheit seiner Persönlichkeit verurteilt (7, 318ff.). Darüber hinaus bekennt Haller in einem seiner Gespräche mit Hermine eine tiefverwurzelte Glücksunfähigkeit:

> Ich bin mit Glücklichsein nicht zufrieden, ich bin nicht dafür geschaffen, es ist nicht meine Bestimmung. Meine Bestimmung ist das Gegenteil. Das Unglück, das ich brauche und ersehne, ist [...] so, dass es mich mit Begier leiden und mit Wollust sterben lässt. (7, 338/339)

Die „Durchführung" der Grundthemen des Romans endet also wie in der klassischen Sonatenform mit einem Zustand der Unversöhntheit; die Zielvorgaben des Traktats wurden bestenfalls sporadisch, keinesfalls aber prinzipiell und generell eingelöst. Hallers Neurose harrt nach wie vor ihrer Heilung. Seine Unfähigkeit, über die Begegnung mit dem lebensfrohen Dreigestirn und die von ihm vermittelte „Einführung ins Leben" seine

Problematik zu lösen, führt dazu, dass diese am Ende des Romans auf eine rituelle Weise gelöst werden muss. Ein Initiationsritus muss das ersetzen, was Haller auf eigene Faust und im tatsächlichen Leben nicht zu leisten imstande ist.

Damit sind die allgemeinen psychologischen Voraussetzungen für das „Magische Theater" und sein Vorspiel, den „Maskenball", beschrieben. In formaler Hinsicht entspricht diese Kadenz des Romans der Reprise in der klassischen Sonatenform: In einer kompositorischen Engführung tauchen alle wesentlichen Personen, Themen und Motive des Kunstwerkes noch einmal auf, werden miteinander verbunden und schließlich in einheitlicher stilistischer Form einer Lösung zugeführt. Darüber hinaus aber wiederholen „Maskenball" und „Magisches Theater" noch einmal in gedrängter Weise den gesamten bisherigen Individuationsweg Hallers samt seinen archetypischen Stationen: Zunächst die Auseinandersetzung mit dem Schatten, dann die Begegnung mit der Anima und schließlich – in Pablos magischem Spiegelsaal – das visionäre Erlebnis des Selbst. Dies soll nachfolgend genauer aufgezeigt werden.

### 9.5.2 Der Maskenball als Initiationsritus

Als Auftakt zum „Magischen Theater" am Ende des Romans besucht Haller den Fastnachts-Maskenball des Zürcher Künstlerklubs. Diese Veranstaltung ist in völlig eindeutiger psychologischer Symbolik als Initiationsritus[202] im Sinne der jungschen Psychologie beschrieben. Sie dient der Einübung jener grundlegenden Fähigkeit einer Überwindung des Ich, die Haller später braucht, um die komplexen tiefenpsychologischen Erfahrungen im „Magischen Theater" machen zu können. Insofern ist der „Maskenball" die conditio sine qua non des „Magischen Theaters".

Bereits die Anordnung der Festsäle für die Veranstaltung besitzt tiefenpsychologischen Symbolcharakter. Analog zu der vom Traktat postulierten Vielfalt der menschlichen Seele werden verschiedene Räume beschrieben, unter denen namentlich zwei für Haller wesentlich werden: Der „Hauptsaal" und die „Hölle". Es wird sich zeigen, dass nach den Kategorien der jungschen Psychologie die „Hölle" mit dem „Schatten" korrespondiert, während der „Hauptsaal" mit dem kollektiven Unbewussten gleichzusetzen ist.

Gemäß seiner neurotischen Persönlichkeitsstruktur reagiert Haller zunächst auf das Geschehen in beiden Sälen gleich reserviert. Mit der nämlichen ablehnenden Haltung wie gegenüber den Inhalten seines Unbewussten reagiert Haller auch auf das ausgelassene Treiben der Faschings-Masken.[203]

Als er schon missmutig wieder nach Hause gehen will, erreicht ihn im letzten Augenblick eine Botschaft Hermines, verbunden mit einer Einladung in die Hölle. Diese Szene entspricht dem ersten Rendezvous mit Hermine auf dem Höhepunkt seiner Verzweiflung nach dem fatalen Professorenabend und symbolisiert die durch die Anima vermittelte Rettung aus Isolation und Verzweiflung.

Wie schon in der „Durchführung" des Romans trifft Haller auch in der Reprise des Maskenballs auf dem Weg zu Hermine Pablo und Maria. Pablo grüßt ihn freundlich lächelnd – Symbol der erwünschten Synthese von Humor und Verselbstung – und mit Maria tanzt Haller einen zwar kurzen, aber reichlich erotischen „Onestep", der eine unübersehbare Anspielung auf ihr flüchtiges sexuelles Verhältnis ist.

In der „Hölle" nun trifft Haller auf Hermine in der Maskerade seines Jugendfreundes Hermann. Ihre Unterhaltung macht noch einmal die wesentlichste Funktion deutlich, die Hermine für ihn hatte:

> [...] sie unterhielt sich mit mir über jene Jahre vor der Geschlechtsreife, in denen das jugendliche Liebesvermögen nicht nur beide Geschlechter, sondern alles und jedes umfasst, Sinnliches und Geistiges, und alles mit dem Liebeszauber und der märchenhaften Verwandlungsfähigkeit begabt, die nur Auserwählten und Dichtern auch noch in späteren Lebensjahren zuzeiten wiederkehrt. (7, 358)

Die primäre Bedeutung Hermines für Haller lag und liegt also in der Wiedervermittlung jener kindlichen Ganzheit und Lebensfreude, die er verloren hat und für die er erst auf dem Boden der tiefsten Verzweiflung – deshalb trifft er sie in der „Hölle" – durch die Begegnung mit dem Archetypus wieder offen wurde.[204]

Und Hermines hermaphroditische Verführungskünste zeigen Wirkung: Durch die Wiederbegegnung mit dem projizierten Symbol seiner eigenen Ganzheit inspiriert, wirft sich Haller zusammen mit ihr endlich rückhaltlos in das Getümmel des Hauptsaales. Durch diese symbolische Öffnung gegenüber der Tiefe des kollektiven Unbewussten erlebt er jetzt in einem ekstatischen Rausch die langersehnte Aufhebung des Ich und des „principium individuationis":

> Ein Erlebnis, das mir in fünfzig Jahren unbekannt geblieben war, obwohl jeder Backfisch und Student es kennt, wurde mir in dieser Ballnacht zuteil:

das Erlebnis des Festes, der Rausch der Festgemeinschaft, das Geheimnis
vom Untergang der Person in der Menge, von der Unio mystica der Freude
[...] Ich war nicht mehr ich, meine Persönlichkeit war aufgelöst wie Salz im
Wasser. (7, 359/360)

Dieser Passus markiert Hallers Initiation und damit die psychologische
Voraussetzung für alle nachfolgenden Erlebnisse einschließlich des „Magischen
Theaters": Die rituell vermittelte Überwindung des Ich – der „Rausch der
Festgemeinschaft" – schafft den Zugang zum kollektiven Unbewussten
samt seinen archetypischen Inhalten. Dies lässt sich anhand von Hallers
Erfahrungen und den jungschen Kriterien konkret nachweisen. So entspringt
etwa sein Verlust des Zeitgefühls („Das Zeitgefühl war mir verloren gegangen", 7/361) der Zeitlosigkeit des kollektiven Unbewussten. Das Nämliche
gilt für sein Gefühl der Identität mit allen Männern und Frauen („alle gehörten mir, allen gehörte ich, alle hatten wir aneinander teil", ebd.): Wo kein Ich
mehr ist, gibt es auch keine Individualität mehr, sondern nur noch die überpersönliche Basis des Unbewussten; ein Mann wird zum Abbild aller Männer,
eine Frau steht für alle Frauen.[205]

Dieses Gefühl kulminiert in Hallers Tanz mit Hermine und dessen tiefenpsychologischer Symbolik. Nachdem Haller seinen „Schatten" – Hermine als
„Jugendfreund Hermann" – assimiliert und im Hauptsaal das „sacrificium intellectu" als Voraussetzung für das Erlebnis des kollektiven Unbewussten ge-
leistet hat, verwandelt sich Hermine in ihre Funktion als Anima und verkörpert nunmehr den Archetypus des Ewig-Weiblichen:

Alle Frauen dieser fiebernden Nacht, alle, mit denen ich getanzt, alle, die ich
entzündet, alle, die mich entzündet hatten, alle, um die ich geworben [...]
waren zusammengeschmolzen und eine einzige geworden, die in meinen
Armen blühte. (7, 362)

Die Leidenschaft von Hallers Begehren entspricht nach der jungschen
Psychologie seinem unbewussten Willen zur Realisierung der Anima. Haller
ist nunmehr auf seinem Bewusstwerdungsprozess so weit fortgeschritten, dass
er die überpersönliche Symbolfunktion Hermines zu erkennen vermag.

Diese Erkenntnis ist die erste Voraussetzung zur Assimilierung des entsprechenden Archetypus. Die fortdauernde Problematik besteht nun aber darin, dass Hallers Aufmerksamkeit immer noch vollständig an Hermine als
Projektion des Archetypus gefesselt ist, anstatt sich auf die Realisierung des

inneren Urbilds zu richten. Er erwartet Leben und Erfüllung primär immer noch von ihr und nicht von sich selbst. Dies ist der Grund, weshalb Hermine auch in dieser Nacht ihm die erotische Erfüllung verweigert: Sie weiß, dass ihre Hingabe Hallers Abhängigkeit und Unvollständigkeit nicht aufheben, sondern nur perpetuieren könnte und der einzige Weg zur Weiterentwicklung für ihn die Entdeckung Hermines in sich selbst ist.[206]

Ganzheitliches Menschentum und ganzheitliche menschliche Beziehungen – davon geht Hermine stillschweigend aus – resultieren nicht aus Erwartungen und Abhängigkeiten, sondern aus der freien Begegnung vollständig entwickelter Persönlichkeiten. Diese letzte Konsequenz oder auch Voraussetzung der jungschen Psychologie hat Haller noch nicht verstanden. Dies ist – neben den nach wie vor uneingelösten Lösungsvisionen des Traktats – der wichtigste Grund, weshalb Haller am Ende noch Pablos „Magisches Theater" besuchen muss.

### 9.5.3 Das „Magische Theater" als Erlebnis des kollektiven Unbewussten

Die Vorbemerkungen zum „Magischen Theater" deuten an, dass Haller jetzt sich anschickt, seine Projektionen der Anima und des Selbst aufzuheben. Auf der geistigen Ebene ist seine Individuationsproblematik nahezu gelöst: Hermines Anima-Bedeutung ist ihm intellektuell klar („Verzaubert blickten wir einander an, blickte meine arme kleine Seele mich an", 7/364), während er sich bei der komplexeren und harmonischeren Erscheinung Pablos begreiflicherweise schwerer tut („War nicht vielleicht ich es [...] der aus ihm sprach? Blickte nicht auch aus seinen schwarzen Augen nur meine eigene Seele mich an?"). Aber diese Reflexionen verbleiben auf einer rein intellektuellen, von Zweifeln durchsetzten Ebene und werden nicht zu jenem ganzheitlichen, die gesamte Persönlichkeit von innen her aufwühlenden Erlebnis, wie Jung dies für die Assimilation eines Archetypus beschrieben hat. Eine der Funktionen des „Magischen Theaters" besteht nun darin, diese archetypischen Bilder zum inneren Erlebnis werden zu lassen, was von Pablo in seiner Einführungsrede explizit hervorgehoben wird:

> Ich kann ihnen nichts geben, was nicht in Ihnen selbst schon existiert, ich kann Ihnen keinen anderen Bildersaal öffnen als den Ihrer Seele [...] Ich helfe Ihnen, Ihre eigene Welt sichtbar zu machen, das ist alles. (7, 366/367)

Pablo, der im Verlauf des „Magischen Theaters" vom bloßen Symbol des Selbst zum Psychopompos[207] avanciert und damit die Nachfolge Demians

und Vasudevas antritt, formuliert auch die übrigen beiden Ziele dieser
Veranstaltung: Die Überwindung des Ich und den Humor. Er erklärt Haller:

> Ohne Zweifel haben Sie ja längst erraten, dass die Überwindung der Zeit,
> die Erlösung von der Wirklichkeit, und was immer für Namen Sie Ihrer
> Sehnsucht geben mögen, nichts andres bedeuten als den Wunsch, Ihrer so-
> genannten Persönlichkeit ledig zu werden. Sie ist das Gefängnis, in dem Sie
> sitzen [...] Sie werden darum eingeladen [...] diese sehr geehrte Persönlich-
> keit freundlichst hier in der Garderobe abzugeben, wo sie auf Wunsch jeder-
> zeit wieder zu Ihrer Verfügung steht [...] Sie sind hier in einer Schule des
> Humors, sie sollen lachen lernen. (7, 367/369)

Damit ist das Telos der Romankadenz eindeutig formuliert: Es besteht in
der Rücknahme der archetypischen Projektionen, in der Transzendierung des
Ich und in der Begründung einer humoristischen Lebenshaltung. Die Natur
dieser Postulate macht die strukturelle Bedeutung dieses Romanabschnitts
auf unübersehbare Weise deutlich: Indem das „Magische Theater" die
Lösungsvisionen des Traktats noch einmal aufnimmt und ihrer definitiven
Verwirklichung zuzuführen sucht, fungiert es innerhalb der Sonatenform des
Gesamtwerkes als eine Reprise relativ zur Exposition des Traktats und zur
Durchführung der Binnenerzählung.[208] Psychologisch gesehen bedeutet es
die letzte Chance für Haller, seine Neurose zu überwinden und eine neue
Ganzheit zu realisieren.

Der Weg zur Verwirklichung dieser Vorgaben beginnt mit jener ominösen, von Pablo induzierten Rauschgifteinnahme, die einer ganzen Generation
amerikanischer Hippies als Voraussetzung für ähnliche Erfahrungen erschien.
Dass dies ein Missverständnis von Hesses Intentionen bedeutet, ist überliefert.[209] Möglicherweise hätte er die Szene weggelassen, wenn ihm klar gewesen wäre, dass eine ganze Jugend sie später als Aufforderung zum Gebrauch
von Halluzinogenen lesen würde.[210]

Inhaltlich hat diese Episode keine andere Funktion, als das nachfolgend
beschriebene, phantastisch anmutende Erlebnis des unbewussten Selbst ir-
gendwie glaubwürdig zu machen. Ob es dazu nicht auch weniger verfängliche
Methoden gegeben hätte – etwa das „Magische Theater" als Traumfolge – kann
hier nicht diskutiert werden. Das Ganze ist ein Marginalproblem des Romans.

Das eigentliche Initiationsritual, das Pablo vornimmt, ist eine genaue Reprise
der bereits in der Exposition des Traktats aufgezeigten Lösungsperspektiven
für Hallers Problematik – nun allerdings nicht mehr abstrakt und unverbind-

lich, sondern unmittelbar angewandt auf Hallers Leben. Pablo fordert konkret und unmittelbar ein, was der Traktat theoretisch in den Raum gestellt
hatte und Haller während der gesamten Binnenhandlung nicht gelungen war.
Der erste Punkt betrifft die Notwendigkeit der Selbsterkenntnis. Pablo reicht
Haller einen Taschenspiegel, in dem dieser sein Ich und dessen „Schatten" erkennt:

> „[...] ich sah [...] mich selber, Harry Haller, und innen in diesem Harry den
> Steppenwolf, einen scheuen, schönen, aber verirrt und geängstigt blickenden
> Wolf, die Augen bald böse, bald traurig glimmend und diese Wolfsgestalt
> floß in unablässiger Bewegung durch Harry, so wie in einem Strom ein
> Nebenfluss von anderer Farbe wölkt und wühlt, kämpfend, leidvoll, einer
> im andern fressend, blickte der fließende, halbgestaltete Wolf mich aus den
> schönen, scheuen Augen an. (7, 367)

Diese Stufe der Selbst-Erkenntis entspricht nach Jung der Konfrontation
mit dem Schatten und damit der ersten Etappe des Individuationsprozesses.
Sie leitet über in das ebenfalls archetypische Stadium der Verzweiflung, also
in jene neurotische Zerrissenheit, die Hallers Lebensproblem ist und die im
oben genannten Passus mit so beredten Metaphern beschrieben wird. Aber
das Fragmentarische, Halbfertige der Wolfsgestalt ist bezeichnend: Haller hat
die vollständigen Dimensionen seines „Schatten" bislang noch keineswegs erkannt, geschweige denn sich erlebnismäßig angeeignet. Große Bereiche seines Alter Ego sind ihm noch immer unbekannt, und er wird begreifen müssen, dass seine Seele auch im Bösen noch weitaus vielfältiger ist, als er bislang
auch nur zu träumen wagte.

Als zweiten Schritt verlangt Pablo von Haller – wiederum in genauer
Analogie zu den Vorgaben des Traktats – seine Einsicht in die Beschränktheit
dieser dualistisch-neurotischen Selbstinterpretation und ihre Überwindung
durch ein herzhaftes Lachen – also durch Humor. Haller gehorcht und vollzieht mit diesem „Scheinselbstmord" an seinem bisherigen Ich die psychologische Voraussetzung für die Erfahrung des kollektiven Unbewussten. Damit
ist er vollständig vorbereitet für die Realisierung des anthropologischen Telos
im Roman. Zu diesem Zweck hält Pablo Haller einen riesigen Wandspiegel
vor, in dem dieser seine Persönlichkeit in unzählige Teile zerfallen sieht. Aus
dieser rituell erzeugten Vision seiner inneren Vielheit ergeben sich die berühmten Bildsequenzen, deren psychologische Bedeutung nun genauer analysiert werden soll.

Die erste Sequenz mit dem Titel: „Auf zum fröhlichen Jagen! Hochjagd auf Automobile" führt ein brutales Bürgerkriegspanorama vor: Antizivilisatorische und sozialrevolutionäre Kräfte kämpfen gegen die Besitzenden und Verteidiger des Maschinenzeitalters. Haller schließt sich unter der Führung seines skrupellosen Jugendfreundes Gustav der revolutionären Seite an und schießt gemeinsam mit ihm auf einer entlegenen Passstraße diverse Autos und auch Menschen ab.

In der Sekundärliteratur ist dieses Geschehen häufig als Durchbruch der unausgelebten anarchistischen und antizivilisatorischen Elemente in Haller und Hesse gedeutet worden.[211]

Der Akzent liegt aber nachweislich anders: Haller ist zunächst vollkommen unentschlossen, welcher Seite er sich anschließen soll („Nachdenklich und bewundernd las ich die Plakate [...] tief überzeugt stand ich bald vor dem einen, bald vor dem andern", 7/373). Erst durch das Drängen des tatendurstigen, politisch aber ebenfalls indifferenten Gustav („Das ist Geschmacksache", 7/374) entschließt sich Haller zu den individuellen Terroranschlägen an der Passstraße. Diese aber werden nicht politisch, sondern psychologisch begründet. Bestürzt entdeckt Haller, dass sich hinter dem vermeintlichen Pazifisten in ihm ein mordgieriger Terrorist versteckt:

> Komisch, dass das Schießen so viel Spaß machen kann! Dabei war ich früher Kriegsgegner! (7, 380)

Die tiefenpsychologische Funktion dieser Szene ist deutlich: Die Halluzination skrupelloser terroristischer Anschläge verdeutlicht, dass Hallers „Schatten" über das Asoziale und Triebhafte des „Steppenwolf"-Symbols noch weit hinausreicht und auch die Disposition zum Massenmörder mit einschließt. Wie Friedrich Klein, so wird auch er am Ende den potenziellen Mörder in sein Selbst-Bewusstsein integrieren müssen.

Die nächste Vision trägt den vielversprechenden Titel „Anleitung zum Aufbau der Persönlichkeit. Erfolg garantiert" und veranschaulicht in gedrängter Form die Schlussperspektive des Romans über den adäquaten Umgang mit der Vielheit des Selbst. Ein Schauspieler, in den Haller konsequenterweise die Züge Pablos hineinprojiziert – er ist das eindrücklichste Symbol des Selbst, das er kennengelernt hat – erklärt ihm die bereits im Traktat entworfene neue Anthropologie und Lebenskunst anhand eines Schachspiels. Die entscheidenden Sätze seines Vortrages lauten:

> Wir zeigen demjenigen, der das Auseinanderfallen seines Ichs erlebt hat, dass
> er die Stücke jederzeit in beliebiger Ordnung neu zusammenstellen und dass
> er damit eine unendliche Mannigfaltigkeit des Lebens erzielen kann [...] Sie
> werden die Figur, die heute sich zum unerträglichen Popanz ausgewachsen
> hat und Ihnen das Spiel verdirbt, morgen zur harmlosen Nebenfigur degra-
> dieren. Sie werden das arme liebe Figürchen, das eine Weile zu lauter Pech
> und Unstern verurteilt schien, im nächsten Spiel zur Prinzessin machen. Ich
> wünsche viel Vergnügen, mein Herr! (7, 387)

Dies also ist die konkrete Ausdeutung jener neuen Anthropologie, die der
Traktat angekündigt und Pablo wie Goethe vorgelebt haben: Die hergebrachte Auffassung vom eindeutigen und festgelegten Wesen des menschlichen
Charakters wird abgelöst durch eine neue Psychologie, die auf der Vielheit
und Wandelbarkeit des Selbst beruht und den spielerischen Umgang mit dieser Vielheit zum non plus ultra menschlichen Verhaltens erklärt.

Dieser spielerische und zwanglose Umgang mit der Polyvalenz des Selbst
bildet eine der beiden Schlussperspektiven des Romans und wird später noch
genauer diskutiert werden. Die therapeutische Bedeutung dieser Lehre für
Haller ist darin zu sehen, dass er mit ihr eine Perspektive besitzt, wie er nach
dem erlebten „Auseinanderfallen seines Ich" in Zukunft mit der empirischen
Vielfalt seiner Psyche umgehen soll.

Die nächste Episode läuft unter der Überschrift „Wunder der Steppen-
wolfdressur" und führt Haller noch einmal zurück in jene abgrundtiefe neurotische Verzweiflung, unter der er lange litt und die als diametraler Gegenpol
zur spielerischen Verselbstung im obigen Sinn anzusehen ist. Er halluziniert
einen Tierbändiger und einen Wolf, die unter wechselnder Anführerschaft
demonstrieren, wie der jeweils Befehlende den anderen vollständig zur
Verleugnung seiner Natur und zur Nachahmung des eigenen Verhaltens zu
zwingen vermag. Der seinem Herrn sklavisch ergebene, demütig-kriecheri-
sche, seine Instinkte vollkommen unterdrückende Wolf und der sich dem
Tier wahrhaft hündisch unterordnende, kadavergehorsame, völlig pervert-
ierte Mensch sind Symbole jener Unversöhnlichkeit von Geist und Natur,
Bewusstem und Unbewusstem in Hallers Psyche, die den Doppelaspekt seiner Neurose begründen und bereits in der Einleitung des Traktats ausführlich erörtert wurden.[212]

In der Episode „Alle Mädchen sind dein" holt Haller die versäumten erotischen Abenteuer seines ganzen Lebens nach und vervollständigt damit in visionärer Form jene Realisierung seines unterdrückten Eros, die mit Maria be-

gonnen hatte. Zugleich aber beschwört diese Halluzination die letzte große Problematik des Romans herauf: Die vielen galanten Abenteuer, die Haller in seinen Träumen durchlebt, wecken in ihm ein unstillbares Verlangen nach Hermine. Bezeichnenderweise wird dieses Ansinnen vom Text als Irrtum dargestellt. Anstatt die inneren Bilder gemäß der Anweisung des Schachspielers spielerisch fluten zu lassen, versteift sich Haller auf einen bestimmten Wunsch und reduziert damit die erlösende Vielheit seines Selbst auf die Eindimensionalität des bloßen Ich. Dieser – übrigens essenziell buddhistische – Zusammenhang zwischen erwachendem Begehren, dem Verlust des Selbst und dem Rückfall auf das Niveau des Ich wird im Text folgendermaßen beschrieben:

> Als letzte Figur in meiner tausendgestaltigen Mythologie, als letzter Name in der unendlichen Reihe tauchte sie auf, Hermine, und zugleich kehrte mir das Bewusstsein wieder und machte dem Liebesmärchen ein Ende, denn ihr wollte ich nicht hier in der Dämmerung eines Zauberspiegels begegnen, ihr gehörte nicht nur jene eine Figur meines Schachspiels, ihr gehörte der ganze Harry. (7, 397)

Es ist nach der Psychologie Jungs nur konsequent, wenn das neuerwachte Ich Hallers nicht nur zum Verlust der Selbst-Erfahrung, sondern auch zu einer Reanimierung seines „Schatten" führt. Als er wieder in den großen Wandspiegel blickt, sieht er dort nicht mehr die vielen Harrys, sondern nur noch den „Steppenwolf" („es waren keine Figuren mehr da [...] im Spiegel stand [...] ein riesiger schöner Wolf", 7/398): Jede Setzung eines Ich impliziert nach Jung auch die Setzung eines „Schatten". Nur ein seines Selbst völlig bewusster Mensch besäße keinen Schatten mehr – aber dies ist praktisch unmöglich.[213] Wenn Haller zudem plötzlich noch ein Messer in den Händen hält („statt der Figuren zog ich ein Messer aus der Tasche", 7/398), so demonstriert dieses Bild in sinnfälliger Weise den Zusammenhang von Begehren, Egoismus und Gewalt. Der blinde Wille zur Eroberung Hermines erzeugt den Rückfall ins Ich und damit jene latente Bereitschaft zu Eifersucht und Gewalt, die später noch auf solch drastische Weise ausbrechen wird. Mit dieser Reduktion auf den Ich-Schatten-Dualismus ist Haller in seiner Traumfolge wieder zum psychologischen Status quo ante zurückgekehrt.

In diesem gefährlichen und unfruchtbaren Stadium seiner inneren Tiefenschau beginnt Hallers Unbewusstes aufgrund seiner kompensatorischen Funktion ein neues Ganzheitssymbol zu produzieren: In scharfem

Kontrast zur Todesmusik aus dem letzten Akt des „Don Giovanni" – dem
Analogon zu Hallers seelischer Stimmung – halluziniert er das Auftreten eines humorig-heiteren Mozart, der dem rückfällig gewordenen Steppenwolf
Haller noch einmal die Lebenslehre der Unsterblichen verkündet. Mozart
fungiert – psychologisch betrachtet – wie Goethe und Pablo als ein Symbol
des Selbst. Analog zu seinen beiden Vorgängern verkörpert auch er psychische Ganzheit, Verwandlungsfähigkeit und eine humoristisch-versöhnliche
Lebenseinstellung. Sein erster Auftritt im „Magischen Theater" ist bestimmt
von seinem Bemühen, Haller die innerseelischen Aspekte des Humors zu erklären. Mittels der Beispiele von Wagner und Brahms, die angeblich für historisch bedingte Mängel ihrer Kompositionstechnik im Jenseits schwer büßen müssen, versucht Mozart Haller das Wesen der Erbsünde und der Gnade
verständlich zu machen:

> [...] das Leben ist immer furchtbar. Wir können nichts dafür und sind doch
> verantwortlich. Man wird geboren und schon ist man schuldig. Sie müssen
> einen merkwürdigen Religionsunterricht genossen haben, wenn Sie das nicht
> wussten. (7, 401)

Die psychologische Funktion dieser Lehre ist bei Mozart die gleiche wie
bei Paulus: Sie dient der moralischen Entlastung derjenigen, die zuviel von
sich verlangen und unter existenziellen Schuldgefühlen zu zerbrechen dro-
hen. Genauer und in jungscher Terminologie: Mozart ist eine kompensatorische Manifestation von Hallers Selbst, das sich in einem kritischen Stadium
seines Individuationsprozesses zu Wort meldet und ihm nahelegt, nicht das
Unmögliche von sich zu erwarten.

Statt sich nach der vollständigen Überwindung des Ich zu sehen – so die
in Mozart verkörperte innere Stimme – soll Haller endlich sein Ich und mit
ihm die Schuld der Individuation annehmen und wissen, dass diese persönliche Schuld von den höheren Mächten nicht sehr hoch veranschlagt wird
(Mozart über Brahms und Wagner: „Erst wenn sie die Schuld ihrer Zeit ab-
getragen haben, wird sich zeigen, ob noch so viel Persönliches übrig ist, dass
sich eine Abrechnung darüber lohnt", 7/401).

Aus der genuin paulinischen Psychologie, dass das Faktum der Erbsünde
nicht nur einen absoluten Schuldspruch, sondern auch einen absoluten
Freispruch bedeutet, resultiert u. a. der Humor der Unsterblichen, der sich
bei Hallers Mozart-Vision in einem obszönen Wortspiel nach dem Vorbild
der berühmten „Bäschen-Briefe" des Komponisten entlädt.[214]

Damit werden – wie bereits bei Pablo und Goethe – die beiden Lösungsperspektiven Humor und Verselbstung in einer Person vereinigt und in konkreten Bezug zu Hallers Lebenspraxis gesetzt. Noch einmal wird ihm vorgeführt, dass zur Lösung seiner Problematik die Aneignung einer humoristischen Lebenshaltung weitaus notwendiger ist als die vollständige Überwindung des Ich.

Aber Haller ist noch nicht reif für diese Synthese. Als Mozart sich hell auflachend in den Kosmos verflüchtigt – Symbol der erstrebten Vereinigung von Humor und der kosmisch-überzeitlichen Dimension des Selbst – vermag Haller trotz verzweifelter Anstrengungen ihm nicht zu folgen. Stattdessen halluziniert er in der nächsten Szene Hermine und Pablo beim Beischlaf und ermordet die Angebetete in einem Anfall von Eifersucht mit seinem Messer.

Über die Bedeutung dieser Schlüsselszene ist in der Forschung viel diskutiert worden.[215] Nach der jungschen Psychologie ist sie wie folgt aufzufassen: Der Beischlaf zwischen Hermine und Pablo – d. h. zwischen dem Archetypus der Anima und dem Archetypus des Selbst – ist ein symbolischer Ausdruck von Hallers Wunsch nach einer Befruchtung der Großen Mutter und nach einer Wiedergeburt im Zeichen des Selbst. Wenn Haller diese Vereinigung nicht zulässt und Hermine tötet, so ist dies ein Zeichen seiner tiefverankerten, neurotischen Lebensfeindlichkeit, sowie seiner fortdauernden Weigerung, die geforderte Synthese von Humor und spielerischer Verselbstung zu vollziehen.

Der Zusammenhang zwischen dem Mord an Hermine und der innerseelischen Abtötung des Lebensprinzips der Anima wird vom Text explizit hervorgehoben. Nach der Gewalttat fragt sich Haller bestürzt:

> Hatte ich die Sonne ausgelöscht? Hatte ich das Herz alles Lebens getötet?
> Brach die Todeskälte des Weltraums herein? (7, 405)

Seine kurzfristig aufkeimende Hoffnung, durch diesen symbolischen Mord am eigenen Lebens- und Verselbstungsdrang wenn schon keine Erlösung, so doch wenigstens den Durchbruch zu den „Unsterblichen" geschafft zu haben, erweist sich bald schon als Irrtum. Noch einmal tritt Mozart auf und klärt Haller über das Wesen seiner Fehlleistung auf.[216]

Dieser zweite Auftritt des Komponisten muss nach der jungschen Psychologie als eine zweite Emanation von Hallers Selbst verstanden werden, das nunmehr die endgültigen Perspektiven für eine Lösung der Konflikte zu entwickeln versucht.

Der erste Hinweis, den Mozart (das Selbst) Haller gibt, betrifft das Gesetz der unaufhebbaren Differenz von Idealität und Realität. Dem mit sich und der Welt ewig unzufriedenen, die Vergöttlichung des Menschen und seiner Verhältnisse anstrebenden Haller demonstriert Mozart mit Hilfe der technisch völlig insuffizienten Radioübertragung eines Händel-Konzertes das tragische Verhältnis von Ideal und Wirklichkeit. Und da Haller den Bezug zwischen dieser erkenntnistheoretischen Maxime und seiner Lebensproblematik nicht gleich herzustellen vermag, vielmehr in einer tragisch-neurotischen Lebenshaltung als Sühne für den imaginären Mord an Hermine hingerichtet zu werden begehrt, erläutert Mozart ihm in aller Deutlichkeit den Sinn seines zweiten Auftritts:

> Sie sind ungewöhnlich schwach begabt, lieber dummer Kerl, aber so allmählich werden Sie nun doch begriffen haben, was von Ihnen verlangt wird [...] Sie sollen leben, und Sie sollen das Lachen lernen. Sie sollen die verfluchte Radiomusik des Lebens anhören lernen, sollen den Geist hinter ihr verehren, sollen über den Klimbim in ihr lachen lernen. Fertig, mehr wird nicht von Ihnen verlangt. (7, 411/412)

Durch diese Aufforderung zu einem Friedensschluss mit der Insuffizienz der Außenwelt wird Mozart zu einem Propheten des Humors in doppeltem Sinn: Sein Hinweis auf die evangelische Erbsünden- und Gnadenlehre bezieht sich auf die psychologische Notwendigkeit des „inneren Humors" – d. h. des Sich-Abfindens mit der ewigen Insuffizienz des empirischen Ich – während seine Lektion über das Händelkonzert die Unverzichtbarkeit eines humoristischen Verhältnisses zur Welt betont. Indem Mozart so auf der (Über-) Lebensnotwendigkeit eines introvertierten und extravertierten Humors insistiert, wird er zu einem Propheten der „Romantischen Ironie" im Schlegelschen Sinn (s. o.).

In einem gewissen Sinn kann man den ganzen Roman, ja die gesamte Entwicklung des Dichters vom „Demian" bis hin zum „Magischen Theater" des „Steppenwolf" als einen langen und schwierigen Weg hin zur „Romantischen Ironie" betrachten. Wie bei den klassischen Romantikern des Schlegel-Kreises bedeutet sie auch bei Hesse die letzte Ausflucht eines tief religiösen Menschen, der keinen anderen Weg findet, um seinen innersten Drang nach einer idealen Welt und einem heiligen Menschentum mit der Wirklichkeit zu versöhnen. Aus dieser verzweiflungsvollen Tiefe wird der Humor des Romanschlusses geboren. Er ist die letztmögliche Brücke ins Leben.[217]

Diese Universalisierung des Humor-Begriffs – in der „Nürnberger Reise" bezog er sich noch ausschließlich auf die Außenwelt! – bedingt auch eine Neufassung von Hesses Begriff des Heiligen. Vom „Siddhartha" bis zu den Nürnberger Aufzeichnungen war der Heilige oder „Unsterbliche" – in jungscher Terminologie: Der verselbstete Mensch – für den Dichter nur denkbar im Rückzug von oder zumindest im Leiden an der Welt. Der „Steppenwolf" bringt nun erstmals die Vision einer Versöhnung von höchstem Menschentum und Lebenstüchtigkeit: Hallers Vorbilder Pablo, Mozart und Goethe sind eben nicht nur Menschen von äußerster Differenziertheit, innerer Harmonie und psychischer Wandlungsfähigkeit (Symbole des Selbst), sondern auch Apologeten eines humoristisch-versöhnlichen Verhältnisses zur Welt und zu sich selbst. Sie verkörpern jene gelebte Einheit von humoristischer Lebenshaltung und Verselbstung, die in der Exposition des Traktats noch als unversöhnliche Alternative dargestellt wurde, jetzt aber nach Hallers Erfahrungen in der Binnenerzählung und im „Magischen Theater" sich anders darstellt.[218] Es ist eben keineswegs ein Zufall, dass Mozart bei seinem zweiten Auftritt nicht mehr in Rokoko-Montur, sondern „modern gekleidet" (7, 406) auftritt und Haller seine Lektion in Sachen Händel erteilt. Damit wird signalisiert, dass der von Haller verehrte Komponist nach Einschätzung des Dichters aufgrund seiner Wandlungsfähigkeit und seines Humors auch heute keineswegs zu den verbitterten Tragikern, sondern zu einem lebensbejahenden und anpassungsfähigen Menschentypus gehören würde.

Im Epilog des Romans wird verschiedentlich angedeutet, dass Haller die psychologischen Implikationen seiner Visionen versteht und sich somit auf dem Weg der Heilung befindet. Das deutlichste Signal ist die halluzinatorische Identifikation von Mozart mit Pablo und damit die Entdeckung, dass der geniale Komponist und der scheinbar dümmliche Jazzmusiker lediglich verschiedene Erscheinungsformen desselben psychologischen Typus sind: Symbole des Selbst. Damit wird der Graben zwischen Ideal und Wirklichkeit – zwischen dem Entwurf eines universalen, ganzheitlichen, „heiligen" Menschentypus und dessen vermeintlicher Lebensunfähigkeit und Tragik – endgültig zugeschüttet. Der neue Heilige hat ein bejahendes Verhältnis zur Insuffizienz alles Zeitlichen, er ist ein humoristisch-versöhnlicher Universalmensch – kein Nietzsche und kein Kleist und kein Hölderlin mehr, sondern ein Pablo, ein Mozart und ein Goethe.[219]

Das Schlusswort betont noch einmal jene Doppelperspektive von Humor und spielerisch realisierter innerer Vielheit, die das neue Individuationsziel des Dichters bezeichnet:

Einmal würde ich das Figurenspiel besser spielen. Einmal würde ich das Lachen lernen. Pablo wartete auf mich. Mozart wartete auf mich. (7, 413)

So verstanden ist „Der Steppenwolf" namentlich das Dokument einer
Katharsis und Heilung. Der Roman beschreibt, wie ein neurotisch schwer
gestörter Mann, der von sich und der Welt Unmögliches erwartet, durch
Selbsterkenntnis und die Auseinandersetzung mit bestimmten archetypischen
Menschentypen zur Vision einer neuen Ganzheit und Lebenstüchtigkeit findet. Bemerkenswert ist, dass erstmals in Hesses Dichtung seit dem „Demian"
der Protagonist des Romans bereit ist, sich mit der Insuffizienz der Welt und
des eigenen Ich abzufinden. Als Legitimationsbasis für diesen neuen anthropologischen Entwurf entwickelt der Dichter ein Konzept des Humors, das
mit der Schlegelschen Definition der „Romantischen Ironie" übereinstimmt.

Indem diese neue Bereitschaft zur Hinnahme des Endlichen nicht nur ein
angemessenes Verhältnis zur Welt und zum Leben, sondern auch zum Ich
und zum „principium individuationis" begründet, löst dieser Roman zumindest prinzipiell erstmals die Schlussproblematik des Individuationsprozesses
im Sinne Jungs: Das Herstellen eines ausgewogenen und lebensfähigen
Verhältnisses zwischen Ich und Selbst.

So paradox es auch klingt: Gerade weil „Der Steppenwolf" erstmals eine
Bejahung des „ewig Unzulänglichen" enthält, bringt er – im Sinne Jungs – die
erste vollständige Anthropologie. Die Schlussperspektive dieses Romans enthält eine wohlabgewogene und angemessene Antwort auf das unbestreitbare Faktum, dass die empirische menschliche Persönlichkeit sowohl der
Steigerung als auch der Legitimation bedarf.

# 10.  Narziss und Goldmund

## 10.1 Vorbemerkung

„Der Steppenwolf" hatte die Einsicht in die reale Unmöglichkeit einer vollkommenen und dauerhaften Verselbstung gebracht und – bei Aufrechterhaltung des Ideals – ein humoristisch gelassenes Verhältnis zur empirischen Insuffizienz der Welt und des eigenen Ich empfohlen. Diese Erfahrung wird in „Narziss und Goldmund" und in allen weiteren großen Erzählungen Hesses übernommen. Weder Narziss noch sein Freund und Gegenspieler Goldmund erscheinen als vollständige, harmonische, in sich befriedete Menschen. Beide sind unterwegs, Reisende auf dem Weg zum Selbst, hineingeworfen in die letztlich unaufhebbare Polarität des Seins – jeder auf seine Weise. Gegen Ende des Romans sagt Narziss zu Goldmund:

> Das vollkommene Sein ist Gott. Alles andere, was ist, ist nur halb, ist teilweise, es ist werdend, ist gemischt, besteht aus Möglichkeiten. Gott aber ist nicht gemischt, er ist eins, er hat keine Möglichkeiten, sondern ist ganz und gar Wirklichkeit. Wir aber sind vergänglich, wir sind werdend, wir sind Möglichkeiten, es gibt für uns keine Vollkommenheit, kein völliges Sein. (8, 286)

Diese Sätze können in gewisser Hinsicht als Prämisse des Romans und darüber hinaus des gesamten Spätwerkes von Hermann Hesse angesehen werden. Das Ideal des vollkommen verselbsteten, heiligen, gottgleichen Menschen wird zwar nicht völlig aufgegeben, aber doch in seiner realen Unmöglichkeit erkannt und durch bewusst gestaltete Annäherungsversuche ersetzt. Zwei dieser Approximationen sind naturgemäß die beiden Protagonisten.

Da ihre Entwicklung völlig unterschiedlich verläuft, muss sie auch getrennt betrachtet und diskutiert werden. Die nachfolgende Analyse wird dabei zeigen, dass zumindest im Weg Goldmunds die archetypischen Strukturen des jungschen Individuationsweges nachweisbar sind und dergestalt die tiefenpsychologische Tradition der vorangegangenen Erzählungen fortgesetzt wird.[220]

Daraus resultiert die Möglichkeit, die Parallelen wie die Unterschiede zu den früheren Werken anhand der methodischen Grundkategorien dieser Arbeit herauszuarbeiten. Es wird sich zeigen, dass Goldmunds Lebensweg in zwei

Zyklen verläuft, die in der motivischen und psychologischen Grundstruktur koinzidieren und in ihrer charakteristischen Doppelung eine Grundaussage des Romans bilden.[221]

Diesem Doppelzyklus und seinem tiefenpsychologischen Gehalt wird das Hauptaugenmerk der nachstehenden Interpretation gelten. Am Ende soll noch eine jungianische Deutung der Figur des Narziss versucht werden.

## 10.2    Goldmunds Individuationsweg

### 10.2.1    Der erste Individuationszyklus

#### 10.2.1.1 Das Stadium der Unschuld

Gleich die Eingangssequenz des Romanes mit ihrer Beschreibung des Edelkastanienbaumes vor dem Eingang zum Kloster Mariabronn gibt ein treffendes Symbol von Goldmunds Persönlichkeit und seiner ganzen psychischen Entwicklung. In der jungschen Psychologie wird der Baum als ein Symbol des Individuationsprozesses verstanden. Wie ein Baum – so Jung – sollte der Mensch seine angeborenen Anlagen und seinen Ganzheitskeim sich entfalten, wachsen und schließlich zur Reife kommen lassen.[222] Wenn es bei Goldmund ein Kastanienbaum ist, den er liebt und der als Symbol seines Lebens gelten kann, so deshalb, weil analog zu dessen retardierter Blatt- und Früchtebildung auch Goldmunds individuelle Anlagen und Fähigkeiten sich erst relativ spät ausbilden. Darüber hinaus wird sich herausstellen, dass er selbst im Milieu des Klosters ebenso fehl am Platze ist wie die Edelkastanie im rauhen Klima des Nordens.

Als der pubertierende Jüngling von seinem Vater dem Kloster zur Ausbildung übergeben wird, ist er noch ein Kind und tiefenpsychologisch gesehen ein völlig undifferenziertes Wesen vor dem Beginn des eigentlichen Individuationsprozesses. Charakteristisch für den jungen Goldmund ist seine geistig-seelische Abhängigkeit von der Weltsicht des Vaters und eine vollkommene Verdrängung des mütterlichen Einflusses bzw. Elementes in sich. In den Kategorien der jungschen Psychologie: Er ist noch ganz befangen in der personahaften Selbstinterpretation vor den ersten Initiationserlebnissen und noch völlig ohne Wissen um die mannigfachen Kräfte und Bilder, die in seinem Selbst der Entdeckung harren.[223] Goldmunds Individuationsweg beginnt mit dem Stadium der Unschuld.

Im weiteren Verlauf der Handlung stellt sich dann heraus, dass seine Mutter, „[...] eine Tänzerin [...], ein schönes wildes Weib von vornehmer,

aber unguter und heidnischer Herkunft" (8, 60) der Familie nach einigen
Jahren davongelaufen war und der Vater seinen Sohn in dem Glauben erzog,
er müsse nun durch ein Klosterleben für die Sünden seiner Mutter büßen.
Goldmund selbst hat diese väterliche Sichtweise übernommen und darüber
seine eigenen Anlagen und Bedürfnisse vollständig unterdrückt.

Die Ausgangsproblematik von Goldmunds Individuationsweg lässt
sich deshalb wohl am ehesten charakterisieren als ein väterlich verfremde-
tes Stadium der Unschuld. Psychologisch entscheidend ist sein noch völliges
Bestimmtsein von der väterlichen Selbstinterpretation und sein Nichtwissen
um die Kräfte des Unbewussten. Gleichwohl zeigt das Unbewusste bereits in
der Eingangspassage des Romans die von Jung beschriebene Tendenz zur autonomen Manifestation seiner selbst und damit zur Realisierung der Ganzheit.

Das erste Zeichen für die Existenz einer nichtgeistigen, mütterlichen Welt
in Goldmund ist sein Einschlafen in der ersten Schulstunde und der nachfolgende Ringkampf mit den Kompromotionalen.

In die gleiche Kategorie gehört sein bisweilen wild aufflackernder Jähzorn,
sowie seine Liebe für das Pferd Bleß, das der Vater dem Kloster als Geschenk
zurückgelassen hat und das er immer wieder in seinem Stall aufsucht. All
dies sind Manifestationen einer unbewussten Anima und eines unterdrückten Eros, die sich im engen Rahmen des logozentrischen Unterrichts und der
klösterlichen Disziplin nicht anders zu entfalten vermögen und schließlich
notwendigerweise zu Konflikten führen.

Nach einem Jahr endlich treibt sein unrealisierter Eros Goldmund in den
offenen Bruch mit der Klosterordnung und der introjizierten väterlichen
Norm: Zusammen mit einigen Kameraden unternimmt er einen streng ver-
botenen nächtlichen Ausflug zu den Mädchen im nächsten Dorf und bekommt dort seinen ersten Kuß. Dieser erste Einbruch des Eros in sein bewusstes Leben führt notwendigerweise zu einem schweren inneren Konflikt:
so elementar der innere Antrieb in ihm durchbricht, so rigide ist auch das väterliche Verbot:

> „Niemals mehr!" sagte befehlend sein Wille.
> „Morgen wieder!" flehte schluchzend sein Herz. (8, 29)

Als der Griechisch-Lehrer Narziss den offensichtlich undisponierten Schüler
auf die Gründe für seine Unaufmerksamkeit anspricht, bricht dieser haltlos
weinend zusammen: Goldmund ist definitiv mit seinem unbewussten Selbst
konfrontiert worden.

Aber damit ist noch keineswegs der Höhepunkt der Krise erreicht. Narziss bringt Goldmund dazu, von seinem nächtlichen Ausflug zu erzählen und versucht, ihm sein schlechtes Gewissen zu nehmen – vergeblich. Solange der Mutter-Komplex nicht gänzlich ans Tageslicht gehoben ist und Goldmund keine volle Einsicht in die Natur seines inneren Konflikts erlangt hat, vermag er auch dieses nächtliche Abenteuer nicht zu verarbeiten. Stattdessen – ein genialer psychologischer Schachzug des Erzählers – projiziert Goldmund seinen nun einmal geweckten, aber noch nicht bewusstseinsfähigen Eros auf Narziss.[224] Die platonisch-ideale Liebe zu dem überlegenen Freund erscheint ihm als gegebener Ausweg aus seinem Dilemma. Er identifiziert sich mit seinem Lehrer und versucht, ihm geistig nachzueifern.

Aber Narziss, der frühreife Psychologe und Menschenkenner, hat die Wirksamkeit des unbewussten Anima-Archetypus in Goldmund erkannt („Es war Eva, es war die Urmutter, die dahinterstand", 8/38) und ebenso die sinnlich-seelenhaften Qualitäten, die den Zögling nicht zum Gelehrten, sondern zum Künstler prädestinieren: Seine Hingabefähigkeit an jeden äußeren Eindruck, seine leichte Entzündbarkeit, seine plastische Erzählweise, sein Interesse für das künstlerische Interieur des Klosters, sowie seine Liebe zu den sinnlichen Elementen des Gottesdienstes wie Weihrauch und Gesang. Aus allen diesen Beobachtungen schließt Narziss, dass Goldmund für ein Gelehrtendasein nicht geschaffen ist und seinen eigenen Weg außerhalb der Klostermauern finden muss. Als dieser sich dagegen verwahrt und auf einem gemeinsamen Weg besteht, lässt Narziss jede Rücksicht fahren und erinnert den Freund an seinen verdrängten Mutterkomplex („Du hast deine Kindheit vergessen, aus den Tiefen deiner Seele wirbt sie um dich", 8/48). Damit wird jene tiefe innere Verwundung und Todesstimmung ausgelöst, die nach Jung in aller Regel das Präludium eines Wandlungserlebnisses darstellt:

> Mit einem Gefühl tiefsten und hoffnungslosen Verwundetseins, als habe der Freund ihm plötzlich ein Messer mitten in die Brust gestoßen, blieb er stehen, schwer atmend, mit einem tödlich zusammengepreßten Herzen, wachsbleich im Gesicht, mit abgestorbenen Händen. (8, 50)

## 10.2.1.2 Die Auseinandersetzung mit der Anima

Wenn Goldmund auf dem Höhepunkt seiner Verzweiflung sich in die „innerste Zuflucht" des Klosters – in den Kreuzgang – zurückzieht, so entspricht dieser äußere Rückzug psychologisch einem Rückzug seiner bislang extravertierten Libido in die Tiefe des Unbewussten. Analog zu Narziss' Hinweis und

Goldmunds innerer Problematik aktiviert die regredierende Libido zunächst den Archetypus der Anima[225] – und zwar in ihrem düsteren Aspekt.

Dies zeigen die Visionen Goldmunds während seiner geistigen Verwirrung im Kreuzgang: Drei Wolfsköpfe an einer Säule verwandeln sich nach seiner Wahrnehmung in drei Dämonen, die in den Eingeweiden sitzen und ihn von innen her aufzufressen scheinen. Was Goldmund hier erlebt, ist nach der Psychologie Jungs die Angst vor dem verschlingenden Aspekt der Anima – vor den bewusstseinsauflösenden Inhalten des kollektiven Unbewussten.

Die Ohnmacht Goldmunds im Anschluss an diese Vision ist der konsequente Ausdruck einer ersten Überwältigung seines Ich durch den Ansturm des Unbewussten.

Wie es auch immer um die psychologische Glaubwürdigkeit dieser Episode bestellt sein mag – jedenfalls erinnert sich Goldmund nach dem Erwachen wieder an seine Mutter und assimiliert damit den persönlichen Aspekt der Anima. Auf diese Weise dringt er von den negativen zu den positiven Merkmalen des Archetypus vor:

> Er sah, er war sehend geworden. Er sah sie. Er sah die Große, Strahlende, mit dem voll blühenden Munde, mit den leuchtenden Haaren. Er sah seine Mutter. (8, 57)

Damit wird Goldmunds Mutter mit den nämlichen Attributen wie Hermine und Frau Eva ausgestaltet – als eine „Dreieinigkeit" von Mutter, Hure und Geliebter. Diese Eigenschaften samt ihrer außergewöhnlichen Größe sind wie aufgezeigt von Jung als essenzielle Bestandteile des Archetypus der Großen Mutter nachgewiesen worden.

Dieser innere Gärungsprozess und das gleichzeitige Fortbestehen seiner klösterlichen Lebensformen bringen es mit sich, dass Goldmund die Realisierung der Eingaben seiner Anima zunächst nur in Form von Tag- oder Nachtträumen vornehmen kann. Diese Antizipationsphase seines Individuationsweges – ein wichtiger Abschnitt in der Entwicklung jedes Jugendlichen – wird vom Erzähler breit und mit großer psychologischer Eindringlichkeit beschrieben. Goldmund nimmt in seinen Visionen praktisch sein gesamtes späteres Leben vorweg.[226] Zunächst halluziniert er die Anima-Trias von Mutter, Hure und Geliebter, ihre hellen und dunklen Aspekte, sowie die Überwindung der Zeit in ihrem Zeichen – letzteres wie aufgezeigt ein Leitmotiv in Hesses Erzählungen seit dem „Demian".

Daneben aber erträumt er die ganze Vielfalt des tierischen und pflanzlichen Lebens, das ihm bislang verschlossen ist, und das er sich ebenfalls unbewusst ersehnt. Die Vision, in der er mit prometheischem Gestus Tiere und Menschen schafft und ihnen dabei überdimensional große Genitalien verpasst, ist nicht nur ein früher Indikator seines späteren Künstlertums, sondern auch ein Hinweis auf die zentrale Rolle, die der erotische Aspekt der Anima in seinem Leben spielen wird. Goldmunds Tagträume, in denen sich Kirchengesänge und lateinische Buchstaben in Paradiestore und galoppierende Pferde verwandeln, werden von Narziss als Manifestationen seiner nichtgeistigen Bestimmung interpretiert. Geist, so Narziss, verlangt Plastizität, Sein, Wirklichkeit – Natur und Eros dagegen implizieren Metamorphose, Werden, Möglichkeit. Da nach Narziss' Meinung nicht nur Goldmunds Träume, sondern sein ganzes Wesen auf die letztere Alternative hinweisen, muss er das Kloster verlassen und ein anderes Leben beginnen.

Nach der geistig-seelischen Vorbereitung durch Narziss und der halluzinatorischen Antizipation seines Weltlebens ist es nur noch eine Frage der Zeit und des geeigneten Anlasses, wann Goldmund das Kloster verlässt.

Der Anlass kommt in Gestalt der Zigeunerin Lise. Goldmund ist von Pater Anselm, dem Apotheker des Klosters, zum Kräutersammeln geschickt worden und in der sommerlichen Hitze auf freiem Feld eingeschlafen. Als er wieder erwacht, findet er sich wieder im Schoße einer Frau, die ihn wortlos verführt und in das Geheimnis der körperlichen Liebe einweiht.

Diese Szene ist eindeutig als ein symbolisches Wiedergeburtserlebnis dargestellt: Goldmund erwacht im Schoße einer Frau, die wie seine leibliche Mutter eine ihrem Mann entlaufene Zigeunerin ist und die ihn später „[...] Goldmündlein, mein Kindlein" (8, 79) nennt. In den Armen und im Schoß Lises erfährt Goldmund eine zweite Geburt in sein eigentliches Leben – in ein Leben im Zeichen der Anima.

Goldmund verlässt das Kloster noch am Abend desselben Tages. Wie im „Siddhartha", so fungiert auch hier die Flussquerung als archetypisches Symbol für den sich vollziehenden Wandel der bewussten Einstellung: Bei Nacht und Nebel watet der vom Eros Getriebene nackt durch den reißenden Mühlbach, wohl wissend, dass das Rendezvous mit Lise zwar der Anlass, keineswegs aber das eigentliche Ziel seines Aufbruches ist.

Und in der Tat hält das Abenteuer mit der Zigeunerin auch nicht lange an. Nach einer erotischen Nacht läuft sie wieder nach Hause zu ihrem prügelnden Mann – Indiz masochistischer Selbstbestrafung für einen zügellosen Eros – und lehnt Goldmunds Angebot zum Mitkommen ab. Auf einer gleichermaßen ausschließlich sexuellen Ebene verläuft auch sein nachfolgendes Liebeserlebnis mit einer Bauersfrau. Goldmund spürt zwar – wie schon bei Lise – die Vergänglichkeit solcher Lust und solchen Glücks, entwickelt auch Schuldgefühle, aber alle diese Schattenseiten des bloßen Eros können sein Verhalten nicht ändern.

Bei der Ritterstochter Lydia, einem unberührten, naiven Mädchen, erfährt Goldmund erstmals die aufrichtige Liebe einer Frau und unternimmt einen heroischen Anlauf, seine sexuellen Antriebe in Liebe zu verwandeln. Allein der Versuch misslingt. Goldmunds doppeltes Verlangen nach Lydia und ihrer schönen Schwester Julie beschwört eine groteske Dreierkonstellation im Bett herauf, die schließlich mit einem Skandal und der Vertreibung von dem Rittergut endet.

Bereits diese ersten Abenteuer demonstrieren die allgemeine Gesetzmäßigkeit seines Lebens, dass Goldmund in seinem Verhältnis zu Frauen über erotische Beziehungen nicht hinauskommt. Nach den Kategorien der jungschen Psychologie verharrt Goldmund auf der ersten Stufe der Anima-Projektion – dem Eva-Stadium. Eine Vergeistigung und Beseelung seines Verhältnisses zu Frauen gelingt ihm nicht.[227]

### 10.2.1.3 Die Begegnung mit dem Schatten und die Assimilierung des Mutter-Archetypus

Goldmunds Abenteuer mit Frauen haben zwar seinen Eros – die erste Stufe seiner Anima – realisieren helfen, darüber hinaus ihn auf seinem Individuationsweg aber nicht weiter vorangebracht. Er ist auf dem Niveau des rein sinnlichen Menschen stehengeblieben.

Da stößt ihm etwas zu, was sein Leben schlagartig und nachhaltig verändert. Er begegnet Viktor, einem skrupellosen alten Vaganten, dem für den Erwerb einer Mahlzeit oder eines Dukaten jedes Mittel recht ist und der sich auch nicht scheut, eines Nachts im Wald den schlafenden Freund auszurauben. Es kommt zu einem Zweikampf, in dessen Verlauf Goldmund den alten Schnapphahn in letzter Notwehr ersticht. Unversehens ist der bislang harmlose Don Juan zum Totschläger geworden.

Es ist jedoch weniger dieses fatale Ereignis als das nachfolgende innere Erleben Goldmunds, das im Sinne Jungs als eine archetypische Begegnung mit dem Schatten verstanden werden muss. In der ersten Konfusion nach dem Mord verliert sich Goldmund in einer lebensfeindlichen Winterlandschaft, irrt umher bis zur absoluten körperlichen und geistigen Erschöpfung und gerät dabei immer mehr in bestimmte Wahnvorstellungen hinein, die ziemlich genauen Aufschluss über die Struktur seines „Schatten" geben. So bricht etwa in seiner Verhöhnung des toten Viktor alle Pietätlosigkeit, Gemeinheit und zynische Menschenverachtung durch, deren der ansonsten harmlose und gut-mütige Goldmund fähig ist:

> Na, schlauer Bruder, wie gehts? Scheint dir der Mond durch die Därme, Kerl, zupfen die Füchse dir an den Ohren? [...] Meinen Dukaten hast du mir stehlen wollen, alter Schnappsack! Aber gelt, das kleine Goldmündchen hat dich überrascht, gelt Alter, es hat dich an den Rippen gekitzelt! Und dabei hast du noch alle Säcke voller Brot und Wurst und Käse gehabt, du Schwein, du Freßsack! (8, 143)

Aber damit nicht genug. Die tiefste Verzweiflung und Todesnot setzt auch die erotomanische Disposition in Goldmund hemmungslos frei. In einer visio-nären Schau der halbwüchsigen Ritterstochter Julie halluziniert Goldmund:

> Er sah jetzt Julie vor sich [...] er rief ihr unzählige Koseworte zu, mit irren Schamlosigkeiten suchte er sie zu verführen, dass sie zu ihm komme, dass sie ihr Hemdchen fallen lasse, dass sie mit ihm in den Himmel fahre, ein Augenblickchen vor dem elenden Verrecken. (8, 143)

Die wichtigste und stärkste Erfahrung Goldmunds während seiner winterli-chen Odyssee ist freilich die Todesangst. Schon bei seinem Kampf mit Viktor hatte der bislang naiv dahinlebende Landfahrer dem Tod erstmals unmittel-bar ins Auge gesehen. Während seines Irrganges und den dadurch ausgelös-ten Emanationen des Unbewussten steigert sich jetzt allerdings Goldmunds Weltwahrnehmung zu einem Panoptikum des Todes. Halluzinatorisch an Narziss gewandt, spricht er:

> Ja, Verehrtester, die Welt ist voll von Tod, voll von Tod. Auf jedem Zaun sitzt er, hinter jedem Baum steht er, und es hilft euch nichts, dass ihr Mau-ern baut, und Schlafsäle, und Kapellen und Kirchen, er guckt durchs Fens-ter, er lacht, er kennt jeden von euch so genau, mitten in der Nacht hört ihr ihn vor euren Fenstern lachen und eure Namen sagen. (8, 143)

Diese erschütternde Erfahrung der Vergänglichkeit als unabwendbare Kehrseite der Lebenslust und der Erotik schließt Goldmunds Schatten-Erfahrung ab und konfrontiert ihn definitiv mit einem bislang verdrängten Tatbestand seiner Existenz. Von den vier Grundelementen seines Alter Ego – menschenverachtender Zynismus, Erotomanie, Gewalttätigkeit und Todesangst – ist das zuletzt Genannte das Wichtigste. Der bislang ungebrochen draufloslebende Goldmund wird fortan das Wissen um die Vergänglichkeit aller Lust und allen Lebens nie wieder völlig vergessen können.

Die Tatsache, dass Goldmund zunächst einige Aspekte seiner Anima assimiliert (seine Mutterliebe und seine erotischen Bedürfnisse) und erst danach mit seinem Schatten konfrontiert wird, bildet übrigens nur bei oberflächlicher Betrachtung einen Widerspruch zu den jungschen Theorien. Wenn bei Jung – und in allen bislang besprochenen Erzählungen Hesses – die Auseinandersetzung mit dem Schatten vor derjenigen mit der Anima kommt, so wird diese Gesetzmäßigkeit hier keineswegs durchbrochen; denn Goldmund erkennt zunächst nur die persönlichen Aspekte seiner Anima (seine Mutterbindung) und keineswegs den dahinterstehenden Archetypus. Dies geschieht erst später – nach seiner Assimilation des Schatten.

Der Mord an Viktor hinterlässt in Goldmund begreiflicherweise ein schweres Trauma. Seine Schuldgefühle führen ihn in ein Kloster, wo er erstmals seit dem Abschied von Narziss wieder eine Beichte ablegt. Dieser jahrhundertelang bewährte Ritus zur Integration des Schatten führt auch Goldmund zu einer neuen Stufe seines Individuationsprozesses: Als er die Klosterkirche eben wieder verlassen will, erblickt er in der Seitenkapelle eine meisterhaft gearbeitete Marienstatue. Er schaut sie sich näher an und ist im Innersten getroffen:

> Es war eine Mutter Gottes aus Holz, die stand so zart und sanft geneigt, und wie der blaue Mantel von ihren schmalen Schultern niederfiel, und wie sie die zarte mädchenhafte Hand ausstreckte, und wie über einen schmerzlichen Mund die Augen blickten und die holde Stirn sich wölbte, das war alles so lebendig, so schön und innig und beseelt, wie er es nie gesehen zu haben meinte [...] Ihm schien, er sehe da etwas stehen, was er in Träumen und Ahnungen oft und oft schon gesehen, wonach er oft sich gesehnt habe. (8, 151)

Nach der Psychologie C. G. Jungs ist die Muttergottes ein Symbol für den völlig vergeistigten Eros – die dritte Stufe der Anima.[228] In dieser Funktion tritt sie hier auf: Goldmunds Empfänglichkeit und Faszination für die Marienstatue ist ein Ausdruck seiner noch völlig unbewussten Sehnsucht nach Vergeistigung, nach künstlerischer Gestaltung und Durchdringung des rein naiv gelebten Lebens. Die Erfahrung tödlicher Schuld und die erschüt-

ternde Konfrontation mit der eigenen Vergänglichkeit haben in ihm ein neues und tiefverankertes Bedürfnis nach dem Logos geweckt. Ein unüberwindli-
cher Drang, selbst solche Kunstwerke zu schaffen und damit die bedrückende
Sinnlosigkeit und Vergänglichkeit seines Lebens zu überwinden, erwacht in
ihm. Er erkundigt sich nach dem Schöpfer des Werkes, bewirbt sich bei ihm
um eine Lehrstelle und beginnt eine Ausbildung als Bildhauer.

Nach dieser existenziellen Erschütterung durch die Erfahrung des Schatten
ist Goldmund genug vorbereitet, um seine bislang rein persönliche Anima-
Interpretation durch die Einsicht in den Archetypus zu vervollständigen;
er begreift mit der Zeit sowohl das charakteristische Doppelantlitz seines
Mutterbildes als auch dessen überpersönliche Bedeutung:

> In den Tagen der Wanderung, in den Liebesnächten, in den Zeiten der
> Sehnsucht, den Zeiten der Lebensgefahr und Todesnähe hatte das Mutter-
> gesicht sich langsam verwandelt und bereichert, war tiefer und vielfältiger
> geworden; es war nicht mehr das Bild seiner eigenen Mutter, sondern aus
> dessen Zügen und Farben war nach und nach ein nicht mehr persönliches
> Mutterbild geworden, das Bild einer Eva, einer Menschenmutter [...].
> (8, 168). Die Mutter des Lebens konnte man Liebe oder Lust nennen, man
> konnte sie auch Grab und Verwesung nennen. Die Mutter war Eva, sie war
> die Quelle des Glücks und die Quelle des Todes, sie gebar ewig, tötete ewig,
> in ihr waren Liebe und Grausamkeit eins, und ihre Gestalt wurde ihm zum
> Gleichnis und heiligen Sinnbild, je länger er sie in sich trug. (8, 174)

Es gehört sicherlich mit zu den genialen erzählerischen Kunstgriffen dieses
Romans, dass er für das Lebensprinzip der Psyche und das Leben selbst ein
einheitliches Symbol setzt: Den Archetypus der Mutter.[229]

Damit wird ausgedrückt, dass sowohl das äußere Dasein als auch die vita-
len Antriebe der Psyche selbst einer unverbrüchlichen Gesetzmäßigkeit unter-
liegen – dem ewigen Wechsel von Lust und Unlust, von Glück und Unglück,
von Erlösung und Leiden.[230]

Dies ist ein Teil jener bitteren Einsichten, mit denen der Dichter aus der
Leidenszeit des „Steppenwolf" hervorgegangen ist. Friedrich Klein, Klingsor,
der Kurgast, Siddhartha und Harry Haller – jeder musste auf seine Weise erfahren, dass die voraussetzungslose Hingabe an das Leben und an die Impulse der
Anima das Faktum des Leidens nicht aus der Welt zu schaffen vermag. Nun erfährt dies auch Goldmund: Das Leben und der Lebenstrieb der Psyche bringen keine Erlösung, sondern nur ein ewiges Hin und Her zwischen Glück und

Leid, Liebeslust und Todesnot, Ekstase und Verzweiflung. Diese Einsicht ist es, die Goldmund in der Nachfolge Klingsors sein Heil in der Kunst suchen lässt.[231]

#### 10.2.1.4 Kunst als Vehikel zur Realisierung des Selbst

Um die Bedeutung der Kunst für Goldmunds Individuationsweg verstehen zu können, muss zunächst die tiefenpsychologisch begründete Kunsttheorie des Romans aufgezeigt und analysiert werden. Es wird sich zeigen, dass die entsprechenden Theoreme mit Hilfe der jungschen Kategorien erfasst und erklärt werden können.

Die charakterlichen Voraussetzungen des Künstlers wurden bereits während Goldmunds Klosterzeit beschrieben: Eine reich entwickelte Sinnlichkeit und psychische Erlebnisfähigkeit, die Fähigkeit zur plastischen Darstellung des Erlebten, Entzündbarkeit, Begeisterungsfähigkeit. Während seiner Lehrzeit bei Meister Niklaus entdeckt Goldmund, dass die Gestaltung großer Kunstwerke darüber hinaus noch mehr verlangt: Eine Grundhaltung der Demut und der Ehrfurcht, die Bereitschaft zum Sich-Führen-Lassen durch das Objekt und namentlich die Beachtung der Grundregel, nur in Stunden der schöpferischen Inspiration und der absoluten Hingabefähigkeit zu arbeiten. Die Gestaltung eines großen Kunstwerks – so erfährt Goldmund – ist essenziell ein Geschehen-Lassen der Eingaben des Objektes und des eigenen Unbewussten ohne Einmischung der Willkür.[232]

Diese Grundregeln hält Goldmund bei der Gestaltung seiner Narziss-Figur (Narziss als Jünger Johannes in Holz) eisern durch und erfährt als Faszinosum, wie ihm auf diese Weise tatsächlich eine Überwindung seiner inneren Zerrissenheit gelingt:

> An seinem Jünger Johannes aber, dessen geliebte sinnende Gestalt ihm immer reiner aus dem Holz entgegentrat, arbeitete er nur in den Stunden der Bereitschaft, mit Hingabe und Demut. In diesen Stunden war er weder froh noch traurig, wusste weder von Lebenslust noch von Vergänglichkeit [...] Nicht er war es, der da stand und aus eigenem Willen ein Bildnis schuf; vielmehr war es der andere, es war Narziss, der sich seiner Künstlerhände bediente, um aus der Vergänglichkeit und Veränderlichkeit des Lebens herauszutreten und das reine Bild seines Wesens darzustellen. (8, 169)

Alle diese Voraussetzungen und Eigenschaften des großen Künstlers haben ein gemeinsames Kennzeichen: Es sind synthetische psychische Qualitäten, die geeignet sind, die Polarität von Subjekt und Objekt, Bewusstem und

Unbewusstem, Individuum und Welt aufzuheben und ineinander übergehen zu lassen. Wenn Goldmund künstlerisch arbeitet, wird er zu einem ganzheitlichen Wesen, das den existenziellen Dualismus der Welt und seiner Psyche überwindet. In diesem Sinne wird Kunst für Goldmund ein Vehikel zur Realisierung des Selbst:

> [...] die Kunst war eine Vereinigung von väterlicher und mütterlicher Welt, von Geist und Blut; sie konnte im Sinnlichsten beginnen und ins Abstrakteste führen, oder konnte in der reinen Ideenwelt ihren Anfang nehmen und im blutigsten Fleische enden [...] In der Kunst und im Künstlersein lag für Goldmund die Möglichkeit einer Versöhnung seiner tiefsten Gegensätze, oder doch eines herrlichen, immer neuen Gleichnisses für den Zwiespalt seiner Natur. (8, 174/175)

In der Kunst findet Goldmund also einen gangbar erscheinenden Weg, um Logos und Eros, Männliches und Weibliches, Bewusstes und Unbewusstes miteinander zu versöhnen und sich damit der Ganzheit seines Selbst anzunähern. Gleichberechtigt daneben steht die sinnstiftende und zeitüberwindende Funktion von Kunst. Die Bildhauerei bietet Goldmund die lange gesuchte Möglichkeit, sein Leiden an der Vergänglichkeit, Sinnlosigkeit und Polarität des Lebens jedenfalls zeitweise aufzuheben und eine neue psychische Integrität zu begründen. Es scheint, als habe er den idealen Weg zur Realisierung des Selbst gefunden.

Während seines Aufenthaltes bei Meister Niklaus gestaltet Goldmund zwei große Statuen, welche die Funktion der Kunst in seinem Leben und seine Arbeitsweise auf eine exemplarische Weise verdeutlichen. Beide Figuren sind zentrale Gestalten aus seinem Leben, die er mit sicherem Gespür für ihre überpersönliche Gültigkeit als Archetypen begreift und ausgestaltet: Die schöne Ritterstochter Julie und Narziss. „Die süße verführerische Gestalt der kleinen Julie" (8, 169) ist eindeutig ein Symbol der Eva. d. h. des für Goldmund zentralen Anima-Archetypus der ersten Stufe. Und die Plastik des Narziss als Jünger Johannes wird unter seinen Händen zu einem Symbol des Selbst. Über die fertige Statue heißt es:

> Er stand auf und sah seinen Freund Narziss [...] mit einem Ausdruck von Stille, Hingegebenheit und Andacht, der wie die Knospe eines Lächelns war. Diesem schönen, frommen und geistigen Gesicht, dieser schlanken, wie schwebenden Gestalt, diesen anmutig und fromm erhobenen, langen Hän-

den waren Schmerz und Tod nicht unbekannt, obwohl sie voll Jugend und innerer Musik waren: aber unbekannt war ihnen Verzweiflung, Unordnung und Auflehnung. Mochte die Seele hinter diesen edlen Zügen froh oder traurig sein, sie war rein gestimmt, sie litt keinen Mißklang. (8, 177)

Damit verkörpert Narziss für Goldmund den nämlichen Archetypus, wie ihn nach den Kategorien dieser Arbeit die Figuren Demian, Vasudeva, Siddhartha und Pablo in Hesses vorangegangenen Erzählungen darstellten: Ein Symbol des Selbst – wenngleich mit einer bestimmten Akzentsetzung, die später noch genauer erläutert werden wird.

Auf dieser Stufe seines Individuationsweges ist Goldmund also erstmals fähig, das Archetypische hinter und über den Menschen seines Lebens in vollem Umfang zu erkennen (die Verwandlung seines Mutterbildes ereignet sich gleichzeitig). Wiederum hebt Hesse den Zusammenhang von innerem Wachstum und äußerer Wahrnehmungsfähigkeit hervor: Wenn Siddhartha Vasudevas Vollendung erst nach Jahren zu erkennen vermochte, obgleich sie von vornherein vorhanden war, so kann auch Goldmund das Wesen des Narziss erst nach einer langen Trennungszeit begreifen.

Ein besondere Wendung der Erzählung ist, dass Narziss seit seiner Aufnahme in die Gemeinschaft der Patres tatsächlich den Namen Johannes trägt (vgl. 8, 266). Goldmunds Namensgebung für seine Statue zeigt demnach, dass er das Schicksal und die weitere Entwicklung seines Freundes auch ohne äußere Verbindung als innere Ahnung in sich trug – eben als Archetypus.

Diese kollektive Basis von Goldmunds künstlerischem Schaffen hängt unmittelbar zusammen mit dem platonisch-jungianischen Kunstbegriff, auf den sich am Ende des Romans die beiden Protagonisten in einem Gespräch verständigen. Unter Berufung auf Platon und völlig im Einklang mit Jungs Kunsttheorie wird die Gestaltung von realitätsunabhängigen, genuin geistigen „Urbildern" als Kriterium des großen Kunstwerkes erklärt.[233] Narziss sagt:

Lang ehe eine Kunstgestalt sichtbar wird und Wirklichkeit gewinnt, ist sie schon vorhanden, als Bild in der Seele des Künstlers! Dies Bild nun, dies „Urbild" ist aufs Haar genau das, was die alten Philosophen eine Idee nennen. (8, 277)

Aber so wichtig und unverzichtbar die Kunst für Goldmunds Individuationsweg und für die Verwirklichung seiner Ganzheit ist, so wenig vermag er sie als Ziel und Endzweck seines Lebens zu begreifen. Nachdem er die Narziss-Figur

fertiggestellt und damit seine momentanen schöpferischen Antriebe und
Möglichkeiten realisiert hat, vermag ihn nichts mehr in der Werkstatt und
in der Sesshaftigkeit zu halten. Ein Wiedersehen mit der Maria-Statue von
Meister Niklaus – einem absoluten Meisterwerk – macht ihm die Alternative
klar, vor der er steht: Um ein solches Werk schaffen zu können, wird er seine künstlerischen Fähigkeiten in zäher Kleinarbeit noch um ein Vielfaches
steigern müssen – um den Preis der Freiheit, des Abenteuers und der geistig-seelischen Beweglichkeit; oder er verzichtet bewusst auf die letzte artisti-
sche Vollendung, behält dafür aber seine Unabhängigkeit, Mobilität und die
Chance auf neue Erfahrungen.

Für Goldmund, den ewigen „Wanderer zwischen zwei Welten", ist nach
kurzem Nachdenken klar, wie er sich entscheiden wird: Meister Niklaus
mit seiner Sexualneurose und Doppelmoral (für die ein Bordellbesuch
zwar erlaubt, Goldmunds Julia-Figur aber als unkeusch zu beurteilen ist),
mit den kunstgewerblichen Konzessionen seiner Arbeit, mit seinen ge-
duckten Lebensverhältnissen – kurzum: mit den kleinbürgerlich-philist-
rösen Begleiterscheinungen seines Künstlertums ist ein zu abschreckendes
Beispiel, um Goldmund zur Nachahmung reizen zu können. Und so entscheidet er sich bewusst für den Ruf der Anima, für das Leben, für eine erneute Wandlung – um den Preis der Ruhelosigkeit und des künstlerischen
Dilettantismus:[234]

> Die Kunst war eine schöne Sache, aber sie war keine Göttin und kein Ziel,
> für ihn nicht; nicht der Kunst hatte er zu folgen, nur dem Ruf der Mutter.
> Was konnte es nützen, seine Finger noch immer geschickter zu machen? An
> Meister Niklaus konnte man sehen, wohin das führte. Es führte zu Ruhm
> und Namen, zu Geld und sesshaftem Leben, und zu einer Verdorrung und
> Verkümmerung jener inneren Sinne, denen allein das Geheimnis zugänglich
> ist. (8, 190)

In der Konsequenz dieser Einsicht nimmt Goldmund Abschied vom zürnen-
den Meister, der ihm vergebens Werkstatt und Tochter anbietet und macht
sich erneut auf Wanderschaft. Damit ist der erste Zyklus von Goldmunds
Individuationsweg abgeschlossen.

## 10.2.2  Der zweite Individuationszyklus

Der zweite Teil von Goldmunds Wanderschaft bringt strukturell gesehen
eine getreue Wiederholung der Leitmotive aus dem ersten Teil des Romans

und kann deshalb – da er für unsere Zwecke nur wenig Neues bringt – kürzer abgehandelt werden. Dabei wird jedoch eine gewisse Variation in der Anordnung und Abhandlung der Motive zu beachten und zu deuten sein.

Bevor Goldmund Meister Niklaus und mit ihm die Kunst und die bürgerliche Sesshaftigkeit verlässt, geht er noch einmal zum Fluss, der auch hier wieder die Funktion eines Symbols der Wandlung übernimmt: Wie damals beim Verlassen des Klosters, so steht auch hier das Wasser als Symbol für jene grundlegende Änderung seiner Lebensverhältnisse und seiner inneren Einstellung, die ihn nun erneut von der Gebundenheit in die Freiheit, von der Sesshaftigkeit zum Unterwegssein, vom Primat des Geistes zum Primat des Lebens führen.

Das Handlungsgerüst dieses zweiten Lebensabschnittes bilden drei Begegnungen mit Frauen, in denen die Leitmotive von Eros und Tod auf unterschiedliche Weise gestaltet werden. Für unsere Zwecke wichtig ist dabei namentlich die Erweiterung des Vergänglichkeits- und Todesmotivs: Als Hintergrund aller drei Episoden entwirft der Erzähler ein apokalyptisches Szenarium der mittelalterlichen Pest-Zeit, die Goldmund aufs Tiefste erschüttert und vor deren Ausmaßen alle seine bisherigen Todeserfahrungen wie ein harmloses Vorgeplänkel anmuten. Die bislang bloß subjektiv und situativ empfundene Todesdrohung – der düstere Aspekt des Lebens und der Anima – ist zu einem objektiv, überpersönlich und universal gültigen Gesetz des Daseins geworden, das den gesamten zweiten Teil von Goldmunds Individuationsweg leitmotivisch durchzieht.

Es ist bezeichnend, dass Goldmund, der den Tod und die Todesangst ja bereits aus eigenem Erleben kennt, bedeutend gelassener auf den Anblick der ersten Pest-Toten reagiert als die Durchschnittsbevölkerung, welche in blanke Hysterie ausbricht und sogar die eigenen Angehörigen im Stich lässt, wenn sie diese von der Seuche befallen glaubt. Als ein typischer Vertreter dieser irrationalen Todesangst kann Goldmunds Begleiter Robert gelten, der jedes Mal überstürzt die Flucht ergreift, sobald er einen Pestkranken auch nur aus der Ferne sieht.

Nicht so Goldmund: Unbeirrt vom Zetern Roberts holt er aus einer sterbenden Stadt das Mädchen Lene heraus und baut zusammen mit den beiden eine Hütte im Wald. Dort hofft er den Gefahren der Zeit am ehesten zu entkommen. Für eine gewisse Zeit geht das Idyll unter dem Patriarchat Goldmunds auch gut, und er erlebt erstmals so etwas wie eine eheliche Beziehung – natürlich jenseits aller Konvention. Aber auch angesichts der globalen Todesdrohung gelingt es ihm nicht, zu den höheren Stufen sei-

ner Anima durchzustoßen und seinen Eros dem Logos anzunähern. Binnen
Jahresfrist packt ihn sein Wandertrieb erneut mit unwiderstehlicher Gewalt
und lässt ihn Hütte wie Liebesbeziehung nur noch als Gefängnis empfinden.
Als schließlich ein herumstreunender Vagabund Lene beim Beerensuchen
vergewaltigen will, entlädt sich die aufgestaute Frustration darin, dass er
den Sittenstrolch in einem Anfall blinder Wut auf brutale Weise erschlägt.
Der ganze Vorfall ist so geschildert, dass keinerlei Zweifel am Mutwillen von
Goldmunds Tat aufkommen kann:

> Mit Wonne drückte Goldmund zu, bis der andere das Mädchen losließ und
> ihm erschlafft in den Händen hing; weiter würgend schleifte er den Kraft-
> losen und halb Entseelten ein Stück am Boden fort bis zu einigen grauen
> Felsrippen, die da nackt aus der Erde standen. Hier hob er den Besiegten, so
> schwer er war, zweimal, dreimal hoch und ließ seinen Kopf auf die kantigen
> Felsen schlagen. Mit gebrochenem Genick warf er den Körper weg, sein
> Zorn war noch nicht gesättigt, er hätte ihn noch weiter misshandeln mögen.
> (8, 217/218)

Diese Szene zeigt, dass Goldmund nicht nur – wie bei der nächtlichen
Auseinandersetzung mit Viktor – aus elementarer Notwehr, sondern auch aus
irrationalen Motiven heraus zu töten fähig ist, d. h. dass sein „Schatten" nicht
nur die Disposition zum Totschläger, sondern auch zum Mörder enthält.[235]
    Die Kehrseite seiner Lebenszugewandtheit und Vitalität ist – in
Übereinstimmung mit Jungs Theorie von der kompensatorischen Funktion
des Unbewussten – der Schatten des Mörders. Der große Tod in der Außenwelt
ist auch in Goldmund selbst. Zu spät erkennt er, dass mit dieser Tat die
„Unschuld und Kindheit seiner Seele" (8, 219) endgültig verloren ist.
    Das Todesmotiv wird noch verstärkt durch das Hinsterben der von der
Pest infizierten Lene und die gleichermaßen schaurige wie eindrückliche
Entfaltung eines Panoramas der mittelalterlichen Seuchenzeit. Aber weder der
Tod seiner Schicksalsgenossin noch das Erlebnis der mannigfachen menschlichen Gemeinheiten und Schreckenstaten vermögen Goldmund noch einmal
aus der Bahn zu werfen.
    Im Gegenteil: Die Begegnung mit der schönen Jüdin Rebekka, die seine
Werbung zurückweist und in letzter Verzweiflung ihrem vom Mob ermorde-
ten Vater nachsterben will, weckt zusammen mit der tiefen Berührung durch
ein Totentanzgemälde in ihm den unstillbaren Drang, in seine Werkstatt
zurückzukehren und sich durch künstlerische Gestaltung vom Alpdruck

des Erlebten zu befreien. Was während seines ersten Individuationszyklus noch eine quasi „zufällige" Entdeckung war, ist jetzt zu einer tiefverankerten, eingespielten und voll bewussten geistigen Einstellung geworden: Die Überwindbarkeit von Verzweiflung, Vergänglichkeit und Tod – also des negativen Aspektes der Anima und des Lebens — durch die Kunst (also durch die Besinnung auf das Selbst).

In der Hoffnung, nochmals in der Werkstatt von Meister Niklaus arbeiten zu können, kehrt Goldmund zurück in die Residenzstadt, findet das Atelier aber verschlossen und den Alten tot. Der lange hingehaltene und existenziell notwendige Produktionsdrang vermag sich nur in einigen Bleistiftskizzen zu entladen. Der Künstler Goldmund – und mit ihm seine psychische Ganzheit – sind einstweilen auf den Wartestand verwiesen.

Statt der erhofften Werkstatt gewinnt Goldmund unverhofft die schönste, begehrenswerteste und differenzierteste Frau seines Lebens – Agnes, die Geliebte des kaiserlichen Statthalters. Im Zeichen ihrer Begegnung kulminieren die beiden Leitmotive Eros und Tod: Niemals zuvor hat Goldmund mit einer Frau ein größeres Glück erfahren – und noch nie hat ihn sein erotisches Verlangen dem Tode nähergebracht. Der innere Zusammenhang der beiden Motive wird dadurch noch besonders hervorgehoben, dass Agnes explizit verlangt, Goldmund müsse für ihre Eroberung sein Leben wagen. In dieser doppelsinnigen Potenzierung ihrer Gaben wird Agnes zum markantesten Ausdruck jener Ambivalenz des Anima-Archetypus. die der Roman als Symbol des Lebens schlechthin beschreibt:

> Die Mutter des Lebens konnte man Liebe und Lust nennen, man konnte sie auch Grab und Verwesung nennen. (8, 174)

Diese archetypischen Qualitäten und bestimmte äußerliche Ähnlichkeiten – Agnes als untreue, rassig-blonde Schönheit – machen verständlich, dass Goldmund sich von ihr auch an seine persönliche Mutter erinnert fühlt. Sein manischer, jede Gefahr leugnender Drang nach Agnes ist tiefenpsychologisch gesehen deshalb ein unbewusster Versuch, über den Inzest mit der Mutter-Imago die Wiedergeburt in eine neue Ganzheit zu schaffen. Und der Versuch scheint zu gelingen; die Nacht mit Agnes schenkt Goldmund das größte Glück seines Lebens:

> Tief in seiner Kehle summte ein Ton des Glücks, als er die Härte in ihren kühlen Augen hinmelzen und schwach werden sah [...] Alles nur irgend dem

Menschen erlebbare Glück schien ihm in diesem Augenblick zusammenge-
ronnen [...] Um das Glück dieser Nacht erleben, um diese wunderbare Frau
so beglücken zu können, dazu hatte es seines ganzen Lebens bedurft [...]. (8,
248+254)

Aber diese Vermittlung der höchsten Erfüllung[236] ist eben nur ein Aspekt der
Anima – und ihre dunkel-bedrohliche Seite ist davon nicht zu trennen. So
wie die Zigeunerin Lise als erste Projektionsgestalt für den Mutterarchetypus
Goldmund zwar höchstes Glück, aber auch die Nöte und Entbehrungen seines Wandererlebens mitgegeben hat, so entlässt Agnes ihren Geliebten in
Gefangenschaft und Todesgefahr: Goldmund wird vom Statthalter ertappt,
gefangengesetzt und zum Tod am Galgen verurteilt.

Noch einmal wird er mit der unbarmherzigen Janusköpfigkeit des Lebens
konfrontiert – jenem unentrinnbaren Ineinander von Glück und Leid, Lust und
Tod, vor dessen Sinnlosigkeit er schon einmal in die Kunst entflohen war. Aber
er hat erfahren müssen, dass zumindest für ihn auch die Bildhauerei – d. h. die
schöpferische Gestaltung des Selbst – keine dauerhafte Erlösung birgt. Wenn
das naive Leben und der Eros – die Realisierung der Anima – „dem Tode schon
anheimgegeben" sind, so endet für ihn eine rein künstlerische Existenz notwendig in jener Philistrosität und seelischen Erstarrung, die er an Meister Niklaus
so wenig nachahmenswert fand. Auf dem Hintergrund dieser Erfahrungen begreift Goldmund – noch in den Armen von Agnes – erstmals mit voller Klarheit
die unlösbare Problematik seines Daseins:

> Es war ja schmerzlich, wie man vom Leben genarrt wurde, es war zum La-
> chen und zum Weinen! Entweder lebte man, ließ seine Sinne spielen, sog
> sich voll an der Brust der alten Eva-Mutter – dann gab es zwar manche hohe
> Lust, aber keinen Schutz gegen die Vergänglichkeit [...] oder man setzte sich
> zur Wehr, man sperrte sich in eine Werkstatt ein und suchte dem flüchtigen
> Leben ein Denkmal zu bauen – dann musste man auf das Leben verzichten,
> dann war man bloß noch Werkzeug, dann stand man zwar im Dienst des
> Unvergänglichen, aber man dorrte dabei ein und verlor die Freiheit, Fülle
> und Lust des Lebens. (8, 252/253)

Aus dieser tief empfundenen Insuffizienz von Leben und Kunst resultiert
der Kreislauf-Charakter von Goldmunds Existenz: Sein Individuationsweg
läuft am Ende notwendigerweise hinaus auf ein endloses Transzendieren vom
Leben in die Kunst und von dort wieder zurück ins Leben. Keiner der beiden

Bereiche vermag ihn zu halten, keiner voll zu befriedigen. Das Vagantentum im Zeichen der Anima und das Künstlertum als Realisierung des Selbst sind nur Pole, zwischen denen sein Leben in ewiger Unerfülltheit hin und her pulsiert.

Dieses Schema tritt auch am Ende des Romans noch einmal in aller Deutlichkeit zutage. Nachdem Goldmund von Narziss buchstäblich in letzter Sekunde vor dem Galgen des Statthalters gerettet worden ist, kehrt er zusammen mit ihm ins Kloster zurück und richtet sich dort eine Werkstatt ein. Wiederum schafft er eine Reihe von Werken, welche die Erfahrungen seiner Wanderschaft verarbeiten: Den früheren Abt Daniel und Meister Niklaus als Evangelisten (d. h. als Archetypen des Alten Weisen), sowie seine frühere Geliebte Lydia als Muttergottes (als Anima der 3. Stufe).

Aber als er die Werke vollendet, seine Erfahrungen verewigt und dergestalt eine neue Ganzheit von Eros und Logos realisiert hat, macht er sich – wenngleich mittlerweile ein Greis – noch einmal auf Wanderschaft.[237]

Als er zurückkehrt, ist er ein gebrochener Mann. Wie sich herausstellt, ritt er noch einmal zurück zu Agnes, wurde von ihr aber wegen seines fortgeschrittenen Alters und seiner äußerlichen Unattraktivität abgewiesen. Auf dem Rückweg stürzte er mit dem Pferd in eine Schlucht und zog sich schwere Verletzungen zu.

Diese Geschichte ist symptomatisch für die psychische Verfassung des alten Goldmund: Noch einmal treibt seine Anima ihn zum Aufbruch ins Leben, aber ihre Tendenz ist bereits regressiv. Anstatt wie bislang vorwärts zur Eroberung neuer Lebensbereiche und Frauen zu schreiten, kehrt Goldmund erstmals zu einer früheren Geliebten zurück. Dieser Regressionsversuch ist nach der immanenten Psychologie des Romans aber ein Irrtum – deshalb erscheinen alle früheren Geliebten, die Goldmund wiedersieht, als unattraktiv und unzugänglich (s. a. die böse und herrisch gewordene Julie, sowie die kalte und hässliche Bildhauertochter Lisbeth).

Aus diesem Grund muss Goldmunds Rückkehr zu Agnes als Symptom einer unbewussten Todessehnsucht – die sich später auch in dem Sturz mit dem Pferd manifestiert – gedeutet werden. Der düstere Aspekt der Anima (die Mutter als Todesbotin) hat von seiner Seele Besitz ergriffen.

Die Zurückweisung durch Agnes bleibt nicht die einzige – auch ein junges Bauernmädchen verweigert sich seinen Werbungsversuchen. Es ist nur konsequent und entspricht vollkommen dem Charakter Goldmunds, dass damit sein Leben verwirkt ist. Mit der Unerreichbarkeit der Frauen und der Unmöglichkeit der Wollust ist ihm nicht nur der zentrale Lebensinhalt verloren gegangen, sondern auch das Hauptantriebsmoment für seine Kunst. Der vom Eros ausgeschlossene Goldmund ist auch vom Leben und von der Kunst ausgeschlossen. Denn ein innerlich verdorrter, ohne innere Notwendigkeit mechanisch vor sich hinarbeitender Künstler wie Meister Niklaus kann und will er nicht werden:

> Viel dachte er jetzt an den Meister Niklaus und ob nicht bald auch er selbst so werden würde, wie Meister Niklaus war, fleißig und bieder und kunstfertig, aber unfrei und unjung [...] er fand sich alt, er fand sich dem Meister Niklaus unheimlich ähnlich geworden. (8, 300/301)

Goldmund wird nicht zu einem Meister Niklaus; es ist seiner unbedingten und im Kern tragischen Natur am Ende unmöglich, sich in einen derartigen Kompromiss zu ducken. Er braucht die Frauen und das Vitale als movens seiner Existenz. Mit ihrer Unerreichbarkeit ist der libidinöse Spannungsbogen seines Lebens auf eine letztlich tödliche Weise unterbrochen.

Auf dieser letzten Stufe seines Individuationsprozesses leistet Goldmunds Anima ihm einen letzten Dienst: Sie gibt dem an einer schweren Brustverletzung Dahinsiechenden jene Ganzheitsvision ein, die es ihm erlaubt, am Ende eines ruhelosen Lebens wenigstens in Frieden zu sterben. Der sterbende Vagabund sagt zu Narziss:

> Einmal hatte ich meine Mutter vergessen, aber du hast sie wieder beschworen [...] Schon damals hat die Mutter mir gerufen, und ich musste folgen. Sie ist überall. Sie war die Zigeunerin Lise, sie war die schöne Madonna des Meisters Niklaus, sie war das Leben, die Liebe, die Wollust, sie war auch die Angst, der Hunger, der Trieb. Jetzt ist sie der Tod, sie hat ihre Finger in meiner Brust. (8, 318/319)

Mit dieser Äußerung erkennt Goldmund nicht nur alle wesentlichen Manifestationen der Anima in seinem Leben und die innere Kohärenz seiner Erlebnisse, sondern bestätigt implizit auch die Ergebnisse der hier vorgenommenen Interpretation: Er erfährt den Mutter-Archetypus auf verschiedenen Stufen (Zigeunerin, Madonna), vollzieht den Wandel von einem persönlichen zu einem überpersönlichen Verständnis und begreift am Ende ihren unauflöslichen Doppelaspekt als Lebens- und Todesgöttin. Damit fungiert die Anima auch bei Goldmund als jene archetypische Führerin zu einer einheitlichen Seinsinterpretation, als die sie bei Jung beschrieben wird.[238]

Die archetypische Dimension seines großen Leitbildes erklärt auch, weshalb Goldmund trotz „heißem Bemühn" seine Anima niemals künstlerisch zu gestalten vermochte. Nach Jung kann ein Archetypus niemals vollständig bewusst gemacht oder gar künstlerisch gestaltet werden; erfahrbar und gestaltbar sind allenfalls bestimmte Aspekte oder Auswirkungen, niemals jedoch das gesamte Urbild an und für sich.[239]

Auch diese tiefenpsychologische Gesetzmäßigkeit begreift Goldmund am Ende seines Lebens:

> Statt dass meine Hände sie formen und gestalten, ist sie es, die mich formt und gestaltet. (8, 319)

Goldmunds Leben erscheint dergestalt von den unbewussten Anfängen bis zum höchsten Aufschwung seines Selbst-Bewusstseins auf dem Sterbelager in geradezu lehrbuchmäßiger Weise geprägt vom Archetypus der Anima – in seinen erotischen Abenteuern, in seiner künstlerischen Begabung, in seiner Rastlosigkeit und Unerlöstheit, in seiner Affinität mit dem Tode.

Goldmund sucht nicht mehr den Frieden, die Erfüllung, das Bleiben im Selbst wie Hesses frühere Protagonisten. Vielmehr: Er sucht es zwar noch, aber er findet es nicht und akzeptiert ab einem bestimmten Punkt seines Lebens – nach dem Abschied von Meister Niklaus – dass sein Da-Sein ein ewiges Unterwegs-Sein ist. Nachdem auch die Kunst ihm keine bleibende Erfüllung zu schenken vermag, ist offenkundig, dass seine tiefe Sehnsucht nach einer dauerhaften Synthese von Eros und Logos unerfüllbar ist. So bleibt für Goldmund als einem Menschen, der das Leben möglichst unbedingt und ganzheitlich erfahren möchte, nur der dauernde Wechsel – nur das ewige Unterwegssein zwischen den grundlegenden Polaritäten des Seins.[240]

Die Erfüllung, die endlich geglückte, dauerhafte Synthese bringt – welch makabre Ironie! – erst der Tod. Damit werden in Goldmunds Individuationsweg die grundlegenden Erkenntnisse aus dem „Steppenwolf" wieder aufgenommen und in einer exemplarischen Vita ausführlich dargestellt. Goldmund ist ein ganzheitlicher Mensch, er erlebt die ganze Bandbreite des dem Menschen Möglichen, wird zum Liebenden, zum Künstler, zum Mörder. Aber die Weite seiner Begabungen und Fähigkeiten hat eine Schattenseite: Die ewige Unzufriedenheit und Nichterlösung. Indem der Roman auf diese Weise einen ganzheitlichen, aber unbefriedeten Menschen ins Zentrum seiner Handlung stellt, wird die Anthropologie des vorangegangenen Romans fortgesetzt, erweitert und vertieft: Goldmunds Leben ist – wie auch das von Goethes Faust – eine Apotheose des ewigen Unterwegsseins.

## 10.3 Narziss als Archetypus des Führers und geistiges Symbol des Selbst

In der Figur des Narziss stellt der Roman ein zweites Individuationsmodell vor, das gesondert betrachtet und gedeutet werden muss. Die genauere Betrachtung zeigt freilich, dass in Narziss' Leben – zumindest innerhalb der erzählten Zeit des Romans – von einem vollgültigen Individuationsprozess im Sinne der Psychologie C. G. Jungs keineswegs die Rede sein kann. Es gibt in seiner vita praktisch keine signifikante psychische Entwicklung, geschweige denn ein Durchlaufen archetypischer Lebensstationen wie bei Goldmund oder bei den früheren Protagonisten Hesses.

Narziss tritt – wie glaubwürdig das bei einem jugendlichen Klosterlehrer auch immer sein mag – von vornherein auf als eine fertig entwickelte, mit einem umfassenden geistigen und psychologischen Wissen ausgestaltete Persönlichkeit und bleibt dies bis zum Ende des Romans. Typische Kennzeichen für die Tiefe von Narziss' Einsichten sind etwa sein Wissen um die psychologische Nähe zwischen Heiligem und Wüstling („Weißt du nicht, dass einer der kürzesten Wege zum Leben eines Heiligen das Leben des Wüstlings sein kann", 8/36), seine These über den geistesgeschichtlichen Zusammenhang zwischen Platonismus und der Psychologie des kollektiven Unbewussten, sowie seine goetheanische Kunsttheorie (Kunst als symbolische Darstellung des Ewigen im Vergänglichen, vgl. 8, 298).

In untrennbarem Zusammenhang mit dieser geistigen Tiefe stehen die Merkmale, die Narziss als einen Menschenkenner und Psychologen par excellence ausweisen. Es wurde bereits darauf hingewiesen, wie er bei Goldmund mit geradezu psychiatrischer Sicherheit und Selbstgewissheit einen verdrängten Mutter-Komplex diagnostiziert und ans Licht des Bewusstseins hebt. Dass zwischen diesen therapeutischen Fähigkeiten und seiner unrealisierten Anima (s. u.) zumindest ein tendenzieller Widerspruch besteht, scheint Hesse nicht weiter gestört zu haben. Wichtiger ist, dass Narziss mit den hier angedeuteten geistigen und psychologischen Fähigkeiten für Goldmund als Archetypus des Führers und geistiges Symbol des Selbst fungiert. Indem Narziss zwar eine geistige, keineswegs aber eine seelische Ganzheit verkörpert, rückt er in die unmittelbare Nähe der jungschen Jesus-Interpretation.[241]

Dieser Befund leitet über zur Ganzheitsproblematik bei Narziss. Bereits in der ersten Klosterzeit wird ihm klar, dass Goldmund der potenziell ganzheitlichere, universalere Mensch von ihnen beiden ist und dass er ihm auf der psychologischen Ebene nur die größere Bewusstheit voraus hat:

> Im Wachsein [...] bin ich stärker als du, hier bin ich dir überlegen und kann dir darum nützen. In allem andren, Lieber, bist du ja mir überlegen – vielmehr du wirst es sein, sobald du dich selbst gefunden hast. (8, 48)

Diese Prophezeiung geht später tatsächlich in Erfüllung: Als Goldmund von seiner Wanderschaft ins Kloster zurückkehrt und Narziss seine Werke vorführt, anerkennt dieser, dass der Weltenbummler mit seiner künstlerischen Synthese von Eros und Logos ihm ebenbürtig oder gar überlegen geworden ist („Er war ihm ebenbürtig; nichts hatte Narziss ihm gegeben, das er nicht vielfach wiederbekommen hätte", 8/307). Narziss weiß also sehr genau um das Fragmentarische und Ergänzungsbedürftige seines ganz auf den Logos gestellten Charakters. Dieses Wissen ist die Basis seiner Liebe zu Goldmund – eine Liebe, die in ihrem homoerotisch-platonischen Charakter sich lückenlos in das Bild seiner Persönlichkeit fügt und von ihm selbst in feinsinniger Psychologie als Voraussetzung des religiösen Gnadenerlebnisses bezeichnet wird (vgl. 8, 315).

Die Weiterentwicklung dieser Liebesfähigkeit ist eine der Aufgaben, die der sterbende Goldmund seinem Freund am Ende des Romanes stellt. Sie ist eingebettet in jenen Hinweis auf Narziss' unrealisierte Anima[242], der als Goldmunds Vermächtnis verstanden werden muss und anzeigt, dass Narziss am Ende des Romans keineswegs als eine psychologisch ganzheitlich entwickelte Persönlichkeit anzusehen ist. Wie einstmals Narziss, so mahnt am Ende Goldmund den Freund an seinen unrealisierten Mutter-Archetypus und provoziert damit möglicherweise ebenso unabsehbare Folgen[243]:

> Aber wie willst denn du einmal sterben, Narziss, wenn du doch keine Mutter hast? Ohne Mutter kann man nicht lieben. Ohne Mutter kann man nicht sterben [...].

Und der Dichter schließt mit folgenden Worten über Narziss: „Goldmunds letzte Worte brannten in seinem Herzen wie Feuer" (8, 320).

Wichtiger als die unrealisierte Ganzheit ist für unsere Zwecke jedoch, dass bei Narziss der Kreislauf-Charakter von Goldmunds Individuationsweg durch eine religiöse Dimension ergänzt und damit relativiert wird. Wie bereits in der Einleitung dieses Kapitels gezeigt wurde, versteht Narziss sein Leben als den Versuch einer möglichst vollkommenen Annäherung an das Göttliche. In dieser Utopie wird das Verselbstungsideal aus Hesses früheren Erzählungen weitertransportiert. Dabei gilt es offenbar als ausgemacht, dass die Koinzidenz – also die vollkommene und dauerhafte Realisierung des Selbst – unmöglich ist: „Es gibt für uns keine Vollkommenheit, kein völliges Sein" (8, 286) – dieser Satz könnte als Motto sowohl über Narziss' als auch über Goldmunds Leben stehen.

Während aber nun Goldmund ab einem bestimmten Punkt seines Lebens (s. o.) sich mit dieser Tatsache abfindet und im Oszillieren zwischen Leben und Kunst seine Ganzheit zu realisieren sucht, strebt Narziss nach einer andauernden Überwindung seines empirischen Menschseins in Richtung auf Gott. Narziss ist ein religiöser, Goldmund ein rein weltlicher Mensch – noch auf dem Sterbebett weigert er sich, seinen Frieden mit Gott zu machen (vgl. 8, 316ff.). Alles religiöse oder auch nur innerweltliche Streben über den hermetischen Zirkel von Eros und Kunst hinaus ist ihm fremd. Narziss als religiöser Mensch dagegen bekennt sich zu seiner ewigen Insuffizienz vor Gott und zu dem Willen, die Kluft zum Göttlichen immer aufs Neue zu überschreiten. Er will das Unmögliche, obgleich er weiß, dass es nicht geht.

Über alle Verschiedenheiten hinaus existiert aber eine entscheidende Gemeinsamkeit zwischen den beiden Protagonisten: Beide sind gekennzeichnet als Unfertige, Unbefriedete, als Menschen auf dem Weg: Goldmund in seinem ewigen Wechsel zwischen Leben und Kunst, Narziss auf seinem Weg zu Gott und vielleicht zur Realisierung der Anima. Keiner von ihnen ist ein restlos verselbsteter, harmonischer, befriedeter Mensch wie etwa Siddhartha oder Vasudeva. Das absolute Verselbstungsideal aus der Zeit vor dem Steppenwolf ist aufgegeben und wird durch Annäherungsversuche ersetzt. Narziss steht für die religiöse, Goldmund für die künstlerische Approximation. Keiner von ihnen erreicht die letzte Synthese, die letzte Einheit, den letzten Frieden. Beide bleiben Wanderer auf dem Weg zum Selbst, auf dem Weg zu Gott. Auf diese Weise bilden sie den Brückenkopf vom „Steppenwolf" zum Spätwerk.

# 11. Die Morgenlandfahrt

## 11.1 Vorbemerkung

Bei der 1932 veröffentlichten Erzählung „Die Morgenlandfahrt" handelt es sich um einen der schwerstverständlichen Texte des Dichters. Durchgängig in symbolisch-allegorischer Form geschrieben, versteckt sie ihren Gehalt hinter einem hermetischen Ring von Gleichnissen, deren innerer Zusammenhang sich nur dem erschließt, der sich auf eine lange und schwierige Entschlüsselungsarbeit einzulassen bereit ist. Eine solche Mühe dürfte sich aber gleichwohl lohnen, hat doch Hesse verschiedentlich betont, dass er dieses Werk zusammen mit dem „Glasperlenspiel" als seine wichtigste Arbeit ansieht. So schreibt er etwa in einem Brief vom 13.12.1936 an Wilhelm Muehlon:

> Am meisten beachtet und anerkannt wurde von allen meinen Büchern der „Goldmund", mir selbst ist die „Morgenlandfahrt" wichtiger, die noch beinahe von niemandem entdeckt wurde.[244]

Noch deutlicher äußert sich Hesse in einer Note an Volkmar Andreä vom November 1936:

> Dass Toscanini erst mit 65 ein guter Dirigent wurde, ist tröstlich. Ich empfinde die ersten 55 Jahre meines Lebens manchmal auch bloß als Vorbereitung zur „Morgenlandfahrt" und zu der Dichtung, die ihr folgen soll.[245]

Die Rezeptionsgeschichte dieses Werkes enthält die übliche Bandbreite von totaler Ablehnung bis zu enthusiastischer Befürwortung, wobei allerdings die ungewöhnliche Argumentationsschwäche der Kritiker auffällt.[246] Seriöse Analysen und umfassende Interpretationsversuche sind äußerst dünn gesät.[247] „Die Morgenlandfahrt" gehört bis heute sicherlich zu denjenigen Werken des Dichters, die von der Forschung zwar nicht unbedingt unterschätzt, aber doch eher stiefmütterlich behandelt wurden. Eine Aura der Unnahbarkeit scheint von ihr auszugehen und die Kritiker abzuschrecken.

Die vorliegende Studie will dagegen eine umfassende Interpretation der psychologischen Grundstrukturen der Erzählung versuchen. Sie fragt nach dem immanenten Individuationskonzept der Dichtung und nach dessen geistigem Ort innerhalb von Hesses Gesamtwerk. Unter methodischer Zugrundelegung der jungschen Psychologie – deren Applizierbarkeit auf den Text noch zu beweisen sein wird – sollen zwei Grundthesen herausgearbeitet und begründet werden:

1. Das Werk enthält eine summarische psychologische Selbstdeutung von Hesses Leben und Werk seit dem „Demian".

2. Das Werk beschreibt in symbolischer Form einen bestimmten Individuationsschritt, der die Brücke von Hesses mittleren Erzählungen zum Spätwerk bildet und der mit Hilfe der jungschen Kategorien in die psychologische Gesamtproblematik seiner Dichtung eingeordnet werden kann.

## 11.2 Das magische Erlebnis des Selbst

Hermann Hesses „Morgenlandfahrt" führt nicht ins Morgenland. Vielmehr: Der Terminus „Morgenland" ist nur Symbol für ein Reiseziel, dessen wahrer Charakter nicht geografischer, sondern psychologischer Natur ist. Hesse hat vielfach betont, dass die Quintessenz aller östlichen Philosophien und Religionen für ihn der Gedanke der Einheit ist.[248] In diesem Sinne wird der Begriff „Morgenland" in der hier betrachteten Dichtung verwandt: „Die Morgenlandfahrt" beschreibt – anhand von fiktiven Reiseerinnerungen des Chronisten und Ich-Erzählers H. H. – in ihrem Einleitungsteil verschiedene Aspekte einer psychologischen Alleinheitserfahrung, also ein Erlebnis des Selbst. Dieser nichtgeographische, rein innerseelische Charakter der Reise wird vom Text deutlich hervorgehoben:

> „[...] denn unser Ziel war ja nicht nur das Morgenland, oder vielmehr: unser Morgenland war ja nicht nur ein Land und etwas Geographisches, sondern es war die Heimat und Jugend der Seele, es war das Überall und Nirgends, war das Einswerden aller Zeiten [...] Denn mein Glück bestand aus dem gleichen Geheimnis wie das Glück der Träume, es bestand aus der Freiheit, alles irgend Erdenkliche gleichzeitig zu erleben, Außen und Innen spielend zu vertauschen, Zeit und Raum wie Kulissen zu verschieben. (8, 338)

Das Motiv der Zeitüberwindung verweist auf einen weiteren Aspekt der Morgenlandfahrt: Die Reise bedeutet nicht nur einen Vorstoß in das Reich einer künftigen „Psychokratie" (8, 324) im Zeichen des Selbst, sondern mithin auch ein Eintauchen in die Zeitlosigkeit des kollektiven Unbewussten. Da das Selbst auch das kollektive Unbewusste umgreift, bietet die Hingabe an die seelische Ganzheit auch die Chance zur Erfahrung der Immanenz des Ewigen. Der Chronist artikuliert dies mit aller Deutlichkeit. Er betont, dass mit der Teilnahme an der Morgenlandfahrt ihm zugleich der Durchbruch in eine überzeitliche geistig-religiöse Bewegung gelungen ist:

> [...] in Wirklichkeit, im höheren und eigentlichen Sinn, war dieser Zug zum Morgenlande nicht bloß der meine und nicht bloß dieser gegenwärtige, sondern es strömte dieser Zug der Gläubigen und sich Hingebenden nach dem Osten, nach der Heimat des Lichts, unauflöslich und ewig, er war immerdar durch alle Jahrhunderte unterwegs, dem Licht und dem Wunder entgegen, und jeder von uns Brüdern, jede unserer Gruppen, ja unser ganzes Heer und seine große Heerfahrt war nur eine Welle im großen Strom der Seelen, im ewigen Heimwärtsstreben der Geister nach dem Morgen, nach der Heimat. (8, 328)

Das will sagen: Der Durchbruch zum Selbst bedeutet zugleich den Durchbruch in eine ewige Gemeinschaft der Religion und des Geistes; der Mensch, der den überpersönlichen, ewigen und unwandelbaren Kern seiner Psyche erlebt, ist stiller Teilhaber an einer unsichtbaren (oder eben nur dem Eingeweihten sichtbaren) geistig-religiösen Bewegung, die sich durch alle Zeiten, Epochen und Kulturen hindurchzieht. Damit – und hier wird ein Gedanke aus dem „Steppenwolf" wiederaufgenommen – wird er ein „Unsterblicher"; denn der Geist, aus dem er lebt und der ihn antreibt, ist Geist vom ewigen Geist. Ein Mensch, der zum Ewigen und Unwandelbaren in sich selbst durchgedrungen ist, fühlt sich nicht nur unsterblich, sondern er ist objektiv unsterblich. Denn sein innerstes Wesen war immer lebendig und wird immer lebendig sein, solange Menschen existieren.[249] Es ist nur konsequent, wenn der Chronist das Gefühl hat, nicht nur völlig frei durch die Zeiten, sondern auch durch die Räume pilgern zu können. Wie C. G. Jung nachgewiesen hat, gelten die Kantschen Kategorien von Raum und Zeit nur für den Bereich des Bewusstseins, nicht aber für das kollektive Unbewusste.[250] Aus diesem psychologischen Faktum resultieren Textpassagen wie die folgende:

> Schwierig wird das Erzählen dadurch, dass wir ja nicht nur durch Zeiten wanderten, sondern ganz ebenso durch Räume. Wir zogen nach Morgenland, wir zogen aber auch ins Mittelalter oder ins goldene Zeitalter, wir streiften Italien oder die Schweiz, wir nächtigten aber auch zuweilen im zehnten Jahrhundert und wohnten bei den Patriarchen oder bei Feen. (8, 337)

Der Einleitungsteil der „Morgenlandfahrt" ist dergestalt zu begreifen als eine Artikulation der überpersönlichen, raum- und zeitlosen Strukturen des unbewussten Selbst. Daraus erklärt sich auch die chaotisch anmutende Vielfalt von Namen und Figuren, die im Text auftauchen und die der Chronist als Mitreisende bezeichnet.[251] Sie lassen sich in fünf Gruppen einteilen:

1. Figuren aus eigenen Werken des Dichters (Hermann Lauscher, Anselm, Klingsor, Jup der Magier, Collofino, Louis der Grausame, Goldmund, Longus und Pablo).
2. Dichter und Philosophen der Weltliteratur (Laotse, Platon, Xenophon, Pythagoras, Zoroaster, Brentano, Hoffmann, Novalis, Arnim, Keyserling).
3. Literarische Figuren der Weltliteratur (die Kronenwächter, das Hutzelmännlein, Don Quichotte und Sancho Pansa, Almansor, Witiko, Parzival, Heinrich von Ofterdingen).
4. Maler und Musiker (Paul Klee, Hugo Wolf).
5. Freunde und Bekannte des Dichters (Ninon Ausländer, H. C. Bodmer, Max Wassmer, Othmar Schoek).

Wenn diese Gestalten im Text in verwirrender Vielfalt durcheinanderpurzeln, wenn reale Gestalten mit fiktiven, längst Verstorbene mit noch Lebenden zusammengewürfelt und als Teilnehmer an der Morgenlandfahrt genannt werden, so stellt sich natürlich die Frage, was der Dichter sagen will. Zwei mögliche Antworten bieten sich an:

- praktisch alle Figuren sind in irgendeiner Form radikale, absolute, nach Ganzheit strebende Menschen – Heilssucher im künstlerischen, philosophischen oder religiösen Sinn des Wortes. Dergestalt Reisende auf dem Weg zum Selbst, sind sie nach der hier vorgenommenen Definition Morgenlandfahrer.

- alle Gestalten stehen in enger Verbindung zum geistigen und seelischen Werdegang des Dichters. Ihre wahllose Auflistung ist deshalb wohl ein symbolischer Hinweis, dass Figuren der eigenen wie der fremden Phantasie, historische Künstler und Denker, sowie Freunde einen gleichermaßen prägenden und schwer zu unterscheidenden Einfluss auf den Individuationsprozess des Erzählers genommen haben. Für den geistigen Menschen und seinen Weg zum Selbst sind sensuelle und spirituelle Erfahrungen, reale und fiktive Menschengestalten gleichermaßen interessant und relevant. Die Lektüre eines Buches und die Konfrontation mit einer literarischen Figur kann die gleichen Wirkungen haben wie die Begegnung mit realen Menschen. Empirische Welt und geistige Welt bilden als Faktoren des Individuationsprozesses eine unteilbare Einheit.

Die Bedeutung der Kunst für den Individuationsprozess des Chronisten H. H. wird jedoch keineswegs unkritisch gesehen. In seinen Aufzeichnungen tauchen die oben erwähnten Figuren sowohl in der Funktion von Wegweisern als auch von Irreführern auf: Der Heilige Christopherus auf dem Fresko, der an einem Kreuzweg den Arm hebt und damit das Bundesheer auf den richtigen Weg weist, ist als positiver geistiger Führer gezeichnet – ein Symbol für die verselbstende Wirkung des christlichen Opfergedankens (vgl. 8, 330).

Achim von Arnims Kronenwächter mit ihrer Kriegsdienstforderung an das Bundesheer werden dagegen kategorisch abgelehnt – ein Hinweis darauf, dass Gewalt und Soldatentum mit einem Leben im Selbst unvereinbar sind. Die Kunst, so wird hier angedeutet, kann für den Individuationsprozess sowohl wertvolle Hinweise liefern als auch vollkommen in die Irre führen. Ihre Inhalte bedürfen deshalb einer kritischen Überprüfung.

Dass die „Morgenlandschaft" psychologisch ein Erlebnis des Selbst zu beschreiben versucht, zeigt sich auch anhand der verschiedenen Reisemotive, die vorgestellt werden. Einer der Reisenden sucht das TAO – nach der jungschen Psychologie ein vollgültiges Symbol des Selbst.[252]

Ein anderer will die Schlange Kundalini fangen. Die Schlange ist nach der Symbollehre Jungs ein archetypisches Symbol für den psychologischen Prozess der Wandlung. Diese Interpretation kann durch authentisches Quellenmaterial nach beiden Seiten hin abgestützt werden: Es darf als gesichert gelten, dass sowohl Hesse als auch C. G. Jung die Schlange Kundalini als magisch-mythologisches Symbol für die Wandlung vom Ich zum Selbst verstanden haben.[253]

Der Chronist selbst gibt als Ziel seiner Reise die Eroberung der schönen Prinzessin Fatme an – also die Realisierung seiner Anima, die nach Jung ja ebenfalls eine Mittlerin zum Selbst ist. Leo, die wichtigste Nebenfigur der Erzählung, wünscht sich das Erlernen der Vogelsprache – wird also von einer franziskanischen Liebe zu aller Kreatur für die Reise motiviert. Auch diese Allliebe ist nach Jung wie Hesse ein Ausfluss psychischer Ganzheit (vgl. „Siddhartha").

Und jener Abtrünnige, der später das Bundesheer empört verlässt, sucht ursprünglich den Sarg des Propheten Mohammed: Auch Religiosität oder religiöse Suche kann ein Vehikel zur Realisierung des Selbst sein. Dieser Renegat verdeutlicht übrigens noch ein weiteres Merkmal der Morgenlandfahrt samt seiner psychologischen Symbolik: Wenn er nach dem Verlassen des Bundesheeres trotz baldiger Reue nicht wieder zum großen Bundesheer zurückzufinden vermag, so wird dies im Text wie folgt begründet:

> Die Reue allein hilft nichts, man kann die Gnade nicht durch Reue erkaufen, man kann sie überhaupt nicht erkaufen. (8, 334)

Die Aufnahme in den Bund geschieht also durch einen Akt der Gnade – ein treffendes Bild für das psychologische Faktum, dass der Durchbruch zum Selbst in aller Regel aus einem autonomen Akt des Unbewussten resultiert und willentlich nicht forciert werden kann. Diese vielleicht tiefste aller psychologischen Gesetzmäßigkeiten – wie dargestellt von Hesse in allen hier betrachteten Erzählungen gestaltet – wird der Chronist später auch noch an sich selbst erfahren müssen.

Der Höhepunkt der surrealistisch-magischen Erlebnisse des Chronisten wird erreicht bei der Schilderung der sogenannten „Bundesfeier" auf Schloss Bremgarten. Die rückhaltlose Öffnung des Ich-Bewusstseins für die unbewussten Anteile des Selbst bewirkt einen Zustand phantastischer Entrückung, der schließlich in eine vollständige Umkehr der normalen Realitätswahrnehmung mündet:

> Es waren unter uns viele Künstler, viele Maler, Musikanten, Dichter, es war der glühende Klingsor da und der unstete Hugo Wolf, der wortkarge Lauscher und der glänzende Brentano – aber mochten auch diese Künstler, oder einige von ihnen, sehr lebendige und liebenswerte Gestalten sein, so waren die von ihnen erdachten Figuren doch ohne Ausnahme viel lebendiger, schöner, froher und gewissermaßen richtiger und wirklicher als die Dichter und

Schöpfer selber. Pablo saß da in entzückender Lebenslust mit seiner Flöte, sein Dichter aber schlich schattenhaft, vom Monde halb durchschienen, am Ufer hin und suchte Einsamkeit. Flackernd und ziemlich betrunken lief Hoffmann zwischen den Gästen hin und wider, viel sprechend, klein, koboldisch, und auch er war, wie sie alle, an Gestalt nur halbwirklich, nur halbvorhanden, nicht ganz dicht, nicht ganz echt, während der Archivar Lindhorst, zum Spaße den Drachen spielend, mit jedem Atemzug Feuer schnob und Kraft aushauchte wie ein Automobil. (8, 341)

Dieser Passus veranschaulicht noch einmal in gedrängter Form die charakteristische psychologische Befindlichkeit des Chronisten im ersten Teil der Erzählung: Reale und phantastische Wahrnehmungen gehen wild und schwer unterscheidbar ineinander über, Figuren aus eigener und fremder Literatur treten gleichberechtigt – ja sogar überlegen – neben ihren „Erfindern" auf und schaffen eine Atmosphäre märchenhafter Unwirklichkeit. Das Erfundene scheint wichtiger denn das Wirkliche, die literarischen Gestalten wirken lebendiger als ihre Dichter.

Nach der Psychologie C. G. Jungs ist diese Lebensuntüchtigkeit das archetypische Schicksal des genialen Dichters und Künstlers: Die Dominanz des Schöpferischen und der Phantasie bindet den Löwenanteil der verfügbaren Libido im Unbewussten und sorgt für jene charakteristische Insuffizienz im menschlichen Erscheinungsbild und in der Vitalität, die der Chronist als gemeinsames Merkmal der beiden Dichter beschreibt.[254]

Dass diese Besessenheit durch den Genius bis hin zum Opfer jedes gewöhnlichen Lebensglücks, ja bis zum Wahnsinn und Tod führen kann, zeigen u. a. die Schicksale von Hölderlin, Novalis und Nietzsche – erschütternde Paradigma für die vom Dichter angedeutete Unvereinbarkeit von Genialität und Lebenstüchtigkeit.

Ein derart vom Genius Ergriffener und Geschüttelter war auch Hermann Hesse in der Periode vom „Demian" bis zum „Steppenwolf". Das Erlebnis des Selbst und die damit verbundenen Möglichkeiten magischen Sehertums hatten ihn in den Bann gezogen und sein Leben wie Schreiben bestimmt. Das Ideal der restlosen Verselbstung und die magische Interpretation des Seins bildeten die beiden Determinanten seiner Existenz als Mensch und Künstler.

Die erregende Erfahrung war dabei, dass das Erlebnis des „inneren Bundes" – der psychischen Ganzheit im Selbst – nicht nur eine Überwindung aller Verzweiflung und polaren Daseinserfahrung möglich machte, sondern auch den Zugang zum überpersönlichen, unsterblichen und unwandelbaren Kern der eigenen Persönlichkeit freilegte. Dieser Ewigkeitsaspekt des Selbst schuf wiederum die Basis für das in der „Morgenlandfahrt" beschriebene Faszinosum, mit dem Durchbruch zur inneren Ganzheit zugleich in einen überzeitlichen Bund der „Unsterblichen"[255] aus allen Zeiten, Epochen und Kulturen „durchgebrochen" zu sein. Diese archetypischen Aspekte des Selbst werden im ersten Teil der Erzählung mit großer Eindringlichkeit beschrieben. Dass damit die erste Tessiner Zeit des Dichters samt der geistigen Aufbruchsstimmung der ersten Nachkriegsjahre – man denke an Expressionismus und Dadaismus – gemeint ist, wird im Text explizit hervorgehoben:[256]

> Es war ja damals kurz nach dem Weltkriege, und namentlich für das Denken der besiegten Völker, ein außerordentlicher Zustand von Unwirklichkeit, von Bereitschaft für das Überwirkliche gegeben, wenn auch nur an ganz wenigen Punkten tatsächlich Grenzen durchbrochen und Vorstöße in das Reich einer kommenden Psychokratie getan wurden. (8, 324)

Diese biografische und zeitgeschichtliche Epoche bezeichnet den Bezugsrahmen der Dichtung, wobei selbstverständlich vorausgesetzt wird, dass sich darin etwas Überzeitliches widerspiegelt: Es war eben in jener historischen Zeitperiode, als der Dichter das Faszinosum des Ewigen in sich selbst entdeckte und gestaltete.

## 11.3 Leo als Symbol des Selbst

Die weitere Entwicklung des Chronisten verläuft in derart enger Beziehung zur Figur des Leo, dass zunächst eine kurze Charakteristik dieses Mannes notwendig erscheint; andernfalls kann weder die große Krise noch die spätere Heilung des Protagonisten verstanden werden.

Leo muss nach der Psychologie Jungs als Archetypus des Führers und Symbol für den sozialen Aspekt des Selbst verstanden werden. Damit tritt – und dies kann nicht entschieden genug hervorgehoben werden – ein neuer psychologischer Typus in Hesses Werk auf. Zwar finden sich soziale Züge auch bei anderen archetypischen Symbolen des Selbst in seiner Dichtung – etwa bei Vasudeva und Pablo (s. o.) – aber noch niemals wurde gerade dieser Aspekt vom Dichter so deutlich herausgearbeitet und ins Zentrum einer literarischen Figur gestellt.

Nach der Bejahung der ewigen Insuffizienz des empirischen Ich im „Steppenwolf" und der daraus resultierenden Akzeptanz einer grundsätzlichen Daseinsspannung und Unerlöstheit in „Narziss und Goldmund" muss diese Wendung zum sozialen Aspekt des Selbst als das dritte Charakteristikum beim Übergang von der mittleren zur späten Schaffensperiode des Dichters angesehen werden.

Gleich bei der ersten Einführung in die Erzählung wird der soziale Aspekt von Leos Persönlichkeit hervorgehoben. Der entsprechende Passus lautet:

> Leo war einer unserer Diener (welche natürlich Freiwillige waren wie wir), er half beim Gepäcktragen und war häufig dem persönlichen Dienst beim Sprecher zugeteilt. Dieser unscheinbare Mann hatte etwas so Gefälliges, unaufdringlich Gewinnendes an sich, dass wir alle ihn liebten. Er tat seine Arbeit fröhlich, sang oder pfiff meistens vor sich hin, war nie zu sehen, als wenn man ihn brauchte, ein idealer Diener. (8, 336)

Dienstfertigkeit, Freundlichkeit und Heiterkeit sind also die Hauptkennzeichen seines Charakters. Aber diese Bereitschaft zum Dienst am Nächsten bedeutet bei Leo keineswegs Servilität, sondern eine geheime und sehr wirkungsvolle Form von Herrschaft. Dieses psychologische Geheimnis begreift der Chronist freilich erst später, als Leo sich als der Oberste der Oberen im Bunde entpuppt. Dass der scheinbar subalterne Diener in Wirklichkeit von Anfang an der „Papst" der Morgenlandfahrer ist, hat Hesse in einem Brief explizit hervorgehoben.[257]

Der Dichter will also auch bei dieser Gelegenheit noch einmal auf das Phänomen der verminderten Wahrnehmungsfähigkeit aufgrund einer defizitären psychischen Entwicklung hinweisen: Wie Sinclair, Siddhartha und Harry Haller ihre jeweiligen Vorbilder (Demian, Vasudeva und Pablo) erst nach ihrem eigenen Durchbruch zum Selbst als objektive Symbole psychischer Ganzheit erkennen konnten, so begreift auch der Chronist Leos wahre Bedeutung erst nach einer gewissen Reifezeit. Noch fehlen ihm gewisse Erfahrungen, damit er hinter der äußeren Unscheinbarkeit den inneren Reichtum zu sehen vermag.

Leos Sozialität und warme Mitmenschlichkeit manifestieren sich auch darin, dass er dem vermeintlich verarmten Erzähler spontan Geld und Essen anbietet, obgleich er ihn praktisch kaum kennt. Diese philanthropischen Eigenschaften werden ergänzt durch seine tiefe Liebe zu aller Kreatur, die in ihrer besonderen Verbundenheit mit der Tierwelt stark franziskanische Züge trägt. Es mag sein, dass der Dichter hier seinem alten Lieblingsheiligen Franz von Assisi noch einmal ein spätes Denkmal gesetzt hat und zu dem Namen Leo durch den legendären Beichtvater des Heiligen inspiriert wurde.[258]

Auch sein persönliches Ziel bei der „Morgenlandfahrt" – das Erlernen der Vogelsprache – verweist deutlich auf die franziskanische Sphäre: Es ist die Alllibe des Heiligen Franz, die Hesse in der Gestalt Leos als paradigmatische Verkörperung des vollkommen verselbsteten Menschen heraufbeschwört.

Eine besondere Beziehung unterhält Leo zu Hunden: Nahezu immer ist einer in seiner Nähe, sie laufen ihm geradezu nach und selbst der Wolfshund Necker wird zahm, wenn Leo ihn herbeipfeift. Dass dieser Wolfshund in Analogie zum „Steppenwolf" als Symbol für den jungschen Schatten verstanden werden muss und die ganze Episode eine vollzogene Integration des Schattens (als conditio sine qua non der Verselbstung) darstellt, wird später noch genauer demonstriert werden.

Aber Leos Ich-Überwindung und Weltverbundenheit gehen noch weiter: Er befindet sich auch vollkommen im Einklang mit der jeweiligen Situation, in der er sich gerade bewegt. Über den in der Abenddämmerung Dahinschreitenden berichtet der Chronist:

> Er ging die Gasse hinab, und wenn sein Schritt auch leicht und mühelos und jugendlich war, er war doch abendlich, er war vom selben Klang wie die Dämmerung, er war befreundet und eins mit der Stunde, mit den gedämpften Lauten vom Stadtinnern her, mit dem Halblicht der ersten Laternen, welche eben zu leuchten begannen. (8, 359)

Wie aus späteren Andeutungen hervorgeht, ist er auch ein religiöser Mensch (er betet in einer Kirche, vgl. S. 369). Damit ist das Wesen und der Umfang seiner Persönlichkeit für unsere Zwecke zureichend skizziert: Leo ist ein Mensch, der mit sich selbst, mit den Menschen, mit der Welt und der Transzendenz in vollkommener Harmonie lebt und auf diese Weise ein vollgültiges Symbol des Selbst darstellt.

## 11.4 Der Verlust des Selbst

Wie die weitere Entwicklung des Geschehens zeigt, fungiert Leo für den Chronisten als unbewusste Projektionsfigur für das Selbst. Dies zeigt sich daran, dass der Erzähler nach Leos Flucht vom Bundesheer in der Schlucht von Morbio Inferiore einer vollkommenen Verzweiflung anheimfällt. Symbolischer Ausdruck dieses innerseelischen Vorgangs ist ein globaler Zweifel am Sinn der

„Morgenlandfahrt" und der Verlust des Anschlusses ans Bundesheer. Ganz offenbar ist das magische Alleinheitsempfinden des Erzählers unbewusst mit der charismatischen Gestalt Leos verknüpft:

> [...] jetzt spürte ich zum ersten Mal im Herzen etwas wie Traurigkeit und Zweifel, und je mehr diese Gefühle in mir stark wurden, desto deutlicher auch fühlte ich, dass es nicht bloß das Wiederfinden Leos war, woran ich den Glauben verlor, sondern es schien alles jetzt unzuverlässig und zweifelhaft zu werden, es drohte alles seinen Wert, seinen Sinn zu verlieren: unsre Kameradschaft, unser Glaube, unser Schwur, unsre Morgenlandfahrt, unser ganzes Leben." (8, 344)

Leos Flucht – die später explizit als „Prüfung" (8, 382) des Chronisten gedeutet wird – offenbart also die Labilität jener visionären Empfindung des Selbst, die der Chronist im ersten Kapitel der Erzählung so wortreich beschrieb. Die magische Selbst- und Welterfahrung – so musste der Erzähler und mit ihm der Dichter erfahren – ist aus mehreren Gründen ein äußerst kurzweiliger und zerbrechlicher psychischer Zustand. Einmal impliziert das Erlebnis der „unio mystica" eine Missachtung der polaren Struktur des menschlichen Bewusstseins und mithin eine Negation der dualistischen Wahrnehmungen von der Welt und der eigenen Psyche.[259] Das Erwachen zum Geist und damit zum „Rückfall" in eine polare Daseinsbefindlichkeit ist unvermeidlich – es sei denn, man ist bereit, Hölderlins und Nietzsches Preis für die Permanenz der „Erlösung" zu zahlen.

Ein weiterer Faktor für die Instabilität derartigen Erlebens – darauf wurde in der vorliegenden Arbeit mehrmals hingewiesen – liegt darin begründet, dass mit der rückhaltlosen Öffnung des Ich für das Selbst nicht nur die positiven und synthetischen, sondern auch die düsteren und destruktiven Züge des Unbewussten freigesetzt werden[260]; diese negativen Aspekte der Seelentiefe führen dann zu jenen scheinbar grundlosen Angstzuständen, Depressionen und Aggressionen, die in Hesses Erzählungen aus der frühen Tessiner Periode immer wieder beschrieben werden (vgl. namentlich „Klein und Wagner" und „Klingsors letzter Sommer").

Darüber hinaus impliziert die unbewusste Koppelung des Einheitserlebnisses an das äußere Symbol Leo – also die Projektion des Selbst – natürlich einen weiteren Instabilitätsfaktor.

Aus allen diesen Gründen verfällt der Chronist nach dem Verschwinden Leos in einen Zustand der Verzweiflung. Ohne sein Vorbild und ohne äußere Hilfe vermag er die magische Euphorie des Bremgarten-Erlebnisses nicht länger aufrechtzuerhalten. Seine Depression äußert sich in einer Reihe von Symptomen, denen allesamt eine tiefenpsychologische Symbolfunktion zukommt. So glaubt er etwa, mit Leo sei auch der sogenannte „Bundesbrief" verloren gegangen – jenes Dokument, das in einer angeblich unlesbaren Urschrift, sowie in chinesischen, griechischen, hebräischen und lateinischen Übersetzungen das Bundesgeheimnis enthält.

Mit diesem Mythos vom Bundesbrief als Inbegriff des in seiner Vollständigkeit und Eigentlichkeit unerkennbaren Welt-Sinnes schafft Hesse eine psychologische Neuauflage von Lessings Ringparabel samt deren Erkenntnis- und Religionstheorie: Wenn die Urschrift (der erste Ring) nicht mehr lesbar bzw. identifizierbar ist, so bedeutet dies bei Hesse wie bei Lessing, dass die eigentliche und tiefste religiöse Wahrheit – das Wesen Gottes – immer unergründbar bleiben wird.

Nach der Psychologie Jungs liegt dies daran, dass das Selbst als Erfahrungsgrundlage für die „imago dei" in weiten Teilen immer unbewusst und unerfahrbar bleibt, so dass der einzelne den Eindruck erhält, auch das Wesen und die Totalität Gottes nie vollständig erfahren zu können. Bewusst gemacht und erkannt werden können nur die verschiedenen Projektionen, welche das Selbst in den großen Kulturen und Weltreligionen – bei Lessing sind es drei (Christentum, Judentum, Islam), bei Hesse vier (die chinesische, griechische, hebräische und römische, vgl. 8, 373ff.) – hinterlassen hat. Alle diese großen religiösen Entwürfe – so darf daraus geschlossen werden – haben das Wesen des Selbst in ihrer Sprache und auf ihre Weise auszudrücken versucht. Aber eben daran – an die Alleinheit des Geistes und der Seele hinter ihren verschiedenen Manifestationen, Sprachen und Ausdrucksformen – vermag der Chronist nach Leos Verschwinden nicht mehr zu glauben. Sein Wissen um den überpersönlichen Kern seiner Seele und dessen Verbindung mit einer überzeitlichen geistig-religiösen Bewegung ist zerbrochen.

Als ein zweites Symptom des Selbst-Verlustes beim Chronisten müssen die erzählerischen Schwierigkeiten angesehen werden, die nach Leos Verschwinden einsetzen. Der Verlust der innerseelischen Ordnungsfunktion des Selbst bringt es mit sich, dass er nicht nur an der Erzählbarkeit, sondern auch an der Erlebbarkeit seines innersten Anliegens zweifelt:

> Wo ist eine Mitte der Ereignisse, ein Gemeinsames, etwas, worauf sie sich beziehen und was sie zusammenhält? [...] Nirgends ist eine Einheit, eine Mitte, ein Punkt, um den das Rad sich dreht [...] hinter meinem ganzen un-

bändigen Drang nach dem Erzählen unserer Geschichte steht ein tödlicher Zweifel [...]. Dieser Zweifel stellt nicht nur die Frage: Ist deine Geschichte denn erzählbar? Er stellt auch noch die Frage: War sie denn erlebbar? (8, 349/350)

Diese zweifache Verzweiflung ist charakteristisch für jenen inneren Zustand, den der Dichter in allen bislang betrachteten Erzählungen beschrieben hat und den er wie aufgezeigt als ein archetypisches Stadium des Individuationsprozesses begreift: In den Zeiten der Zerrissenheit und des Verfallenseins an das innere Chaos ist es nicht nur unmöglich, den Zustand seelischer Erfüllung zu beschreiben, sondern man zweifelt auch daran, jemals eine solche erlebt zu haben. Die Possessivkraft der düsteren Aspekte des Unbewussten lähmt jeden Versuch des bewussten Ich, eine Besserung der Lage herbeizuführen. Der einzelne verfällt der Depression. Ein neues Ganzheitsbewusstsein – so hat es der Dichter immer wieder beschrieben – kann nur erreicht werden, wenn der Verzweifelte sich zunächst zu einer umfassenden Selbsterkenntnis durchringt und so die Voraussetzungen für eine neue Emanation des Selbst schafft. Das langsame Erarbeiten dieser psychohygienischen Voraussetzungen und das endliche Erreichen einer neuen Ganzheit wird in der zweiten Hälfte der Erzählung symbolisch beschrieben.

## 11.5 Der Weg zu einem sozialen Verständnis des Selbst

### 11.5.1 Geistige Voraussetzungen

Der Weg der Besserung beginnt mit einem Besuch des Erzählers bei dem befreundeten Journalisten Lukas in der Großstadt. Ohne große Umschweife trägt er dem Zeitungsmann seine dichterischen Pläne samt den momentanen Schwierigkeiten damit vor. Lukas als typischer Vertreter des „feuilletonistischen Zeitalters" – um einen Terminus aus dem „Glasperlenspiel" zu gebrauchen – erweist sich zwar als zu oberflächlich und schnellfertig in seinen Urteilen, um die überzeitliche Dimension der „Morgenlandfahrt" und der literarischen Pläne des Chronisten verstehen zu können (er beurteilt beides als geistige Modeerscheinung), begreift aber immerhin die schöpferische Problematik: Den mangelhaften persönlichen Bezug zu seinem Stoff. Anhand der Entstehungsgeschichte seines eigenen Kriegstagebuches gelingt es Lukas, dem Erzähler deutlich zu machen, dass nur eine zutiefst existenzielle Motivation für sein Schreiben die momentane Produktionshemmung überwinden helfen kann:

Ich musste entweder das Buch schreiben oder verzweifeln, es war die einzige Möglichkeit meiner Rettung vor dem Nichts, vor dem Chaos, vor dem Selbstmord. Unter diesem Druck ist das Buch geschrieben, und es hat mir die erwartete Rettung gebracht, einfach weil es geschrieben ist, einerlei wie gut oder schlecht. Das war das eine, die Hauptsache. Und dann: Beim Schreiben durfte ich nicht einen Augenblick an andere Leser denken als an mich selber oder höchstens hie und da an einen nahen Kriegskameraden, und zwar dachte ich dann nie an Überlebende, sondern immer an solche, die im Krieg umgekommen waren. Ich war während des Schreibens ein Fieberkranker oder Irrsinniger, umgeben von drei, vier Toten mit verstümmelten Leibern – so ist das Buch entstanden. (8, 354)

Dieser Hinweis zur Psychologie des schöpferischen Prozesses schafft jene elementaren geistigen Voraussetzungen, die der Chronist braucht, um seinen fatalen Lähmungszustand überwinden zu können: Lukas' Bekenntnis erinnert ihn daran, dass das zentrale Anliegen seines Lebens – der Wiederanschluss an die „Morgenlandfahrer" und eine Beschreibung der „Morgenlandfahrt" – willentlich nicht forcierbar ist. Der Durchbruch in die überpersönliche Sphäre des Selbst und die Beschreibung dieses Erlebnisbereiches resultiert aus einem Gnadenerlebnis – aus einer autonomen Manifestation des kollektiven Unbewussten – und unterliegt nicht der Willkür des bewussten Ich. Wenn das Ich zum Gelingen dieses innerseelischen Prozesses etwas beizutragen vermag, dann nur insofern, als es durch eine soziale Interpretation des schöpferischen Prozesses (Lukas' Denken an die toten Kriegskameraden!) jene überpersönliche Orientierung des Bewusstseins vornimmt, die auch für die Erfahrung des Selbst notwendig ist: Lukas' existenzielle und soziale Interpretation des Schreibens ist ein genialer Trick zur Eliminierung psychischer Blockaden beim kreativen Prozess.

Aber diese psychotherapeutische Hilfe ist nicht der einzige Dienst, den Lukas dem Erzähler erweist; er erkennt auch, wie wichtig Leo für ihn ist und verschafft ihm dessen Adresse. Damit wird der äußere Grundstein dafür gelegt, dass der Chronist nicht nur die geistigen, sondern auch die psychologisch-erlebnismäßigen Voraussetzungen für seine „Morgenlandfahrt" zurückgewinnt.

## 11.5.2 Psychologische Voraussetzungen

Der Besuch bei Lukas hat zwar die geistige Problematik des Chronisten theoretisch gelöst, seinen psychischen Verzweiflungszustand aber völlig unberührt gelassen. Nach wie vor fühlt er sich vom Bund ausgeschlossen und unfähig, die begonnene Chronik fortzusetzen.

Er ahnt, dass er nur dann eine Chance auf Reintegration in den Bund hat, wenn es ihm gelingt, Leo wiederzufinden. Dank der von Lukas vermittelten Adresse gelingt es ihm tatsächlich, seine Wohnung ausfindig zu machen. Er begegnet ihm in jenem Moment, wo er entspannt pfeifend und in vollkommener Harmonie mit der Außenwelt eine Gasse hinabgeht. Wie magisch angezogen durch die archetypische Erscheinung, verfolgt er den ehemaligen Diener und verwickelt ihn in ein Gespräch. Dabei stellt sich heraus, dass der Erzähler in einer Laune und ohne materielle Not seine Violine verkauft hat. In der nachfolgenden Diskussion verteidigt er eine bürgerlich-rationale Weltanschauung gegen Leos Auffassung vom Leben als Spiel. Dies ist der Grund, weshalb Leo ihn nicht wiedererkennt; ein Mensch, der ohne Not ein wertvolles Instrument verkauft und geistig in den Kategorien bürgerlicher Lebensrationalität zu Hause ist, kann kein Morgenlandfahrer sein. In den Kategorien dieser Arbeit: Ein immaterielles, transrationales, spielerisches Verhältnis zum Leben gehört zu den essenziellen Merkmalen des verselbsteten Menschen. Leo sagt:

> Gerade das ist es ja, das Leben, wenn es schön und glücklich ist: ein Spiel! Natürlich kann man auch alles Mögliche andere aus ihm machen, eine Pflicht oder einen Krieg oder ein Gefängnis, aber es wird dadurch nicht hübscher. (8, 363)

Mit diesem Hinweis auf die Bedeutung des Spielerischen für das Erreichen von psychischer Ganzheit stößt „Die Morgenlandfahrt" in Dimensionen vor, die später im „Glasperlenspiel" weitergeführt und zu Ende gedacht werden. Der vollendete Mensch als „Homo ludens" – diese Schillersche Idee[261] wird hier vom Dichter erstmals in den gedanklichen Kosmos seines Werkes integriert.

Aber der Chronist ist keinesfalls aufgeschlossen für diese Möglichkeit. Sein kategorialer Irrtum besteht darin, dass er glaubt, als Ich-verhafteter, bürgerlich-rationaler Mann könne er wieder in den Bund aufgenommen werden, d. h. zum All-Einheits-Bewusstsein des Selbst durchdringen. Sein Nicht-Wieder-Erkanntwerden durch Leo zeigt, dass auf diese Weise der erhoffte Durchbruch nicht gelingen kann.

Die unrealisierte psychische Ganzheit des Ich-Erzählers zeigt sich auch bei der Episode mit dem Wolfshund Necker. Während das Tier Leos

Zärtlichkeiten gern entgegennimmt und sich zutraulich und zahm verhält, knurrt es den Chronisten aggressiv und böse an. Auch diese Szene kann tiefenpsychologisch interpretiert werden: Der Wolf ist – in Anspielung auf den „Steppenwolf" – ein Symbol für den jungschen „Schatten", d. h. für all jene Inhalte seiner Psyche, deren er sich nicht bewusst ist und die deshalb die Entfaltung der Ganzheit seines Selbst behindern. Leos vertrauter Umgang mit dem Wolfshund ist ein Ausdruck jenes angstfreien, offenen und harmonischen Verhältnisses zwischen Ich und Unbewusstem, das als Idealzustand gelten kann und es ihm möglich macht, als eine derart entspannte und restlos verselbstete Persönlichkeit zu erscheinen.[262] Doch davon ist der Erzähler noch weit entfernt.

Immerhin aber führt das Nichterkanntwerden durch Leo den Chronisten nunmehr endgültig in jenes Stadium hoffnungsloser Verzweiflung, das der Dichter in allen seinen Erzählungen seit dem „Demian" als Vorbedingung für die Erfahrung des Selbst beschrieben hat. In dieser inneren Verfassung schreibt er einen langen Brief an Leo, über den es heißt:

> Aller Verdruß meines enttäuschten Lebens, das seit meiner einsamen Rückkehr von der mißlungenen Morgenlandfahrt immer wertloser und mutloser geworden war, aller Unglaube an mich selber und meine Fähigkeiten, alle neidisch-reuige Sehnsucht nach den guten und großen Zeiten, die ich einst erlebt hatte, wuchsen als Schmerz in mir an, wuchsen hoch wie ein Baum, wie ein Berg, dehnten mich, und bezogen sich alle auf meine derzeitige Situation [...] Zu Hause machte ich Licht [...] und [...] schrieb zehn, zwölf, zwanzig Seiten der Klage, der Reue, der flehentlichen Bitte an Leo [...] Wie im Fieber malte ich Seite um Seite voll eiliger Buchstaben, ohne Besinnung, ohne Glauben, die Klagen, Anklagen, Selbstanklagen stürzten aus mir heraus wie Wasser aus einem brechenden Krug, ohne Hoffnung auf Antwort, nur aus Drang nach Entladung. (8, 367)

Die Metapher vom berstenden Krug spricht Bände: Was hier zerbricht, ist das Ego des Chronisten.[263] Wenn er nunmehr bereit ist, seinem inneren Chaos voraussetzungslos ins Gesicht zu sehen und seine Verzweiflung in einem Brief an das verehrte Vorbild rückhaltlos und ohne Hoffnung auf Antwort auszusprechen, so bedeutet dies jene neue Offenheit für das Unbewusste, die am Ende das Wandlungserlebnis auszulösen vermag. Die Transzendierung des Ich macht den Weg frei für die kompensatorischen und erneuernden Kräfte des Unbewussten und damit für die Epiphanie des Selbst.

### 11.5.3 Der Durchbruch zum sozialen Aspekt des Selbst

Völlig unerwartet und doch mit äußerster tiefenpsychologischer Konsequenz und Symbolkraft erscheint am nächsten Tag Leo in der Wohnung des Chronisten und verkündet ihm seine Berufung durch den „Hohen Stuhl" der Morgenlandfahrer.

Die archetypische Bedeutung dieses Ereignisses liegt auf der Hand: Auf dem Grunde der tiefsten Heillosigkeit und Verzweiflung produziert das Unbewusste ein neues Ganzheitssymbol, das eine psychische Wandlung und Reintegration ermöglicht. Leos Erscheinen und die Berufung durch die oberste Behörde der Morgenlandfahrer sind die poetischen Symbole, welche diese tiefenpsychologische Gesetzmäßigkeit illustrieren. Wie seine Einstellung gegenüber dem Bund zeigt, ist der Erzähler jetzt bereit, sich den Eingaben seines unbewussten Selbst rückhaltlos zu öffnen:

> Ich war bereit zu zeigen, dass ich dem Bund nicht untreu geworden sei, ich war bereit zu gehorchen. Mochten die Oberen mich nun bestrafen oder mir verzeihen, ich war im Voraus bereit, alles anzunehmen, ihnen in allem recht zu geben und Gehorsam zu leisten. (8, 369)

Der Begriff des Gehorsams ist – wie praktisch jedes Handlungselement der Erzählung – doppeldeutig: Auf einer oberflächlichen Ebene bedeutet er die Bereitschaft zur Ausführung der Anordnungen Leos und des Bundes; im tieferen Sinne und recht eigentlich aber meint er die Unterordnung unter die innere Stimme des Selbst.

Mit dieser neuen Offenheit des Ich für die Manifestationen des Selbst sind die Voraussetzungen für eine psychische Heilung und ein neues Ganzheitsbewusstsein erfüllt. Der Rest der Erzählung – das gesamte 5. Kapitel – beschreibt ein Erlebnis des kollektiven Unbewussten, das in seinen psychologischen Voraussetzungen, Äußerungsformen und Implikationen weitgehend übereinstimmt mit dem „Magischen Theater" im „Steppenwolf". Beides sind Entwürfe für eine „Metaphysik der Seele" – Anläufe zur Erforschung und Darstellung tief unbewusster psychischer Inhalte und Prozesse, die in surrealistischen Bildern und Symbolen dargestellt werden. Diese sollen nun nach den Kategorien und Methoden der jungschen Psychologie entschlüsselt werden.

Leo führt H. H. auf Umwegen – Symbol für den langen und schwierigen Weg zur Erfahrung des Selbst – zum Tagungshaus des Bundes. Dieses Haus, das als „ausgedehntes Amtsgebäude oder Museum" (8, 370) beschrieben wird und mit seinen Korridoren, Treppen, Türen und vielerlei Räumen auch äußerlich stark an das „Magische Theater" erinnert, ist ein Symbol für die Mannigfaltigkeit des kollektiven Unbewussten.[264]

Statt Pablo ist es nun Leo, der als Archetypus des Führers und des Selbst den Erzähler durch die labyrinthischen Flure führt. Wie in der surrealistischen Schlusskadenz des „Steppenwolf", so wird auch beim Gang durch das Bundesarchiv die gesamte Entwicklung des Protagonisten in einer kompositorischen Engführung noch einmal reproduziert.

In der ersten Türe, die sie öffnen, erblickt der Chronist den Maler Klingsor. Er symbolisiert das Faszinosum der magischen Erfahrung des Selbst – genauer: Jenes haltlose Oszillieren zwischen mystischer Ekstase und heilloser Verzweiflung, das auch für die primäre Stufe der Selbsterfahrung des Chronisten charakteristisch war und nun durch eine höhere Stufe psychischer Ganzheit ersetzt werden soll. Das Verselbstungsideal Klingsors wird durch das neue Vorbild Leo ersetzt. Diese Konfrontation mit der früheren Persönlichkeit bildet übrigens eine weitere Parallele zum Auftakt des „Magischen Theaters" und liefert damit ein zusätzliches Indiz für den autobiografischen Selbstdeutungscharakter der „Morgenlandfahrt".

Erst danach ist der Chronist ausreichend vorbereitet, um in die kollektiven Sphären seines unbewussten Selbst vorzudringen. Diese werden durch das riesige Archiv im Dachgeschoß des Gebäudes symbolisiert. Der Erzähler gewinnt den Eindruck,

> [...] als werde von hier aus die ganze Welt samt dem Sternenhimmel regiert oder doch registriert und bewacht. (8, 370)

Das Synedrion – die feierliche Versammlung der Bundesleitung – symbolisiert den Kernaspekt des Selbst, während der sich in „verdämmernde Fernen" und in den „Sternhimmel" (ebd.) verlierende Hauptsaal für die kosmischen Bezüge des Unbewussten steht. Der Sprecher des Synedrions, als den der Chronist später Leo identifiziert, (vgl. S. 378), verkörpert die Stimme des Selbst – jenes „Genius" also, den Hesse als „Stimme Gottes" empfand.[265]

Dass unter diesen psychologischen Voraussetzungen die Anklageerhebung durch den Sprecher eine verschlüsselte Selbstanklage des Chronisten bedeutet, wird vom Text explizit bestätigt: „Selbstanklage eines entlaufenen Bundesbruders" (8, 371) lautet die Ankündigung, mit welcher der Vorsitzende des Hohen Stuhls den fiktiven Prozess gegen den Erzähler eröffnet.

H. H. wird befragt, ob er seine Fahnenflucht bei Morbio Inferiore, seine literarischen Pläne für eine Beschreibung der „Morgenlandfahrt" und sein Gefühl des Behindertseins durch das Schweigegelübde zugebe? Er bejaht alles. Statt der erwarteten Verurteilung endet das Verhör aber mit einem Freispruch: H. H. wird nicht nur von der Schweigepflicht über das Bundesgeheimnis entbunden, sondern bekommt darüber hinaus noch das gesamte Bundesarchiv als Grundlage für seine literarische Arbeit zur Verfügung gestellt. Der ganze Prozess samt Lossprechung ist somit eine symbolische Darstellung für seinen inneren Konflikt, sowie dessen letztendliche Lösung durch Selbsterkenntnis, Selbstanklage und eine neue Ganzheitsproduktion des Selbst. Die Archivöffnung zeigt an, dass nach diesem Initiationsritus die Tiefe seines kollektiven Unbewussten offen vor ihm liegt und nur darauf wartet, ins Bewusstsein integriert zu werden.

Im Lichte dieser neuen Bewusstseinsstufe erscheint dem Chronisten alles bislang Niedergeschriebene als völlig irrelevant und er ist gewillt, nochmals ganz von vorn zu beginnen. Begierig und voll von neuem Elan stürzt er sich auf die Archivkästen – auf die archetypischen Inhalte des kollektiven Unbewussten – und versucht, sie zu öffnen und zu entziffern. In seiner Ungeduld holt er sogleich den Bundesbrief heraus, muss aber erfahren, dass ei ihn nicht zu lesen vermag: Das Selbst als tiefster und bewusstseinsfernster aller Archetypen ist ihm noch nicht erfahrbar; dazu bedarf es noch bestimmter Zwischenschritte und Vorbereitungen.

Die zweite Archivrecherche des Chronisten gilt der Karteikarte Leos. Sie lautet:

Cave!
Archiepisc. XIX. Diacon. VII.
Cornu Ammon. 6
Cave!" (8, 375)

Interpretiert man diese Angaben psychologisch, so ergeben sich zwanglos jene Grundzüge von Leos Charakter, die auch unsere Analyse zutage förderte: Seine Qualitäten als psychologischer Führer und Rück-Führer zum Selbst („piscator"), seine sozialen Aspekte („Diaconos"), sowie seine Funktion als Symbol des Selbst („cornu ammonis").[266]

Die Entdeckung und Entzifferung dieser Karteikarte ist psychologisch als das Aufkeimen einer ersten Ahnung über das wahre Wesen Leos zu werten. Nunmehr ist der Erzähler nicht mehr weit entfernt von der großen

Erkenntnis, dass der scheinbar subalterne Diener in Wahrheit der Oberste der Oberen im Bunde ist.

Nach dieser tiefsinnigen Auskunft vermag er begreiflicherweise auch seine Neugier bezüglich Fatme – dem anfänglichen Ziel seiner „Morgenlandfahrt" – nicht mehr zu unterdrücken. Er sucht ihren Katalogzettel und findet folgenden Eintrag:

> princ. Orient. 2
> noct. still. 983
> hort, delic. 07
> (8, 375)

In meiner Übertragung: „Orientalische Prinzessin aus der 983. Nacht. Herrliche Anregerin." Die tiefenpsychologische Interpretation weist ebenso zwanglos wie bei Leo auf jene Anima-Funktion Fatmes hin, die auch unsere Analyse erbrachte: Die Suche nach Fatme bedeutete jenes unverzichtbare Stimulans auf der „Morgenlandfahrt" und damit im Individuationsprozess des Chronisten, ohne das er seinen Weg weder angetreten noch durchgehalten hätte. Jene Anregungs- und Motivierungsfunktion ist nach Jung eine der wichtigsten psychischen Wirkungen der Anima.[267]

Mittlerweile hat sich die Bedeutung Fatmes für den Chronisten allerdings entscheidend relativiert: War sie zu Beginn der Aufzeichnungen noch das entscheidende movens für seine Reise, so steht jetzt Leo im Zentrum seines Wollens, Suchens und Strebens. Auch diese Verschiebung in der Relevanz der archetypischen Bezugspersonen des Erzählers ist mit Hilfe der jungschen Psychologie interpretierbar: Der umfassendere psychologische Typus – Leo als Symbol des Selbst – hat die weniger komplexe Anima-Figur in ihrer psychologischen Führungsrolle verdrängt.

Was nachfolgt, ist die definitive Behandlung des Falles H. H. durch Leo als Vorsitzenden des „Bundesgerichtshofes". Dieser fiktive Prozess und seine Begleiterscheinungen muss als dichterisches Symbol für das letzte Stadium jenes innerseelischen Integrationsprozesses angesehen werden, an dessen Ende der Chronist eine neue Vision der Verselbstung entwickelt. Der Verlauf der Verhandlung entspricht dabei jenem archetypischen Initiationsritus, wie er bereits im „Magischen Theater"des „Steppenwolf" praktiziert wurde:

Zunächst wird der Erzähler mit dem Faktum konfrontiert, dass er für seinen Verzweiflungszustand und für sein Leiden in vollem Maße selbst verantwortlich ist. Er erfährt, „ [...] dass nicht Leo und nicht der Bund es war, die mich verlassen und enttäuscht hatten, sondern dass nur ich so schwach und töricht gewesen war, meine eigenen Erlebnisse mißdeutend, am Bund zu zweifeln" (8, 378).

Die psychologische Funktion dieses Erzählfragmentes korreliert mit der „Auseinandersetzung mit dem Schatten" in der jungschen Psychologie: Der Initiand wird mit seinem Alter Ego und damit mit seiner Verzweiflung und Erlösungsbedürftigkeit konfrontiert.

Die zweite Stufe der Initiation besteht im Vergeben der Schuld. Der „Bundesgerichtshof" bewertet zur Überraschung des Erzählers die ihm bewussten Vergehen – seinen Abfall vom Bund und seinen literarischen Plan einer Beschreibung der „Morgenlandfahrt" – als geringfügige „Novizendummheiten" (8, 379). Sie gelten nach einem Lächeln der Versammlung als vergeben und erledigt.

Wie die gesamte Gerichtsverhandlung, so hat auch das Lächeln der Bundesversammlung eine Parallele zum „Magischen Theater" des „Steppenwolf": Wenn Harry Haller am Ende seiner halluzinatorischen Reise durch das Selbst von einem Gerichtshof für seine Fehlleistungen ausgelacht und zur „Strafe des ewigen Lebens" (7, 410) verurteilt wird, so hat dieses Lachen samt dem Urteil die nämliche Funktion wie in der Morgenlandfahrt: Es ist eine Aufforderung zur Versöhnung mit der Insuffizienz des Lebens und der eigenen Persönlichkeit, sowie gleichzeitig ein Symbol für die integrative Kraft des Selbst nach erlangter Konfliktbewusstheit. Das Selbst – so ist diese Szene tiefenpsychologisch zu deuten – besitzt eine immanente Kraft zur Konfliktlösung und zur Produktion einer neuen psychischen Ganzheit.

Ganz anders – und dies ist die 3. Stufe der Initiation – werden dagegen die unbewussten Verfehlungen des Chronisten bewertet. H. H. erfährt zu seinem maßlosen Erstaunen und Erschrecken, welch gravierende Sünden er ungewollt und unbewusst begangen haben soll: Das egozentrische Bedrängen Leos, den Verkauf seiner Violine, die Provokation des Wolfshundes Necker, die Missachtung der Religion und sein jahrelanges, verzweiflungsvolles Selbstmörderleben. Erst als er diese Sünden zugegeben hat, wird ihm von Leo die Absolution erteilt und als Zeichen der Reintegration in den Bund jener Bundesring übergeben, den er zwischenzeitlich, wie seine Ganzheit, verloren hatte. Die tiefenpsychologische Bedeutung dieser Tertiärstufe liegt auf der Hand: Sie illustriert nochmals jene christlich-paulinische Erlösungspsychologie des Dichters, nach welcher der Mensch erst dann zum Erlebnis der Gnade (des Selbst) fähig ist, wenn er nicht nur seine bewussten und gewollten, sondern auch seine unbewussten und ungewollten Verfehlungen (die „Erbsünde") einsieht und eingesteht.

Erst diese Erkenntnis des existenziellen und unausweichlichen Ausge-
liefertseins an den „Schatten" – so Hesse mit Paulus – treibt das stolze Ich
derart in die Enge, dass es reif wird für die Erfahrung des Selbst.[268] Dies meint
auch Leo, wenn er in seiner Urteilsbegründung den Individuationsweg des
Chronisten summarisch beurteilt und dabei den Zustand der Verzweiflung als
conditio sine qua non eines geistigen Lebens bezeichnet:

> Bruder H. ist durch seine Prüfung bis in die Verzweiflung geführt worden,
> und Verzweiflung ist das Ergebnis eines jeden ernstlichen Versuches, das
> Leben mit der Tugend, mit der Gerechtigkeit, mit der Vernunft zu bestehen
> und seine Forderungen zu erfüllen. Diesseits dieser Verzweiflung leben die
> Kinder, jenseits die Erwachten. Angeklagter H. ist nicht mehr Kind und ist
> noch nicht ganz erwacht. Er ist noch mitten in der Verzweiflung. Er wird sie
> durchschreiten und wird damit sein zweites Noviziat leisten. (8, 382)

Das äußere Signum dieses „Erwachens" zu einer neuen Ganzheit ist die
Wiederaushändigung des „Bundesrings" mit seinen vier Edelsteinen (vgl. 7,
383). Er entspricht der archetypischen Symbolik des Selbst gleich in dreifa-
cher Weise (Kreisform, Vierzahl, Steinhaftigkeit).[269] Der Ring zeigt an, dass die
geistigen und psychologischen Voraussetzungen für einen neuen Durchbruch
zum Selbst nunmehr gegeben sind.

Wie der Held im archetypischen Individuationsmythos, so muss am Ende
auch der Chronist seine innere Reife noch in einer Bewährungsprobe unter
Beweis stellen.[270] Es ist die Nämliche wie im „Steppenwolf": Die Bereitschaft
zu rückhaltloser Selbsterkenntnis. H. H. soll sich bereit zeigen, das Urteil
des allwissenden Bundesarchives über sich zu erfragen. Die tiefenpsychologische Symbolfunktion und innere Notwendigkeit dieser Forderung leuchten
unmittelbar ein: Wer nach einem Leben in der überpersönlichen Sphäre des
Selbst begehrt, muss unaufhörlich vom Ich auf dieses Selbst zurückreflektieren
und dabei bereit sein, auch dessen potenziell unangenehmen und problematischen Zügen ins Auge zu schauen. Die Bereitschaft zur Selbsterkenntnis muss
vollkommen voraussetzungslos sein. Der Chronist versteht diese Zusammenhänge, geht zum Zettelkasten und sucht seine Karteikarte heraus. Der Eintrag
lautet lakonisch:

> Chattorum r. gest. XC
> civ. calv. inf. 49 (8, 384)
> (In Sachen Hesse [...] Unzuverlässiger Bürger von Calw [...])

Unzuverlässigkeit bzw. Untreue scheint also alles zu sein, was an objektiven Gründen gegen H. H. vorzubringen ist. Gleichwohl schreckt der Erzähler zunächst davor zurück, die angegebene Archivstelle aufzusuchen, um dort die Details über sein Selbst zu erfahren. Die Furcht vor der scheinbar allwissenden Instanz ist zu groß. Erst als er zufällig zwei weitere Darstellungen der „Morgenlandfahrt" entdeckt und zu seiner Überraschung sieht, dass diese ganz erheblich voneinander und auch von seinem Versuch abweichen, fasst er Mut zu diesem letzten Schritt.

Die psychologische Symbolik ist deutlich: Der Chronist begreift, dass auch das riesige Archiv der Morgenlandfahrer – das kollektive Unbewusste – keine unwiderlegbaren, objektiven und letztgültigen Wahrheiten enthält, sondern nur eine Ansammlung der subjektiven Erfahrungen, Erlebnisse und Erkenntnisse seiner Vorgänger und Zeitgenossen. Erst diese Einsicht in die Relativität aller Wahrheit macht es ihm möglich, seiner persönlichen Wahrheit nunmehr endgültig ins Gesicht zu sehen.

Daraus resultiert das Schlussbild der Erzählung, H. H. geht noch einmal ins Archiv, sucht die angegebene Stelle auf und erblickt eine seltsame Doppelfigur, mit der er zunächst nichts anzufangen weiß. Erst mit Hilfe zweier Kerzen – Symbol für die Bewusstseinsferne der archetypischen Vision – vermag er die Szenerie so weit auszuleuchten, dass er erkennt, worum es sich handelt: Es sind zwei gläserne Statuen, von denen die eine ihn selbst und die andere Leo darstellt. Seine Figur ist haltlos, schwächlich, sterbend gestaltet – Leo dagegen kräftig, lebensvoll, strahlend. Er begreift: Die beiden Plastiken sind Allegorien des Lebens und des Todes. Aber erst nach längerer Betrachtung entdeckt er schließlich das Entscheidende:

Und im Innern der Figuren sah ich etwas sich bewegen, langsam, unendlich langsam sich bewegen, wie eine eingeschlafene Schlange sich bewegt. Es ging da etwas vor sich, etwas wie ein sehr langsames, sanftes, aber ununterbrochenes Fließen oder Schmelzen, und zwar schmolz oder rann es aus meinem Ebenbild in das Bild Leos hinüber, und ich erkannte, dass mein Bild im Begriffe war, sich mehr und mehr an Leo hinzugeben und zu verströmen, ihn zu nähren und zu stärken. Mit der Zeit, so schien es, würde alle Substanz aus dem einen Bilde in das andre hinüberrinnen und nur ein einziges übrig bleiben: Leo. Er musste wachsen, ich musste abnehmen. (8, 389/390)

Diese Schlussvision besagt ein Doppeltes:[271] Sie ist einmal das Symbol für die definitive Überwindung seiner Verzweiflung in einer neuen Epiphanie des

Selbst; indem er Leos Wesen als Inhalt der eigenen Psyche und als Inkarnation seiner innersten Sehnsüchte erkennt, dringt er durch bis zum überpersönlichen Kern seines Selbst und realisiert eine neue psychische Ganzheit. Darüber hinaus aber indiziert diese Vision noch jenen beginnenden Wandel von einem magischen zu einem sozialen Verständnis des Selbst, der im nachfolgenden Werk vom „Glasperlenspiel" im Zentrum der Problematik stehen wird.

Mit dem Verströmen des Ich-Erzählers in Leo lösen sich auch Emil Sinclair, Friedrich Klein, Klingsor, Siddhartha, der Kurgast und Harry Haller langsam aber sicher in Leo auf. Nicht mehr Kleins ekstatische Verzückung bei der magischen Erfahrung des Selbst, sondern Leos franziskanische Liebe zu aller Kreatur bezeichnet das Verselbstungsideal des Dichters. Das Faszinosum des Magischen wird durch das Faszinosum des Sozialen ergänzt. Das Schlafbedürfnis des Chronisten am Ende der Erzählung („ich fühlte mich von einer unendlichen Müdigkeit und Schlaflust ergriffen", 8/390) resultiert aus dem archetypischen Wunsch, über das Vehikel des Heilschlafes die ersehnte Wandlung real zu vollziehen.

„Die Morgenlandfahrt" beschreibt dergestalt die Genese eines psychischen Prozesses, der von einer magischen Erfahrung des Selbst über das Anheimfallen an die Verzweiflung bis hin zur Erfahrung der sozialen Aspekte des kollektiven Unbewussten reicht. Mit der Schlussapotheose eines liebenden, harmonischen und sozialen Menschentypus wird darüber hinaus ein neues Telos für den Individuationsprozess formuliert. „Das Glasperlenspiel" wird freilich zeigen, dass das Magische damit keineswegs – wie manche Interpreten meinen[272] – aus der geistigen Welt des Dichters verschwindet; die Erfahrung der überpersönlichen, zeitlosen und kosmischen Dimensionen des Selbst – das religiöse Gotteserlebnis – ist und bleibt ein grundlegendes Faszinosum des Dichters. Vielmehr – aber das wird erst vor dem Hintergrund des nachfolgenden Werkes vollkommen deutlich werden – bringt „Die Morgenlandfahrt" den Durchbruch in eine geistige Welt, wo die magischen und die sozialen Möglichkeiten des verselbsteten Menschen gleichberechtigt nebeneinander stehen.

# 12.  Das Glasperlenspiel

## 12.1 Vorbemerkung

„Das Glasperlenspiel" gilt gemeinhin als ein esoterisches und völlig vergeistigtes Alterswerk, in dem Hesse mit der Attitüde des weise gewordenen alten Mannes die Summe seiner Existenz als Dichter und Denker zu ziehen versucht und das mit der primär psychologischen Problematik seiner mittleren Schaffensperiode praktisch nichts mehr zu tun hat.[273]

Die vorliegende Studie versucht dagegen zu zeigen, dass sowohl die denkerische Konzeption des Romans als auch der Entwicklungsgang des Protagonisten unmittelbar mit der psychologisch-religiösen Kernproblematik der früheren Erzählungen zusammenhängen und der Dichter hier eine letztgültige Antwort auf die gestellten Fragen zu geben versucht.

Aus diesem Erkenntnisinteresse ergibt sich, dass selbstverständlich nicht alle Aspekte dieses ungeheuer komplexen Werkes ausgeleuchtet werden können. So werden die kulturkritischen, geistesgeschichtlichen, religiösen, literaturgeschichtlichen und hagiografischen Implikationen des Romans nur angedeutet werden können.[274] Das Erkenntnisziel der nachfolgenden Analyse ist die psychologische Problematik dieses Alterswerkes und deren Interpretation mit Hilfe der bereits entwickelten Kategorien von C. G. Jung. Damit können zwar nicht alle, wohl aber doch die wesentlichsten Dimensionen des Werkes erfasst und auf den Gesamtzusammenhang dieser Arbeit bezogen werden, womit das Anliegen dieser Dissertation abgeschlossen ist.

## 12.2 Die Initiation

Der Individuationsprozess des Protagonisten Josef Knecht beginnt mit einem Erlebnis, welches der Dichter als „Berufung" bezeichnet und das ausgelöst wird durch das gemeinsame Musizieren des jungen Knecht mit dem alten Musikmeister des kastalischen Ordens. Dieser Abgesandte der pädagogischen Provinz, der gekommen ist, um über Knechts Aufnahme in die Eliteschule der künftigen Glasperlenspieler zu befinden, wird im Text wie folgt charakterisiert:

> [...] es trat ein Mann herein, ein ganz alter Mann, wie es ihm anfangs schien, ein nicht sehr großer, weißhaariger Mann mit einem schönen, lichten Ge-

> sicht und mit durchdringend blickenden hellblauen Augen, deren Blick man
> hätte fürchten können, aber er war nicht nur durchdringend, sondern auch
> heiter, er war von einer nicht lachenden oder lächelnden, sondern stillglän-
> zenden, ruhigen Heiterkeit. (9, 51)

Mit diesen Worten wird erstmals angedeutet, was sich später immer deutlicher und unübersehbarer herauskristallisieren wird: Der alte Musikmeister
muss verstanden werden als ein jungscher Archetypus des Alten Weisen, des
Führers und des Selbst.[275] Er verkörpert Wissen, innere Ganzheit und psychologische Führungsqualitäten. Damit ist er der nämlichen psychologischen Kategorie zuzuordnen wie Vasudeva und Leo.[276] Mit einem bezeichnenden Unterschied freilich: Wenn namentlich bei Leo – aber auch schon
bei Vasudeva – die sozialen Aspekte des Selbst einen integralen Bestandteil ihres Charakters bildeten, so verkörpert der Musikmeister die Realisierung des
Selbst in der vita contemplativa.[277]

Als „Personifikation der Musik" (9, 284) wird er zwar explizit dem Typus des
Heiligen zugeordnet („Sein Zustand von Gnade, Vollendung, Altersweisheit,
Seligkeit [...] mag dem religiösen Leben angehören [...] er war ein Heiliger
und Vollendeter", 9/280 und 283), gleichzeitig von der Gesamtkonzeption
des Werkes her aber entschieden relativiert. Sein heiteres Verstummen im
Alter ist bezeichnend: Sein Charisma als Heiliger und Symbol des Selbst steigert sich auf diese Weise zwar bis zur höchsten Potenz – aber unter Verzicht
auf jegliche Beziehung zur Welt und zu den Mitmenschen. Es wird noch genauer darzulegen sein, weshalb dieser psychologische Typus in der normati-
ven Anthropologie des Romans keine letzte Gültigkeit beanspruchen kann.

Nach der Psychologie C. G. Jungs führt die Konfrontation mit einer
bestimmten archetypischen Figur beim entsprechend Vorbereiteten und
Empfänglichen zu dem Bedürfnis, das entsprechende Urbild auch in sich
selbst zu realisieren. Diese Gesetzmäßigkeit zeigt sich auch bei Josef Knecht.
Die Begegnung mit dem alten Musikmeister erweckt in ihm den zunächst
noch unbewussten Wunsch, eine nämliche Ganzheit und Vollkommenheit zu
erreichen. Dieser innere Vorgang wird vom Text wie folgt beschrieben:

> Er hatte den Vorgang der Berufung erlebt, den man recht wohl ein Sakra-
> ment nennen darf: das Sichtbarwerden und einladende Sich-Öffnen der
> idealen Welt, welche bis dahin dem jungen Gemüt nur teils vom Hören-
> sagen, teils aus glühenden Träumen bekannt gewesen war [...] Es gibt viele
> Arten und Formen der Berufung, der Kern und Sinn des Erlebnisses aber ist

immer derselbe: es wird die Seele dadurch erweckt, verwandelt und gesteigert, dass statt der Träume und Ahnungen von innen plötzlich ein Anruf von
außen, ein Stück Wirklichkeit dasteht und eingreift. Hier nun war das Stück
Wirklichkeit die Gestalt des Meisters gewesen: der nur als ferne, ehrwürdig
halbgöttliche Figur gekannte Musikmeister, ein Erzengel aus dem obersten
der Himmel, war leibhaftig erschienen. (9, 54-57)

Die religiösen Attribute des Musikmeisters sind bezeichnend: Er ist jener archetypische Mittler (Hermes Psychagogos) zum überpersönlichen,
als göttlich-ewig erfahrenen Selbst, den Knecht als Katalysator für seinen
Individuationsprozess braucht. Das Göttliche verkörpernd, weckt er das
Göttliche im Suchenden und löst so sein Berufungserlebnis aus. Die etymologische Bedeutung des Wortes „Berufung" drückt dabei eine tiefe psychologische Wahrheit aus: Die bislang rein egozentrische Persönlichkeit
fühlt sich beim Erlebnis der Be-Rufung plötzlich vom Selbst – von der göttlichen Stimme – gerufen[278] und bekommt damit einen völlig neuen inneren Schwerpunkt. Fortan bestimmt nicht mehr das Ich, sondern der Ruf des
Selbst das Wesen der Persönlichkeit.

Mit dieser Aktivierung des archetypischen Seelenkerns wird Josef
Knechts Individuationsprozess recht eigentlich eröffnet. Seit der ersten
Begegnung mit dem alten Musikmeister ist er unablässig damit beschäf-
tigt, die Vervollkommnung seiner Persönlichkeit und die Realisierung seiner
Ganzheit voranzutreiben. Es wird zu zeigen sein, wie dieser Prozess zunächst
vollkommen unbewusst verläuft, dann immer bewusstere Formen annimmt
und am Ende sich auf eine tragische Weise vollendet. Wie bei allen anderen
Protagonisten Hesses, so ist auch Josef Knechts Leben der Weg zu einer immer umfassenderen Verwirklichung des Selbst.

Hermann Hesse hat das archetypische Erlebnis der Berufung durch
ein Symbol des Selbst in seinem Werk wie aufgezeigt mehrmals gestaltet.
Unmittelbar verwandte oder sogar identische psychologische Bedeutung haben
die Begegnungen von Emil Sinclair mit Demian, von Siddhartha mit Buddha
und Vasudeva, von Harry Haller mit Pablo, sowie die Auseinandersetzung des
Ich-Erzählers mit Leo in der „Morgenlandfahrt".

Aber auch in der Deutschen Literaturgeschichte gibt es einige Parallelen – etwa Parzivals Begegnung mit Trevrizent und Heinrich von Ofter-
dingens Initiationserlebnisse bei Klingsohr und Sylvester (bei allen diesen Führergestalten handelt es sich um jungsche Archetypen des „Alten
Weisen").

Das psychologische Grundprinzip ist jedes Mal dasselbe: Ein im Sinne Jungs unentwickelter Mensch erfährt durch die Konfrontation mit einem Symbol des Selbst den Anstoß zu seiner eigenen Ganzwerdung. Aus allen diesen Gründen muss Josef Knechts Begegnung mit dem alten Musikmeister als ein archetypisches Initiationserlebnis gedeutet werden.

## 12.3 Das Glasperlenspiel als kontemplativ-magische Erfahrung des Selbst

Nach seiner „Examinierung" durch den Alten Musikmeister wird Knecht in die kastalischen Eliteschulen aufgenommen und beginnt die entsprechende Ausbildung. Für unsere Zwecke ist diese Epoche seines Lebens nur so weit interessant, wie sie ihn auf den archetypischen Stationen seines Individuationsweges weiter voranbringt. Diese sollen nachfolgend genauer dargestellt und untersucht werden.

Wenn der alte Musikmeister als Symbol des Selbst Josef Knechts Individuationsprozess recht eigentlich initiiert hatte, so dient er ihm nun auch weiterhin als geistiger Führer auf dem Weg zu einer kontemplativ begriffenen psychischen Ganzheit. Bei verschiedenen Gelegenheiten versucht der alte Mann, dem jungen Adepten die Voraussetzungen und das Wesen eines Lebens im Selbst zu erklären. Eines Tages sagt er:

> Unsere Bestimmung ist, die Gegensätze richtig zu erkennen, erstens nämlich als Gegensätze, dann aber als Pole einer Einheit [...] Jeder von uns ist nur ein Mensch, nur ein Versuch, ein Unterwegs. Er soll aber dorthin unterwegs sein, wo das Vollkommene ist, er soll ins Zentrum streben, nicht an die Peripherie [...] Es gibt die Wahrheit, mein Lieber! Aber die Lehre, die du begehrst, die absolute, vollkommene und allein weise machende, die gibt es nicht. Du sollst dich auch gar nicht nach einer vollkommenen Lehre sehnen, Freund, sondern nach Vervollkommnung deiner selbst. Die Gottheit ist in dir, nicht in den Begriffen und Büchern. (9, 8385)

Mit diesen Worten artikuliert der Musikmeister nahezu sämtliche Merkmale des Selbst: Seine Gegensatzvereinigung, seinen Ganzheits- und Kernaspekt, sowie seine Funktion als Keimzelle der „imago dei". Mit diesen tiefsinnigen Hinweisen gibt er dem orientierungslosen Suchen des jungen Knecht eine Richtung und wird über die konkrete Vor-Bild-Funktion hinaus auch ein geistiger Führer zum Selbst. Eines Tages wird Knecht die hier nur intellektuell nachvollzogenen Erkenntnisse des Musikmeisters als ein inneres Faszinosum erleben und damit seine psychische Ganzheit realisieren.

Dies geschieht nach einigen Jahren der Ausbildung in der konkreten Praxis des „Glasperlenspiels". Das esoterische Spiel der geistigen Elite Kastaliens wird für Knecht das primäre Vehikel zur Realisierung des Selbst. Doch dazu zunächst eine genauere Darlegung und Interpretation der verschiedenen Aspekte des vom Dichter entwickelten Spielgedankens.

Die Grundvoraussetzung – oder sollte man sagen: die Grunderkenntnis? – des „Glasperlenspiels" ist die Einheitlichkeit, Vergleichbarkeit und wechselseitige Bezogenheit aller Phänomene des menschlichen Geistes, der menschlichen Psyche und des Seins. Das Faszinosum des Spieles besteht darin, mittels bestimmter Vorschriften und Abbreviaturen die verschiedenartigsten Gebiete menschlichen Wissens miteinander zu kombinieren und sich dabei die verborgene Einheitlichkeit der Welt vor Augen zu führen. Dabei werden drei grundsätzlich verschiedenartige Seiten des Spieles vorgeführt: Der geistessynthetische, der ontologische und der kontemplativ-religiöse Aspekt des „Glasperlenspiels."[279] Diese Trias muss nachfolgend genauer betrachtet und diskutiert werden:

### a.) Der geistessynthetische Aspekt des Glasperlenspiels

Zu dieser Dimension des Spieles heißt es in der Einleitung des Romans:

> Das Glasperlenspiel ist also ein Spiel mit sämtlichen Inhalten und Werten unserer Kultur [...] Was die Menschheit an Erkenntnissen, hohen Gedanken und Kunstwerken in ihren schöpferischen Zeitaltern hervorgebracht, was die nachfolgenden Perioden gelehrter Betrachtung auf Begriffe gebracht und zum intellektuellen Besitz gemacht haben, dieses ganze ungeheure Material von geistigen Werten wird vom Glasperlenspieler so gespielt wie eine Orgel vom Organisten, und diese Orgel ist von einer kaum auszudenkenden Vollkommenheit, ihre Manuale und Pedale tasten den ganzen geistigen Kosmos ab, ihre Register sind beinahe unzählig, theoretisch ließe mit diesem Instrument der ganze geistige Weltinhalt sich im Spiele reproduzieren. (9, 12)

Dieser Aspekt des Spieles erlaubt Knecht die Erfüllung der alten Träume von einer „universitas litterarum", die von den Lehren der Vorsokratiker über die Spekulationen der mittelalterlichen Alchemisten bis hin zum „Magischen

Idealismus" eines Novalis führen und in unserer Zeit in den naturwissen-
schaftlichen Versuchen Heisenbergs und von Weizsäckers auslaufen.[280]

Hesse selbst erwähnt als Vorläufer seiner Idee Pythagoras, Leibniz, Hegel,
Abaelard, von Kues und Novalis. Darüber hinaus sollen ganze Kulturkreise
wie die griechisch-römische Antike, die Gnosis, das alte China, Maurer und
Araber, die Scholastik und der Humanismus das „Glasperlenspiel" in irgendeiner Form gekannt und betrieben haben.

Der Grundgedanke ist deutlich – auch wenn diese Ahnenreihe sicherlich keine Vollständigkeit beanspruchen kann: Jeder große Denker und jede
Hochkultur mit einem einheitlichen, den ganzen Kosmos umfassenden
Weltbild haben im Sinne des Dichters ein „Glasperlenspiel" entworfen. Die
Praktizierung dieser Spieldimension ermöglicht Knecht also die Erfahrung der
inneren Einheit aller Zeugnisse des menschlichen Geistes und der menschlichen Kultur.[281]

Wenn er in Anwendung dieser „Spielregel" etwa die Gesetze des chinesischen Hausbaus[282] mit den Strukturelementen einer Bachschen Fuge und
diese wiederum mit der Gedankenwelt der Upanishaden zu kombinieren vermag, so verbindet er nicht nur die Wissensgebiete von Architektur,
Musik und Religion, sondern auch den deutschen, indischen und chinesischen Kulturkreis zu einer höheren Einheit. Auf diese Weise realisiert und
bestätigt Knecht nicht nur einen uralten Menschheitstraum, sondern auch
das vielleicht wichtigste Axiom der jungschen Psychologie: Alle Zeugnisse
des menschlichen Geistes sind – bewusst oder unbewusst – Projektionen des
Selbst und seiner Einheitstendenz.

## b.) Der ontologisch-kosmische Aspekt bzw.
##     das „Pars-pro-toto-Prinzip" des Glasperlenspiels

Josef Knecht beschreibt diese Spieldimension[283] wie folgt:

> Ich begriff plötzlich, dass in der Sprache oder doch mindestens im Geist des
> Glasperlenspiels tatsächlich alles allbedeutend sei, dass jedes Symbol und
> jede Kombination von Symbolen nicht hierhin oder dorthin, nicht zu ein-
> zelnen Beispielen, Experimenten und Beweisen führe, sondern ins Zentrum,
> ins Geheimnis und Innerste der Welt, in das Ur-Wissen. Jeder Übergang von
> Dur zu Moll in einer Sonate, jede Wandlung eines Mythos oder eines Kul-
> tes, jede klassische, künstlerische Formulierung sei, so erkannte ich im Blitz
> jenes Augenblicks, bei echter meditativer Betrachtung, nichts andres als ein

unmittelbarer Weg ins Innere des Weltgeheimnisses, wo im Hin und Wider zwischen Ein- und Ausatmen, zwischen Himmel und Erde, zwischen Yin und Yang sich ewig das Heilige vollzieht. (9, 125)

Mit anderen Worten: Jedes Spielelement ist unter idealen Voraussetzungen ein Fenster zum Wesen des Welt-Sinns, jedes Einzelsymbol ist ein Abbild des gesamten Universums. Damit enthält das „Glasperlenspiel" auch jenes weltanschauliche Grundprinzip, das einen der Grundpfeiler goetheschen Denkens bildete und diesen nicht nur zur Entdeckung der „Urpflanze" und des Zwischenkieferknochens führte, sondern ein Leben lang als Dichter wie als Denker unendlich fruchtbar machte.

Zu den für Hesse wichtigsten Anwendungen dieser „Spielregel" gehört sicherlich das „pars-pro-toto"-Prinzip in der hinduistischen Philosophie und bei C. G. Jung: Die Einzelseele (Atman, Selbst) enthält zugleich die Weltseele (Brahman, das kollektive Unbewusste).

## c.) Der psychologische Aspekt des Glasperlenspiels

Die psychologische Spieldimension wird von den anderen wie folgt abgegrenzt:

Man unterschied zwei Spieltypen, den formalen und den psychologischen, und wir wissen, dass Knecht [...] zu den Anhängern und Förderern des letzteren gehörte [...] Das formale Spiel strebte danach, aus den sachlichen Inhalten jedes Spieles, den mathematischen, sprachlichen, musikalischen und so weiter, eine möglichst dichte, lückenlose, formal vollkommene Einheit und Harmonie zu bilden.
Das psychologische Spiel dagegen suchte die Einheit und Harmonie [...] in der jeder Etappe des Spieles folgenden Meditation, auf die es allen Nachdruck legte. Ein solches psychologisches [...] Spiel bot nicht von außen her den Anblick des Vollkommenen, sondern leitete den Spieler durch die Folge seiner genau vorgeschriebenen Meditationen zum Erlebnis des Vollkommenen und Göttlichen. (9, 212)

Erst die Existenz dieses Spieltypus – den Knecht wie oben angegeben favorisiert – liefert die eigentliche Rechtfertigung für die Berücksichtigung des Romans in der vorliegenden Arbeit; denn das „Erlebnis des Vollkommenen und Göttlichen", das durch die meditative Behandlung des „Glasperlenspiels" angeblich erreicht werden kann, bedeutet nach den Ergebnissen dieser Studie nichts anderes als das, was C. G. Jung als das Selbst bezeichnet hat[284]: Der psychologische Aspekt des „Glasperlenspiels" intendiert jene Erfahrung psychischer Einheit, Ganzheit und Universalität, die in allen hier besprochenen Erzählungen des Dichters das zentrale Telos des jeweiligen Protagonisten bezeichnete.[285]

Auch Josef Knecht sehnt sich nach den magisch-mystischen Alleinheitserfahrungen Friedrich Kleins, Klingsors, Siddharthas, Harry Hallers und des Chronisten aus der „Morgenlandfahrt". Indem der Dichter dieses Ziel in die Konzeption des „Glasperlenspiels" integriert, transportiert der Roman das Verselbstungsideal der vorangegangenen Erzählungen weiter.

Knecht gelangt auf dem Höhepunkt seiner Fähigkeiten als Glasperlenspieler also zur Erfahrung der inneren Einheit aller kulturellen, ontischen und religiösen Phänomene des Daseins. Die Welt und alle seine Wahrnehmungen in ihr sind ihm eine einzige, große, sinnerfüllte Einheit, eine universale „unio mystica". Und er verwirklicht sich in ihr, indem er spielerisch immer wieder die Einzelsymbole in das große Ganze reintegriert und sich damit den Allzusammenhangsgedanken vergegenwärtigt.[286]

Dies ist nach Hesse die höchste Entwicklungsstufe, die ein geistiger Mensch zu erreichen vermag. Indem Knecht das geistessynthetische Erleben eines Heraklit, eines Novalis und eines Goethe mit den Gotteserfahrungen der großen Heiligen auf eine spielerische Weise miteinander zu verbinden weiß, besitzt er im Zenit seiner kastalischen Laufbahn so etwas wie ein absolutes Bewusstsein. Der „Magister Ludi" ist zugleich ein „Magister Animi" – im geistig-seelischen Doppelsinn des Wortes.

An diesem Punkt seines Individuationsweges steht Josef Knecht auf jener magischen Stufe der Selbst-Erfahrung, die auch Friedrich Klein, Klingsor, Siddhartha, Harry Haller und der Chronist der Morgenlandfahrt in ihren psychologischen Epiphanien erlebten.[287]

Es ist aber gleichwohl bezeichnend und setzt die in der „Morgenlandfahrt" begonnene Entwicklung bruchlos fort, dass Hesse Josef Knecht nicht in Kastalien bleiben lässt. Gerade dieser Durchbruch zur höchstmöglichen geistigen Potenz ist es, die den Magister Ludi auf dem Gipfel seines Erfolgs dazu treibt, sich nach neuen Ufern umzuschauen. Das „Glasperlenspiel" vermag ihm keine neuen Entwicklungsmöglichkeiten mehr zu bieten, er hat alle seine Perspektiven und Reize restlos ausgeschöpft. Alles, was er hier noch zu erwarten hätte, wäre die letztlich eitle Freude am Funktionieren eines perfekten und immer neu faszinierenden geistigen Systems, sowie die fragwürdige

Aufgabe der Heranzüchtung einer von der Welt weitgehend abgeschlossenen geistigen Elite. Dies ist aber nicht die Sache Knechts.

## 12.4   Die Transzendierung der vita contemplativa

### 12.4.1 Unbewusste Vorahnungen

Wie schon in der „Morgenlandfahrt", so wird auch im „Glasperlenspiel" das Faszinosum des magischen All-Einheitserlebnisses im Selbst durch soziale und pädagogische Gedanken relativiert. Diese Tendenz manifestiert sich in der Biografie des Josef Knecht von allem Anfang an[288] und folgt zwei psychologischen Gesetzmäßigkeiten: Einmal entwickelt er ein immer größeres Bewusstsein über die außerkastalische Welt und außerdem ein stetig wachsendes Wissen um seine Individualität. Nach der Psychologie C. G. Jungs ist dies kein Widerspruch, sondern hängt unmittelbar miteinander zusammen – denn der Individuationsprozess bedeutet letztlich ja nichts anderes als eine progressive Bewusstwerdung des Individuums über die kollektiven Grundlagen seiner Psyche.[289] Der Mensch realisiert sein Selbst, indem er immer mehr „Welt" in sich entdeckt und umsetzt. So auch Josef Knecht.

Die Entfaltung seiner Individualität und die damit einhergehende Entfremdung von Kastalien verläuft in mehreren Stufen und soll nachfolgend dargestellt und gedeutet werden. Sie beginnt beim jungen Josef Knecht mit einer noch völlig unbewussten Vorstufe, als deren erstes Symptom seine Gefühle für die kastalischen Renegaten gedeutet werden müssen. Wenn er angesichts der Zöglinge, welche die Ordensprovinz nach einer gewissen Zeit wieder verlassen, sich die ketzerische Frage stellt: „Vielleicht war der scheinbare Rückfall, den sie erlitten, gar kein Fall und kein Erleiden, sondern ein Sprung und eine Tat" (9, 73), so muss dies als eine unbewusste Antizipation seines eigenen Abschieds gedeutet werden.

Das gleiche gilt für seinen Traum von der kreisförmig rotierenden und schließlich auseinanderberstenden Schule. Nach einer gemeinsamen Musikstunde mit dem alten Musikmeister wird Knecht von diesem aufgefordert, die während des Hörens in ihm aufkommenden Assoziationen zeichnerisch zu gestalten. Diese Zeichnung und der von ihr ausgelöste Traum werden im Text wie folgt beschrieben:

> Er zog eine Linie, und von der Linie schräg wegstrebend in rhythmischen Zwischenräumen kurze Seitenlinien; es erinnerte etwa an die Ordnung der Blätter an einem Baumzweig. Es befriedigte ihn nicht, was dabei entstand,

aber er fühlte Lust, es noch einmal und nochmals zu versuchen, und zuletzt
bog er im Spielen die Linie zu einem Kreis, von welchem die Seitenlinien
ausstrahlten, ähnlich wie vom Kreis eines Kranzes die Blumen. Dann ging
er zu Bett und schlief schnell ein. Im Traum [...] sah er unter sich das liebe
Eschholz liegen, und indem er hinabschaute, zog das Rechteck der Schul-
gebäude sich zu einem Oval und dann zum Kreis auseinander, einem Kranz,
und der Kranz begann sich langsam zu drehen, drehte sich mit zunehmender
Geschwindigkeit, drehte sich zuletzt rasend schnell und barst und flog in
funkelnden Sternen auseinander. (9, 82)

Die tiefenpsychologische Deutung dieses Traumes – übrigens ein Musterbeispiel für die literaturwissenschaftliche Fruchtbarkeit der jungschen
Symbollehre – zeigt, dass er als zweite Stufe in der unbewussten Antizipationsphase von Knechts Individuationsprozess gedeutet werden muss:
Die primäre Gerade mit ihren schräg wegstrebenden Seitenlinien ist nicht
nur der Versuch einer grafischen Gestaltung der gehörten Musik mit ihren
Haupt- und Nebenthemen, sondern ebenso eine unreflektierte psychologische Selbstdeutung Knechts. Die große Linie entspricht seinen bewussten und bereits voll entwickelten kontemplativ-kastalischen Neigungen;
die kurzen Seitenlinien stehen dagegen für die unterentwickelten und
noch weitgehend unbewussten sozialen Tendenzen seines Selbst. Indem
Knecht in seinem Traum die Haupt- und Seitenlinien zu einem Kreis
rundet, gestaltet er sein unbewusstes Verlangen nach einer Einheit von
Geist und Welt, von vita contemplativa und vita activa. Die abschließen-
de Vision von der auseinanderberstenden Eliteschule Eschholz korrespondiert mit seiner zu diesem Zeitpunkt noch unbewussten Vorahnung, für
die Realisierung dieser Ganzheit die pädagogische Provinz eines Tages verlassen zu müssen.

## 12.4.2 Das Stadium der Bewusstheit

Die philosophisch-weltanschaulichen Diskussionen mit Plinio Designori
führen Josef Knecht erstmals zu einer bewussten und rationalen Auseinandersetzung mit anti-kastalischen Positionen. Designori, der spätere
Weltmensch und Politiker, beruft sich auf das Primat von Natur, naivem
Leben und gesundem Menschenverstand und startet ebenso geistvolle wie
rhetorisch versierte Attacken gegen die angeblich lebensfremde Geistigkeit
Kastaliens, seine hierarchische Struktur, schöpferische Unfruchtbarkeit und
die parasitäre Luxusexistenz der Ordensmitglieder. Der zunächst eher zurück-

haltende Knecht wird vom alten Musikmeister beauftragt, die kastalischen Positionen gegen den polemischen Angreifer zu verteidigen.

Interessant an dieser Auseinandersetzung sind aber weniger die Argumente, mit der sie geführt wird, als jener Effekt der wechselseitigen psychologischen Beeinflussung, Steigerung und schließlich Wandlung, den Hugo von Hofmannsthal als „Triumph des Allomatischen"[290] bezeichnet hat. Am Ende der intellektuellen Fehde resümiert Designori gegenüber Knecht:

> Jeder von uns beiden steht an exponierter Stelle in einem Kampf, und jeder von uns weiß ja wohl, dass das, wogegen er kämpft, zu Recht existiert und seine unbestrittenen Werte hat. Du stehst auf der Seite der Hochzucht des Geistes, ich auf der Seite des natürlichen Lebens. In unserem Kampf hast du gelernt, die Gefahren des natürlichen Lebens auszuspüren und aufs Korn zu nehmen; dein Amt ist es, darauf hinzuweisen, wie das natürliche, naive Leben ohne geistige Zucht zum Sumpf werden und ins Tierische und noch weiter zurückführen muss. Und ich wieder muss immer wieder daran erinnern, wie gewagt, gefährlich und schließlich unfruchtbar ein Leben sei, das rein auf den Geist gestellt ist. (9, 111/112)

In der Gestalt Designoris tritt Knecht also erstmals jenes Welt-Prinzip[291] entgegen, das später in Pater Jakobus eine wesentliche Erweiterung und Vertiefung erfährt und seinen endgültigen Abschied von der pädagogischen Provinz einleitet. Seine Wirkung ist eine doppelte: Einmal wird Knecht die nur relative Gültigkeit des Glasperlenspiels und der kastalischen Prinzipien bewusst, und außerdem entsteht erstmals in ihm das Bedürfnis, Geist und Leben miteinander zu verbinden. Nach Designoris Abschied von Kastalien notiert Knecht:

> Das Ganze des Lebens, des physischen wie des geistigen, ist ein dynamisches Phänomen, von welchem das Glasperlenspiel im Grunde nur die ästhetische Seite erfasst [...] Warum nur lebten die beiden Welten anscheinend nicht harmonisch und brüderlich neben- und ineinander, warum konnte man sie nicht beide in sich hegen und vereinen? (9, 104 und 114)

Noch ist Knechts Polaritätsbewusstsein ausschließlich an den Dualismus von Logos und Eros, Geist und Natur geknüpft; noch erkennt er nicht, dass hinter diesem Gegensatz sich der weitaus komplexere Antagonismus von Geist und Leben, Idealität und Realität, vita contemplativa und vita activa verbirgt.

Aber er dringt doch ein in ein grundsätzlich zweidimensionales und damit problematisches Selbst-Verständnis und stellt damit die Weichen für seine künftige Entwicklung. Seit der Auseinandersetzung mit Designori ist Knecht kein ungebrochener Kastalier mehr.

### 12.4.3  Die Entdeckung des Ich

In konsequenter Folge seiner bisherigen Entwicklung führt Knechts Studienaufenthalt beim „Älteren Bruder"[292] – einem Archetypus des „Alten Weisen" – zu einem weiteren Anwachsen seines Individualitätsbewusstseins. Die Bedeutung dieser kurzen Episode für den Roman wie für die Interpretation von Hesses Gesamtwerk kann gar nicht hoch genug veranschlagt werden, findet sich doch in ihr die erste explizit formulierte Kritik an der bloß kontemplativen Realisierung des Selbst. Am Ende seines mehrmonatigen Aufenthaltes bei dem völlig zurückgezogen lebenden, ganz der Meditation über das Selbst ergebenen Eremiten reflektiert Knecht seine dortigen Erfahrungen wie folgt:

> [...] man konnte zum Beispiel wie jener sich zum Chinesen machen, sich hinter einer Gartenhecke abschließen und in einer genügsam schönen Art von Vollkommenheit leben [...] aber es war ein Ausweg, ein nur wenigen möglicher und erlaubter Verzicht auf Universalität, ein Verzicht auf das Heute und Morgen zugunsten eines Vollkommenen, aber Vergangenen, es war eine sublime Art von Flucht, und Knecht hatte beizeiten gespürt, dass dies sein Weg nicht sei. (9, 142)

„Eine sublime Art von Flucht": Dies ist das Urteil des altgewordenen Dichters über das hinduistisch-buddhistisch-taoistische Ideal eines rein meditativen Lebens, in das er am Ende ja auch seinen Siddhartha geführt hatte. Josef Knechts Bestimmung ist eine andere. Angesichts seines inneren Reichtums wäre der Rückzug in die reine vita contemplativa eine unerträgliche Beschneidung seiner Anlagen, Bedürfnisse und Fähigkeiten. Er wird seine eigene, ganz persönliche Balance zwischen Kontemplation und Aktion finden müssen.

Auf dem Weg dorthin markiert der „Ältere Bruder" eine nicht wegzudenkende Entwicklungsstufe. Zwar ist das kauzige Einsiedlertum des Chinesen eine für Knecht unmögliche Form des Rückzuges aus der mitmenschlichen Bezogenheit und Verantwortung, aber das Erlebnis dieses eigensinnigen Mannes hat für den kastalischen Ordensbruder doch auch positive Wirkungen: Er erweckt in ihm jenes Bewusstsein seiner ganz besonderen, einmaligen Stellung und Berufung, für das Hesse den Begriff des „Erwachens" geprägt hat. Es wird im Text wie folgt umschrieben:

> Nachmals hat Josef Knecht die Monate seines Lebens im Bambusgehölz nicht nur als eine besonders glückliche Zeit, sondern auch des öfteren als den ‚Beginn seines Erwachens' bezeichnet [...] in dem Sinn, dass Knecht vom ‚Beginn des Erwachens' an mehr und mehr sich einem Gefühl seiner besonderen, einmaligen Position und Bestimmung näherte, während ihm die Begriffe und die Kategorien der überkommenen allgemeinen und speziell kastalischen Hierarchie immer mehr zu relativen wurden [...] Im Erwachen drang man nicht näher an den Kern der Dinge, an die Wahrheit heran, man erfasste, vollzog oder erlitt dabei nur die Einstellung des eigenen Ich zur augenblicklichen Lage der Dinge. (9, 139 und 418)

Der Begriff des „Erwachens" bei Hesse umfasst also eine doppelte psychologische Dimension: Er meint sowohl eine Bewusstwerdung des individuellen Ich als auch der jeweils gegebenen Wirklichkeit. Im gleichen Sinne hatte der Dichter diesen Terminus im „Siddhartha" verwandt und ihm dort ein ganzes Kapitel gewidmet.[293]

Nach der Psychologie C. G. Jungs bedeutet das Erwachen jenen Punkt im Individuationsprozess, wo der einzelne aus der unwillkürlichen Determination durch das kollektive Unbewusste „erwacht" und das Faszinosum des Ich entdeckt. Der damit verbundene Durchbruch in eine polare Daseinsbefindlichkeit bedingt eine verschärfte Wahrnehmung der Wirklichkeit und der eigenen Individualität.

Im Falle von Josef Knecht führen diese psychologischen Implikationen begreiflicherweise zu einer zunehmenden Entfremdung von der kastalischen Ordenshierarchie. Sein geschärfter Sinn für die Wirklichkeit und seine nach universaler Ganzheit strebende Persönlichkeit lassen ihm die indifferente Einordnung in die kastalische Gemeinschaft immer unmöglicher erscheinen.

Es ist nur konsequent, wenn der Begriff des „Erwachens" noch an zwei weiteren Stellen des Romans zur leitmotivischen Charakterisierung von Knechts Entwicklung verwandt wird: Sowohl die Begegnung mit Pater Jakobus als auch seinen Entschluss zum endgültigen Verlassen Kastaliens erlebt der Protagonist als weitere Stufen des Erwachens, womit beide Male ein zusätzlicher Gewinn an Individualitäts- und Wirklichkeitsbewusstsein gemeint ist. Diese beiden Stationen seines Weges werden nachfolgend noch genauer zu analysieren sein.

## 12.4.4 Die Konfrontation mit dem sozialen Aspekt des Selbst

Den letzten Anstoß zur Ausbildung einer wirklich individuellen, sozial bezogenen, ganzheitlichen Persönlichkeit erhält Knecht während seines Aufenthaltes bei Pater Jakobus, dem Historiker eines mit Kastalien befreundeten Benediktinerordens.[294]

Was er von ihm mitnimmt, ist nicht nur das geistige Wunder einer zum inneren Erlebnis gewordenen Einsicht in die Historizität aller Phänomene des individuellen, sozialen und geistigen Lebens und damit die Erkenntnis der politischen Gefährdung Kastaliens, sondern namentlich den unvergesslichen Eindruck von einem Mann, der wie keine andere Nebenfigur des Romans profunde Bildung, philosophisch-religiöse Weisheit und geistig-seelische Tiefe mit einem weitgespannten sozialen Engagement zu verbinden weiß.

Jakobus' Bedeutung für Knechts Individuationsweg kommt am deutlichsten in folgendem Passus zum Ausdruck:

> Bei ihm lernte Knecht etwas, was er im damaligen Kastalien kaum hätte lernen können; er erwarb nicht nur den Überblick über die Methoden und Mittel historischer Erkenntnis und Forschung und seine erste Übung in ihrer Anwendung, sondern weit darüber hinaus gewann und erlebte er Geschichte nicht als Wissensgebiet, sondern als Wirklichkeit, als Leben, und dazu gehört als Entsprechung die Wandlung und Steigerung des eigenen, persönlichen Lebens zu Geschichte [...] Jakobus war nicht nur, weit über die Gelehrtheit hinaus, ein Schauender und Weiser. Er war überdies ein Erlebender und Mitschaffender, er hatte die Stelle, an die ihn sein Schicksal gestellt, nicht dazu benutzt, sich im Behagen eines betrachtenden Daseins zu wärmen, sondern hatte die Winde der Welt durch seine Gelehrtenstube wehen lassen und die Nöte und Ahnungen seiner Epoche in sein Herz eingelassen, er war am Geschehen seiner Zeit mittätig, mitschuldig und mitverantwortlich geworden [...]. (9, 206)

Damit wird Pater Jakobus zur Inkarnation jener Einheit von vita activa und vita contemplativa, die seit der „Morgenlandfahrt" das Individuationsziel von Hesses Protagonisten bezeichnet und auch die anthropologische Utopie des „Glasperlenspiels" ausmacht.

Innerhalb der jungschen Kategorien verkörpert er den Archetypus des Alten Weisen und ein Symbol des Selbst unter besonderer Betonung seiner sozialen Aspekte. In gleicher Weise wie Leo steht er für das normative Telos des weisen, gleichwohl aber sozial bezogenen Mannes, der sein Dasein essen-

ziell als Dienst am Geist und an den Menschen versteht und damit das letztgültige Vollkommenheitsideal des Dichters repräsentiert. Er löst den Alten
Musikmeister als Vorbild für Knecht ab und weist ihm den Weg von der kontemplativen zur sozialen Realisierung des Selbst.[295]

Für die Beziehung zwischen Knecht und Jakobus gilt wiederum das
Hofmannsthalsche Prinzip des Allomatischen: Knecht erlernt von Jakobus
die historische Sichtweise[296] und die soziale Dimension des ganzheitlich entwickelten Menschen, während der anfänglich skeptische Benediktinerpater
von Knecht zu Verständnis und Respekt gegenüber Kastalien und dem
„Glasperlenspiel" erzogen wird. Diese wechselseitige Beeinflussung und
Annäherung führt zwar zu keiner Identität ihrer Anschauungen – Knecht findet ebenso wenig einen inneren Zugang zur katholischen Kirche wie der Pater
zum „Glasperlenspiel" – aber ihre Freundschaft und Zuneigung symbolisiert
doch im Kleinen, was der Dichter sich offenbar auch im Großen wünschte:
Eine Wiederannäherung von säkularisiertem Geist und katholischer Kirche.
Indem es Knecht gelingt, seinen eigentlichen Auftrag auszuführen und
Jakobus zur Befürwortung einer kastalischen Vertretung beim Heiligen Stuhl
in Rom zu bewegen, vollzieht der Roman symbolisch jene Aussöhnung von
Geist und Religion, die nicht nur – wie diese Arbeit zu zeigen versucht – den
zentralen Impetus von Hesses Werk seit dem „Demian" bildet, sondern die
der Dichter ganz offenbar auch als eine elementare Zukunftsaufgabe ansah:

> [...] auf die Dauer sei ja auch der bisherige Zustand unhaltbar und eigentlich
> unwürdig: nämlich dass die beiden Mächte in der Welt, deren geschicht-
> liche Aufgabe die Erhaltung und Pflege des Geistes und des Friedens sei, so
> nebeneinander und beinahe fremd weiterlebten. (9, 195)

## 12.4.5 Der Aufbruch und seine psychologische Begründung

Knechts Begegnung mit Jakobus bildet das letzte große movens in seinem
langen inneren Entfremdungsprozess von Kastalien. Was nachfolgt, ist die
Darstellung der äußeren Konsequenzen, die er aus seinen Erfahrungen zieht
und die schließlich zu seinem Abschied von Kastalien führen.

Für das Erkenntnisinteresse dieser Arbeit ist es von zentraler Bedeutung,
dass – analog zu Knechts vorwiegend psychologischem Interesse am
„Glasperlenspiel" – auch sein Abschied von Kastalien primär psychologisch
begründet wird. Als er in den Ferien einmal vom Benediktinerkloster nach
Kastalien zurückwandert, bemerkt er mit tiefem Erschrecken, dass er seine frühere emotionale Beweglichkeit und Freiheit – die „freie Verfügbarkeit

der Libido"[297] vollständig verloren hat: Wenn er auf seinen ehemaligen Wanderungen noch ganz selbstverständlich gesungen und getanzt hatte, so käme ihm das nunmehr unecht und gespielt vor. Diese Entdeckung seiner inneren Verkrustung und Verhärtung durch die jahrelange, einseitige Hingabe an den Geist bildet – und dies wurde in der Forschung häufig übersehen – die eigentliche Ursache für seinen Abschied von Kastalien. Dies geht aus verschiedenen Textstellen hervor. Noch bevor Knecht in seinem Entlassungsgesuch die Gründe für sein Weggehen ausführlich erläutert, heißt es über ihn:

> Mehr und mehr [...] wurde ihm [...] klar, dass der eigentliche Grund seines Fremdwerdens und Fortwollens wohl nicht das Wissen um die für Kastalien bestehenden Gefahren und die Sorge um dessen Zukunft sei, sondern dass es einfach ein leer und unbeschäftigt gebliebenes Stück seiner selbst, seines Herzens, seiner Seele sei, das nun sein Recht begehrte und sich erfüllen wollte. (9, 376)

„Das Schreiben des Magister Ludi an die Erziehungsbehörde" beschreibt die hier angedeuteten objektiven und subjektiven Gründe näher und betont nochmals ihre innere Gewichtung: Ganz gleich, was Knecht dem Orden vorwirft – sei es das mangelnde soziale Bewusstsein der Kastalier, ihr l'art-pour-l'art-Prinzip, ihr soziales Parasitentum, ihr ausschließliches Interesse an der Geistesgeschichte, oder auch das Ignorieren ihrer eigenen Historizität und Dekadenz – immer macht er dabei deutlich, dass seine stärksten Antriebe nicht geistig-objektiver, sondern psychologisch-persönlicher Art sind. In seinem Abschiedsgespräch mit dem Ordensleiter Alexander weist er noch einmal mit aller Entschiedenheit darauf hin:

> Meine Amtsführung nun ist [...] durch eine Gefahr bedroht, welche in meiner Person ihren Sitz, wohl aber nicht ihren einzigen Ursprung hat [...] wir sprechen zur Stunde ja nicht von Kastalien, von der Behörde und der Hierarchie, sondern einzig von mir, von der *Psychologie* eines Mannes, der euch leider große Ungelegenheiten hat bereiten müssen" (9, 440; Hervorhebung vom Verfasser).

Spätestens an dieser Stelle dürfte klar werden, dass auch der scheinbar so abstrakte und vergeistigte Roman vom „Glasperlenspiel" primär die Geschichte einer psychologischen Selbstfindung und Selbst-Verwirklichung im jungschen Sinne[298] erzählt und auf diese Weise keineswegs aus der Reihe der übrigen Erzählungen

Hesses herausfällt. Es wird gezeigt, dass auch die Realisierung der allerhöchsten geistigen Möglichkeiten – angedeutet in den verschiedenen Aspekten des „Glasperlenspiels" – dem Menschen keine Ganzheit und Erlösung schenkt, wenn er darüber seine emotionalen und sozialen Kräfte verkümmern lässt.

Der Logos allein – so lautet die Quintessenz von Knechts Leben – vermag dem Einzelnen nicht die unentbehrliche Ganzheit seiner Persönlichkeit zu schenken – im Gegenteil: Er lässt ihn in letzter Konsequenz unerlöst, beziehungslos und emotional verkümmert in einer intellektuellen Wüste zurück.[299]

Das „Glasperlenspiel" und Kastalien – so erkennt Knecht am Ende seines Weges – repräsentieren nur die meditativ-kontemplative Weise der Selbst-Erfahrung; die Ganzheit der Psyche und des Daseins aber – auch das begreift Knecht jetzt – erschließt sich nur dem, der sowohl im Geist als auch im Leben bis zum Letzten durchdringt. Nur in der Realisierung beider Pole kann der Mensch seine höchsten Fähigkeiten entfalten.[300]

Diese Anthropologie impliziert eine als unaufhebbar angenommene, polare psychische Struktur bei Josef Knecht und damit eine Apotheose der Nichterlösung. Knecht – und dies kann nicht genug hervorgehoben werden – ist letztlich kein harmonischer, in sich befriedeter, zur Ruhe gekommener Weiser nach dem Vorbild des alten Musikmeisters, des Älteren Bruders oder auch Leos, sondern ein wesensmäßig ruheloser, unbefriedeter und unerlöster Wanderer zwischen den existenziellen Polaritäten des Selbst und des Seins. Unmittelbar vor seinem Abschied von Kastalien heißt es:

> Vielmehr wird es unsere Aufgabe sein, von jetzt an diese Spaltung oder besser diese unaufhörlich pulsierende Polarität in Knechts Seele recht als das Eigentliche und Kennzeichnende im Wesen des Verehrten anzunehmen und zu bejahen. (9, 287)

Dieser Satz enthält die definitive Absage des Dichters an das östliche Ideal einer dauerhaften Erlösung und bereitet den Boden für die essenziell christliche Schlussbotschaft des Romans: Die Akzeptanz einer polaren psychischen Struktur und die daraus resultierende Apotheose eines ewigen Unzufriedenseins und Unterwegsseins. Wie der alte Goethe, so erklärt auch Hermann Hesse am Ende seines Lebens den faustischen Charakter zur höchstmöglichen Annäherungsform des Menschlichen an das Göttliche. Der göttliche Funke im Menschen – so Hesse und Goethe – liegt nicht im Erreichen irgendeiner Vollkommenheit, sondern gerade im Gegenteil darin, dass das

Unvollkommene des empirischen Menschseins erkannt und angenommen wird. Nach der Psychologie Jungs bedeutet dies die definitive Akzeptanz des empirischen Ich samt seiner immanenten Polarität und Endlichkeit, sowie eine Absage an das Ideal der absoluten Verselbstung.

### 12.4.6 Erfüllung, Tod und Wiedergeburt

Den letzten – wenngleich nur noch äußerlichen – Anstoß zum Verlassen Kastaliens bildet für Knecht die Rückkehr des an der Welt zerbrochenen Plinio Designori. Sein gescheiterter Versuch, als Politiker die Welt mit kastalischem Gedankengut zu befruchten und zum Besseren zu führen, führt Knecht endgültig zu dem Entschluss, nunmehr sein Entlassungsgesuch einzureichen und einen eigenen Anlauf zu starten. Er legt seine Gründe dar und bittet darum, sein Amt als „Magister Ludi" mit dem Lehramt an einer beliebigen weltlichen Schule vertauschen zu dürfen. Wie erwartet, wird sein Antrag abgelehnt.

Die Lektüre des Ablehnungsbescheides mit seinen bürokratischen und geistigen Engstirnigkeiten vermag Knecht von seinem Entschluss aber keineswegs mehr abzuhalten, sondern führt im Gegenteil zu seinem letzten geistigen „Erwachen": Das neuerliche „Erlebnis des Ich und der Wirklichkeit" (s. o.) manifestiert sich in der Erkenntnis, dass die Realisierung seiner psychischen Ganzheit unter diesen Voraussetzungen den skandalösen Bruch mit der Ordensleitung fordert. Genauso kommt es: Nach einer fruchtlosen letzten Aussprache mit dem Ordensvorsteher verlässt Knecht Amt und Würden und geht ohne Billigung der Behörde hinaus ins Ungewisse.

An dieser Stelle könnte vielleicht eingewandt werden, dass die subjektiv-psychologische Begründung von Knechts Abschied die sozialen und pädagogischen Gedanken des Romanschlusses relativiert oder gar annihiliert. Eine solche Auffassung würde jedoch die Intentionen des Dichters gründlich missverstehen.

Indem die Hinwendung zum Sozialen und Pädagogischen nicht als Resultat einer bloß intellektuellen Einsicht, sondern als Ausfluss eines tiefen und ganzheitlichen seelischen Bedürfnisses erscheint, bekommt das Romanende eine ganz andere Glaubwürdigkeit, als dies mit einer rein theoretischen Argumentation möglich wäre. Knechts Hinwendung zur Welt und zum Pädagogischen überzeugt gerade deshalb so vollkommen, weil sie nicht als rationale Willensentscheidung, sondern als psychologische Notwendigkeit dargestellt ist.

Wenn Knecht sich von seinem Weggehen namentlich ein Durchbrechen seiner emotionalen Verkrustung und eine neue Lebensfreude versprochen hatte, so geht gerade dies unmittelbar in Erfüllung. Bereits beim ersten kräftigen Ausschreiten über die herbstlichen Felder überkommt ihn jenes starke Glücksgefühl, das er im Innersten begehrt und in Kastalien so lange vergeblich gesucht hatte:

> So hatte der Tag und die Welt ihn lange nicht mehr angeblickt, so unbeschwert, schön und unschuldig. Das Glück der Freiheit und Selbstbestimmung durchflutete ihn wie ein starker Trank [...] er wusste sich geborgen und zu nichts verpflichtet, wusste sich für einen Augenblick vollkommen entbehrlich und ausgeschaltet, zu keiner Arbeit, keinem Denken verpflichtet, und der lichte farbige Tag umgab ihn sanft strahlend, ganz Bild, ganz Gegenwart, ohne Forderung, ohne Gestern und Morgen. Zuweilen summte der Zufriedene im Gehen eines der Marschlieder vor sich hin, die sie einst als kleine Eliteschüler in Eschholz [...] gesungen hatten [...] Eines dieser Lieder, zur Stunde wohl passend, kam ihm in den Sinn. Er sagte ein paar Verszeilen vor sich hin: Mein Haupt und Glieder / Die lagen darnieder / Aber nun steh' ich / Bin munter und fröhlich / Schaue den Himmel mit meinem Gesicht. (9/449-451)

Das Lied von Paul Gerhardt (aus: „Die güldne Sonne")[301] steigert die Plastizität dieses Befreiungserlebnisses zu höchster dichterischer Intensität. Der psychologische Hintergrund ist deutlich: Indem Knecht die Bürde seines Amtes ebenso entschlossen abwirft wie die Logozentrizität Kastaliens, schafft er Raum für die erneuernden Kräfte seines Unbewussten und damit für die psychische Wandlung. Nunmehr gelingt, was vorher unmöglich war: Das ungekünstelte, unbeschwerte, freie Singen eines Liedes. Es steht als Symbol für das Erreichen jener geist-transzendenten, neuen Ganzheit im Selbst, die er zutiefst begehrt hatte und die ihm jetzt „wie von selbst" zufällt.

Dieser psychologischen Wunscherfüllung folgt die pädagogische auf dem Fuß: Knecht wird zum Erzieher von Tito, dem schwierigen Sohn des gescheiterten Weltmenschen und Freundes Plinio Desognori. Erst hier – in der Sphäre der verpflichtenden mitmenschlichen Bezogenheit – kann Knecht den zweiten Teil seiner Aufbruchsmotivation realisieren: Die Vermittlung von Geist und Welt in der pädagogischen Beziehung von Meister und Schüler. Innerhalb der jungschen Kategorien bedeutet das Verhältnis von Knecht zu Tito die

Realisierung der sozialen Dimension des Selbst und damit eine Fortführung und Konkretisierung der Schlussvision aus der „Morgenlandfahrt".

Die detaillierte Bedeutung der Beziehung zwischen Knecht und Tito ergibt sich aus der allegorischen Funktion ihrer Persönlichkeiten. Knecht verkörpert den hochgestiegenen, klaren, bis ins letzte sublimierten Geist – eine Inkarnation des kastalischen Gedankens und des „Glasperlenspiels" – Tito dagegen die triebhaft-irrationalen Qualitäten der Natur und des „Weltprinzips". In Nietzsches Terminologie: Knecht steht für die apollinische, Tito für die dionysische Seite des Selbst.[302] Das Wesen des Zöglings enthüllt sich am deutlichsten in dem Moment, wo er vor der Hütte am Bergsee mit einem ekstatischen Tanz die aufgehende Sonne begrüßt:

> Der Knabe, erfüllt von der feierlichen Schönheit des Augenblicks und dem beglückenden Gefühl seiner Jugend und Kraft, reckte die Glieder mit rhythmischen Bewegungen der Arme, welchen bald der ganze Körper folgte, um in einem enthusiastischen Tanz den Tagesanbruch zu feiern und sein inniges Einverständnis mit den um ihn wogenden und strahlenden Elementen auszudrücken [...] die ausgebreiteten Arme zogen Berg, See und Himmel an sein Herz, niederknieend schien er der Erdmutter, händebreitend den Wassern des Sees zu huldigen und sich, seine Jugend, seine Freiheit, sein innig aufflammendes Lebensgefühl wie eine festliche Opfergabe den Mächten anzubieten. (9, 466/467)

Titos Hingabe an die Elemente der Natur ist aber nicht nur ein Symbol für seine persönliche Geistferne, Triebbestimmtheit und mithin Erziehungsbedürftigkeit, sondern auch eine allegorische Anspielung auf die dem Roman zugrunde liegende Geschichtsauffassung: Alle zentralen Gestalten des Werkes – von Pater Jakobus über den Ordensvorsteher Alexander bis hin zu Josef Knecht – huldigen nämlich einem irrationalen, von triebpsychologischen Auffassungen geprägten Geschichtsverständnis. Für Jakobus bedeutet das Geschichtsstudium [...] sich dem Chaos überlassen und dennoch den Glauben an die Ordnung und den Sinn bewahren" (9, 180), für Knecht resultiert es in der Erkenntnis, „dass Geschichte nicht ohne den Stoff und die Dynamik dieser Sündenwelt des Egoismus und des Trieblebens entstehen kann." (9, 290).

Die politische Geschichte der Menschheit – nicht die Geistesgeschichte – erscheint nach der werkimmanenten Geschichtsphilosophie als ein Resultat der Triebnatur des Menschen, die in den wesenhaft ungeistigen Massenmenschen und politischen Führern immer wieder durchbricht und die materielle

Weltgeschichte gestaltet. Die Inkarnation dieses triebgebundenen und geschichtsprägenden Menschentypus ist Tito. Nach den von Hesse und Jung entwickelten Grundkategorien über den Individuationsprozess befindet er sich noch in dessen Ausgangsstadium, im Stadium der „Unschuld".

Aber gerade aufgrund dieser Undifferenziertheit und Ahnungslosigkeit kann seine dionysische Kraftnatur zu einer großen Gefahr für den kastalischen Gedanken werden. Er ist der Typus, der möglicherweise neue Kriege, neue Geistfeindlichkeit, neue Inhumanität heraufbeschwören wird. Deshalb ist es nur konsequent, wenn Knechts Bemühungen um eine geistige Befruchtung der Welt gerade bei ihm ansetzen.

Aber Titos Tanz hat noch eine weitere Dimension, die berücksichtigt werden muss. Er erscheint nicht nur als Ausdruck seiner Triebnatur, sondern ebenso – so paradox es klingt – als verborgenes Zeichen seiner potenziellen Hingabefähigkeit an den Geist und an das bewunderte Vorbild Josef Knechts.[303]

Die ekstatische Begeisterung, mit der er sich heute noch den Elementen und der Natur hingibt, ist – so wird vom Dichter angedeutet – der Ausfluss einer psychischen Kraft, die bald schon auch für völlig andere Ziele zur Verfügung stehen kann:

> Ohne zu wissen, was er tue, ohne Kritik und ohne Argwohn, tat er, was der selige Augenblick von ihm verlangte, tanzte seine Andacht, betete zur Sonne, bekannte in hingegebenen Bewegungen und Gebärden seine Freude, seinen Lebensglauben, seine Frömmigkeit und Ehrfurcht, brachte stolz zugleich und ergeben der Sonne und den Göttern im Tanz seine fromme Seele zum Opfer dar und nicht minder dem Bewunderten und Gefürchteten, dem Weisen und Musiker, dem aus geheimnisvollen Bezirken kommenden Meister des magischen Spieles, seinem künftigen Erzieher und Freunde. (9, 468)

Die religiöse Terminologie ist sprechend: Titos Tanz ist nicht nur ein Symbol seiner dionysischen Natur, sondern ebenso Zeichen seiner Hingabefähigkeit und Demut – und damit seiner grundsätzlichen Fähigkeit zu einem geistigen Leben im kastalischen Sinn. Indem er bereits in jungen Jahren aufzeigt, dass er durchaus in der Lage ist, sein Ich zu überwinden, weckt er die begründete Erwartung, eines Tages wie sein bewundertes Vorbild vollends in die überindividuelle Sphäre des Selbst durchbrechen zu können.

Das Ende des Romans bildet schließlich jenes berühmt-berüchtigte Wettschwimmen zwischen Meister und Schüler in den eiskalten Fluten

des Gletschersees, das zu Knechts Tod führt und Anlass zu vielfältigen
Interpretationskontroversen gegeben hat.[304]

Dabei ist das Ganze – zumindest nach der Konzeption des Romans – völlig eindeutig und unmissverständlich: Knecht wird von Tito zu einem sportlichen Wettkampf herausgefordert und er nimmt an, weil er das Vertrauen und
die aufkeimende Zuneigung seines Zöglings nicht gefährden will. Die inneren Vorbehalte und Todesahnungen schiebt er beiseite, weil seine geistig-päd-
agogischen Ideale stärker sind als alle Gedanken an mögliche Gefahren. („Der
Anruf war stärker als die Warnung, der Wille stärker als der Instinkt", 9/470.)

Damit ist eindeutig gesagt, dass Knechts Tod weder als Zufall noch als
Ausfluss eines „Versagens" aufzufassen ist, sondern als Folge einer charakterlichen Grundhaltung, welche die Wahrung bestimmter geistiger Ideale höher
stellt als selbst das nackte Leben oder Überleben – also als Opfertod.[305]

Es ist der Tod eines Märtyrers und Quasi-Heiligen und damit der konsequente Abschluss eines Lebens, das durchgängig unter dem Primat des Dienstes am
Geist und an den Menschen stand.[306] Indem der Dichter seinen Protagonisten
diesen Tod sterben lässt, verdeutlicht er seine Haltung, dass die letzte Tiefe und
Vorbildlichkeit eines geistigen Lebens erst dann erreicht ist, wenn man bereit
ist, für seine Ideen auch zu sterben: Erst die Bereitschaft zum Martyrium beweist unwiderleglich, dass eine geistige Grundhaltung existenziell und unauf-
löslich mit der eigenen Persönlichkeit und dem Selbst verbunden ist.[307]

Aber dies ist nur eine der beiden Bedeutungsdimensionen von Josef
Knechts Tod; die andere bezieht sich nicht auf ihn, sondern auf Tito und
offenbart die essenziell jungianische Entwicklungspsychologie des Dichters.
Titos Reaktion auf Knechts Tod wird im letzten Satz des Romans wie folgt
beschrieben:

> Und indem er sich, trotz allen Einwänden, an des Meisters Tode mitschuldig
> fühlte, überkam ihn mit heiligem Schauer die Ahnung, dass diese Schuld ihn
> selbst und sein Leben umgestalten und viel Größeres von ihm fordern wer-
> de, als er bisher je von sich verlangt hatte. (9, 471)

Das Schuldgefühl für den Tod des weit überlegenen Meisters wird Tito – so
darf man mit C. G. Jung interpretieren – aus der Unschuld und Ungebrochenheit seines psychischen „Naturzustandes" herausreißen und in die
Nöte des Individuationsprozesses hineintreiben. Wie im archetypischen
Individuationsprozess, so gerät auch für ihn die Begegnung mit dem „Schatten"
zum Auslöser und Katalysator für jenen innerseelischen Differenzierungs-

und Integrationsprozess, den Hesse in allen hier behandelten Erzählungen als wünschenswert beschrieben hat.

Die Mitverantwortung für den Tod des in jeder Hinsicht vorbildlichen „Magister Ludi" wird – so der Dichter – jenes „adlige Ungenügen" (9, 464) in Tito wecken, das die wichtigste Grundlage für ein geistiges Leben bildet. Mehr hätte Knecht auch nach jahrelanger pädagogischer Arbeit bei seinem Zögling nicht erreichen können. Indem er seine polare psychische Struktur, die ewige Unzufriedenheit mit sich selbst und die daraus resultierenden Antriebe zur dauernden Steigerung der empirischen Persönlichkeit an Tito weitergibt, gibt er die Quintessenz seines Lebens weiter. Deshalb ist sein Untergang im Gletschersee nicht nur ein Tod, sondern auch eine Wiedergeburt.[308] Das Wichtigste von Knecht wird in Tito weiterleben.

Damit endet „Das Glasperlenspiel" als letztgültige dichterische Aussage Hesses zur Individuationsproblematik nicht nur mit einer Apotheose der Nichterlösung und des ewigen Unfertigseins, sondern auch mit einer bezeichnenden Erweiterung des Wiedergeburtsmotivs: Wenn in den bisherigen Erzählungen Wiedergeburt als ein rein subjektives, auf das jeweilige Individuum beschränktes, innerseelisches Erneuerungserlebnis beschrieben wurde, so erscheint sie am Ende des „Glasperlenspiels" als ein Übertragungsphänomen. Die Essenz von Josef Knechts Seele geht über in Tito. Das Werk erbringt also auch in dieser Hinsicht ein Bekenntnis zum Überpersönlichen.

Gleichrangig daneben steht die offene Deutung der menschlichen Existenz und des Individuationsprozesses: Das menschliche Leben wird dargestellt und legitimiert als ein dauerndes Unterwegssein zwischen den existenziell vorgegebenen Polaritäten des Daseins. Es gibt keine Ruhe, keinen Frieden, keine Erlösung – zumindest nicht für denjenigen, der sich wie Knecht dem Absoluten verschworen hat. Weder die höchste Sublimierung des Logos in den geistes- und religionssynthetischen Aspekten des „Glasperlenspiels", noch die vollkommene Auslieferung an die Welt, die Materie und die Triebe (wie Plinio Designori) ist die Aufgabe des hochgestimmten einzelnen, sondern nur die Annahme des ewigen Unterwegsseins.[309] Josef Knecht formuliert dies folgendermaßen:

Wir sollen nicht aus der vita activa in die vita contemplativa fliehen, noch umgekehrt, sondern zwischen beiden wechselnd unterwegs sein, in beiden zuhause sein, an beiden teilhaben. (9, 257)

Dieser Satz enthält die zentrale geistige Aussage des Romanes und damit Hesses letztgültige Aussage zur Individuationsproblematik. In ihm ist vieles impli-

ziert. Zunächst ist daraus zu folgern, dass Knechts Abschied von Kastalien keineswegs eine Abwertung des Kastalischen Geistes und des „Glasperlenspiels"
bedeutet. Sie bleiben als gleichberechtigte Werte neben der „vita activa" bestehen. Erst im Wechsel zwischen den äquivalenten Werten von Aktion und
Meditation wird das humanistische Ideal des Werkes erfüllt – auch wenn diese Erfüllung nur in einer unendlichen Annäherung bestehen kann.[310]

Mit diesem anthropologischen Entwurf aber schafft Hermann Hesse eine
universale geistige Synthese. Indem der Dichter am Ende seines letzten großen Werkes vita contemplativa und vita activa als gleichberechtigte, einander
ergänzende Wege menschlicher Selbst-Verwirklichung erklärt, schafft er nicht
nur eine Verbindung zwischen dem magisch-meditativen Verselbstungsideal
seiner mittleren Schaffensperiode und den pädagogisch-sozialen Akzenten
seines Spätwerks, sondern gleichzeitig eine Synthese zwischen dem östlichen
Introversions- und dem westlichen Extraversionsgedanken.

Mehr noch: Die von Hesse vorgeschlagene Gleichwertigkeit von Meditation
und Aktion schlägt auch eine Brücke zwischen klassischem und romanti-
schem Denken und verbindet so die beiden wichtigsten Denkrichtungen der
Deutschen Literaturgeschichte in einem synthetischen Entwurf. Die individualistischen, mystischen und symphilosophischen Tendenzen des Novalis und die
sozialen, realistischen und pädagogischen Werte des klassischen Goethe werden
in einem bipolaren Ideal zusammengeführt und miteinander versöhnt.

Beide Elemente – das romantisch-östliche und das klassisch-westliche – wer-
den wie aufgezeigt von C. G. Jung als psychologische Notwendigkeiten be-
schrieben und legitimiert: Der Mensch braucht sowohl die Erfahrung des
„Göttlichen" als auch die Hinwendung zum Buberschen „Du", um die
Ganzheit seines Selbst zu realisieren. Goethe und Novalis, Klassik und
Romantik, westliches und östliches Denken – so ist sich Hesse mit Jung
einig – müssen zusammenkommen, wenn die Menschheit ihre höchsten
Möglichkeiten verwirklichen will.[311]

Diese Quintessenz und „letzte Weisheit" des Romans mag vor 80 Jahren
noch eine Utopie gewesen sein; heute wissen wir, dass ihre Verwirklichung
eine Überlebensnotwendigkeit für die Menschheit bedeutet.

# 13. Zusammenfassung

Hermann Hesses Beziehungen zur Psychologie C. G. Jungs beginnen im Frühjahr 1916 mit einem Nervenzusammenbruch des Dichters samt nachfolgender psychotherapeutischer Behandlung bei J. B. Lang, einem Schüler und Mitarbeiter C. G. Jungs. Die Analyse beginnt stationär im Kurhaus „Sonnmatt" bei Luzern, ist für Hesse aber offenbar derart fruchtbar, dass er sich entschließt, nach seiner Entlassung ca. eineinhalb Jahre lang einmal in der Woche von seinem Wohnsitz Bern nach Luzern zu Lang zu fahren. Auf diese Weise kommt es zu insgesamt 72 dreistündigen analytischen Sitzungen, also zu über 200 Therapiestunden. Angeregt durch Lang beginnt Hesse auch mit der Lektüre von Jungs Schriften und beurteilt Jungs Jugendwerk, die „Wandlungen und Symbole der Libido" (heute „Symbole der Wandlung") als „genial" (vgl. die Rezension von Jungs „Wirklichkeit der Seele" Ges. Werke Ffm 1970, S. 431) Im Herbst 1917, unmittelbar vor der Niederschrift seines „Demian", trifft er auch erstmals C. G. Jung persönlich, diskutiert mit ihm über seine Theorien und zeigt sich von seiner Persönlichkeit sehr beeindruckt (Vgl. Traumtagebuch von Hesse, Mat. Demian, Bd. 2, S. 107) .

Aus diesem Stoff schrieb er seinen „Demian" (1917) . Der Roman ist sowohl in seinem Gesamtaufbau als archetypischer Individuationsprozess wie auch in seinen zentralen Motiven zutiefst von der jungschen Psychologie beeinflusst. Aus diesen Quellen bezog Hesse etwa das Abraxas-Motiv, die Neudeutung der biblischen Geschichten um Kain und die beiden Schächer sowie die archetypische Konzeption der wichtigsten Romanfiguren: Alle zentralen Gestalten verkörpern im Sinne Jungs bestimmte Dispositionen des Unbewussten der Hauptfigur (Kromer als „Schatten", Beatrice und Frau Eva als „Anima", Pistorius als „Seelenführer" und Demian als „Symbol des Selbst") . Mit der Integration von Demian als der bewusstseinsfernsten und komplexesten Symbolfigur ist die Entwicklung des Ich-Erzählers abgeschlossen.

In den nachfolgenden Erzählungen wendet Hesse dieselben archetypischen Konzeptionen weiter an und beginnt gleichzeitig eine Fortentwicklung, die charakteristische Einblicke in seine geistig-seelische Problematik ermöglicht. Der Roman „Demian" endet mit der Erfahrung des Selbst als zentrales psychisches Faszinosum und als Endpunkt der Entwicklung der Hauptfigur. In der nächsten Erzählung „Klein und Wagner" (1919) versucht die Hauptfigur Friedrich Klein, die Erfahrung des Selbst zu perpetuieren und leidet bis zur absoluten Verzweiflung daran, dass ihm dies nicht gelingt. Er fällt immer wieder zurück in egozentrische, leidhafte Erfahrungen und Wahrnehmungen. Am Ende will er sich deshalb umbringen, erfährt aber beim Fallen ins Wasser eine visionäre Wiedergeburt.

Mit „Klein und Wagner" beginnt eine ganze Reihe von Erzählungen, in denen die Erfahrung des Selbst, die Hesse als „göttliche Stimme" empfindet, im Zentrum steht. Hesses Helden suchen diese Erfahrung immer wieder und richten ihr ganzes Leben danach aus. Aus der Perspektive der jungschen Psychologie liegt hier eine Inflation des Selbst vor, die einige Jahre andauert und erst in der „Steppenwolf"-Zeit ein Ende findet.

Die psychologische Problematik der nächsten Erzählung „Klingsors letzter Sommer" (1919) setzt dort ein, wo „Klein und Wagner" aufgehört hatte: Der Maler Klingsor experimentiert mit jenem rückhaltlosen „Sich-Fallen-Lassen" ins Leben, das Friedrich Klein bei seinem Wiedergeburtserlebnis als Weg zur Überwindung des Leidens erschienen war. Klingsor versucht, den Durchbruch zum Selbst mittels der Kunst zu erreichen, macht aber die Erfahrung, dass er damit keineswegs die Vergänglichkeit, das Leiden und die Todesangst überwinden kann. Nach der Psychologie Jungs ist dies ein archetypischer Ausdruck der Tatsache, dass er sich rückhaltlos an die Kräfte seines unbewussten Selbst ausliefert und dabei nicht nur dessen produktiv-künstlerische Dispositionen, sondern auch seine düsteren und destruktiven Aspekte freisetzt. Am Ende begreift Klingsor, dass Vergänglichkeit, Leid und Todesangst nicht nur negativ zu werten sind, sondern auch Voraussetzungen seiner künstlerischen Schaffenskraft bilden. Im Einklang mit Jungs Kunsttheorie gestaltet er jene Aspekte des Selbst, die dem Zeitgeist am meisten mangeln und erfüllt so eine wichtige soziale Funktion. Nach wie vor ungelöst im Sinne der jungschen Psychologie bleibt freilich die Schlussproblematik des Individuationsprozesses: Die Frage nach dem adäquaten Verhältnis von Ich und Selbst. Es liegt auf der Hand, dass diese Problematik in den nächsten Werken wieder aufgerollt und weiterentwickelt wird.

Im „Siddhartha" steht die Frage im Zentrum, wie man vom Wissen um das Selbst zu dessen ganzheitlicher Erfahrung gelangt. Der hinduistische Begriff für das Selbst ist der „Atman". Siddhartha weiß gleich am Anfang seines Weges um den Atman in sich, aber er kennt nicht die entsprechende innere Erfahrung. Wie der historische Buddha, so scheitert auch Siddhartha in seinem Bemühen, die Erfahrung des Selbst durch Askese und Meditation zu erzwingen.

Der psychologische Hintergrund ist, dass nach Jung das Selbst nicht durch Willensleistungen des Ich erfahrbar ist. Das Selbst manifestiert sich entweder von selbst, d. h. unwillkürlich, oder gar nicht. Diese Einsicht in die begrenzte Macht des Bewusstseins, die übrigens von der heutigen Hirnforschung vollkommen bestätigt wird, lässt Siddhartha auch von vornherein skeptisch in die Begegnung mit dem historischen Buddha gehen. Er weiß, über die Lehre, d. h. über Worte und den Intellekt, ist keine Erlösung bzw. Erfahrung des Selbst möglich.

Dies gelingt Siddhartha erst, nachdem er sich mit seinem Schatten seiner Persönlichkeit in Gestalt eines bürgerlichen Kaufmannslebens und mit der Anima in Form seiner Geliebten Kamala auseinandergesetzt hat und sich, wie Friedrich Klein, wegen des Leidens an diesen Erfahrungen ins Wasser stürzen will. Erst als er auf diese Weise sein Ich zu opfern bereit ist, schafft er den inneren Raum für jene unwillkürliche Emanation des Selbst, die auch Friedrich Klein bei seinem Selbstmordversuch erfahren hatte: Siddhartha erfährt das heilige „Om" als hinduistischen Begriff für das jungsche Selbst.

Der Schluss des Romans verdeutlicht noch einmal Hesses zentralen Aussagewillen: Auch Siddharthas Freund Govinda erfährt nicht über Worte seine Erleuchtung, sondern erst, als er sich unter Siddharthas Anleitung seinen Emotionen öffnet und den erleuchteten Siddhartha liebevoll küsst. Die Erfahrung des Selbst, so ist sich Hesse mit Jung einig, ist eine intuitive emotionale Erfahrung und keine Sache des Intellekts. Das zentrale Problem von Hesses Individuationsproblematik bleibt freilich auch im „Siddhartha" ungelöst: Die Frage nach dem adäquaten Verhältnis von Ich und Selbst. Deshalb wird diese Problematik in den nachfolgenden Erzählungen weiterverfolgt.

Im „Kurgast" (1924) wird zunächst eine egozentrische, von Minderwertigkeitsgefühlen, ironischer Distanz und latenten Aggressionen gegenüber den Mitmenschen bestimmte Mentalität des Ich-Erzählers vorgeführt.

Diese zynische Grundhaltung führt am Ende den Protagonisten in eine tiefe Verzweiflung, die er zunächst auf moralischem Wege zu überwinden versucht. Aber er scheitert damit und entfaltet daraufhin eine wahre Orgie der Selbstverachtung. Wieder erfolgt der Durchbruch zur ersehnten Erfahrung des Selbst unwillkürlich und unerwartet auf einer der vielen Treppenstufen zum Speisesaal, wobei dem Erzähler bewusst ist, dass er diese Befindlichkeit bald wieder verlieren wird. Die Periodizität der Selbsterfahrung ist Hesse offensichtlich mittlerweile selbstverständlich geworden. Was noch fehlt, ist die Berücksichtigung der legitimen Ansprüche des Ich und die Herstellung eines gleichberechtigten und ausgewogenen Verhältnisses von Ich und Selbst. Der gegebenen Insuffizienz der Welt und des eigenen Ich wird immer noch jegliche Akzeptanz verweigert.

Auch in „Die Nürnberger Reise" (1925) variiert Hesse nochmals die Unterschiede zwischen egozentrischem und Selbst-orientiertem Verhalten, fasst aber auch einen neuen Aspekt ins Auge: Der Bezug auf das Selbst relativiert einerseits die Leiden des Ich-Erzählers, kann aber auch selbst die Quelle von Leiden werden, indem das Selbst das Ich zu einem an überpersönlichen, menschheitlichen und transzendenten Zielen orientierten Leben auffordert. Als Lösungsmöglichkeiten erscheinen zwei Möglichkeiten, die anschließend im „Steppenwolf" großmotivisch weiterverfolgt werden: Die Nachfolge der „Unsterblichen" und der Humor.

Während das Leiden der unsterblichen Dichter an der Welt das eigene Leid erträglicher macht, dient der Humor einer Aufhebung der tragischen Diskrepanz zwischen der Stimme des Selbst und der als leidhaft empfundenen Wirklichkeit. Damit werden zwei Lösungsstrategien für die Individuationsproblematik ins Auge gefasst, die auch die jungsche Psychologie empfiehlt. So schreibt M.-L. von Franz in ihrem Aufsatz „Der Individuationsprozess" über den Menschen, der Kontakt zum Selbst erlangt hat: „Voller Erregung glaubt dann ein solcher Mensch, die tiefsten Welträtsel erfasst zu haben, und verliert darüber jede menschliche Anpassung. Ein sicheres Zeichen hierfür ist der Verlust des Humors und der menschlichen Gemütlichkeit" (in „Der Mensch und seine Symbole", von C. G. Jung, Olten 1968, S. 216) . In der „Nürnberger Reise" bleibt die Anwendung des Humors im Unterschied zum nachfolgenden „Steppenwolf" freilich noch reine Theorie ohne praktischen Lebensbezug.

„Der Steppenwolf" ist wie der „Demian" unter dem unmittelbaren Einfluss des Jung-Mitarbeiters J. B. Lang geschrieben und entsprechend stark von der jungschen Psychologie beeinflusst. Dies betrifft zunächst die innere Zerrissenheit der Hauptfigur Harry Haller zwischen menschlichen und tierischen Anteilen, die er als „wölfisch" empfindet. Dem entspricht in der jungschen Theorie der Konflikt zwischen Ich und Schatten.

Des Weiteren korreliert die Figur der Hermine (die weibliche Form des Dichtervornamens!) mit der jungschen Anima, die Haller ins Leben einführt und ihn von seiner Verzweiflung zu kurieren versucht. Die Figur des Pablo ist nach Jung ein Symbol des Selbst und steht damit in der Nachfolge Demians. Unter dem Einfluss Pablos und der „Unsterblichen" versucht Haller seinen inneren Konflikt zunächst dadurch zu lösen, dass er wie Friedrich Klein eine vollkommene Verselbstung unter Ausschaltung des Ich anstrebt.

Als alternative Lösungsmöglichkeit wird im „Tractat vom Steppenwolf" wie schon in der „Nürnberger Reise" die Entwicklung von Humor vorgeschlagen. Im Laufe der Romanhandlung begreift Haller, dass Humor und ein Leben aus dem Selbst keine Gegensätze, sondern vereinbar sind und dass seine unsterblichen Vorbilder Mozart und Goethe humorige Naturen sind.

Damit wird für Hesse auch das beschränkte Ich unter Hinweis auf die Erbsünde annehmbar. Aufgrund der göttlichen Gnade wird nach dem Erzähler die Sündhaftigkeit und Unvollständigkeit des Menschen akzeptiert. Der Roman endet unter der Perspektive, mit Hilfe der spielerischen Verwirklichung der Mannigfaltigkeit des Selbst und mit Humor das Leben zu meistern. Indem damit erstmals in Hesses Erzählungen das beschränkte Ich angenommen und der Humor als Lebenshilfe empfohlen wird, enthält „Der Steppenwolf" den ersten vollständigen Individuationsprozess im Sinne Jungs. Nicht umsonst hat Hesse den Roman als „Katharsis"bezeichnet.

Im nächsten Roman „Narziss und Goldmund" (1930) ist die Utopie einer vollständigen Verselbstung bereits von vornherein aufgegeben. Die beiden Hauptfiguren verkörpern nur zwei diametral verschiedene Annäherungen an die Utopie eines vollkommenen Lebens: Narziss versucht durch ein geistiges Leben als Mönch eine Annäherung an das Göttliche, Goldmund strebt dies durch ein sinnliches Leben als Frauenheld und als Künstler an. Aber beide erreichen das Ideal eines vollkommenen Lebens nicht, sondern werden entworfen als Menschen auf dem Weg: Narziss fehlt das Weibliche und das Sinnliche, die jungsche Anima, Goldmund erreicht die Vergeistigung seines Lebens und damit die Ganzheit des Selbst über das Sinnliche hinaus allenfalls kurzzeitig als Künstler, gibt das aber bald wieder auf und stürzt sich wieder ins geistlose Leben und in die Sinnenlust. Beide Hauptfiguren sind Menschen auf dem Weg.

In den beiden Spätwerken „Die Morgenlandfahrt" (1932) und „Das Glasperlenspiel" (1943) kommt es zu einer bezeichnenden Akzentverschiebung und neuen Dimension: Zwar taucht das Ideal der Verselbstung weiterhin auf und bleibt ein zentrales Ziel des Helden, aber es wird anders gefasst als in der mittleren Schaffensperiode vom „Demian" bis zu „Narziss und Goldmund". Ins Zentrum rückt nunmehr der soziale Aspekt des Selbst. Dieser ergibt sich nach Jung daraus, dass der verselbstete Mensch um die menschheitlichen Dimensionen seiner seelischen Tiefenstrukturen weiß und sich deshalb allen Menschen verbunden fühlt (vgl. M. -L. von Franz, „Der soziale Aspekt des Selbst" in „Der Mensch und seine Symbole", von C. G. Jung, Olten 1968, S. 218 ff).

„Die Morgenlandfahrt" beginnt mit der Evokation einer magischen Teilhabe des Ich-Erzählers an einem imaginären Bund der Morgenlandfahrer, der sich durch alle Epochen und Zeiten zieht. Aber er muss erleben, dass diese magische Realisierung des Selbst vergänglich ist und orientiert sich in der Schlussversion der Erzählung an dem Diener Leo, der als Symbol der sozialen Dimension des Selbst gezeichnet ist. In diesem neuen Ideal einer Hinwendung zu den Menschen und zum Sozialen zeichnet sich die letztgültige humanistische Psychologie und Utopie des alten Hesse ab.

Dasselbe geschieht im „Glasperlenspiel". Der Held Josef Knecht widmet sich zunächst einem geistigen Leben und wird ein Großmeister des kreativ-geistigen Spiels mit sämtlichen Inhalten und Werten der menschlichen Kultur. Damit verwirklicht er den magisch-introvertierten Aspekt des Selbst, der Hesse lange Jahre fasziniert hatte und dem er auch in seinem letzten Roman noch einmal Reverenz erweist. Aber Knecht verlässt am Ende die Pädagogische Provinz Kastalien und das Glasperlenspiel, um zum Erzieher eines völlig ungeistigen Knaben zu werden. Auf diese Weise wendet sich Hesse auch in diesem Werk von der magisch-introvertierten Realisierung des Selbst hin zur sozialen und extravertierten Verwirklichung und relativiert damit auch große Teile seines früheren Werks.

Zusammenfassend lässt sich sagen, dass Hesse in seinem erzählerischen Werk vom „Demian" bis zum „Glasperlenspiel" immer wieder Elemente der jungschen Psychologie verwendet. Nach der Darstellung eines exemplarischen jungschen Individuationsprozesses im „Demian" unterliegt er von „Klein und Wagner" bis zur „Nürnberger Reise" einer gewissen Inflation des Selbst, bis er sich im „Steppenwolf" erstmals zu einer Akzeptanz der Eigenrechte des Ich durchringt. Von „Narziss und Goldmund" bis zum „Glasperlenspiel" rückt Hesse vom Ideal der absoluten Verselbstung ab, ersetzt dieses durch die Darstellung von Menschen auf dem Weg und stellt schließlich den sozialen Aspekt des Selbst und den pädagogisch-mitmenschlich orientierten Einzelnen als letztgültiges Ideal dar.

Damit stellt sich die Frage, weshalb Jungs Theorien bei Hesse auf derart fruchtbaren Boden fallen konnten, dass er sie nicht nur als psychotherapeutisches Mittel, sondern auch als konstitutives Element seiner Hauptwerke benutzte. Hier drängen sich drei Gründe auf:

## 13.1 Der biographische Hintergrund

Wie C. G. Jung entstammt auch Hermann Hesse dem strenggläubigen protestantischen Milieu. Jung war Pfarrerssohn, Hesse Missionarssohn. Beide wurden streng nach moralisch-religiösen Grundsätzen erzogen und dabei schwer traumatisiert. Die dogmatische Enge der religiösen Weltsicht der Eltern schuf die geradezu exemplarische Psychostruktur von Kindern aus dem orthodox-protestantischen Umfeld: die Verbindung einer außerordentlichen Intelligenz und moralischen Sensibilität mit tiefen Schuldgefühlen und Minderwertigkeitskomplexen. Das heranwachsende Kind hat andauernd das zermürbende, niederdrückende Gefühl, den moralischen und religiösen Anforderungen der Eltern nicht gerecht werden zu können und fühlt sich deshalb schuldig. Ein Musterbeispiel für diese kindliche Befindlichkeit liefern die autobiografisch zu verstehende Einleitung von Hesses „Demian" mit den „zwei Welten" oder seine Erzählung „Kinderseele", die beide im unmittelbaren Umfeld einer jungschen Analyse entstanden.

Dasselbe gilt für C. G. Jung. Er beschreibt in seiner Autobiographie genauer jenes existenzielle Grundgefühl, das aus seiner Pfarrhaussozialisation resultierte und das man praktisch wörtlich auf Hermann Hesse übertragen könnte: „Ich habe auch meine Minderwertigkeit empfunden, ich bin ein Teufel oder ein Schwein, dachte ich, irgendetwas Verworfenes ... Je größer meine Minderwertigkeitsgefühle waren, desto unfasslicher erschien mir die Gnade Gottes ... Ich dachte immer, ich sei ein verdorbener oder minderwertiger Mensch" („Erinnerungen, Träume, Gedanken", Olten 1971, S. 46/47.)

Dieses Bekenntnis ist wohl grundlegend für das Verständnis der Persönlichkeiten und auch der Lebensleistungen von C. G. Jung und gleichzeitig auch von Hermann Hesse: Das von den Eltern empfangene, existenzielle Schuldgefühl zwingt zur Suche nach einer Legitimation für die Integration des sogenannten „Bösen" und der tiefe Minderwertigkeitskomplex verlangt als dauernder Stachel die außerordentliche Lebensleistung als Kompensation des frühkindlichen Traumas. Die von beiden so dringend benötigte Legitimationsinstanz bietet Jungs Lehre vom „Schatten" als Repräsentant des „Bösen" in jedem Menschen und von der Notwendigkeit seiner Integration in die empirische Ganzheit der Persönlichkeit (das „Selbst") . Die Kompensation des existenziellen Minderwertigkeitsgefühls liefert das bedeutende schriftstellerische Werk, das beide hinterlassen haben.

## 13.2 Der psychotherapeutische Aspekt

In drei entscheidenden Krisensituationen seines Lebens (1916/1917, 1921 und 1926/1927) sucht Hesse Hilfe durch die jungsche Psychologie bei J. B. Lang und C. G. Jung. Er wird also offenkundig mit einem einleuchtenden und hilfreichen Deutungsmuster für seine psychischen Probleme konfrontiert.

Das Verfahren und das dahinterstehende Gedankengut fesseln ihn anscheinend so sehr, dass er beschließt, es nicht nur für seine persönliche Gesundung,
sondern auch für sein literarisches Werk zu nutzen. Hesse gewinnt offenbar
die Überzeugung, dass die jungsche Psychologie ihrem Anspruch gerecht wird
und allgemeinmenschlich gilt. Deshalb benutzt er Jungs Lehre als theoreti-
sches Fundament zur Deutung seiner eigenen Vergangenheit und als Raster
zum Entwurf fiktionaler Handlungselemente und literarischer Figuren. Die
allgemeinmenschliche Gültigkeit der jungschen Psychologie dürfte nicht zuletzt auch ein Grund dafür sein, dass sich so viele Menschen in Hesses Werken
wiedererkennen und der Dichter heute weltweit bekannt und erfolgreich ist.

## 13.3 Der religionspsychologische Aspekt

Hesse findet in Jungs Psychologie ein Instrumentarium, um das religiöse
Fundament seines Lebens und Denkens auf eine neue, zeitgemäße und fas-
zinierende Weise zu deuten und für seine dichterischen Zwecke fruchtbar zu
machen. Jungs Lehre gibt ihm den Schlüssel in die Hand für jene Synopsis
der Weltreligionen und namentlich für die Verbindung von Psychologie
und Religion, die spätestens seit dem „Demian" Hesses geistige Basis bilden. Mehr noch: Jungs Religionspsychologie liefert Hesse die theoretische
Legitimation für die zentrale Botschaft seiner mittleren und späten Dichtung:
Die Identität von Selbsterfahrung und Gotteserfahrung. Jung bestätigt eigene
Ahnungen und Erkenntnisse und öffnet ihm den Zugang zur gemeinsamen
psychologischen Basis aller Weltreligionen und Weisheitslehren, die Hesse in
der Betrachtung „Weihnacht" aus dem Jahr 1917, also unmittelbar nach der
Analyse bei J. B. Lang, wie folgt formuliert:

> Die Lehre Jesu und die Lehre Lao Tses, die Lehre der Veden und die Lehre
> Goethes ist in dem, worin sie das ewig Menschliche trifft, dieselbe. Es gibt
> nur eine Lehre. Es gibt nur eine Religion. Es gibt nur ein Glück. Tausend
> Formen, tausend Verkünder, aber nur einen Ruf, nur eine Stimme. Die
> Stimme Gottes kommt nicht vom Sinai und nicht aus der Bibel, das Wesen
> der Liebe, der Schönheit, der Heiligkeit liegt nicht im Christentum, nicht in
> der Antike, nicht bei Goethe, nicht bei Tolstoi - es liegt in dir, in dir und in
> mir, in jedem von uns. Dies ist die alte, einzig ewig gültige Wahrheit. Es ist
> die Lehre vom „Himmelreich", welches wir „inwendig in uns" tragen.
> (Ges. Werke, Bd. 10, Ffm 1970, S. 46)

Von dieser metaphysisch-psychologischen Gewissheit hat Hesse letzt-
endlich seinen Trost in allen Lebenslagen, seine geistige Energie und sein
Selbstbewusstsein als Dichter und Denker bezogen. In diesem zentralen
Glauben seines Lebens ist er freilich durch Jungs Psychologie nur bestätigt
worden. Jungs Lehre legitimiert, systematisiert und erweitert nur jene religiösen und psychologischen Einsichten, die Hesse durch die Sozialisation in
seinem Elternhaus und durch eigene Lektüre bereits erworben hatte; denn
es ist ja eine allgemeinmenschliche Erfahrung, dass die stärksten und frucht-
barsten geistigen Einflüsse niemals aus der Begegnung mit völlig fremdem
Gedankengut entstehen, sondern dann, wenn eigene Erfahrungen und
Denkansätze aufgegriffen und fortgeführt werden.

# Anmerkungen

1   Zitiert nach Jung, Ges. Werke, Bd. 9/1, S. 289 und 302
2   Zitiert nach Aniela Jaffé. C.G. Jung. Bild und Wort. Olten 1983, S. 231/232
3   Jung, Ges. Werke, Bd. 11, S. 675
4   Jung, GW 9/2, S. 41
5   Hier zitiert nach „Materialien zu Hermann Hesses „Siddhartha", Erster Band. Her-
    ausgegeben von Volker Michels. Ffm 1975 (im Folgenden als „MatSiddh." zitiert),
    S. 114
6   Jung, GW 9/2, S. 41
7   Vgl. die Versuche von Malte Dahrendorf und Uwe Wolff
8   Vgl. die Dissertation von Susanne Meinicke
9   Emanuel Maier. The psychology of C. G. Jung in the works of Hermann Hesse. New
    York 1952 (microfilm)
10  Vgl. Jolande Jacobi. Die Psychologie von C. G. Jung. Zürich 1945
11  Zitat Jung: „Ich begegne immer wieder dem Missverständnis, daß die Archetypen
    inhaltlich bestimmt, d. h. eine Art unbewußter Vorstellungen seien. Es muß deshalb
    nochmals hervorgehoben werden, daß die Archetypen nicht inhaltlich, sondern bloß
    formal bestimmt sind und letzteres nur in sehr bedingter Weise. Inhaltlich bestimmt
    ist ein Urbild nachweisbar nur, wenn es bewußt und daher mit dem Material bewuß-
    ter Erfahrung ausgefüllt ist [...]." (Ges. Werke, Bd. 9/1, S. 95)
12  Vgl. dazu die Angaben in Ges. Briefe, Bd. 1, S. 324, Anm. 1, und in „Hermann Hes-
    se. Sein Leben in Bildern und Texten". Herausgegeben von Volker Michels. Frank-
    furt/Main 1979, S. 153.
13  Ges. Briefe, Bd. 1, S. 323.
14  Ges. Briefe, Bd. 1, S. 323.
15  Ges. Briefe, Bd. 1, S. 325
16  Vgl. den Brief an Ball vom 30.7.1925, sowie die Rezension von Jungs Aufsatz „Wirk-
    lichkeit der Seele" (abgedruckt in WA 12, S. 430ff., geschrieben 1931).
17  Zitiert nach: „C. G. Jung-Briefe". Herausgegeben von Aniela Jaffé, Zürich. In Zusam-
    menarbeit mit Gerhard Adler, London. Band 1-3. Olten 1972. Band 3, S. 384/385.
18  Ges. Briefe, Band 1, S. 470.
19  Brief vom 2.5.1921, ebd., S. 470
20  Brief an Volkmar Andreä vom Mai 1921, ebd., S. 472.
21  Brief an Hans Reinhart vom Mai 1921, ebd., S. 473.
22  Brief vom Mai 1921, ebd., S. 473
23  In seinem ansonsten gut recherchierten Standardwerk „Dichter, Sucher, Bekenner"
    schreibt der führende amerikanische Hesse-Forscher: „Daß Hesse die Besuche bei
    Jung nach wenigen analytischen Sitzungen im Mai 1921 wieder einstellte und seine
    Gesellschaft danach nie wieder suchte, deutet darauf hin, daß Jung als Mensch seine
    Antipathie geweckt haben könnte" (a.a.O., S. 100).

24   Brief vom Mai 1921, Ges. Briefe, Band 1, S. 474.

25   Cremerius erkennt zwar, dass Hesse in diesem Zusammenhang die Psychoanalyse un-
angemessenerweise mit „höheren Bedeutungen" assoziiert, übersieht aber die jungianischen Bezüge dieses Diktums (vgl. Schuld und Sühne ohne Ende. Hermann Hesses
psychotherapeutische Erfahrungen. In: Literaturpsychologische Studien und Analysen. Herausgegeben von Walter Schönau. Bd. 17. Amsterdam 1983. S. 109-204.

26   Diese Terminierung geht aus der Datierung von Hesses Briefen hervor. Die Angabe in
MatStep (S. 33), die nur im Januar 1926 Gespräche mit Lang verzeichnet, hat sich als
zu ungenau erwiesen.

27   Brief an die Schwester Adele vom 15.12.1925, zitiert nach MatStep, S. 33.

28   Brief an Carlo Isenberg vom 7.1.1927, zitiert nach Ges. Briefe Bd. 2, S. 128.

29   Brief an Emmy und Hugo Ball vom 17.2.1926, zitiert nach MatStep, S. 63.

30   Brief an Alice Leuthold vom März 1926, zitiert nach MatStep S. 64.

31   Miguel Serrano. Meine Begegnungen mit C. G. Jung und Hermann Hesse in visionärer Schau. Zürich und Stuttgart 1968. Zitat: S. 25. – Wie bereits sein Titel andeutet,
enthält dieses Buch eine bekenntnishafte Auseinandersetzung mit der Gedankenwelt
Hesses und Jungs und ist deshalb für unsere Zwecke nicht weiter brauchbar.

32   Vgl. dazu den Brief an Alice Leuthold vom Februar 1940 (Ges. Briefe, Bd. 3,
S.145ff.).

33   Ges. Briefe, Bd. 3, S. 265/266

34   Vgl. „Schuld und Sühne", a. a. O., S. 194. Cremerius' Aufsatz ist übrigens überhaupt
unzureichend recherchiert: Weder ist die Zahl der psychotherapeutischen Sitzungen
mit Lang korrekt angegeben (es waren insgesamt 72, nicht 72 + 60, wie Cremerius
behauptet), noch stimmt die Angabe, Lang sei ein Koprophiler gewesen (s. oben!).

35   Brief Hesses an Jung vom Sept. 1934, zit. nach: Jung, Briefe, Bd. 1, S. 24, Anm. 1.

36   Brief Hesses an Jung vom Sept. 1934, zit. nach: Jung, Briefe, Bd. 1, S. 24, Anm. 1.

37   Zit. nach Jung, Briefe, Bd. 1, S. 234.

38   Zit. nach: MatSiddh. 1, S. 103.

39   Zit, nach: C. G. Jung. Briefe, Bd. 2, S. 184, Anm 1.

40   Dabei handelt es sich um folgende Werke: „Psychologische Betrachtungen. Eine Aus-
lese aus den Schriften C. G. Jungs." Zusammengestellt von Jolande Jacobi. Zürich
1945 / „Die Psychologie der Übertragung", Zürich 1946 / „Über psychische Ener-
getik und das Wesen der Träume", Zürich 1948/ „Gestaltungen des Unbewussten",
Zürich 1950 (mit Widmung: Herrn H. Hesse zur Erinnerung an alte Tage überreicht
vom Verfasser und Herausgeber. August 1950) / „Aion. Untersuchungen zur Symbol-
geschichte". Zürich 1951 / „Symbole der Wandlung", 4. AuflageZürich 1952 / „Welt
der Psyche" (Widmung: „Herrn Hermann Hesse ein schwaches Dankeschön für seine

freundliche Weihnachtsgabe. Der Verfasser. Dec. 1954") / „Mysterium coniunctio-
nis", Teil I und II, Zürich 1955/56 / „Gegenwart und Zukunft", Märznummer 1957
der Schweizer Monatshefte. Diese Werke Jungs befanden sich nach meinen Recher-
chen im Marbacher Literaturarchiv in Hesses Bibliothek.

41  Dies hat Hesse verschiedentlich explizit hervorgehoben. So schreibt er etwa in einer
Rezension von Freuds Vorlesungsreihe „Über Psychoanalyse" im Jahre 1919: „Freuds
kühle, oft witzige, überaus klare Darstellungsart ist bekannt, das Lesen seiner Schrif-
ten ist ein Genuß" (WA 12, S. 368). Und in einem Aufsatz aus dem Jahre 1925 heißt
es: „... in der allmählich groß gewordenen Literatur der Psychoanalytiker ist er, außer
Jung in Zürich, eigentlich noch immer der einzige, dessen Werk auch außerhalb der
Gilde durch ganz hohe menschliche, sowohl wie literarische Qualitäten überzeugt."
(WA 12, S. 265).

42  Jung, Briefe, Bd. 2, S. 183/184.

43  Ges. Briefe, Bd. 4, S. 54.

44  Ges. Briefe, Bd. 4, S. 320/321.

45  Jung definiert die Neurose als eine psychische Verfassung, in der die natürliche Ganzheit der Psyche durch innere Konflikte und Spaltungstendenzen gestört ist: „Die Neurose ist ein Zustand des Uneinigseins mit sich selbst, verursacht durch den Gegensatz
von Triebbedürfnissen und den Anforderungen der Kultur, von infantiler Unwilligkeit
und dem Anpassungswillen, von kollektiven und individuellen Pflichten." (zit. nach:
C. G. Jung. Bild und Wort. A. a. a. O., S. 233).

46  Nach der Psychologie Jungs ist das Selbst ein innerer Ganzheitskeim mit eigenem
Energiepotenzial, der den Menschen – in der Regel unbewusst – immer wieder, in
solche äußeren Situationen führt, die geeignet sind, das innere Wachstum zu fördern.
Die Jung-Schülerin Marie Louise von Franz schreibt dazu: „Man kann das Selbst
als ein inneres, wegleitendes Zentrum definieren, das nicht mit dem Bewusstsein in
eins fällt und nur durch die Träume erforscht werden kann, welche anzeigen, dass es
eine dauernde Ausweitung und Reifung der Persönlichkeit anstrebt." (Zit. nach: Der
Mensch und seine Symbole, a. a. O., S. 161/162.

47  Aus der Ganzheitstendenz des Selbst resultiert nach Jung, dass jedem Archety-
pus – also auch dem „Schatten" – eine autonome Dynamik zum Durchbruch ins
Bewusstsein innewohnt. Jung bezeichnet deshalb die Archetypen als „autonome
Komplexe" und hat das unwillkürliche Element bei ihrer Assimilierung im Falle des
„Schatten" wie folgt formuliert: „Im Bewusstsein sind wir unsere eigenen Herrn [...]
Schreiten wir aber durch das Tor des Schattens, so werden wir mit Schrecken inne,
dass wir Objekte von Faktoren sind." (Ges. Werke, Bd. 9/1, S. 32).

48  Kromer ist in der Sekundärliteratur unterschiedlich und nicht immer zutreffend
interpretiert worden. Stolte (s. 103) versteht ihn als „Prototyp menschlicher Kanaille",

ohne seine Bedeutung für Sinclair näher zu untersuchen. Die beiden DDR-Autoren Böttger (S. 249) und Middell (S. 141) stellen die „soziale Antithetik" in den Vordergrund und sehen in Sinclairs Annäherung an die Welt des Proletariats den Anfang seiner Befreiung. Diese Interpretation übersieht den moralisch-psychologischen Charakter des Konflikts zwischen Sinclair und Kromer und ist deshalb durch Wolff (S. 34) und Jahnke (S. 79) zurecht zurückgewiesen worden. Auch die bisher vorliegenden jungschen Interpretationen des Romans haben keine zureichende Erhellung der Problematik geliefert. Dahrendorfs kurzer Aufsatz bleibt begrifflich merkwürdig unpräzise – keine einzige Gestalt des Romans wird mit einem jungschen Terminus bezeichnet – und Maiers Kromer-Interpretation leidet unter dem grundsätzlichen Missverständnis seiner ganzen Untersuchung: Er begreift alle Figuren des Romans außer Pistorius als bloße Projektionen von Sinclairs Unbewusstem ohne objektive Existenz („Pistorius, however, is the only character of the novel that has an existence separate and apart from Sinclair", S. 54). Dies aber ist blanker Unsinn, denn alle jungschen Projektionen sind definitionsgemäß immer auf ein reales Objekt bezogen und sollen nur sekundär als Symbol des eigenen Unbewussten assimiliert werden. H. Hesse hat selbst darauf hingewiesen, dass die Figuren des Demian genauso real gemeint waren wie diejenigen aller seiner anderen Bücher: „Die Menschen des Demian sind nicht mehr oder weniger wirklich als die meiner anderen Bücher" (Brief an M. L. Dumont vom Februar 1929, zit. nach: Ges. Briefe, Bd. 2, S. 210)

49   Jahnke hat zurecht auf die psychologische Symbolik dieses Milieus aufmerksam gemacht: Der Kehricht und Müll unter der Brücke weist darauf hin, dass die Knaben dort ihre Verdrängungen ausleben (a. a. O., S. 78).

50   Wolff hat diese Begebenheit nicht ohne Berechtigung mit dem Sündenfall in der Genesis verglichen (a. a. O., S. 35).

51   Dieser wichtige, rein immanent erschließbare Sachverhalt ist – soweit ich jedenfalls sehe – von der bisherigen Sekundärliteratur überhaupt noch nicht bemerkt worden.

52   Jung gibt dazu folgende Charakteristik, die Sinclairs Zustand genau umschreibt: „Man ist in ziellosem Erleben verstrickt und verwirrt, und das Urteil erweist sich als machtlos. Menschliche Deutung versagt, denn es ist eine turbulente Lebenssituation entstanden, auf die keine hergebrachte Sinngebung passen will. Es ist der Moment des Zusammenbruchs. Man versinkt in eine letzte Tiefe." (Ges. Werke, Bd. 9/1, S. 41/42).

53   Unter Psychose wird in der jungschen Psychologie ein psychischer Zustand verstanden, in dem ein schwaches Ich von „autonomen Komplexen" des Unbewussten überflutet und beherrscht wird. Zitat Jung: „ [...] die Geistesstörungen [...] sind durch das Auftreten autonomer Komplexe gekennzeichnet [...] Der autonome Komplex ist

[...] an und für sich nichts Krankhaftes, nur sein gehäuftes und störendes Auftreten beweist Leiden und Krankheit" (Ges. Werke, Bd. 15, S. 91).

54 Darauf verweist Hesse explizit, wenn er im „Traktat vom Steppenwolf" schreibt: „Zurück führt überhaupt kein Weg, nicht zum Wolf, noch zum Kinde [...] Der Weg in die Unschuld, ins Unerschaffene, zu Gott führt nicht zurück, sondern vorwärts, nicht zum Wolf oder Kind, sondern immer weiter in die Schuld, immer tiefer in die Menschwerdung hinein." (7, 247). Die nämliche Hoffnung auf eine neue Unschuld durch Selbst-Erkenntnis in einem durchaus jungianischen Sinn formuliert übrigens Heinrich von Kleist in seiner Schrift „Über das Marionettentheater".

55 Auch Demian ist, von den Kategorien dieser Arbeit her gesehen, in der bisherigen Kritik noch keineswegs suffizient interpretiert worden. Dahrendorf (S. 85) sieht Demian als „bildgewordene innere Stimme Sinclairs". Lüthi (S. 48) versteht ihn als „Führer" und „Messias" der im Zentrum stehenden „Muttergottheit" Frau Eva. Mileck (S. 90) bezeichnet Demian als Sinclairs „sokratisches Daimonion", „jungsche Imago" und „geistiges Bild vom idealen Selbst". All dies sind mögliche, wenngleich keineswegs erschöpfende Interpretationen, zumal alle Interpreten auf eine genauere Analyse seines Verhältnisses zu Sinclair verzichten. – Unhaltbar ist dagegen die Auffassung Stoltes, der Demian als Gegenfigur zu Kromer und die beiden als „Exponenten des Bösen und des Guten" (S. 106) begreift. Ins andere Extrem verfällt Maier, wenn er Demian als „a kind of mephistopheles [...] another Version of the shadow" (S. 58+81) bezeichnet. Die nachfolgende Analyse wird zeigen, dass Demian mit eindimensionalen moralischen Kategorien nicht zu fassen ist und deshalb weder als Vertreter des Guten noch als jungscher Schatten gesehen werden kann.

56 Zitat: „Eine Figur des Selbst kann [...] nicht nur als ‚alter Weiser' oder als ‚weise Frau' erscheinen, sondern ebenso häufig als junge, ja sogar kindliche Gestalt, denn das Selbst ist gleichsam etwas relativ Zeitloses, das jung und alt zugleich ist [...]. Dieser Jüngling bedeutet das Selbst und die Möglichkeiten der Lebenserneuerung, einen schöpferischen Schwung und geistige Neuorientierung [...]." (Zit. nach: „Der Mensch und seine Symbole", S. 199).

57 Die hermaphroditische Natur des ganzheitlichen Menschen ergibt sich nach der Psychologie Jungs aus der Realisierung des Anima/ Animus-Komplexes (der verselbstete Mann hat seine Anima realisiert, die Frau ihren Animus), die Zeitlosigkeit ist Ausdruck der überzeitlichen Struktur des kollektiven Unbewussten.

58 Vgl. dazu die Äußerung von M. L. von Franz: „so wie das menschliche Wesen einerseits vom Stein vielleicht am allerverschiedensten ist, so scheint umgekehrt der unbewusste Kern des Menschen dem Stein am nächsten verwandt [...] In diesem Sinn symbolisiert der Stein vielleicht das einfachste und zugleich tiefste Erlebnis von etwas Ewigem und Unwandelbaren, das ein Mensch haben kann." („Der Mensch und seine

Symbole", S. 209/ 210) Als Symbol des Selbst in diesem Sinn sind nach der Psychologie Jungs auch die Kaaba in Mekka, der alchemistische „Stein der Weisen", sowie der Gral in der ursprünglichen Grallegende zu begreifen.

59    Dieses Motiv entstammt der gnostischen Sekte der Kainiten (vgl. auch die Deutung von Sinclairs Vater, 5, 48) und wurde Hesse – wie auch die nachfolgende Schächergeschichte – sehr wahrscheinlich von dem Gnostik-Experten Dr. Lang während der Luzerner Analyse übermittelt (s. o.). Auf diese Quelle verweist auch die folgende zwar nicht unwahre, wohl aber doch schlitzohrige Briefangabe Hesses: „Was im Demian über Kain steht, dafür sind mir keine literarischen Quellen bekannt, doch könnte ich mir recht wohl denken, dass bei den Gnostikern Ähnliches steht. Was damals Theologie war, ist für uns Heutige mehr Psychologie, aber die Wahrheiten sind dieselben." (Brief vom 13. 4. 1930 an den Realschüler HS. Troppau. Zit. nach: Ausgewählte Briefe, Frankfurt/Main 1974, S. 30).

60    Es darf heute als gesicherte Erkenntnis gelten, dass Hesse den Abraxas-Mythos im „Demian" direkt oder indirekt aus den Schriften C. G. Jungs bezogen hat. Jung veröffentlichte im Jahre 1916 – also ein Jahr vor Hesses Niederschrift des Romans – einen Privatdruck unter dem Titel „Septem Sermones ad mortuos", der in pathetisch-prophetischer Form (er hat die Veröffentlichung später als „Jugendsünde" bezeichnet!) seine inneren Erfahrungen während des 1. Weltkrieges zusammenfasst und praktisch seine gesamte spätere Psychologie vorwegnimmt. Vom Inhalt dieser Schrift hat Hesse mit Sicherheit direkt oder indirekt über Dr. Lang Kenntnis erhalten. Jung entwirft darin exakt jene übermoralische Gottheit, die Hesse in seinem Roman präsentierte: „Gott ist nicht tot, er ist so lebendig wie je [...] Dies ist ein Gott, von dem ihr nicht wusstet, denn die Menschen vergaßen ihn. Wir nennen ihn mit seinem Namen Abraxas. Er ist noch unbestimmter als Gott und Teufel [...] Der Abraxas ist Sonne und zugleich der ewig saugende Schlund des Leeren, des Verkleinerers und Zerstücklers, des Teufels [...] Der Abraxas zeugt Wahrheit und Lüge, gutes und böses, licht und finsterniß im selben wort, und in derselben tat. Darum ist der Abraxas furchtbar [...] Er ist das Volle, das sich mit dem Leeren einigt. Er ist die heilige begattung, er ist die liebe und ihr mord, er ist der heilige und sein Verräter. Er ist das hellste licht des tages und die tiefste nacht des Wahnsinns. Ihn sehen heißt blindheit, Ihn erkennen heißt krankheit. Ihn anbeten heißt tod, Ihn fürchten heißt Weisheit, Ihm nicht widerstehen heißt erlösung." (Hier zit. nach: C. G. Jung: Erinnerungen, Träume, Gedanken, a. a. O., S. 391-393).

61    Dieses Phänomen vermag Maier („The psychology of C. G. Jung in the works of Hermann Hesse") aufgrund seiner These von Kromer als bloßer Projektion von Sinclairs Schatten gar nicht zu erfassen.

62 C. G. Jung hat immer wieder darauf hingewiesen, dass alle Archetypen als „Erlebniskomplexe, die schicksalsmäßig eintreten", zu verstehen sind (vgl. Ges. Werke, Bd. 9/1, S. 49). Die hier relevante Unterscheidung von bloß intellektuellem Verstehen und ganzheitlich geistig-seelischem Erleben bildet übrigens auch das Ausgangsproblem von Hesses „Siddhartha".

63 Auch die Bedeutung Becks für Sinclairs Entwicklung scheint von der bisherigen Kritik noch kaum befriedigend geklärt worden zu sein. Nach Mileck (S. 91) ist Beck „ [...] einfach Kromer, der zeitlose Peiniger, der zu Kromer, dem zeitlosen Verführer geworden ist." Genauer, aber nicht klar genug ist Jahnkes Urteil, der Beck als „Auslöser zur Erkenntnis und zum Auskämpfen der Pubertätsproblematik" sieht (S. 81). Die meisten anderen Untersuchungen gehen auf Beck gar nicht ein.

64 Dantes berühmtes Epos kann als symbolische Darstellung eines vollgültigen Individuationsprozesses im jungschen Sinn betrachtet werden: Das Inferno entspricht der Auseinandersetzung mit dem „Schatten", wobei der Erdtrichter den Zugang zum Unbewussten mit seiner Engpaßproblematik darstellt. Das Purgatorio – welches das Durchschreiten des Erdinneren, das Verlassen des Meeres und das Erklimmen des Läuterungsberges erfordert – steht für die Notwendigkeit, das Reich des Unbewussten zu transzendieren und einen möglichst hohen Grad an Ich-Bewusstheit zu erreichen. Und wenn am Ende des „Purgatorio" Beatrice auftaucht und Dante ins „Paradiso" vor das Antlitz der Heiligen und der Gottheit führt, so ist ihre Funktion die nämliche wie in Hesses Demian: Sie steht für das archetypische Symbol der Anima als Führerin zum Selbst und zur Gotteserfahrung.

65 Dies erkennt auch Maier („the projection of the Anima is Beatrice", S. 87), ohne allerdings ihre psychologische Funktion genauer herauszuarbeiten. Dahrendorf (S. 86) hat zurecht auf ihre Bedeutung als Führerin zu Demian verwiesen. Mileck (S. 91) deutet Beatrice als „die idealisierte Frau". Ziolkowski (S. 21ff.) hat auch auf Hesses Anregung durch Dante verwiesen, ohne jedoch die inhaltlichen Parallelen genauer herauszuarbeiten.

66 Vgl. dazu die Konzeption der Frau im Klassischen Deutschen Minnesang. sowie bei Dante und Petrarca: Geschildert werden jeweils Frauen, die keine körperliche Erfüllung gewähren, dafür aber dem Mann eine seelische Vollendung schenken. Alle diese Frauen sind Anima-Projektionen in der Funktion des Psychopompos.

67 Vgl. M. L. von Franz: „Die Anima verkörpert [...] als Wichtigstes die Beziehung zum Unbewussten [...] Die Anima tritt als Mittlerin zwischen dem Ich und dem Selbst auf" (zit. nach: „Der Mensch und seine Symbole", S. 177 und 185).

68 Nach Jung sind Mandalas Symbole des Selbst, die er wir folgt definiert: „Obschon die Ganzheit zunächst nichts als ein abstrakter Begriff (ähnlich wie Anima und Animus) zu sein scheint, so ist dieser doch insofern empirisch, als er in der Psyche durch

spontane respektive autonome Symbole vorweggenommen wird. Es sind dies die Quaternitäts- und Mandala-Symbole, welche nicht nur in den Träumen ahnungsloser Moderner, sondern auch weitverbreitet in historischen Dokumenten vieler Völker und Zeiten Vorkommen [...] Die Erfahrung zeigt, dass die individuellen Mandalas Ordnungssymbole sind, weshalb sie bei Patienten hauptsächlich in Zeiten psychischer Desorientierung beziehungsweise der Neuorientierung auftreten. Sie bannen und beschwören die gesetzlosen Mächte der Dunkelwelt und bilden eine Ordnung ab oder erzeugen eine solche, welche das Chaos in einen Kosmos wandelt." (Ges. Werke, Bd. 9/2, S. 40).

69    Die spezifische Gefahr bei der Assimilation des Selbst liegt nach Jung in der Bewusst-seinsinflationierung. Vgl. M. L. von Franz: „Das Heraufkommen des Selbst kann eben das bewusste Ich des Menschen in ernste Gefahr bringen [...] wenn ich mich als Teil des Weltganzen erfahre, wie kann ich da meinen irdischen Standpunkt bewah-ren?" („Der Mensch und seine Symbole", S. 216/217).

70    Nach Jung ist der Vogel ein archetypisches Symbol der befreiten Seele (d. h. des Selbst). Vgl. Ges. Werke, Bd. 5, S. 365ff.

71    Jung demonstriert diesen Sachverhalt anhand von eindrucksvollen Beispielen aus der ägyptischen Mythologie und dem tibetanischen Totenbuch, vgl. „Symbole der Wandlung", ebenda, S. 329ff. Hesse hat also vermutlich auch dieses Symbol von Jung übernommen.

72    Unter Hierosgamos (=heilige oder geistliche Hochzeit) wird in der jungschen Psycho-logie die visionäre Vereinigung von Mann oder Frau mit der gegengeschlechtlichen archetypischen Symbolfigur (Anima oder Animus) verstanden. – Zitat Joseph L. Hender- son: „Das Wissen (Logos) des Mannes trifft auf die Bezogenheit (Eros) der Frau, und ihre Vereinigung wird durch das symbolische Ritual einer heiligen Ehe dargestellt, die seit ihren Ursprüngen in den Mysterienreligionen des Altertums das Herzstück der Initiation gewesen ist." (nach: „Der Mensch und seine Symbole", S. 134).

73    Jungs Erläuterungen machen den prägenden Einfluss seiner Schrift auf Hesse un-übersehbar: „Die Mutter, als erste Inkarnation des Anima-Archetypus, personifiziert sogar das ganze Unbewusste. Die Regression führt daher nur scheinbar zur Mutter zurück; diese ist aber in Wirklichkeit das Tor, das sich ins Unbewusste, ins ‚Reich der Mütter' öffnet [...] Die Regression macht nämlich, wenn man sie nicht stört, bei der Mutter keineswegs halt, sondern geht über diese zurück zu einem sozusagen pränata-len „Ewig-Weiblichen", das heißt zur Ur-Welt der archetypischen Möglichkeiten, wo „umschwebt von Bildern aller Kreatur" das „göttliche Kind" seiner Bewusstwerdung entgegenschlummert [...] Das Motiv der zwei Mütter deutet auf den Gedanken der doppelten Geburt hin. Die eine Mutter ist die wirkliche, menschliche; die andere aber

die symbolische. Sie ist als göttlich übernatürlich oder sonstwie als außerordentlich gekennzeichnet." („Symbole der Wandlung", Ges. Werke, Bd. 5, S. 411 und 422).

74   Ein entsprechendes Verlangen, über die Regression zur persönlichen Mutter ein Wiedergeburtserlebnis zu erzwingen, artikuliert Rilke in seinem „Ewald Tragy". Dort ist das Erleuchtungsverlangen an das Lichtsymbol der Sonne gebunden: „Es ist ein Schrei nach Mütterlichkeit, der weit über ein Weib hinausreicht, bis zu jener ersten Liebe hin, in welcher der Frühling froh und sorglos wird. Diese Worte gehen niemandem mehr entgegen, mit ausgebreiteten Armen stürmen sie in die Sonne hinein." (zit. nach: Rilke, Werke in 3 Bänden, Bd. 3. Insel-Verlag. Frankfurt/Main 1966, S. 61ff.).

75   In neueren Bibelübersetzungen ist der Jakobskampf nicht mehr als Auseinandersetzung mit einem Engel, sondern direkt mit Jahwe beschrieben: Der triebhafte, listenreiche und betrügerische Jakob fordert Jahwe zum Kampf heraus, bekommt von ihm die Hüfte (!) ausgerenkt und lässt dennoch erst von ihm ab, nachdem der Gott ihm seinen Segen und den neuen Namen „Israel" gegeben hat. Danach wird er zum demütigen, treusorgenden und weisen Stammvater seines Volkes. – Im Lichte der jungschen Psychologie erscheint dieser Mythos als symbolische Darstellung eines archetypischen Wandlungserlebnisses: Der egozentrische und von seinem Schatten besessene Jakob wird in seiner Hybris gebrochen und dringt so durch zur Erfahrung des Selbst.

76   Diese beiden Berufe von Pistorius korrespondieren mit der Profession der zwei Vorbilder, die Hesse für diese Figur genannt hat: Den Berner Organisten Ernst Graf (1886-1937) und den Psychotherapeuten Dr. J. B. Lang (1883-1945) (vgl. die entsprechenden Angaben in Ges. Briefe, Bd. 2, S. 128 und Bd. 3, S. 64).

77   Darauf hat auch Mileck hingewiesen (a. a. O., S. 97).

78   Hier zit. nach: Volker Michels (Hrsg.), H. H. Sein Leben in Bildern und Texten. Frankfurt 1979, S. 163.

79   Zitat Jung: „Bewusstes und Unbewusstes ergeben kein Ganzes, wenn das eine durch das andere unterdrückt und geschädigt wird. Wenn sie einander schon bekämpfen müssen, dann möge es wenigstens ein ehrlicher Kampf mit gleichem Recht auf beiden Seiten sein. Beide sind Aspekte des Lebens. Das Bewusstsein sollte seine Vernunft und seine Selbstschutzmöglichkeiten verteidigen, und das chaotische Leben des Unbewussten sollte auch die Möglichkeit haben, seiner eigenen Art zu folgen, soviel wir davon ertragen können. Das bedeutet offenen Kampf und offene Zusammenarbeit in einem. So sollte offenbar das menschliche Leben aussehen." (Ges. Werke, Bd. 9/1, S. 306). Übrigens liegt hier einer der wichtigsten Unterschiede zwischen der jungschen und der freudschen Psychologie begründet: Jung plädiert für ein gleichberechtigtes Verhältnis zwischen Ich und Unbewusstem, während Freud für die Auflösung des Unbewussten ins Ich eintritt („Was Es ist, soll Ich werden").

80    Viele Autoren missverstehen die Abraxas-Mythologie als immoralistische Rechtfer-
      tigung jedes empirischen Handelns. So etwa H. Stolte, wenn er schreibt: „Aber dies
      eben muss uns so überaus bemerkenswert erscheinen, symptomatisch für den Geist,
      die Stimmung einer ganzen Epoche, dass wir gerade den entschiedensten Moralisten
      derart für Immoralität und Barbarisierung schwärmen sehen." (a. a. O., S. 123). F.
      Böttger kommt zur gleichen Diagnose und sieht eine Parallele zur Kriegsbejahung am
      Ende des Romans (a. a. O., S. 252). Martin Buber schließlich hat Abraxas aufgrund
      seines – freilich unreflektierten – spezifisch jüdischen Gottesbegriffes abgelehnt: „Ein
      Wesen, das lediglich uns selbst, ins Unbedingte gehoben, darstellt und legitimiert,
      statt uns in den Weg zu treten, uns zu unterweisen und uns zu berichtigen, ist nicht
      göttlicher Art." (Zit. nach seiner Laudatio: „Hermann Hesses Dienst am Geist", ab-
      gedruckt in „Über Hermann Hesse", Bd. 1, Frankfurt/Main 1976, S. 310).

81    Auf diese Konvergenz zwischen innerseelischen Wahrheiten bzw. Notwendigkeiten
      und dem Liebesgebot des Neuen Testaments verweist Hesse auch in seinem „Kur-
      gast", wenn er schreibt: „Ich wusste, dass diese Sprüche nicht bloß das Höchste
      an moralischer Forderung, sondern auch das Höchste und Klügste an seelenhafter
      Glückslehre enthielten und dass die ganze Liebestheorie des Neuen Testaments, neben
      all ihren anderen Bedeutungen, auch die Bedeutung einer seelischen Technik von
      größter Durchdachtheit habe." (7, 65)

82    Jahnkes Deutung, Pistorius leide unter der „Problematik, etwas Wesentliches erkannt
      zu haben, aber es nicht angemessen artikulieren zu können" (a. a. O., S. 83) trifft
      nicht den Kern des Problems.

83    Zitat Jung: (Sie ist) „schlechthin die magische Autorität des Weiblichen, die Weis-
      heit und die geistige Höhe jenseits des Verstandes, das Gütige, Hegende, Tragende,
      Wachstum-, Fruchtbarkeit- und Nahrungsspendende, die Stätte der magischen
      Verwandlung, der Wiedergeburt; der hilfreiche Instinkt oder Impuls; das Geheime,
      Verborgene, das Finstere, der Abgrund, die Totenwelt, das Verschlingende, Verführen-
      de und Vergiftende, das Angsterregende und Unentrinnbare." (Ges. Werke, Bd. 9/1,
      S. 979)

84    Vgl. dazu die Äußerung von M. L. von Franz: „Alle diese Aspekte der Anima besitzen
      die gleiche Neigung wie der Schatten, sich auf einen Menschen zu projizieren, so dass
      sie dem Manne als Eigenschaften einer wirklichen Frau erscheinen. Es ist aber auch
      dieser Projektionsvorgang, welcher bewirkt, dass ein Mann sich plötzlich Hals über
      Kopf verliebt und beim ersten Treffen fühlt: ‚Das ist sie!' als ob er diese Frau zuinnerst
      schon immer gekannt hatte. Er verfällt ihr dann oft so hilflos, dass es dem Außenste-
      henden als reiner Wahnsinn erscheint." (Zit. nach: „Der Mensch und seine Symbole",
      S. 180).

85  Proust beschreibt, wie er beim Essen eines angefeuchteten „Madeleine"-Tört-
    chens – an dessen Sexualsymbolik er keinen Zweifel lässt – an die sonntäglichen
    Frühstücke bei seiner Tante Leonie erinnert wurde und wie diese „memoire invo-
    lontaire" ihm die „verlorene Zeit" wiederbringt: „In der Sekunde nun, als dieser mit
    dem Kuchengeschmack vermischte Schluck Tee meinen Gaumen berührte, zuckte ich
    zusammen und war wie gebannt durch etwas Ungewöhnliches, das sich in mir voll-
    zog [...] Mit einem Schlage waren mir die Wechselfälle des Lebens gleichgültig, seine
    Katastrophen zu harmlosen Mißgeschicken geworden [...] Ich hatte aufgehört, mich
    mittelmäßig, zufallsbedingt, sterblich zu fühlen." (Zit. nach: Marcel Proust. In Selbst-
    zeugnissen und Bilddokumenten. Dargestellt von Claude Mauriac. Hamburg 1958,
    S. 117).

86  Die Doppelfunktion von Frau Eva als Psychopompos und wiedergebärende große
    Mutter ist von der bisherigen Kritik noch nicht deutlich erkannt worden. Dahrendorf
    sieht Sinclairs Begegnung mit Frau Eva als Bewährungsprobe für das bei Pistorius
    Gelernte (S. 86). Lüthis Deutung: „Diese Gestalt ist Mutter und Geliebte; und doch
    wäre es vollkommen falsch, sie nach den Kategorien der Psychoanalyse zu interpretie-
    ren. Sie ist nicht [...] Gegenstand der Libido, sondern bleibt Bild, Götterbild" (S. 44)
    übersieht, dass in der jungschen Psychologie die Libido sich durchaus auf Symbole
    und Götterbilder beziehen kann. Maiers Interpretation legt den Akzent auf den
    kosmischen Bezug von Frau Eva: „The Archetype of Mother Eva has become identical
    with all of nature" (S. 110). Desgleichen, aber weitaus differenzierter Mileck: „Frau
    Eva ist für Sinclair alles und das All. Sie ist eine jungsche Anima, die Seele, das Unbe-
    wusste, mit dem sein Bewusstes Rapport im Individuationsprozess aufnehmen muss,
    und sie ist außerdem sein Ideal, die Selbstverwirklichung, die mit dem Sich-Selbst-Le-
    ben kommen wird." (S. 90). Wolff hat darüber hinaus zurecht auf die Gegensatzver-
    einigung in Frau Eva hingewiesen: „Nach christlicher Darstellung ist Eva die Mutter
    des Erlösers. Bei Hesse ist Eva beides, Theotokos und Anthropotokos" (S. 55).

87  Zitat Jung: „Träume können einen prognostischen Aspekt haben, den man bei der
    Deutung in Betracht ziehen muss, besonders dann, wenn ein offenbar bedeutsamer
    Traum keinen hinreichend erklärenden Kontext liefert." (Zit. nach:„Der Mensch und
    seine Symbole", S. 78).

88  Auch in der Sekundärliteratur ist verschiedentlich berechtigte Kritik an Hesses
    Kriegs-Deutung geübt worden. Böttger schreibt: „Der Mann, der als Publizist in den
    Reihen Romain Rollands stand, konnte für das Sprachrohr der Generation junger
    Frontkämpfer gehalten werden, konnte missverständlich sogar in die Nachbarschaft
    Ernst Jüngers rücken." (S. 248). Stolte sieht das Problematische von Hesses Kriegs-
    deutung in seiner grundsätzlich unzulässigen Verbindung von psychoanalytischem
    und politischem Gedankengut – eine Meinung, die von der vorliegenden Arbeit wie

dargestellt nicht geteilt wird: „Das grundsätzlich Problematische dieser Denk- und Anschauungsweise liegt in der unzulässigen Übertragung von Gedanken, Methoden, Praktiken, die ersonnen wurden zur medizinischen Behandlung psychopathischer Sonderfälle, auf Politik und Geschichte, aus der Psychotherapie in die Geschichtsphilosophie." (S. 144).

89    Vgl. dazu die Erörterungen von M. L. von Franz zur Psychologie der primitiven Initiationsriten, wo es u. a. heißt: „Der Zweck bleibt immer derselbe: Eine symbolische Todesstimmung zu schaffen, aus der die symbolische Stimmung der Wiedergeburt entspringen soll." (Zit. nach: „Der Mensch und seine Symbole", S. 132).

90    In dem bereits erwähnten Gratulationsbrief vom 3. 12. 1919 schrieb Jung an Hesse u.a.: „Ein gutes Buch muss wie ein richtiges Menschenleben ein Ende haben. Ihr Buch hat ein bestmögliches Ende, nämlich da, wo alles Vorausgegangene auch wirklich ein Ende hat, nämlich mit der Geburt und dem Aufwachen des Neuen Menschen. Die große Mutter ist schwanger geworden durch die Einsamkeit des Suchenden. Sie hat (in der Granatexplosion) den alten Menschen in den Tod geboren und dem Neuen die ewige Monade, das Mysterium der Individualität eingepflanzt. Und wie der erneuerte Mensch wieder erscheint, so erscheint auch die Mutter wieder – in einem Weib auf dieser Erde." (Zit. nach: Jung, Ges. Briefe, Bd. 3, S. 385).

91    Zitat Jung: „Was in Wirklichkeit bei der Inzest- und Mutterleibsphantasie geschieht, ist ein Versinken der Libido ins Unbewußte, in welchem Sie einerseits persönlich infantile Reaktionen, Affekte, Meinungen und Einstellungen provoziert, andererseits aber auch Kollektivbilder (Archetypen) belebt, welchen kompensierende und heilende Wirkung, die der Mythus von jeher hatte, zukommt." (Ges. Werke, Bd. 5, S. 532).

92    Dies erscheint jedenfalls wahrscheinlicher als Jahnkes (S. 117) Deutung, Hesse habe diesen Passus aus der Apokalypse des Johannes abgeschrieben und nachher gezielt die Spuren wieder verwischt. Den gleichen Diebstahl geistigen Eigentums samt arglistiger Spurenverwischung wirft er dem Autor des Demian übrigens auch bezüglich Novalis, Eichendorff, Keller, Hölderlin etc. vor, wobei er seine Beweisnot jeweils mit Hesses raffinierten Täuschungsmanövern entschuldigt! Die ganze Haltlosigkeit seiner Thesen offenbart sich darin, dass er dreist behauptet, eine religionsgeschichtliche Abhandlung aus dem Jahre 1891 (!) angeben zu können, aus der Hesse mit Sicherheit zu seinem Abraxas-Motiv angeregt worden sei. – Als ähnlich substanzlos muss übrigens Ziolkowskis These angesehen werden, Hesse habe die Hauptmotive des Demian aus Wagners (!) Parsifal-Version bezogen (vgl. „Der Schriftsteller H. H. Wertung und Neubewertung". Frankfurt/Main 1979, S. 55ff.): Abgesehen davon, dass Hesse Wagner bekanntlich „nicht ausstehen" konnte (Brief an Th. Mann, März 1934, in: Briefwechsel mit Th. Mann, Frankfurt/Main 1968, S. 60), ergeben sich alle etwaigen Parallelen zum „Parzival" daraus, dass auch dieser Mythos die archetypischen Strukturen des

jungschen Individuationsprozesses reproduziert. Die Entsprechungen resultieren aus dem archetypischen Charakter des Individuationsweges in unserem Kulturkreis und nicht aus irgendeinem Abschreiben.

93   Auch Jung hat immer wieder darauf hingewiesen, dass das Ziel des Individuationsprozesses nicht darin besteht, das Leiden abzuschaffen, sondern das Leiden sinnvoll und erträglich zu machen. Zitat: „Darum ist es das vornehmste Ziel der Psychotherapie, den Patienten nicht in einen unmöglichen Glückszustand zu versetzen, sondern ihm Festigkeit und philosophische Geduld im Ertragen des Leiden zu ermöglichen." (Ges. Werke, Bd. 16 S. 87).

94   Der autobiografische Charakter dieser Personenbeschreibung ist deutlich: Auch Hesse verließ im Frühjahr 1919 seine Familie und sein bisheriges bürgerliches Leben, um einen Neuanfang im Tessin zu machen.

95   Vgl. dazu Jungs Charakteristik der Konfrontation mit dem „Schatten":„Nicht ein künstlich gewollter, sondern ein natürlich erzwungener Verzicht auf eigenes Können ist es; nicht eine moralisch herausgeputzte, freiwillige Unterwerfung und Demütigung ist es, sondern eine völlige, unmissverständliche Niederlage, gekrönt von der panischen Angst der Demoralisierung". (Ges. Werke, Bd. 9/1, S. 42).

96   Zitat von M. L. von Franz: „Der eigentliche Individuationsprozess [...] beginnt meistens mit einer Verwundung oder einem Leidenszustand, der eine Art von Berufung darstellt, aber oft nicht als solche erkannt wird. Das Ich fühlt sich vielmehr in seinem Willen oder Begehren behindert, oder man projiziert das Hindernde nach aussen und macht Gott, die Weltlage, den Chef, den Ehepartner und andere für alles verantwortlich, was einem nicht passt." (Zit. nach: „Der Mensch und seine Symbole", S. 166).

97   Zitat von M. L. von Franz: „Der Schatten hat zwei Aspekte, einen gefährlichen und einen wertvollen [...] oft ist alles, was das Ich nicht von sich weiß, damit vermischt, sogar höchst wertvolle Elemente [...] wenn der Schatten wertvolle Lebenselemente enthält, sollten sie ins Leben eingebaut und nicht bekämpft werden [...]" (zit. nach: „Der Mensch und seine Symbole", S. 173/174).

98   Der Unterschied besteht darin, dass in der freudschen Traumdeutung sich die Assoziationen des Träumers nicht auf die Traumsituation zu beziehen brauchen, während Jung darauf insistiert, dass die Gefühle des Träumers stets vom gegebenen Traum ausgehen und sich darauf beziehen (vgl. Jungs „Erinnerungen, Träume, Gedanken", a. a. O., S. 410).

99   Diese doppelte Spaltung ist von der bisherigen Hesse-Forschung noch nicht genau genug herausgearbeitet worden. Böttger (S. 273) beschränkt sich auf den Hinweis auf Kleins Faszination für die beiden Wagnergestalten und deutet sie als „Leitbilder der Enthemmung und des Rausches, Impuls für die Ausschaltung der Ratio, Modelle einer Mystik der Tat." Cremerius' (S. 200) These, Hesse habe ein ausschließliches

„Horrorbild des Unbewussten" entworfen und damit die Psychoanalyse missverstanden, wird u. a. durch die harmlosen Aspekte des Wagner-Komplexes widerlegt. Maier
erkennt zwar die „Schatten"-Bedeutung des „Wagner-Komplexes" („The considera-
tion and acceptance of Wagner is what Jung calls the meeting with and Integration
of the shadow", S. 138), übersieht aber dessen Ambivalenz und genauere inhaltliche
Struktur. Und Stolte (S. 127) ignoriert vollkommen die positiven oder zumindest
harmlosen Aspekte der Wagner-Symbolik, wenn er darin „das Böse schlechthin" verkörpert sieht.

100   Kurt Weibel hat darauf hingewiesen, dass Hesse diesen Namen vermutlich aus E.
      T. A. Hofmanns Novelle „Die Fermate" bezogen hat (vgl. „Hermann Hesse und die
      deutsche Romantik". Diss. Berlin 1952, S. 205).

101   Die Psychologie Jungs unterscheidet vier potenzielle Stufen der Anima-Entwicklung
      beim Mann: Für die erste Stufe steht die biblische Eva als Symbol des reinen Eros und
      einer primitiven Undifferenziertheit. Das zweite Stadium verkörpert die klassische
      Helena als Bild einer romantisch-idealisierten Schönheit und eines ästhetisierten Eros,
      der jedoch noch durchaus mit rein sexuellen Momenten vermischt sein kann. Auf
      der dritten Stufe erscheint Maria als Inkarnation des vollkommen vergeistigten Eros.
      Die vierte und höchste Stufe wird im Symbol der Pallas Athene und der Mona Lisa
      gesehen – Frauen, bei denen Körper und Geist, Weibliches und Männliches, Eros und
      Logos unauflöslich miteinander verbunden sind und die deshalb mit dem Selbst prak-
      tisch identisch sind. Nach M. L. von Franz wird diese Stufe von Männern nur äußerst
      selten erreicht (vgl. „Der Mensch und seine Symbole", S. 184ff.).

102   Unter „Persona" versteht Jung soziales Rollenverhalten, das eine Anpassung an die
      Umwelt darstellt und in aller Regel ein uneigentliches oder zumindest unvollständi-
      ges Bild der empirischen Persönlichkeit liefert (vgl. dazu auch Heideggers Begriff des
      „man"). Zitat Jung: „Die Persona [...] ist jenes Anpassungssystem oder jene Manier,
      in der wir mit der Welt verkehren. So hat fast jeder Beruf die für ihn charakteristi-
      sche Persona [...] Die Gefahr ist nur, dass man mit der Persona identisch wird, wie
      etwa der Professor mit seinem Lehrbuch oder der Tenor mit seiner Stimme [...] Man
      könnte mit einiger Übertreibung sagen: die Persona sei das, was einer eigentlich nicht
      ist, sondern was er und die anderen Leute meinen, das er sei." (Zit. nach dem Glossar
      in „Erinnerungen, Träume, Gedanken", S. 413).

103   Vgl. die Psychopompos-Funktion der Anima, über die Jung schreibt: „Wäre letzte-
      re eindeutig finster, so läge der Fall einfach. Dem ist leider nicht so, denn dieselbe
      Anima kann auch als ein Engel des Lichts, als Psychopompos, erscheinen und zum
      höchsten Sinne führen, wie der „Faust" aufweist." (Ges. Werke, Bd. 9/1, S. 38).

104   Ähnlich wird Teresina übrigens auch von Lüthi (S. 56) gedeutet: „Sie ist ungeteilte,
      unreflektierte Natur, ohne Ahnung, ohne Schmerz, ohne Angst. Sie stört kein zwei-

felndes, zersetzendes Denken, sie ist einig mit sich." – Maier (S. 148) erkennt zwar ihre Anima-Bedeutung, verzichtet aber auch hier auf eine genauere inhaltliche Analyse: „Teresina is [...] a further development of the Anima-Theme which culminates in the figure of Hermine in Steppenwolf".

105    Lüthi ist anscheinend der einzige Kritiker, der diese Grundproblematik der Novelle mit der gebührenden Deutlichkeit herausgearbeitet hat: „Sein Rausch wird als magischer Zustand des Eins-Seins mit der Welt und Gott erlebt, als Auflösung des Ich im geliebten Du, der Welt in Gott [...] Aber der Erlösung fehlt die Dauer. Dem dionysischen Rausch folgt das Erwachen, dem Erlebnis der Einheit wieder das der Trennung und Entzweiung, das mit Ekel empfunden wird. (S. 58)

106    Nach Jung besteht zunächst eine unbewusste Identität von Mutter und Kind. Mit der Entwicklung des Bewusstseins unterscheidet sich das Kind von der Mutter, neigt aber immer wieder dazu, in diese absolute Geborgenheit zurückkehren zu wollen, namentlich dann, wenn schwierige Anpassungsleistungen verlangt werden. Zitat Jung: „Wer sich von der Mutter trennt, sehnt sich nach ihr zurück. Diese Sehnsucht kann zur verzehrenden Leidenschaft werden, welche alles Gewonnene bedroht. In diesem Fall erscheint dann die Mutter einerseits als höchstes Ziel, andererseits als gefährlichste Bedrohung, als furchtbare Mutter." (Ges. Werke, Bd. 5, S. 302). Genau dieser Fall liegt bei Friedrich Klein vor.

107    Eine nämliche „hässliche Frau" mit Anima-Bedeutung ist auch die Gestalt der Kundrie in Wolfram von Eschenbachs „Parzival". Nur verkörpert sie nicht den bedrohlichen Aspekt des Unbewussten, sondern die unterentwickelte, unrealisierte Weiblichkeit des Protagonisten, die sich im Unterlassen der Mitleidsfrage manifestiert – ein kleiner Hinweis darauf, dass die bloße Diagnose irgendwelcher Archetypen wie in der Dissertation von Maier über ihre jeweilige Bedeutung überhaupt noch nichts aussagt.

108    Vgl. etwa Böttger: „Der eingebildete Einklang mit sich und dem Kosmos wird zur Scheinperspektive, die dem deutschen Kleinbürger der imperialistischen Epoche als mondän-nihilistisches Ziel gezeigt wird." (S. 274); Cremerius Auffassung vom „Sühnetod" Kleins (S. 198); Maiers explizite Verwahrung gegen eine Wiedergeburtsdeutung: „An important illustration of an incomplete individuation which ends in death without achieving rebirth" (S. IV); Milecks Deutung: „Klein versucht Sinclairs Befreiung vom christlich-bürgerlichen Ethos, aber er schafft es nicht [...] Kleins Selbst kann sich zwar Gehör verschaffen, ist jedoch [...] nicht imstande, die Oberhand über sein angepaßtes Ich zu gewinnen" (S. 139). – Die positive Aussage des Novellenschlusses erkennt am ehesten noch Lüthi, wenn er schreibt: „Sich fallen lassen, das bedeutet den Verzicht auf jedes Wollen, auf jeden Willen zum Leben in Zeit und Raum; es bedeutet den Verzicht auf das beschränkte zeitliche Ich und sein zeitliches emotionales Denken; es bedeutet die Durchbrechung des principii individuationis

[...] Leben und Tod sind kein Gegensatz mehr, der Tod ist zum großen Offenbarer des Lebens geworden." (S. 59)

109 Zitat Jung: „Das Wasser stellt die mütterliche Tiefe und den Ort der Wiedergeburt dar, und damit das Unbewusste in seinem positiven und negativen Aspekt. Das Mysterium der Wiederemeuerung hat aber schauerliche Natur. Es ist eine tödliche Umarmung." (Ges. Werke, Bd. 5, S. 194).

110 Zitat Jung: „Im Opfer verzichtet das Bewusstsein auf Besitz und Macht zugunsten des Unbewussten. Dadurch wird eine Gegensatzvereinigung ermöglicht, deren Folge in einer Energieauslösung besteht [...] Der Akt des Opfers hat zugleich den Sinn einer Befruchtung der Mutter [...] Dadurch wird das Leben unsterblich gemacht, denn wie die Sonne, so erzeugt sich auch der Heros wieder durch seine Selbstopferung und sein Wiedereingehen in die Mutter." (Ges. Werke, Bd. 5, S. 532+546).

111 Dieses Faszinosum einer Aufhebung oder zumindest subjektiven Verschiebung des Zeitgefühls durch die Begegnung mit dem kollektiven Unbewussten ist im modernen Roman immer wieder gestaltet worden, vgl. etwa Thomas Manns „Der Zauberberg" (Schneekapitell), James Joyce' „Ulysses" und „Finnegans Wake", Marcel Prousts „A la recherche du temps perdu" oder Hermann Brochs „Der Tod des Vergil".

112 Hesses innere Verfassung im Übergangsstadium zwischen „Klein und Wagner" und „Klingsors letzter Sommer" wird wohl am besten in dem Brief an Louis Moilliet („Louis der Grausame") vom 24.7.1919 wiedergegeben, wo es heißt: „Ich bin neulich mit der Arbeit fertig geworden, an der ich seit meinem Hiersein fast jeden Abend gehockt bin. Es ist eine lange Novelle, das Beste, was ich bis jetzt gemacht habe, ein Bruch mit meiner früheren Art und der Beginn von ganz Neuem. Schön und holdselig ist diese Dichtung nicht, mehr wie Cyankali, aber sie ist gut und war notwendig. Jetzt fange ich eine neue an, und saufe Wein dazu, denn ohne Arbeit und ohne Wein ist es mir unerträglich." (Ges. Briefe, Bd. 1, S. 407)

113 Zu den wichtigsten positiven Wirkungen der aktivierten Anima gehören nach Jung die „Differenzierung des Eros", eine „starke geistige Rezeptivität", sowie die „Entwicklung des Geschmackes und der Ästhetik" – alles Eigenschaften, die auf Klingsor zutreffen (vgl. „Der Mutterarchetypus", Ges. Werke, Bd. 9/1, S. 101 ff.).

114 Diese dunkle Seite Klingsors ist von der Kritik häufig vollständig übersehen worden, so etwa von Lüthi, wenn er schreibt: „Klingsor leidet nicht wie Klein unter der Zerrissenheit des Ichs [...] Klein zerbricht erst im Sich-Fallen-Lassen in den Tod das principium individuationis; Klingsor, dem magischen Dionysiker, gelingt schon im Leben immer wieder die Zerbrechung des principium individuationis" (S. 62 u. 64). In der zweiten Deutung ist übrigens nicht nur die Orthographie falsch: Sowohl Klingsor als auch Klein gelingt bei Lebzeiten die Überwindung des Ich: das ist nicht ihr Unter-

scheidungsmerkmal [...] Im gleichen Sinn übersieht Stolte die dunkle Seite Klingsors (vgl. S. 132 ff.).

115  Auf die Beziehungen dieser Novelle zu Kasimir Edschmids Novellensammlung „Das rasende Leben" (1916) hat Bertolt Brecht im Jahre 1920 erstmals aufmerksam gemacht („Es ist etwas Edschmid darin, aber viel besser!", zit. nach: H. H. Eine Werkgeschichte, a. a. O., S. 99). Bislang ist Hesses Annäherung an den literarischen Expressionismus – die in den beiden Novellen vom Sommer 1919 ihren Höhepunkt erreicht – noch nicht systematisch untersucht worden, obgleich sich motivisch wie stilistisch viele Parallelen nachweisen ließen (antibürgerliche Grundhaltung; revolutionäres Lebensgefühl; apokalyptische Untergangserwartungen; antitechnische und antiautoritäre Tendenzen; Kriegsgegnerschaft; Vorliebe für kosmische Bilder; Schilderung von Visionen, Halluzinationen, Albträumen; das Frauenmordmotiv; Hinwendung zum Wahnsinnigen und Krankhaften; das Jazz- und Dirnen-Motiv; Todes- und Wiedergeburtserlebnisse; große Bedeutung der Erotik; stilistische Tendenz zum Pathos, zur Exklamation, zum „Schreihaften" etc.).

116  Zitat Jaffé: „Nur im Zusammenspiel mit dem Bewusstsein zeigt das Unbewusste seine schöpferischen Kräfte; nur dann könnte die Melancholie der Leere und der Sinnlosigkeit überwunden werden. Im Surrealismus tritt das Bewusstsein ganz in den Hintergrund. Moralische sowie ästhetische Bedenken werden ausgeschaltet, was dazu führte, dass bei aller Phantastik der Werke, bei allem Reichtum der Einfälle nur allzu oft ein Grauen, eine Stimmung des Untergangs vorherrschen." (Zit. nach: „Der Mensch und seine Symbole", S. 257/258)

117  Den autobiografischen Hintergrund dieser Episode – einen Ausflug mit Künstlerfreunden und Mäzenen in das nahegelegene Bergdorf Carona – beschreibt Hesse in einem Brief an Moilliet vom 24.7.1919 folgendermaßen: „Es gab manche schöne und verzauberte Tage, nachts rannte der Mond wie irrsinnig über den Himmel, gleich war es wieder Morgen, und man kroch heim und hatte das Gilet voll Rotwein. Auch in Carona waren wir, sahen die Kanonenkugeln und den violetten Generoso wieder, und das feine Mädchen Ruth lief in einem feuerroten Kleidchen herum, begleitet von einer Tante, zwei Hunden und einem leider wahnsinnigen Klavierstimmer, es war eine herrliche Menagerie. Das Ganze endete in einem finsteren Grotto, der irgendwo steil in der Luft hing, unten sausten beleuchtete Eisenbahnen vorbei, man küßte Weiber und Baumstämme, es war grauenhaft schön." (Ges. Briefe, Bd. 1, S. 408)

118  In der Prosaskizze „Kurzgefasster Lebenslauf" von 1921 definiert Hesse Magie genau in diesem Sinn: „Oft sehe und fühle ich die Außenwelt mit meinem Innern in einem Zusammenhang und Einklang, den ich magisch nennen muss." (WA 6, 406)

119  Die Bedeutung der Magie in der Erzählung ist von der bisherigen Sekundärliteratur noch nicht befriedigend geklärt worden. Lüthis Deutung des Kareno-Tages: „Das ist

die Vollendung der magischen Poiesis: die Neuerschaffung der Welt durch die selbst-
herrliche Allmacht des schöpferischen Ichs [...] Damit sind Erlösung und Erfüllung
im Irdischen vollzogen" (S. 60/61) übersieht, dass Klingsor sich später von der Magie
distanziert und keineswegs eine dauerhafte Erlösung findet. Hsia weist zwar auf diese
Widerstände gegen die Magie hin, übersieht aber die andere Seite von Klingsors
grundsätzlich ambivalenter Einstellung (vgl. „H. H. und China", S. 217). Freedman
erkennt zwar das Wesen von Hesses Magie-Verständnis im Sinne unserer Deutung,
übersieht aber auch die spätere Distanzierung (vgl. H. H. Autor der Krisis, S. 272).

120   Dieser werkimmanente Zusammenhang scheint von der bisherigen Kritik überhaupt
noch nicht erkannt worden zu sein.

121   Dies wurde von der bisherigen Forschung offenbar noch nicht erkannt. Hsia sieht
in dieser Figur eine Allegorie des Wartens und der Resignation – eine Deutung, die
schwerlich zu überzeugen vermag (vgl. „H. H. und China", S. 220). Böttger interpretiert Thu Fu als Gegenstimme zur Untergangsphilosophie Klingsors und übersieht
dabei, dass diese Figur in dem oben zitierten Gedicht selbst „Untergangsgedanken"
vertritt (vgl. S. 281 ff.).

122   Zitat Jung: „Die göttliche Raserei des Künstlers hat eine gefährlich reale Beziehung
zum Krankhaften, ohne mit diesem identisch zu sein. Die Analogie besteht im Vor-
handensein eines autonomen Komplexes. Die Tatsache eines solchen Vorhandenseins
beweist aber an sich noch nichts Krankhaftes, denn auch normale Menschen sind
zeitweise oder dauernd unter der Herrschaft autonomer Komplexe [...] Der autonome
Komplex ist daher an und für sich nichts Krankhaftes, nur sein gehäuftes und störendes Auftreten beweist Leiden und Krankheit." (Aus: „Analytische Psychologie und
dichterisches Kunstwerk", Ges. Werke, Bd. 15, S. 91) Dieser Aufsatz wurde bislang
von der Germanistik leider viel zu wenig beachtet!

123   Zitat Jung: „Der schöpferische Prozess, soweit wir ihn überhaupt zu verfolgen vermögen, besteht in einer unbewussten Belebung des Archetypus und in einer Entwicklung
und Ausgestaltung desselben bis zum vollendeten Werk" (Ges. Werke, Bd. 15, S. 95).

124   Zitat Jung: „Darin liegt die soziale Bedeutsamkeit der Kunst: sie arbeitet stets an der
Erziehung des Zeitgeistes, denn sie führt jene Gestalten herauf, die dem Zeitgeist am
meisten mangelten. Aus der Unbefriedigung der Gegenwart zieht sich die Sehnsucht
des Künstlers zurück, bis sie jenes Urbild im Unbewussten erreicht hat, welches geeignet ist, die Mangelhaftigkeit des Zeitgeistes am wirksamsten zu Kompensieren.
Dieses Bild ergreift sie, und indem sie es aus tiefster Unbewusstheit emporzieht und
dem Bewusstsein annähert, verändert es auch seine Gestalt, bis es vom Menschen
der Gegenwart nach seinem Fassungsvermögen aufgenommen werden kann." (Ges.
Werke, Bd. 15, S. 95)

125 Darauf hat in diesem Zusammenhang auch Hsia verwiesen: „Hier wird die Übereinstimmung des Selbst mit der Welt, ja mit dem ganzen Kosmos angedeutet." (Zit.
nach: „H. H. und China", S. 235/236)

126 Dies ist von der bisherigen Siddhartha-Forschung noch nicht mit der gebotenen
Deutlichkeit herausgearbeitet worden. Die größte Annäherung an die hier vorge-
nommene Deutung findet sich bei Casebeer, der als movens von Siddharthas Weg die
„Suche nach dem Selbst" erkennt (vgl. MatSiddh. 2, S. 169). Shaw betont in seinem
Essay Siddharthas „Vorauswissen um das Ziel" (ebd., S. 99).

127 Zitat Jung: „Psychologisch besitzt man nichts, was man nicht wirklich erfahren hat.
Eine nur intellektuelle Einsicht bedeutet daher zu wenig, denn man weiß nur Wörter
darüber, kennt aber die Substanz nicht von innen." (Ges. Werke, Bd. 9/1, S. 42)

128 Der autobiografische – nicht aber der archetypische – Aspekt dieser Revolte ist von
der Kritik verschiedentlich erkannt und hervorgehoben worden, so etwa von Curtius
(„Siddhartha ist nur eine Transposition von Hesses Revolte gegen den Pietismus des
Vaterhauses in indischer Szenerie", MatSiddh. 2, S. 303), Lützkendorff („Es ist nun
bezeichnend für das Verhältnis zum Vater, dass gerade Siddhartha, dieses so ganz
von östlicher Symbolik erfüllte Buch, als die endgültige Auseinandersetzung mit der
Vaterwelt erkannt werden muss", ebd., S. 82) und Stolte (a. a. O., S. 142). Zurückzuweisen ist dagegen Maiers These von einer vollständigen Identifikation („complete
Identification", S. 158) Siddharthas mit der brahmanischen Religion seiner Eltern.

129 Auf die Parallelität dieser Entwicklungsperiode Siddharthas mit den frühen Erfahrungen Buddhas und Luthers hat auch Stolte hingewiesen (a. a. O., S. 146ff.).

130 Dies erkennt auch Maier (S. 162). Der Germanist H. Friederici sieht Buddha dagegen als „Verkörperung der Sehnsüchte jener breiten kleinbürgerlichen Schichten,
die keinen Ausweg mehr sehen aus den Widersprüchen einer imperialistischen Welt"
(MatSiddh. 2, S. 126) und verkennt dabei, dass Buddha ein überzeitliches und archetypisches Ideal verkörpert. Milecks Deutung: „Der Buddhismus blieb unverändert
fragwürdig, doch der Mensch Buddha faszinierte Hesse" (S. 158) übersieht, dass am
Ende weder Siddhartha noch Hesse selbst die buddhistische Lehre ablehnen, sondern
in ihr symphilosophisches System integrieren. Ziolkowski hat dagegen zurecht hervorgehoben, dass Siddhartha in Buddha erstmals das Ziel seines Weges erblickt (Mat-
Siddh. 2, S. 153). Desgleichen Shaw (ebd., S. 102).

131 Hesse hat brieflich darauf hingewiesen, dass diese These über die Nichtlehrbarkeit der
Weisheit zu den Hauptintentionen seines Werkes zu rechnen ist: „Dass Weisheit nicht
lehrbar sei, ist eine Erfahrung, die ich einmal im Leben versuchen musste, dichte-
risch darzustellen, der Versuch dazu ist Siddhartha." (Brief an W. Schindler vom 14.
1. 1922, zit. nach MatSiddh. 1, S. 150). Vgl. dazu auch Laotses Aussagen über die
Nichtlehrbarkeit des TAO: „Das TAO, das sich aussprechen lässt, ist nicht das ewige

TAO. Der Name der sich nennen lässt, ist nicht der ewige Name." (Tao-te-king, Aphorismus Nr. 1).

132   In einem Aufsatz zur Psychologie des Zen-Buddhismus erläutert Jung die Identität zwischen dem „satori"-Erlebnis des Zen und der Erfahrung des Selbst in seinem Individuationskonzept und setzt hinzu: „Ich zweifle nicht, dass das Erlebnis des Satori auch im Westen vorkommt, denn auch bei uns gibt es Menschen, welche letzte Ziele wittern und keine Mühe scheuen, sich diesen anzunähern [...] Als Ganzheitserlebnis kann es nichts Billigeres und Geringeres sein als eben das Ganze [...] Die Erreichung der Ganzheit erfordert den Einsatz des Ganzen." (Ges. Werke, Bd. 11, S. 598 und 601)

133   In identischer psychologischer Bedeutung wird der Begriff des „Erwachens" bei Hesse anlässlich von Goldmunds Erweckung durch Narziss und bei Josef Knechts Begegnung mit dem „Älteren Bruder" gebraucht.

134   Vgl. Hesses Brief an R. Schmidt vom 18. 1. 1925: „Siddhartha ist ein sehr europäisches Buch, trotz seines Milieus, und die Siddhartha-Lehre geht so stark vom Individuum aus und nimmt es so ernst, wie keine indische Lehre es tut." (Ges. Briefe, Bd. 2, S. 96)

135   H. Stolte hat in diesem Zusammenhang zurecht eine „Goethesche Wendung" der Dichtung diagnostiziert (a. a. O., S. 96).

136   Nach der Symbollehre C. G. Jungs ist die Überquerung eines Flusses häufig das Zeichen für einen grundlegenden Wandel der bewussten Einstellung (s. M. L. von Franz. a. a. O., S. 199). – Vgl. dazu auch Goethes „Märchen". in dem der Fluss ebenfalls diese psychologische Symbolfunktion besitzt.

137   Ähnlich interpretiert die Episode mit dem Mädchen auch Ziolkowski, wenn er schreibt: „Sie ist nicht die Essenz des Sinnlichen, sondern dessen derbes Extrem." (MatSiddh. 2, S. 151)

138   Die etymologische Bedeutung der Sanskritnamen hat der indische Germanist und Hesse-Forscher Vridhagiri Ganeshan entschlüsselt (vgl. „Das Indienerlebnis Hermann Hesses". Bonn 1974, S. 60ff.): Kamala ist eine feminisierte Form des Begriffes „Kama" = Wunsch, Trieb, Erotik. Kamaswami heißt „Herr der Wünsche". – Siddhartha ist bekanntlich einer der Beinamen Buddhas („Der das Ziel erreicht hat"). Vasudeva bedeutet nach Shaw „der allem Sein Innewohnende" (MatSiddh. 2, S. 114) – ein Hinweis auf seine psychologische Funktion als Symbol des Selbst. Govinda ist ein Name aus der Bhagavad-Gita, einem der heiligen Texte des Hinduismus.

139   Maier sieht Govinda als jungschen Schatten Siddharthas (a. a. O., S. 163). Diese Interpretation ist deshalb wenig plausibel, weil Govinda in seiner konventionellen Religiosität und ewigen Jüngerschaft kaum ein unbewusstes Alter Ego Siddharthas

verkörpert und eine eigentliche Auseinandersetzung zumindest von Siddhartha her nicht stattfindet.

140 Diese vollkommene Verstrickung Siddharthas ins Weltleben übersieht Lüthi, wenn er seine Kaufmannszeit nur unter dem Aspekt eines unverbindlichen Spieles sieht: „Wenn Siddhartha vorher das Spiel der Gedanken gespielt hat, so spielt er jetzt das des Lebens. Aber es bleibt eben ein Spiel" (S. 66).

141 Dies erkennt auch Ganeshan, wenn er schreibt: „Die Erlangung eines neuen Bewusstseins wird hier als Wiedergeburt aufgefasst." (MatSiddh. 2, S. 243). Er irrt allerdings, wenn er meint, Hesses Wiedergeburtsverständnis sei „aus der Zeitstimmung heraus zu verstehen" (ebd.). Die vorliegende Arbeit konnte aufzeigen, dass Hesse ein archetypisches Wiedergeburtsverständnis weitervermittelt.

142 Vgl. Fausts Ohnmacht vor der Begegnung mit Helena (Faust II, Rittersaal) und Orests Heilschlaf in „Iphigenie auf Tauris", 3. Akt, 1. Auftritt.

143 Diese innerseelische Symbolfunktion des Flusses scheint von der bisherigen Sekundärliteratur noch kaum erkannt worden zu sein. Nur Freedman hat eine vorsichtige Rückkopplung gewagt („Der Fluß ist zu einem Teil von Siddharthas Selbst geworden", MatSiddh. 2, S. 215). Hsia sieht den Fluss als Symbol des Tao (ebd., S. 199). Lüthi (a.a.O., S. 68), Winter (MatSiddh. 2,S. 282) und Ziolkowski (ebd., S. 141 ff.) haben die Aspekte der Zeitlosigkeit und Einheit hervorgehoben, ohne diese jedoch in einen psychologischen Zusammenhang einzuordnen.

144 Zitat M. L. von Franz: „Wenn sich ein Mensch lange genug mit seiner Anima, beziehungsweise seinem Animus innerlich herumgeschlagen hat, bis er nicht mehr unbewussterweise mit ihnen identisch ist, nimmt das Unbewusste von neuem eine andere symbolische Form dem Ich gegenüber an und erscheint dann in der Gestalt des Seelenkernes, d. h. des Selbst. In den Träumen der Frau tritt das Selbst, wenn es sich personifiziert, als überlegene weibliche Gestalt auf [...] während es beim Mann eher als ein Einweihender (als indischer Guru), als alter Weiser, als Naturgeist, Held u.s.w. auftritt." („Der Mensch und seine Symbole", S. 196). Ergänzend dazu Jung: „Der Alte stellt einerseits Wissen, Erkenntnis, Überlegung, Weisheit, Klugheit und Intuition, andererseits aber auch moralische Eigenschaften, wie Wohlwollen und Hilfsbereitschaft dar [...]." (Ges. Werke, Bd. 9/1, S. 238).

145 Dies ist der Grund, weshalb Hsia meint, Vasudeva sei der Versuch einer dichterischen Gestaltung der Figur des Laotse (vgl. MatSiddh. 2, S. 203). Die vorliegende Arbeit interpretiert dagegen Vasudeva mit Jung als Symbol des Weisen überhaupt. Vgl. dazu auch folgende briefliche Selbstinterpretation Hesses: „Mein Siddhartha lernt seine Weisheit am Ende nicht von einem Lehrer, sondern von einem Fluss, der so komisch rauscht, und von einem freundlichen alten Trottel, der immer lächelt und heimlich ein Heiliger ist" (Brief an Emmy Ball vom 2. 6. 1922, zit. nach MatSiddh. 1, S. 156).

146 Zitat Jung: „Unser Urteil über die innere Stimme bewegt sich in zwei Extremen: entweder gilt sie als ausgemachter Unsinn oder als Gottes Stimme. Dass es ein beachtenswertes Mittelding geben kann, kommt niemand in den Sinn. Aber ein wirkliches Kolloquium wird erst möglich, wenn das Ich die Existenz eines Gesprächspartners anerkennt." (Ges. Werke, Bd. 9/1, S. 146)

147 Zitat Jung: „So hat auch der Individuationsprozess zwei prinzipielle Aspekte: einerseits ist er ein interner, subjektiver Integrationsvorgang, andererseits aber auch ein ebenso unerläßlicher objektiver Beziehungsvorgang. Das eine kann ohne das andere nicht sein [...] Der unbezogene Mensch hat keine Ganzheit, denn er erreicht diese nur durch die Seele, die ihrerseits nicht sein kann ohne ihre andere Seite, welche sich stets im ‚Du' findet." (Ges. Werke, Bd. 16, S. 249 und 260)

148 Die hier beschriebene und begründete Integration des Leidens in das Erlösungskonzept des „Siddhartha" scheint von der bisherigen Kritik noch nicht erkannt worden zu sein. – Dass auch Jung das Leiden als unüberwindbar und gerade deshalb integrationsbedürftig ansieht, wurde bereits dargestellt. Desgleichen der späte Nietzsche, vgl. dazu seine Konzeption des „tragischen Menschen" in den „Dionysos-Dithyramben".

149 Eike Middell hat diese Aussage Siddharthas als „Agnostizismus" und „Relativismus" bewertet und sieht darin eine problematische Seite von Hesses Denken (vgl. Mat-Siddh. 2, S. 181). – Sie bleibt allerdings eine Erklärung dafür schuldig, inwiefern ein Mensch, der sich der Alliebe verschworen hat, für seine Umwelt problematisch werden kann.

150 Ganeshans („H. H. und Indien", S. 65) Behauptung, Siddhartha erreiche am Ende nicht das Nirvana im buddhistischen Sinn, muss hier zurückgewiesen werden. Siddhartha (und übrigens auch Govinda) erreichen am Ende jenen Zustand vollkommener Ich-Transzendenz, den Buddha als „Nirvana" und C. G. Jung als Erlebnis des „Selbst" bezeichnet hat. Schon eher einleuchtend, wenngleich unnötig spezifiziert ist Rudolf Pannwitz' Bonmot „Dies ist das europäische Nirvana" (MatSiddh. 2, S. 96). Völlig unverständlich dagegen bleibt H. R. Schmidts Ausfall gegen das Christentum: „Dieser Heilige hat nichts mehr in seiner Seele, das er hassen muss. Soweit ist „Siddhartha" unchristlich." (MatSiddh. 2, S. 73). Seit wann müssen Christen irgend etwas hassen?

151 Die entsprechende Rede Buddhas lautet: „Was es auch immer, ihr Mönche, an verdienstvollen Werken des Menschen gibt – sie alle haben nicht den Wert eines Sechzehntels der Liebe, der Erlösung des Herzens. Denn die Liebe, die Erlösung des Herzens übertrifft sie alle und leuchtet und flammt und strahlt. Gleich wie da, ihr Mönche, aller Sternenschein nicht den Wert eines Sechzehntels des Mondscheins hat [...] Ebenso haben alle verdienstwirkenden Mittel des Menschen nicht den Wert eines

Sechzehntels der Liebe, der Erlösung des Herzens." (Zitiert nach Lehmann, a. a. O., S. 121).

152 Aus dem Vorwort zur persischen Übersetzung des „Siddhartha", 1958 (zit. nach WA 10, S. 50). – Dieses religionssynthetische Anliegen Hesses ist von der Kritik übrigens betrüblich selten verstanden worden. Shaw (MatSiddh. 2, S. 102 ff.), Ganeshan (ebd., S. 225 ff.) und Winter (ebd., S. 225) sehen spezifisch indisches Gedankengut buddhistischer und hinduistischer Provenienz verarbeitet. Hsia (ebd., S. 195) und Ziolkowski (ebd., S. 133) insistieren auf der Verarbeitung taoistischer Philosopheme, während Patnaik (ebd., S. 184) und Rose (ebd., S. 310) unter Berufung auf den Liebesgedanken des Schlusses spezifisch christliches Gedankengut am Werk sehen. Um die Verwirrung komplett zu machen, hat schließlich Böttger (a. a. O., S. 298) noch darauf bestanden, die Schlusspredigt Siddharthas sei eine Adaptation der Lebensphilosophie von Ludwig Klages. Nur wenige Autoren haben das religionssynthetische Bemühen Hesses zumindest in Ansätzen erkannt. Mazzuchetti erkennt im Siddhartha den „Versuch einer durchaus versöhnlichen Überwindung des Buddhismus und des Christentums" (MatSiddh. 2, S. 310), Lützkendorf erklärt sich die weltweite Wirkung dieser Erzählung zurecht mit ihrer „exemplarischen Wiedervereinigung von europäischen, buddhistischen und altchinesischen Erkenntnissen" (ebd., S. 217 ff.) und Otten besitzt den weitesten Blick, wenn sie im „Siddhartha" eine „Synthese zwischen West und Ost, sozusagen die gemeinsame Formel zwischen Hinduismus, Buddhismus, Christentum, Taoismus und auch Konfuzianismus" sieht (ebd., S. 220).

153 Ähnlich interpretiert Patnaik: „Der Kuß steht symbolisch für den Akt der Verbindung, des Nicht-mehr-Getrenntseins" (MatSiddh. 2, S. 189), wobei er allerdings die Bedeutung des Übergangs vom Intellekt zum Gefühl übersieht und die Szene wenig einleuchtend als „Gnadenakt" Siddharthas deutet.

154 Diese Merkmale von Govindas Erleuchtung – wie die jedes anderen Gotteserlebnisses in Hesses Werk – stimmen übrigens ziemlich genau überein mit den Kriterien, die James Joyce in Anlehnung an Thomas von Aquin für das Wesen einer Epiphanie genannt hat: Integritas (Einheit), consonantia (Zusammenklang) und claritas (Klarheit). Aber auch das Hessesche Leitmotiv der subjektiven Zeitaufhebung durch die Begegnung mit dem Unbewussten ist – wie bereits erwähnt – von Joyce mit wahrer Leidenschaft gestaltet worden, am eindrücklichsten wohl in „Finnegans Wake", wo die gesamte Menschheitsgeschichte auf den Traum eines Schankwirts zusammenschrumpft (vgl. Joyce' berühmte Parole: „All Space in a nutshell"). Es stimmt übrigens nachdenklich, dass die Wiederentdeckung dieser innerseelischen Dimension in der Moderne u. a. bei James Joyce, Marcel Proust, Thomas Mann, Hermann Hesse, C. G. Jung (s. o.) zeitlich parallel läuft mit der Entdeckung einer relativistischen Zeit in der Physik durch die Relativitätstheorie Albert Einsteins. Möglicherweise geht es

hier um ein und dasselbe Phänomen: Die Kopplung des Zeitempfindens an ein relatives Bewusstsein.

155  Zit. nach MatSiddh. 1, S. 173.

156  Brief vom 2. 10. 1922 an Frederic van Eeden, Ges. Briefe, Bd. 2, S. 39.

157  Brief vom 11. 5. 1924, zit. nach MatSiddh. 1, S. 192.

158  So schreibt Hesse unmittelbar nach dem Abschluss der Arbeit am 29. 10. 1923 an seinen Mäzen Georg Reinhart: „Und gestern habe ich, nach neun Tagen, die ich von früh bis spät an der Schreibmaschine versaß, während es draußen sündflutlich regnete, mein Badener Manuskript zu Ende gebracht. Es heißt „Psychologia Balnearia. Glossen eines Badener Kurgastes" und enthält, wie ich glaube, einiges Neue und Besondere. Das Manuskript ist sehr intimer Art, in einzelnen Abschnitten eine reine Konfession, und soll zunächst nicht an die Öffentlichkeit. Dagegen ist es mein heftiger Wunsch, davon für die Freunde und den engsten Kreis von Lesern einen Privatdruck von nur etwa 200 Stück herstellen zu lassen, dessen Kosten die verkauften Exemplare decken müssten [...] Ich habe seit dem „Klingsor" nie mehr so eruptiv gearbeitet, und bin jetzt von dieser Zeit ununterbrochener fieberhafter Arbeit, die sehr schön war, ganz erschöpft." (Ges. Briefe, Bd. 2, S. 69)

159  Auf die Wichtigkeit eines offenen Verhältnisses zwischen Ich und Unbewusstem hat Hesse bereits in der 1918 entstandenen Betrachtung „Einkehr" hingewiesen: „Dass ich den mir wichtigen Kreis der Dinge dauernd im Blickfeld meines Bewusstseins habe, ist nicht entscheidend für den Wert und die Steigerung meines Ichs, sondern nur das, dass ich zwischen dem Bezirk des Bewusstseins und dem Unbewussten gute, leichte, flüssige Beziehungen habe [...] Den unendlich größeren Teil ihres Inhalts sieht die Seele nicht: reich und gesund und zum Glück fähig scheint mir die Seele, in der aus dem großen Dunkel nach dem kleinen Lichtfelde hin ein beständiger, frischer Zuzug und Austausch vor sich geht." (Zit. nach: „Kleine Freuden. Kurze Prosa aus dem Nachlaß". Frankfurt/Main 1977, S. 141.)

160  In seiner Laudatio zum 60. Geburtstag Hesses schrieb Th. Mann u. a.: „Es gibt Dinge von ihm – warum sollte ich es nicht aussprechen? – wie der Kurgast – [...] die ich lese und empfinde, ‚als wärs ein Stück von mir'" (zit nach: „Über Hermann Hesse, Bd 1, Frankfurt/Main 1979, S. 110).

161  Dies verkennen Lüthi (a. a. O., S. 78) und Hermann Lenz (vgl. „über H. H.", Bd. 2, S. 273), wenn sie die Ironie als Ausweg aus der Krise des Kurgastes ansehen. Gerade die Ironie bietet eben keine Lösung!

162  Das Bekenntnis dieser menschlichen Schwächen und die Verhaltensweisen des Dichters im Eingangsteil der Aufzeichnungen hat Stolte zu folgendem Urteil über das Werk veranlasst: „Es ist tatsächlich nicht leicht, die Kurgastaufzeichnungen zu lesen, ohne Ärgernis zu nehmen: gar so allzumenschlich zeigt sich hier einer, den von Her-

zen zu verehren man doch Neigung hätte." (A. a. O., S. 186) Die Äußerung entlarvt sich selbst: Stolte übersieht vollkommen, dass diese „Schwächen" nur den Anlass für eine rigorose, essenziell moralisch-religiöse Selbstbefragung bilden und ihre letztendliche Überwindung durch den Dichter leider Gottes alles andere als „allzumenschlich" ist.

163  Vgl. dazu den Aufsatz des Psychoanalytikers J. Cremerius (a. a. O.).

164  Vgl. dazu Jungs Äußerungen über den Zusammenhang von Selbst-Erfahrung und „imago dei".

165  Lüthi hat den nachstehenden Passus eindeutig missverstanden, wenn er meint, Hesse bekenne sich damit zu einem existenziellen Dualismus, der die Schlussvisionen des Klingsor und des Siddhartha wieder aufhebt („Hesse bekennt sich wieder zu der Zweiheit [...] damit sind die Lösungen von Klingsor und Siddhartha preisgegeben", a. a. O., S. 78). Hesse bekennt sich – nach wie vor – zum Gedanken der Einheit hinter und über aller Zweiheit und Vielheit (also zum Selbst).

166  Vgl. etwa das Urteil Stoltes: „Es gibt Bücher, die man, wenn ein paar Jahrzehnte über sie hinweggegangen sind, als fremd, als belanglos empfinden muss. Zu dieser abgestorbenen Literatur wird man wohl Hesses Nürnberger Reise rechnen." (A. a. O., S. 193)

167  Vgl. die Sonaten-Form des „Steppenwolf", die später noch genauer erläutert werden wird.

168  Nach MatStep, S. 33.

169  Blaubeuren ist übrigens meine Vaterstadt. Der „schwäbische Freund" (7, 118), von dem Hesse spricht, war Prof. Wilhelm Häcker, Altphilologe am Blaubeurer Klosterseminar und Lateinlehrer meines Vaters.

170  In Mörikes wunderbarer Erzählung „Das Stuttgarter Hutzelmännlein" mit ihrem eingeschobenen „Märchen von der Schönen Lau" spielt die Topographie Blaubeurens eine wichtige Rolle.

171  Lüthi (a. a. O., S. 81) missversteht ganz offensichtlich die hier vorliegende psychologische Problematik, wenn er die Transzendierung des Ich durch das Selbst im oben zitierten Passus als neurotische „Spaltung" bezeichnet. Nach C. G. Jung definiert sich gerade dadurch das Wesen psychischer Gesundheit! Wie könnte der Dichter diesen Vorgang sonst als Befreiung erfahren?

172  Zitat Jean Paul: „Der Humor, als das umgekehrt Erhabene, vernichtet nicht das Einzelne, sondern das Endliche durch den Kontrast mit der Idee [...] Humor ist überwundenes Leiden an der Welt." (Aus: „Vorschule der Ästhetik". Hier zitiert nach: 0. F. Best. Handbuch literarischer Fachbegriffe. Definitionen und Beispiele. Frankfurt/ Main 1984, S. 216.)

173   Diese unsozialen und quietistischen Züge des Werkes hat bereits Oskar Loerke in
      einem zeitgenössischen Tagebucheintrag von Frühjahr 1926 moniert: Darin heißt es
      über „Die Nürnberger Reise": „Verdrießt mich durch seinen allzu trägen Quietismus.
      Etwas kindisch in der Abwehr dieser Welt, wie sie nun ist – trotzdem sie benutzt! Viel
      Talent zu erzählen. Trotz des Unbehagens liest man mit Entzücken." (Zit. nach: Peter
      de Mendelssohn. MatStep., S. 251.)
174   Zit. nach MatStep., S. 121.
175   Zit. nach MatStep., S. 143.
176   Vgl. dazu Ziolkowskis Aufsatz „Hermann Hesses Steppenwolf. Eine Sonate in Prosa",
      MatStep., S. 353 ff., Zitat: S. 375.
177   Vgl. dazu Hesses Klage in einem Brief vom Juli 1930 an W. Lochmüller: „Im
      Steppenwolf [...]haben sich fast alle Leser redlich um Mozart und die Unsterblichen
      gedrückt, und nichts gelesen als die Verzweiflung Hallers, die einen ja nichts angeht,
      weil man für die nicht mitverantwortlich ist." (Zit. nach: MatStep., S. 138)
178   Petra Kipphoff sieht in ihrem Essay zur „Zeit-Bibliothek der 100 Bücher" eine „ [...]
      gelegentlich peinliche Diskrepanz zwischen dem Anspruch dieses Buchs und Themas
      und seiner Umsetzung" (vgl. die Taschenbuchausgabe unter diesem Titel, Frankfurt/
      Main 1980, S. 358), wobei sie allerdings auf eine genauere Begründung ihres Urteils
      verzichtet. – Beda Allemann hat eine charakteristische „Epochengebundenheit" des
      Werkes behauptet (vgl. MatStep., S. 323).
179   Gerhart Westermann beschreibt in seiner „Kleinen musikalischen Formenlehre" das
      Wesen der „Durchführung" innerhalb der Sonatenform wie folgt: „Bei der Durchfüh-
      rung handelt es sich um die Verarbeitung der im ersten Teil aufgestellten Themen, die
      in verschiedenster Weise abgewandelt werden [...] Gelegentlich tritt in der Durch-
      führung auch noch ein neues Thema hinzu, das dann den Hauptthemen gegenüber-
      gestellt und mit ihnen verarbeitet wird." (Zit. nach: „Knaurs Konzertführer". Zürich/
      München 1951, S. 9 ff.)
180   Allemann sieht darin zurecht eine erste Ausprägung jener essayistisch-wissenschaft-
      lichen Einschübe, die später auch in den Romanen Hermann Brochs und Robert
      Musils auftauchen (vgl. MatStep., S. 319).
181   In diesem Zusammenhang muss Lüthis Analogiesetzung zwischen dem neurotischen
      Konflikt Hallers und dem Spannungsverhältnis von Ich und Selbst in der „Nürnber-
      ger Reise" zurückgewiesen werden (vgl. „Natur und Geist", S. 81): Nach der jung-
      schen Psychologie ist Hallers psychologische Ausgangsposition tendenziell neurotisch,
      während die Polarität von Ich und Selbst im von Lüthi zitierten Passus der „Nürn-
      berger Reise" als völlig gesund anzusehen ist (s. o.). – Rudolf Pannwitz hat darüber
      hinaus zurecht darauf hingewiesen, dass Hallers Leiden nur tendenziell, keineswegs
      aber absolut und im klinischen Sinn als Neurose zu beurteilen ist: „Zwar hat eine

Ich-Spaltung statt, aber der Kontakt zwischen den Hälften und ihr klares Bewusstsein voneinander ist nicht unterbrochen." (Zit. nach MatStep., S. 327) Eben darin besteht der entscheidende Unterschied zwischen einem leidenden dichterischen Genie und einem beliebigen Neurotiker!

182 Diese Neigung muss nach der freudschen Psychologie als Äußerung des Todestriebes, nach Jung aber als unbewusstes Wiedergeburtsbedürfnis verstanden werden.

183 Dieses tief ambivalente Verhältnis Hesses zum Bürgertum lässt Alfred Wolfensteins Diktum vom „Steppenwolf" als „Dichtung des gegenbürgerlichen Hutes" als allzu euphemistisch erscheinen (vgl. HatStep., S. 276).

184 Die Outsider-Problematik im „Steppenwolf" ist von der Kritik verschieden beurteilt worden. Für Colin Wilson – zusammen mit Timothy Leary und Henry Miller der einflussreichste Wegbereiter der amerikanischen Hesse-Welle – ist das Werk „ [...] eine der eindringlichsten und erschöpfendsten Studien über den Outsider, die je geschrieben wurden" (MatStep., S. 309). Allemann dagegen ist der Ansicht, die Frage nach dem Verhältnis von Bürger und Außenseiter sei heute nicht mehr so aktuell wie in den 20er Jahren (MatStep., S. 323).

185 Die hier implizierte jungianische Kritik an der freudschen Psychoanalyse scheint von der bisherigen Forschung noch nicht erkannt worden zu sein. Leary (MatStep., S. 345) und Hafner (a. a. O., S. 80) betonen lediglich die Abkehr von Freud. Carlsons freudianische Interpretation des obigen Passus ist sogar objektiv falsch („Wenn die Fiktion seiner Zwiespältigkeit unterwandert und gesprengt wird von einer schier unendlichen Gestaltenfülle, so steht die Analyse schon bei Freud", MatStep., S. 380). „Schon bei Jung" müsste es heißen!

186 Sinngemäß identisch ist Ziolkowskis Interpretation der Unsterblichen: „Die Unsterblichen anerkennen das Chaos als natürlichen Zustand des Lebens, denn sie bewegen sich in einem Bereich, wo alle Polarität aufgehört hat und jede Manifestation des Lebens als notwendig und gut angenommen wird." (MatStep., S. 359)

187 Nach Friedrich Schlegel ist Romantische Ironie die Fähigkeit, „[...] sich über alles, auch über die eigene Kunst, Tugend oder Genialität" zu erheben und so Freiheit zu realisieren (hier zitiert nach: „Handbuch literarischer Fachbegriffe. Definitionen und Beispiele". Von Otto F. Best, S. 234). Romantische Ironie – bzw. Hesses sinnidentisches Verständnis des Humors – erscheint so als probates Mittel, romantische Idealität und Unendlichkeitssehnsucht mit der empirischen Insuffizienz der Welt und des eigenen Ich zu versöhnen. – Dies übersah übrigens Kurt Tucholsky. wenn er in seinem sonst wohlwollenden Artikel zu Hesses 50. Geburtstag 1927 monierte: „Humor hat er nicht." (Vgl. MatStep., S. 286 ff.)

188    Das Verhältnis von Traktat und Rahmenhandlung – eine interpretatorische Kardinal-
       frage des Romans – scheint von der bisherigen Kritik noch niemals systematisch und
       erschöpfend untersucht worden zu sein.

189    Entsprechende archetypische Situationen sind in der Weltliteratur immer wieder
       gestaltet worden: Dantes Zusammentreffen mit Beatrice am Ende des „Purgatorio"；
       Fausts Begegnung mit Gretchen nach seinem Selbstmordversuch; Raskolnikovs
       Katharsis durch Sonja – all dies sind nach der jungschen Psychologie symbolische
       Heilungen von neurotischen Zerrissenheiten durch eine Anima-Begegnung. In den
       Erzählungen Hesses gibt es Entsprechungen bei Sinclairs Auseinandersetzung mit
       Beatrice, Kleins Zusammentreffen und Teresina und Siddharthas Begegnung mit
       Kamala.

190    Dies übersieht Stolte, wenn er sich über „das unappetitliche Dirnenwesen" im Step-
       penwolf beklagt (a. a. O, S. 195).

191    Vgl. das Gesetz über die kompensatorische Bedeutung von Anima und Animus bei
       Mann und Frau. Nach Jung sind aus diesem Grund namentlich in den indischen
       Religionen Götter häufig doppelgeschlechtlich oder als Paare dargestellt. (Vgl. „Der
       Mutterarchetypus", Ges. Werke, Bd. 9/1, S. 97 ff.)

192    Von daher muss Horst Dieter Kreidlers These, Hermine sei wie Maria und Pablo eine
       „ungebrochene Natur" (MatStep., S. 283) zurückgewiesen werden. Das Nämliche
       gilt für Böttgers Versuch, von Hermine einen Bezug zu Goethes Philine und Kellers
       Judith herzustellen (a. a. O., S. 330 ff.): Die Frauenfiguren der beiden Klassiker sind
       ungebrochene erotische Naturen vom Typus der Maria im „Steppenwolf", keines-
       wegs aber Pendants zu der vielschichtigen Hermine. Nach den von Jung entwickelten
       Kriterien muss Hermine als ein Anima-Symbol der 4. Stufe (Pallas Athene) betrachtet
       werden, während Philine, Judith und Maria für die erste Stufe stehen (Eva).

193    Vgl. die weiblichen Führergestalten in der Weltliteratur wie Petrarcas Laura, Dantes
       Beatrice, Hölderlins Diotima und die Geliebte in Novalis' „Hymnen an die Nacht",
       die sich allesamt auch erotisch verweigern.

194    In diesem Zusammenhang muss Susanne Meinickes Deutung zurückgewiesen werden,
       die zwar Hermine als archetypische Frauenfigur anerkennt, Maria aber eine
       überpersönliche Gültigkeit abspricht (a. a. O., S. 41): Beide Figuren sind archetypi-
       sche Symbole der Anima im jungschen Sinn, wenngleich auf verschiedener Stufe.

195    Zitat Jung: „Die Anima (ist) [...] eine spontane Gefühlsbildung mit nachfolgender
       Beeinflussung resp. Distorsion des Verstandes („Sie hat ihm den Kopf verdreht").
       Zitiert nach: Ges. Werke, Bd. 16, S. 323. – Vgl. dazu auch die Konfusion Sinclairs,
       Kleins und Siddharthas nach der Begegnung mit ihrer Anima!

196    Eine derartige psychologische Kategorisierung Pablos findet sich erstaunlicherweise
       bislang nirgends in der mir bekannten Sekundärliteratur. Die bisherigen jungiani-

schen Interpretationsversuche müssen allesamt zurückgewiesen werden: Pablo ist keineswegs – wie Meinicke (S. 43) meint – ein Symbol des „Schatten", denn der Schatten verkörpert minderwertige Charakterzüge und besitzt keine Ganzheit. Auch Anne Brith Heimdahls (S. 130) Zuordnung zum Archetypus des „Alten Weisen" vermag nicht zu überzeugen, denn dieser erscheint per definitionem immer als alter Mann. Vollkommen unhaltbar ist schließlich Hsias Identifizierung von Pablo als angeblichem Animus-Symbol Hallers (a. a. O., S. 255): Animus-Projektionen können nach der jungschen Lehre nur bei Frauen auftreten.

197  Der soziale Aspekt des Selbst resultiert daraus, dass das Selbst als seelische Ganzheit auch das kollektive Unbewusste umgreift. Jung umschrieb das Ziel des Individuationsprozesses einmal als „Einswerden mit sich selbst und zugleich mit der Menschheit, die man ja auch ist." (Hier zitiert nach: Gerhard Wehr. C. G. Jung in Selbstzeugnissen und Bilddokumenten. Reinbek 1969 (Rowohlt-Monographie), S. 104.

198  Wie Haller selbst, so hat auch die Kritik die Bedeutung Pablos immer wieder gewaltig unterschätzt. Zurückzuweisen ist etwa Horst Dieter Kreidlers Deutung: „Pablo ist ganz Natur [...] Der unbewusste Pablo ist (Haller) kein gleichwertiger Gegenspieler." (MatStep., S. 386). Hat Kreidler den Schluss des Romanes nicht gelesen? Dort wird explizit gesagt, dass Pablo Haller sogar überlegen ist! Sinngemäß richtig dagegen Böttgers Charakterisierung: „Der Musiker Pablo [...] ist [...] der Mann mit der starken Vitalität, den festen Nerven und der inneren Harmonie, dem die spätbürgerlichen Intellektuellenprobleme unbekannt sind. Dennoch zeigt sich Pablo mit den Hintergründen der Seele vertraut. Er ist alles andere als eine hübsche Null" (a. a. O., S. 331).

199  Dies erkennt auch Lüthi, wenn er über die gedankliche Konzeption des „Steppenwolf" schreibt: „Die von Novalis, Nietzsche und Dostojevskij ausströmende Wirkung ist am Verebben, die Wandlung des Magischen und seiner Bedeutung ist eingetreten; Goethe, die idealistische Philosophie, Mozart und Bach werden wichtiger." (a. a. O., S. 142). – Lüthis geistesgeschichtliche Thesen werden später noch genauer diskutiert werden.

200  Heimdahls Deutung, das Frauenbein sei ein Hinweis, „dass auch die Unsterblichen Sinnlichkeit brauchen" (a. a. O., S. 159) widerspricht der quietistisch-asketischen Konzeption von Hesses Begriff der Unsterblichen (vgl. das Gedicht über die Unsterblichen: „eure Sünden [...] und geilen Vonnen (sind) Schauspiel uns gleichwie die kreisenden Sonnen", 7/346).

201  Hesses Charakterisierung der Unsterblichen entspricht der archetypischen Figur des „kosmischen Menschen" als einem der grundlegenden Symbole des Selbst. Marie Louise von Franz beschreibt und begründet diesen Archetypus folgendermaßen: „Das Selbst ist eben nicht völlig in unserem Bewusstseinsbereich und seinem Zeitraum

enthalten, es hat einen Aspekt von Zeitlosigkeit und Allgegenwart. Darum wird es oft durch einen großen Menschen symbolisiert, der den ganzen Kosmos umfängt [...]. Die kosmische Natur dieses ‚großen Menschen' scheint ferner darauf hinzuweisen, dass der innerste Kern der menschlichen Seele, das heißt das Selbst, von einer das individuelle Ich weit überragenden Ausdehnung ist [...] Weil das Symbol etwas Vollständiges und Ganzes meint, ist der große Mensch auch oft zwiegeschlechtlich dargestellt. In dieser Form vereinigen sich die wichtigsten seelischen Gegensätze, Männliches und Weibliches [...] Wenn ein solches Symbol im Traum eines Einzelnen auftaucht, darf man meistens auf eine schöpferische Lösung seiner Konflikte hoffen, denn dann ist der Seelenkern aktiviert und eine Einheit des inneren Wesens geschaffen, welche auch große Schwierigkeiten überwinden kann." (Zit. nach: „Der Mensch und seine Symbole", a. a. O., S. 200-204).

202    Joseph L. Henderson hat in seinem ausgezeichneten Essay „Der moderne Mensch und die Mythen" darauf hingewiesen, dass die Gemeinsamkeit aller primitiven Initiationsriten darin besteht, durch das Herbeiführen einer rituellen Todesstimmung das Wiedergeburtserlebnis auszulösen: „ [...] Der Initiationsneuling wird aufgefordert, seine Wünsche und Begierden aufzugeben und sich der Prüfung zu unterziehen. Er muss gewillt sein, diese Prüfung ohne Hoffnung auf Erfolg auf sich zu nehmen. Er muss sogar zum Sterben bereit sein [...] der Zweck bleibt immer derselbe: eine symbolische Todesstimmung zu schaffen, aus der die symbolische Stimmung der Wiedergeburt entspringen soll." (Nach: „Der Mensch und seine Symbole", S. 132.

203    Ähnlich interpretiert auch Heimdahl, wenn sie über den Maskenball schreibt: „Diese nach außen gerichtete Öffnung ist sowohl eine Bedingung für – als auch eine Vorwegnahme von Hallers späterer Seelenentwicklung nach innen." (a. a. O., S. 114)

204    Ziolkowskis pathetische Deutung dieser Szene trifft nicht deren archetypische psychologische Problematik: „Als Sinnbild seiner Bejahung des Kosmos, einschließlich der tiefsten Abgründe, steht die Forderung, dass Haller, um Hermine zu treffen, in eine Keller-Bar hinuntersteigen muss, die bezeichnenderweise ,Die Hölle' heißt." (MatStep., S. 368)

205    Die praktisch identischen Symptome beschreibt Gustave le Bon in seinem epochemachenden Werk „Psychologie der Massen" (vgl. die Rezeption durch S. Freud!) als typische Merkmale der Massenseele: „Die Hauptmerkmale des in der Masse befindlichen Individuums sind demnach: Schwund der bewussten Persönlichkeit, Vorherrschen der unbewussten Persönlichkeit, Orientierung der Gedanken und Gefühle in derselben Richtung durch Suggestion und Ansteckung, Tendenz zur unverzüglichen Verwirklichung der suggerierten Ideen" (Hier zitiert nach: S. Freud. Massenpsychologie und Ich-Analyse, Frankfurt/Main 1967 (Fischer TB), S. 15). – Trotz dieser Verherrlichung eines massenpsychologiscben Erlebnisses ist Seckendorffs Vorwurf der Propagierung

faschistischen Gedankengutes (vgl. seine Dissertation: „Hermann Hesses propagandistische Prosa." Bonn 1982, S. 208ff.) zweifellos unangebracht, da der Autor die Einmaligkeit dieses Erlebnisses hervorhebt und sein Eintreten für eine Transzendierung des Ich in einem völlig anderen – nämlich religiösen – Zusammenhang steht. Wenn jeder, der eine Überwindung des Ich fordert, gleich ein Faschist wäre, dann müsste man auch Jesus, Buddha und Laotse als geistige Wegbereiter Hitlers erklären. Und das ist ja offenkundig Unsinn.

206  Die antizipierende Funktion dieses Tanzes für Haller erkennt auch Ziolkowski. wenn er ihn als „Symbol für die bevorstehende Vereinigung seiner beiden Lebenspole" interpretiert (vgl. HatStep., S. 368).

207  Meinicke bezeichnet Pablo zutreffend als Hermes-Figur (a. a. O., S. 46).

208  Trotz dieser ins Auge springenden Verknüpfung der Leitmotive des Romans hat weder Ziolkowski noch die übrige Forschung diese Grundstruktur bislang erkannt.

209  In einem Brief vom Januar 1933 schreibt Hesse an den Leser M. K.: „[...] Ihre Frage, ob ich im ‚Steppenwolf‘ es mit irgendetwas ernst meine, oder einfach ein angenehmes Einduseln in Opiumräusche vorschlage [...] war für mich nicht nur eine persönliche, sondern auch eine prinzipielle Enttäuschung" (zit. nach: HatStep., S. 148).

210  Vgl. die Ausführungen des Hippie-Gurus Timothy Leary in seinem berühmt gewordenen Aufsatz über das „Magische Theater": „Es scheint klar, dass Hesse ein psychedelisches Erlebnis beschreibt, einen durch Drogen herbeigeführten Verlust des Selbst, eine Reise in die innere Welt [...] Vor deiner LSD-Sitzung solltest du ‚Siddhartha‘ und ‚Steppenwolf‘ lesen. Der letzte Teil des Steppenwolfs ist ein unschätzbares Lehrbuch" (zit. nach: MatStep., S. 346 und 352).

211  Z. B. durch Böttger. der meint, die Szene führe den „antizivilisatorischen Komplex des Steppenwolfs vor Augen" (a. a. O., S. 334). Aber auch Middell, die Hallers Attentate als „Versuch, die Weltgeschichte anarchistisch zu korrigieren (a. a. O., S. 189) versteht, sowie Heimdahl, die diese Sequenz als „Gipfelpunkt von Hesses direkter Zeitkritik" (a. a. O., S. 138) sieht, neigen dazu, die sozialrevolutionäre Dimension dieser Vision zu überschätzen. – H. Mayer (MatStep., S. 335) und Meinicke (a. a. O., S. 92) haben darüber hinaus zurecht auf die beklemmende Aktualität gerade dieser Episode hingewiesen.

212  Meinickes Interpretation: „In selbstquälerischer Weise hat er das Edle und Starke des Wolfs in sich unterdrückt und entstellt, das Rohe und Gemeine des Menschen in sich aber hat er nicht wahrhaben wollen" zielt an der eigentlichen Problematik vorbei, da Haller keineswegs den Wolf auf Kosten des Menschen rehabilitiert, sondern nach einem Ausgleich zwischen den widerstreitenden Teilen seines Selbst sucht.

213  Auf die Existenzialität des „Schatten" im jungschen Sinn verweisen übrigens auch Adalbert von Chamissos Novelle „Peter Schlemihl" und Hugo von Hofmannsthals

Erzählung „Die Frau ohne Schatten". In beiden Werken ist die menschliche Ganzheit und Lebenstüchtigkeit existenziell verknüpft mit der Annahme des „Schatten".

214   Vgl. Mozarts obszöne Briefe an seine Cousine Anna Maria Thekla in Augsburg, enthalten in: Mozart, Briefe. Ausgewählt, eingeleitet und kommentiert von Wolfgang Hildesheimer. Frankfurt/Main 1975, S. 35ff.

215   Es gibt zwei diametral verschiedene Deutungen dieser Szene: Eine Gruppe von Interpreten begreift Hallers visionäre Ermordung Hermines als einen positiven und notwendigen Akt. Als Begründung wird angegeben, dass Haller damit sein idealistisches Bild von ihr zerstört und seine bisherige Abhängigkeit überwindet. Diese Auffassung vertreten u. a. die amerikanischen Literaturprofessoren Hsia (a. a. O., S. 255ff.), Maier (a. a. O., S. 154), Mileck (a. a. O., S, 189) und Ziolkowski (MatStep., S. 373). – Auf der anderen Seite steht eine Gruppe europäischer Interpreten wie Heimdahl (a. a. O., S. 167), Lüthi (a. a. O., S. 86) und Meinicke (a. a. O., S. 39), die diese Episode als einen negativ zu bewertenden, selbstzerstörerischen Akt Hallers bewerten. Dieser Reihe von Interpreten schließt sich die jungianische Deutung dieser Arbeit in der Tendenz an. Die „amerikanische Linie" kann durch die nachfolgenden Äußerungen Mozarts als widerlegt gelten.

216   Böttger hat zurecht darauf hingewiesen, dass Hesse im „Steppenwolf" den Unsterblichen eine ähnliche erzieherische Funktion zuweist wie Goethe der „Turmgesellschaft" in seinem Wilhelm Meister.

217   Die psychologische Bedeutung des Humors in diesem Roman ist von der bisherigen Kritik noch nicht adäquat gewürdigt worden. Die DDR-Forschung sieht darin begreiflicherweise einen „Scheinausweg" (Böttger. a. a. O., S. 341) und ein „Vehikel des Rückzugs" (Middell. a. a. O., S. 191). Lüthi (a. a. O., S. 82) hat zurecht darauf hingewiesen, dass der Humor Hallers „tragische Einseitigkeit" überwindet und eine „Möglichkeit des Lebens" schafft, unterlässt aber eine genauere psychologische Analyse.

218   Hans Mayers These von einem Widerspruch zwischen den Aussagen des Traktats und des „Magischen Theaters" bleibt an der Oberfläche und übersieht, dass die Motivstruktur und die Figurenzeichnung der gesamten Binnenerzählung (der „Durchführung") auf eine Aufhebung der alternativen Lösungsvisionen des Traktats hinauslaufen und die Problematik des Romans von daher keineswegs offen bleibt, sondern eine eindeutige Lösung erfährt (vgl. MatStep., S. 330ff.).

219   Dass der Roman allem Humor zum Trotz auf dem Ideal des heiligen, vollkommen verselbsteten Menschen nach wie vor besteht, hat Hesse in einem Brief an F. Braun vom November 1927 explizit betont: „Der Schluss des Steppenwolfs ist, wie der Schluss jedes Menschenwerks, die Tür ins Unendliche. Sie steht im Steppenwolf, und zwar gerade im Schluss, weit offen. Eben darum ist ja die Presse und Leserschaft von

diesem Schluss entsetzt. Er verlangt, dass wir über die Schwelle treten und Götter werden." (Zit. nach: MatStep., S. 123)

220 Thomas Mann hat in seiner Laudatio zu Hesses 60. Geburtstag die Vermutung ausgesprochen, die Psychologie dieses Romans sei von Freud her geprägt: „Das Verhältnis dieses schwäbischen Lyrikers und Idyllikers zur Sphäre der Wiener erotologischen Tiefenpsychologie, wie es sich etwa in „Narziss und Goldmund" [...] offenbart, ist ein geistiges Paradoxon der anziehendsten Art." (Zit. nach: Über H. Hesse, Bd. 1, Frankfurt/Main 1976, S. 109). – Die vorliegende Arbeit sieht dies anders und wird aufzuzeigen versuchen, dass die grundlegenden Stationen und die psychologischen Hintergründe von Goldmunds Lebensweg ohne die Kategorien der jungschen Psychologie nicht vollständig verstanden werden können.

221 In der Sekundärliteratur finden sich auch andere Gliederungsversuche. Lüthi (S. 93ff.) strukturiert das Werk nach dem Dreistufenmodell aus Hesses Essay „Ein Stückchen Theologie". Stolte (S. 212) sieht dagegen eine vierstufige Entwicklung von je 5 Kapiteln. Beide Betrachtungsweisen sind zweifelsohne möglich, übersehen aber die Doppelstruktur von Goldmunds Weg und das Prinzip der immanenten Steigerung.

222 Zitat Jung: „Der Baum ist eines der besten Beispiele für ein häufig vorkommendes Traummotiv, das sehr viele verschiedene Bedeutungen haben kann. Er symbolisiert Entwicklung, Wachstum, oder psychologische Reifung. " (Zit. nach: „Der Mensch und seine Symbole, a. a. O., S. 90). – Vgl. dazu auch Hesses sinnidentische Verwendung des Baummotivs in seinem Buch „Wanderung" (1919): „Bäume [...] erstreben mit aller Kraft ihres Lebens nur das Eine: ihr eigenes, in ihnen wohnendes Gesetz zu erfüllen, ihre eigene Gestalt auszubauen, sich selbst darzustellen [...] Ein Baum spricht: Mein Amt ist, im ausgeprägten Einmaligen das Ewige zu gestalten und zu zeigen [...] Ich lebe das Geheimnis meines Samens zu Ende, nichts andres ist meine Sorge. Ich vertraue, dass Gott in mir ist. Ich vertraue, dass meine Aufgabe heilig ist. Aus diesem Vertrauen lebe ich" (WA 6, 151 ff.)

223 Vgl. dazu Jungs Ausführungen über die Psychologie des Infantilen: „Der Infantile benimmt sich wie der Vater oder wie die Mutter. Er ist nicht imstande, sich selbst zu leben und seinen ihm zugehörigen Charakter zu finden." (Ges. Werke, Bd. 11, S. 365)

224 Einen vergleichbaren Vorgang beschreibt Robert Musil in seiner Erzählung „Die Verwirrungen des Zöglings Törleß": Törleß projiziert nach dem Erwachen seiner Sexualität bei der Dorfhure Bozena seinen als verboten empfundenen Eros in homoerotischer Form auf den Mitschüler Basini. Diese – bei Musil mit sadistischen Elementen verknüpfte – homosexuelle Phase muss als ein typisches Merkmal der Pubertätspsychologie verstanden werden.

225  Zum hier beschriebenen Zusammenhang von regredierender Libido und aktivierter
     Anima vgl. das Jung-Zitat in Kap. 4, Anm. 17.

226  Nach Jung können Träume durchaus eine zukunfts-antizipierende Funktion haben,
     vgl. dazu den Aufsatz „Vergangenheit und Zukunft im Unbewussten", in: „Der
     M;ensch und seine Symbole", a. a. O., S. 32 ff.).

227  Vgl. dazu Hesses Brief an Christoph Schrempf vom April 1931, wo der Dichter nicht
     nur diese Deutung bestätigt, sondern auch den autobiografischen Charakter dieser
     Züge von Goldmund bekennt: „Dass Goldmund, und wie er ich selbst, den Frauen
     gegenüber keineswegs das Wünschenswerte oder auch nur das Durchschnittliche zu
     erleben und zu leisten fähig ist, dass er im direkten Verhältnis zu ihnen über den sinn-
     lichen Genuss und eine etwas hilflose Artigkeit nicht weit hinauskommt, das sehe ich
     ebenso wie Sie es sehen. Das sinnliche Vergnügen am Weibe ist für Goldmund nicht
     Weg zum seelischen Besitzergreifen oder zu einem Verhältnis, in dem Mann und
     Weib sich zu wertvolleren Persönlichkeiten steigern, sondern er erreicht die Sublimie-
     rung der Liebe erst in der Kunst, erst auf einem Umweg, erst auf einem Ersatz." (Ges.
     Briefe, Bd. 2, S. 276).

228  Zu den 4 Stufen der Anima (Eva, Helena, Maria, Pallas Athene) vgl. Anm. 101 dieser
     Arbeit.

229  Auf die Beziehungen zwischen dieser Muttersymbolik und der Psychologie
     C. G. Jungs wurde in der bisherigen Forschung auch von Böttger („Jungs Archetypus
     der Erdmutter, der schon bei den Meditationen Emil Sinclairs [...] eine Rolle spielte,
     erhält diesmal großmotivische Funktion", a. a. O., S. 364) und von Hsia verwie-
     sen („Sie ist Anima, das Jin-Prinzip und zugleich das Tao", a. a. O., S. 260). Hsias
     Identifikation der Anima mit dem Tao ist übrigens falsch, denn die Anima verkörpert
     keine Ganzheit (das Tao aber enthält Weibliches und Männliches, ist ein Symbol des
     Selbst). – Freudianische Deutungsversuche, wie sie etwa von Eike Middell (a. a. O.,
     S. 204 ff.) und Thomas Mann (s. o.) versucht werden, übersehen die archetypische
     Konzeption der Mutterproblematik.

230  Zu diesem Doppelaspekt der Anima bemerkt Jung u. a.: „Wer sich von der Mutter
     trennt, sehnt sich nach ihr zurück. Diese Sehnsucht kann zur verzehrenden Leiden-
     schaft werden, welche alles Gewonnene bedroht. In diesem Fall erscheint dann die
     Mutter einerseits als höchstes Ziel, andererseits als gefährlichste Bedrohung, als
     furchtbare Mutter." (Ges. Werke, Bd. 5, S. 302)

231  Auf diese Ähnlichkeit zwischen den Persönlichkeiten Klingsors und Goldmunds hat
     Hesse in einem Brief an Helene Welti vom 29. 12. 1928 selbst hingewiesen: „Gold-
     mund ist so etwas wie ein mittelalterlicher Knulp, oder auch Klingsor, er leidet sehr
     an der Vergänglichkeit und Sterblichkeit alles Irdischen, und sein Freund muss ihm
     helfen, die uralte Weisheit von der Vergänglichkeit des Fleisches und der Unsterblich-

keit des Geistes einzusehen." (Zit. nach: Siegfried Unseld. H. H. Eine Werkgeschichte, Frankfurt/Main 1973, S. 134)

232 Diese Betonung der Unwillkürlichkeit des schöpferischen Prozesses deckt sich übrigens vollkommen mit den Kunsttheorien Martin Heideggers und C. G. Jungs. So schreibt etwa Heidegger im 6. Leitsatz seines Aufsatzes „Der Ursprung des Kunstwerkes" (1935): „Alle Kunst ist als Geschehenlassen der Ankunft der Wahrheit des Seienden als eines solchen im Wesen Dichtung" (zit. nach: „Holzwege". Frankfurt/Main 1950, S. 59). Und Jung bemerkt: „Der schöpferische Prozess, soweit wir ihn überhaupt zu verfolgen vermögen, besteht in einer unbewussten Belebung des Archetypus und in einer Entwicklung und Ausgestaltung desselben bis zum vollendeten Werk." (Ges. Werke, Bd. 15, S. 75 ff.).

233 Vgl. Anm. 13 in diesem Kapitel. Auf den hier behaupteten Zusammenhang von Jung und Platon hat Hesse immer wieder hingewiesen und – obgleich Jung sich als strengen Empiriker verstand – die jungsche Lehre als „den platonischen Zweig der freudschen" bezeichnet (hier zit. nach: H. H. Sein Leben in Bildern und Texten. Herausgegeben von Volker Michels. Frankfurt/Main 1979, S. 163).

234 Eine vergleichbare Flucht aus einer unerlösten Künstlerexistenz in ein an Ende gleichermaßen unerlöstes Leben mag man im Schicksal des französischen Dichters Arthur Rimbaud (1854— 1891) sehen – wenngleich nicht in einem Kreislaufmodell wie bei Goldmund, sondern in einer tragischen Einbahnstraße, die mit einem frühen Tod endete.

235 Diese Steigerung des Tötungsmotivs von Notwehr zum mutwilligen Mord übersieht Stolte, wenn er schreibt; „Zweimal muss Goldmund in Notwehr einen Menschen erschlagen" (a. a. O., S. 218).

236 Eike Middell hat diese Szene als kitschig empfunden (a. a. O., S. 200 ff.) – ohne dies allerdings überzeugend begründen zu können.

237 Stoltes Interpretation, dass „[...] der die Menschen durchschauende und regierende Denker Narziss auch ihn – in einer Art zweiter psychotherapeutischer Behandlung – aus dem Unrastigen, Zigeunerhaften seiner lebenslangen Gewohnheiten zur stetigen, sesshaften Gelassenheit zu sänftigen weiß" (a. a. O., S. 223) ist unzutreffend. Stolte scheint das Ende des Romans gar nicht gelesen zu haben.

238 Zitat Jung: „Die im Individuationsprozeß zum Ich-Bewußtsein hinzutretende Seele hat also beim Manne das weibliche Vorzeichen, bei der Frau das männliche. Seine Anima sucht zu einigen und zu vereinen, ihr Animus will unterscheiden und erkennen." (Ges. Werke, Bd. 16, S. 323)

239 Zitat Jung: „Es erscheint mir wahrscheinlich, daß das eigentliche Wesen des Archetypus bewußtseinsunfähig, d. h. transzendent ist, weshalb ich es als psychoid bezeichne." (Zitiert nach seiner Autobiografie: „Erinnerungen, Träume, Gedanken",

a.a. O., S. 410, Glossar). – Diese tiefenpsychologische Erklärung erscheint plausibler als Böttgers Deutung, Goldmund könne die Urmutter deshalb nicht gestalten, weil „nach dem Kanon der traditionellen bürgerlichen Ästhetik das Unendliche nicht dargestellt werden kann" (a. a. O., S. 364).

240 Dies scheint in der Sekundärliteratur einzig von Lüthi mit der gebührenden Deutlichkeit erkannt worden zu sein. Zitat: „Jetzt bejaht Hesse das Dasein mit der ihm innewohnenden Polarität, die nicht mehr feindlicher Dualismus ist, sondern Harmonie von einander zugeordneten Kräften" (a. a. O., S. 90). Lüthi versäumt allerdings den Hinweis, dass mit dieser neuen Bejahung des Polaritätsdenkens zugleich eine Relativierung des absoluten Verselbstungsideals verbunden ist.

241 Vgl. dazu Jungs Aufsatz: „Christus, ein Symbol des Selbst" (Ges. Werke, Bd. 9/2, S. 46ff.). Mileck hat zurecht auf die sich daraus ergebende Verwandtschaft zwischen Narziss und Demian hingewiesen: „in seinem Wesen, seiner Funktion und in der Art seiner Beziehung zu Goldmund ist er deutlich ein Rückgriff auf Demian." (a. a. O., S. 198). Dabei übersieht Mileck freilich zwei wichtige Unterschiede: Erstens ist Demian im Unterschied zu Narziss ein vollgültiges Symbol des Selbst (er repräsentiert nicht nur geistige Ganzheit, sondern auch eine integrierte Anima) und zweitens unterscheidet sich die Beziehung zwischen Demian und Sinclair insofern von der zwischen Narziss und Goldmund, als in letzterer sich am Ende die Fronten umkehren: Der frühere Führer Narziss wird selbst zum Geführten.

242 In diesem Zusammenhang muss Freedmans Deutung: „Nach C. G. Jung kann man die beiden Freunde als Anima und Animus in ein und derselben, übergeordneten Persönlichkeit begreifen [...]" (a. a. O., S. 410) zurückgewiesen werden. Nach der Psychologie Jungs sind die beiden Archetypen Animus und Anima nicht Elemente einer einzigen Persönlichkeit, sondern geschlechtsspezifische Aspekte des kollektiven Unbewussten beim Mann oder bei der Frau.

243 Auf die ungelöste Individuationsproblematik des Narziss hat auch Rudolf Alexander Schröder in seiner Festschrift zu Hesses 75. Geburtstag hingewiesen: „Wohl stirbt Goldmund mit dem Kuß der Rechtfertigung auf der Stirn, Narziss aber muss die bittere Last seiner Berufung weiter tragen." (Zit. nach: „Über H. H., Bd. 1, 1904-1962. Hrsg, von Volker Michels. Frankfurt/Main 1976, S. 255).

244 Zitiert nach MatGlas., Bd. 1, S. 171.

245 Ebenda, S. 170.

246 Fundamentale Zweifel hatte bereits der junge Günter Eich in einer zeitgenössischen Rezension angemerkt. In seiner Zeitschrift „Die Kolonne" (1932) schrieb er, das Werk sei im Ansatz verfehlt, „[...] denn der Stoff ist seinem Wesen nach jeglicher künstlerischer Darstellung entzogen" (zit. nach: H. H. Ges. Briefe, Bd. 2, S. 507). Stolte (a. a. O., S. 227) vertritt die unhaltbare Meinung, die Morgenlandfahrt sei eine der

schwächsten Arbeiten des Dichters, denn das Allegorische sei ein illegitimes Kunstmittel (sic! Also ist Faust II das schwächste Werk Goethes?). – Auf der anderen Seite stehen eine ganze Reihe positiver Würdigungen durch prominente Schriftstellerpersönlichkeiten. André Gide besorgte 1948 eine französische Übersetzung des Werkes und versah diese mit einem einleitenden Essay (vgl. H. H. Sein Leben in Bildern und Texten, a. a. O., S. 246). Luise Rinser schrieb 1976 eine ausführliche und bejahende Interpretation (enthalten in: „Über H. H., Bd. 2, S. 299ff.). Und Hermann Lenz ist gar der Ansicht, „Die Morgenlandfahrt" sei „[...] das Buch Hermann Hesses, das die weitesten Räume öffnet" (ebd., S. 273). – Aus dem Bereich der Forschung haben u. a. Eike Middell mit ihrem Hinweis auf die „meisterhaft beherrschte Kunst des Symbols" (ebd., S. 220) und Ralph Freedman mit seinem Urteil über „Die Morgenlandfahrt" als „eines der konstruktivsten Werke, die Hesse je geschrieben hat" (ebd., S. 424) positive Würdigungen abgegeben.

247   Lobenswerte Ausnahmen von dieser Regel bilden nur die verdienstvolle Dissertation von Siegfried Wrase (Erläuterungen zu H. H. Morgenlandfahrt. Tübingen 1959) und der bereits erwähnte Essay von Luise Rinser (s. o.).

248   Vgl. etwa folgende Äußerung aus dem Aufsatz „Mein Glaube" (1931): „In meinem religiösen Leben spielt [...] das Christentum zwar nicht die einzige, aber doch eine beherrschende Rolle, mehr ein mystisches Christentum als ein kirchliches, und es lebt nicht ohne Konflikte, aber doch ohne Krieg neben einer mehr indisch-asiatisch gefärbten Gläubigkeit, deren einziges Dogma der Gedanke der Einheit ist. (WA 10/73)

249   Vgl. den Ewigkeitsaspekt des Selbst bei Jung (Kap. 2, Anm. 58).

250   Die daraus resultierende Kritik und Relativierung der gesamten Kantschen Erkenntnistheorie durch die jungsche Psychologie scheint von den jeweiligen Fachwissenschaften noch keineswegs erkannt worden zu sein. Jungs Tiefenpsychologie relativiert aber nicht nur Kants Kategorienlehre, sondern auch seine Metaphysik-Kritik. Jungs Lehre kann u. a. als eine psychologische Rehabilitierung des Metaphysischen betrachtet werden (das Metaphysische als Projektionsraum des Unbewussten).

251   Zur Bedeutung der Namen vgl. die grundlegende Dissertation von Siegfried Wrase (s. o.), sowie die brauchbare Zusammenfassung von Wrases Erkenntnissen bei Mileck, a. a. O., S. 226ff.

252   Zitat Jung: „ [...] die transzendente Idee des Selbst ist, wie die verwandte Atman oder Tao-Idee des Ostens, wenigstens zum Teil ein Produkt der Erkenntnis [...] dass das Unbewusste unter gewissen Umständen spontan ein archetypisches Symbol der Ganzheit hervorbringt." (Ges. Werke, Bd. 92, S. 78)

253   Nach den Angaben von Miguel Serrano verstand Hesse Kundalini als Synonym für „Wissen" – und zwar für jene Stufe des Wissens, die durch intensives Yoga erreicht werden kann. Für C. G. Jung ist (nach Serrano) Kundalini ein Symbol für jenen

emotionalen Strom, der die psychische Gegensatzvereinigung im Selbst bewirkt: „Kundalini, die Feuerschlange, die sich am Ansatz der Wirbelsäule befindet, ist ein emotionaler Strom, der dem Rückgrat entlang gleitet und das Unten mit dem Oben verbindet und umgekehrt." (Zit. nach Serrano. Meine Begegnungen mit C. G. Jung und Hermann Hesse in visionärer Schau. Zürich und Stuttgart 1968, S. 43 und 74).

254    Vgl. dazu Jungs Äußerungen zur Psychologie des Dichters: „Es gibt selten einen schöpferischen Menschen, der den göttlichen Funken des großen Könnens nicht teuer bezahlen muss. Es ist, wie wenn jeder mit einem gewissen beschränkten Kapital an Lebensenergie geboren würde. Das Stärkste in ihm, eben sein Schöpferisches, wird das meiste an Energie an sich reißen, wenn er wirklich ein Künstler ist, und für den Rest bleibt dann zu wenig übrig, als dass noch irgend ein besonderer Wert sich daraus entwickeln könnte. Im Gegenteil wird das Menschliche oft dermaßen entblutet, dass es nur noch auf einem primitiven oder sonstwie erniedrigten Niveau leben kann" (Ges. Werke, Bd. 15, S. 117). Jung erklärt die Psychologie des Dichters also genau anders herum als Freud und seine Schule: Wenn für die „psychoanalytische Literaturwissenschaft" die Produktivität des Dichters eine Folge seiner menschlichen Insuffizienz ist, so sieht Jung dies gerade umgekehrt.

255    Diesen Zusammenhang zwischen dem Bundesgedanken der „Morgenlandfahrt" und dem Mythos der „Unsterblichen" im „Steppenwolf" hat Hesse explizit hervorgehoben. In einem Brief an Alfred Kubin vom März 1932 schrieb der Dichter: „Das Buch (die Morgenlandfahrt, Anm. d. Ref.) stößt auf mehr Verständnis, als ich erwartet hatte, wahrscheinlich nicht, weil die Menschen mit ihm mehr einverstanden wären als sie es sonst mit mir sind, sondern weil dieses Buch scheinbar harmlos und freundlich bleibt und gar nichts Aggressives hat. Vor einigen Jahren sagte ich im 'Steppenwolf' dasselbe (statt des Bundes etc. waren es dort die Unsterblichen und Mozart), und das Buch wurde ein Erfolg und eine Sensation, für eine Saison, und dabei blieb es, seine Anklagen und Mahnungen wurden von keinem einzigen Menschen ernst genommen" (Ges. Briefe, Bd. 2, S. 330).

256    Dies scheint in der Sekundärliteratur bislang nur von Lüthi (a. a. O., S. 103ff.) und von Mileck (A. a. O., S. 215) erkannt worden zu sein. Freedman (a. a. O., S. 432) sieht die Erzählung dagegen weniger als psychologische denn als thematische Summe der Nachkriegsjahre an – was aber im Endeffekt auf dasselbe hinausläuft. Hsias (a. a. O., S. 262) These von der „Morgenlandfahrt" als Rekapitulation von Hesses gesamtem Leben übersieht die oben genannte Zeitangabe.

257    Vgl. Hesses Brief an Heinrich Wiegand vom April 1932: „Schon damals, vor und in Morbio, war Leo nur für die Ahnungslosen der harmlose Diener, und obwohl sie ihn bloß für einen netten Diener hielten, trauten sie ihm doch zu, dass er den heiligen Bundesbrief solle bei sich getragen haben. Nein, Leo war immer derselbe, soweit er

Gestalt und Symbol ist, er war der Dienende, dessen Dienen heilig ist und Herrschen bedeutet." (Zit. nach: Ges. Briefe, Bd. 2, S. 333).

258  Vgl. dazu Hesses frühe Studie über Franz von Assisi (1904). Auf die denkbare Verbindung zwischen Leo und dem Beichtvater des Heiligen Franz hat auch Luise Rinser verwiesen (vgl. „über H. H.", Bd. 2, S. 312).

259  Zitat Jung: „Einheit ist eine typische Erfahrung bei allen Formen von Mystik und kommt wahrscheinlich von der allgemeinen Kontamination der Inhalte, die sich verstärkt mit der Abschwächung der Bewusstheit (abaissement du niveau mental) [...]. Im Gegensatz zu der klaren Unterscheidung und Differenzierung der Formen im Bewusstsein sind die unbewussten Inhalte äußerst unbestimmt und vermischen sich daher leicht [...]. Es ist daher nicht unwahrscheinlich, dass die eigenartige Empfindung von Einheit von dem unterschwelligen Wissen um den All-Zusammenhang im Unbewussten herrührt." (Ges. Werke, Bd. 11, S. 528/529)

260  Vgl. dazu die Ausführungen der Jung-Schülerin Aniela Jaffé: „Ohne das ausgleichende, begrenzende Gegengewicht des Irdischen und des Bewusstseins kehrt aber das Unbewusste unerbittlich seine andere, dunkle Seite hervor: auf den Reichtum des schöpferischen Klangs als ‚Harmonie der Sphären' oder der wundersamen Geheimnisse des Urgrunds folgen Verzweiflung und Destruktion." (Zit. nach „Bildende Kunst als Symbol", in: „Der Mensch und seine Symbole", a. a. O., S. 266).

261  Vgl. dazu Schillers „Briefe über die ästhetische Erziehung des Menschen", wo das Spiel als conditio sine qua non von menschlicher Freiheit erscheint.

262  Inwiefern dieses Verhältnis zum Unbewussten dem Telos des jungschen Individuationsweges entspricht, wurde bereits erläutert (vgl. Anm. 79).

263  Nach C. G. Jung hat ein berühmter ZEN-Meister das Wesen der Erleuchtung mit genau denselben Worten beschrieben: „Der Boden eines Kruges ist durchgebrochen" (hier zitiert nach: Geleitwort zu Daisetz T. Suzuki. Die große Befreiung. Einführung in den Zen-Buddhismus. Bern 1976, S. 16, Anm. 15).

264  Adrian Hsias Meinung, das „Magische Theater" symbolisiere die „Psyche" Hesses, während das Bundesarchiv für sein „Herz" stehe, halte ich deshalb nicht für plausibel, weil identische Inhalte nachweisbar sind (vgl. „H. H. und China", a. a. O., S. 271ff.). Auch Lüthi mit seiner Interpretation vom Bundesarchiv als Symbol für Hesses Entdeckung eines neuen „Geistreichs" (S. 105), übersieht die Parallelität mit der Schlusssequenz des „Steppenwolfs". – Vgl. dazu auch Hesses Aussagen über die identische gedankliche Essenz im „Steppenwolf" und in der „Morgenlandfahrt" (Anm. 255).

265  Vgl. entsprechende Äußerungen im „Kurgast" und in „Die Nürnberger Reise".

266  Ammon oder Hammon ist laut Stowasser ein „libyisch-ägyptischer Orakelgott" (vgl. „Der kleine Stowasser. Lateinisch-deutsches Schulwörterbuch. Bearbeitet von Dr. Michael Petschenig. München 1964, S. 238). Das Bild von Leo als Sprachrohr Gottes

bedeutet eine sinnfällige Demonstration von Jungs These über den Zusammenhang von Selbst-Erfahrung und „imago dei".

267    Diese tiefenpsychologische Funktion der Anima bringt auch die berühmte Schluss-sequenz in Goethes Faust zum Ausdruck: „Das Ewig-Weibliche zieht uns hinan."

268    Genau diese drei Initiationsschritte erfährt auch Wolfram von Eschenbachs Parzival während seines Aufenthaltes bei dem „Alten Weisen" Trevrizent: Der vermeintlich von seinem Gott verlassene Gralsucher wird von T. zunächst auf seine persönliche Verantwortung für den Gottesverlust hingewiesen. Es folgt ein umfassendes Sünden- und Schuldbekenntnis Parzivals. Danach erfährt er zu seinem maßlosen Erstaunen, dass Trevrizent seine bewussten Verfehlungen als weniger gravierend ansieht als einige ihm bislang völlig unbekannte. Diese Aufklärung und Trevrizents essenziell paulini-sche Erlösungspsychologie (Erbsünden- und Gnadenlehre) bewirken in Parzival jene neue Haltung der Demut und des Gottvertrauens, die sich schließlich im Kampf mit seinem Halbbruder Feirefiz bewährt und ihm den „Gral" – den Durchbruch zum Selbst – schenkt.

269    Nach der Psychologie C. G. Jungs gehören der Stein, der Kreis und die Vierzahl zu den häufigsten Dingsymbolen des Selbst (vgl. den Aufsatz „Das Selbst" von Marie-Louise von Franz in „Der Mensch und seine Symbole", a. a. O., S. 209 ff.).

270    Vgl. dazu etwa die Bewährungskämpfe im höfischen Roman des Mittelalters (etwa in Hartmann von Aues Artusromanen „Erec" und „Iwein").

271    In der Sekundärliteratur ist dieser Schluss unterschiedlich bewertet worden. Bött-ger deutet das Schlussbild auf wenig einleuchtende Weise als Symbol für H. H. ́s Entwicklung „zum unvergänglichen Künstlertum" (a. a. O., S. 391 ff.) und kritisiert die angebliche Gesellschaftsfeindlichkeit dieses Entwurfs. Er übersieht dabei, dass gerade dieses Werk den Durchbruch zum Sozialen bringt. Middell dagegen anerkennt durchaus die von Leo verkörperte Einheit von „Persönlichkeit und Ideal" (a. a. O., S. 220) als Voraussetzung des schöpferischen Menschen. Luise Rinser deutet das Ende als „Selbstfindung einer geistig angelegten Persönlichkeit" (in: Über H. H., Bd. 2, S. 303). Ihre jungsche Deutung von Fatme und Leo als Anima und Animus des Erzählers beruht allerdings auf einem doppelten Irrtum: Erstens sind Anima und Animus nach Jung geschlechtsspezifische Archetypen und außerdem ist Leo völlig eindeutig ein Symbol des Selbst.

272    So begreift etwa Lüthi das Werk als Dokument einer definitiven Abkehr von der Ma-gie und als Beginn einer neuen Bindung an das „Reich des Geistes" (a. a. O., S. 105). Unsere Analyse des „Glasperlenspiels" wird jedoch zeigen, dass das magische Element aus Hesses Denken keineswegs verschwindet, sondern nur ergänzt und relativiert wird durch den Sozialgedanken. Darauf verweist auch Mileck, wenn er die „Morgenland-fahrt" einordnet als Werk des Übergangs von einer psychologischen auf eine sittliche

Erzählweise (a. a. O., S. 231). Freedman sieht die gesamte Erzählung als „Weg nach Innen", auf dem der Erzähler Leo wiederfinden muss, um „ein Ganzes zu werden" (a. a. O., S. 426).

273 Siehe etwa Lüthis These von Hesses Durchbruch in ein „Reich des Geistes", bzw. Milecks Diktum über die Entwicklung vom Psychologischen zum Sittlichen in Hesses Spätwerk (vgl. Anm. 272).

274 Diese hier vernachlässigten Aspekte wurden genauer ausgeleuchtet in meinem Aufsatz „Das Glasperlenspiel als Hagiographie und Geistessynthese", abgedruckt in: „4. Internationales Hermann-Hesse-Kolloquium". Herausgegeben von Friedrich Bran und Martin Pfeifer. Bad Liebenzell 1987, S. 64-72.

275 Die bisherige Forschung beschränkt sich weitgehend mit werkimmanenten Beschreibungen der Persönlichkeit des Musikmeisters: Faesi bezeichnet ihn als „Personifikation der Musik" (MatGlas. 2, S. 49), Carlsson als „kastalischen Heiligen" (ebd., S. 49). Darüber hinaus hat Unseld darauf hingewiesen, dass sich in der Namenlosigkeit des Musikmeisters ein Indiz für den überpersönlichen Charakter seines Wesens verbirgt (ebd., S. 115).

276 Auf die innere Verwandtschaft zwischen dem alten Musikmeister und Leo bzw. Vasudeva hat auch Hsia aufmerksam gemacht (vgl. „H. H. und China", a. a. O., S. 296).

277 Mileck hat zurecht darauf verwiesen, dass der Musikmeister damit zum Prototyp für das meditative Verselbstungsideal des Ordens wird (vgl. H. H., Dichter, Sucher, Bekenner, a. a. O., S. 295).

278 Die nämliche Psychologie steckt übrigens hinter Heideggers berühmtem Diktum: „Der Denker ist abhängig vom Ruf des Seins." Eine jungsche Interpretation von Heideggers Ontologie könnte ergeben, dass er in seinen Begriff des „Seins" einige Eigenschaften hineinprojiziert, die Jung als Merkmale des Selbst beschrieben hat (Integration des Bösen, Immoralität, Ausdruck durch die großen Dichter und Denker) und dass in Heideggers unkritischer Apotheose des Ganzheitsaspektes des Seins (des Selbst) unter Ablehnung jeder ethischen Setzung die wichtigste denkerische Ursache für alles Fragwürdige in seinem Leben und Werk zu sehen ist (vgl. dazu die Schrift „Über den Humanismus, Frankfurt/Main 1949).

279 Diese drei Hauptaspekte des Spieles sind in der mir bekanntgewordenen Sekundärliteratur niemals systematisch dargestellt worden. Die oft beklagte „Mystifizierung"des „Glasperlenspiels" durch den Dichter (vgl. Lenz, MatGlas. 2, S. 65), Schirmbeck (ebd., S. 87 und 96), Ziolkowski (ebd., S. 208) gilt bestenfalls für die jeweilige Konkretion des Spieles, nicht jedoch für dessen allgemeine Regeln und Dimensionen.

280 Vgl. dazu Werner von Heisenbergs „Weltformel" und Carl Friedrich von Weizsäckers Werk über „Die Einheit der Natur" als Anläufe zu einer synoptischen Interpretation

des Seins aus naturwissenschaftlicher Sicht. – Im Bereich der Geisteswissenschaften öffnet sicherlich das Werk C. G. Jungs die weitesten Horizonte.

281    Dieser geistessynthetische Aspekt des Spieles wurde von den meisten Kritikern erkannt und hervorgehoben, vgl. u. a. Cube (MatGlas. 2, S. 75), Schirmbeck (ebd., S. 88) und Ziolkowski (ebd., S. 208).

282    Einem von Knechts großen Glasperlenspielen liegt das Muster des chinesischen Hausbaus zugrunde (vgl. S. 265ff.). Hsia hat das Wesen dieser Bauweise in einem Aufsatz erläutert: Orientierung nach den Gestirnen, Umrundung durch eine viereckige Mauer, das Zimmer des Familienoberhauptes im Zentrum (vgl. MatGlas. 2, S. 201). Damit aber wird das chinesische Haus in seinen kosmischen Bezügen, sowie in seinem Vierzahls- und Kernaspekt zu einem archetypischen Symbol des Selbst.

283    Dieser Aspekt des Spieles scheint in der bisherigen Forschung nur von Ehrhart erkannt worden zu sein, wenn er schreibt: „Allerdings siedelt dieses Buch bereits in einem Bezirke, der von den Wissenschaften soeben erst betreten wird: in der Erkenntnis von der Ganzheit alles Seienden" (MatGlas. 2, S. 121ff.).

284    Dieser religionspsychologische Aspekt des „Glasperlenspiels" scheint von der bisherigen Forschung noch weitgehend unbemerkt geblieben zu sein. Hsia hebt lediglich hervor, dass der Meditationsgedanke dem Roman eine „Wendung zum Religiösen" hin verleiht (MatGlas. 2, S. 199). Hermann Lenz versteht das Werk immerhin als „Kompendium unseres brennenden Begehrens nach neuer Gläubigkeit" (ebd., S. 67). Sowohl Lüthi. der den Spielgedanken als „uralten abendländischen Traum" (a. a. O., S. 114) ansieht, als auch E. R. Curtius mit seiner These, der östliche Anteil am „Glasperlenspiel" sei „nicht Kernsubstanz, sondern dekorativer Hintergrund" (MatGlas. 2, S. 70) unterschätzen das östliche Element in Hesses synkretistischem Entwurf gewaltig (der spezifisch östliche Meditationsgedanke ist für Knecht das Wichtigste am Glasperlenspiel!).

285    Diese Identität des meditativen Telos im „Glasperlenspiel" mit der Erfahrung des Selbst im jungschen Sinn scheint bislang nur Karl Schmid erkannt zu haben, wenn er schreibt: „C. G. Jung hat die Identität von alchemistischer Praxis und Selbst-Intention nachgewiesen [...] Dieser Selbstwerdung dient die Übung des Glasperlenspiels" (MatGlas. 2, S. 132).

286    Diesen Alleinheitsgedanken hat Hans Mayer in den Mittelpunkt seines Essay über „Das Glasperlenspiel" gestellt: „Da alles mit allem zusammenhängt, eine ungeheure Harmonie der Welt in Keplers Sinne vorausgesetzt wird, lässt sich, durch Kombination und Assoziation, diese Harmonie von jedem Punkte aus immer wieder darstellen. Alles ist Mikrokosmos und als Grundlage eines Spiels geeignet." (MatGlas. 2, S. 160)

287 Der Zusammenhang zwischen dem „Glasperlenspiel" und dem „Magischen Theater" im „Steppenwolf" wird in der Einleitung des Romans vom Dichter explizit hervorgehoben (vgl. 9/37).

288 Darauf verweisen auch Carlsson („Der rote Faden der Knechtbiografie ist der Zuwachs an Problematik", MatGlas. 2, S. 50) und Mileck („Knecht ist [...] von Anfang an ein Außenseiter und potenzieller Fahnenflüchtiger", a. a. O., S. 291).

289 Darauf verweist Jung., wenn er den Individuationsprozess als „Einswerden mit sich selbst und zugleich mit der Menschheit, die man ja auch ist" definiert (hier zitiert nach: C. G. Jung. In Selbstzeugnissen und Bilddokumenten. Dargestellt von Gerhard Wehr. Hamburg 1965).

290 Vgl. dazu Hofmannsthals Selbstinterpretation seines Individuationsmythos „Die Frau ohne Schatten". Der hier angeführte Ausspruch wurde zitiert nach: Hugo von Hofmannsthal in Selbstzeugnissen und Bilddokumenten. Von Werner Volke. Hamburg 1967, S. 112.

291 Aufgrund dieser symbolischen Funktion ist Designori immer wieder mit Goldmund verglichen worden (etwa von Mileck. a. a. O., S. 284; Hermann Lenz. MatGlas. 2, S. 66 und Schmid, ebd., S. 129). Dieser Vergleich stimmt freilich nur bedingt: Zwar verkörpern beide das Eros- und Weltprinzip, aber mit dem entscheidenden Unterschied, dass Goldmund in der Kunst eine zumindest zeitweilige Synthese von Geist und Welt (Eros) gelingt, während Designori an der Unvereinbarkeit der beiden Prinzipien in seinem Leben zerbricht. Es wird noch ausführlich zu begründen sein, weshalb Josef Knecht weitaus näher bei Goldmund steht als Plinio Designori.

292 Nach Mileck (MatGlas. 2, S. 174) ist der „Ältere Bruder" als ein Selbstporträt des alten H. Hesse zu verstehen. Diese Deutung ist mit großer Vorsicht aufzufassen: Josef Knechts Distanzierung von seinem Lebensstil verdeutlicht, dass der Dichter der Gestalt des chinesischen Eremiten keineswegs kritiklos gegenüberstand. Er trägt bestimmte Züge des Dichters – wie alle anderen Romangestalten auch.

293 E. R. Curtius hat darüber hinaus darauf verwiesen, dass es sich bei Goldmunds Erwecktwerden durch Narziss um das nämliche psychologische Phänomen handelt (vgl. MatGlas. 2, S. 72). Zum Problem des „Erwachens" als Strukturprinzip des „Siddhartha" vgl. Lüthi, a. a. O., S. 37 ff.

294 Hermann Hesse hat bei verschiedenen Gelegenheiten darauf hingewiesen, dass die Gestalt des Pater Jakobus als eine Huldigung an den von ihm verehrten Historiker Jakob Burckhardt zu verstehen ist, vgl. die Briefe an R. Faesi vom 1. 11. 1943 (MatGlas. 1, S. 233), an L. Renner vom 17. 2. 1944 (ebd., S. 115) und an S. Unseld aus dem Jahr 1949 (ebd., S. 285). – Schon allein von daher ist Hans Mayers Urteil über diese Gestalt zurückzuweisen: „Der Pater Jakobus ist natürlich kein Porträt des Verfassers einer Griechischen Kulturgeschichte oder weltgeschichtlicher Betrach-

tungen, seine Bemerkungen zur Geschichte decken sich im Roman in den meisten Fällen gar nicht einmal mit den bekannten Thesen Jacob Burckhardts." (MatGlas. 2, S. 164). – Im Gegensatz dazu ist festzuhalten, dass Jakobus sowohl in seinem Äußeren („Sperberkopf" und „römisches Profil"!) als auch in seinem universalistischen Wissenschaftsbegriff, seinen Aversionen gegen die Geschichtsphilosophie, seiner religiösen Anthropologie, seinem Krisenbewusstsein und namentlich in seinen Thesen zur Interdependenz von Staat, Kultur und Religion mit Jakob Burckhardt übereinstimmt und so durchaus von einem literarischen Porträtierungsversuch gesprochen werden kann.

295 Auf diese Ablösefunktion verweist auch Mileck, wenn er schreibt: „Der Musikmeister war sein Vorbild für die Selbstverwirklichung innerhalb des Ordens gewesen, für die Selbstverwirklichung in der Welt draußen wird Pater Jakobus sein Vorbild." (Zit. nach: „H. H. Dichter, Sucher, Bekenner", a. a. O., S. 295)

296 Lüthi hat darauf hingewiesen, dass Knechts Auseinandersetzung mit der Weltgeschichte im nämlichen Alter einsetzt wie bei Hesse die Konfrontation mit dem Ersten Weltkrieg - mit 37 Jahren. Vgl. H. H. „Natur und Geist". A.a.O., S. 127.

297 Stolte spricht von einer " [...] Vereinseitigung und Ausdörrung seines innersten Wesens" (a. a. O., S. 250).

298 Sinngemäß übereinstimmend mit der hier vorgenommenen Deutung interpretiert Rychner Knechts Abschiedsmotivation als „Drang zum Ganzen" (MatGlas. 2, S. 33), sieht Mileck die „Leidenschaft nach vollkommener Selbstverwirklichung" (a. a. O., S. 297) und hält Korn fest: „Knechts Flucht aus der Provinz bleibt ein individuelles Anliegen und wird hinreichend aus der Psychologie des Glasperlenspielmeisters erklärt" (MatGlas. 2, S. 95). – Fragwürdig bleiben Curtius' pathetisches Diktum von Knechts Abschied als „ [...] heldische Ausfahrt des nordischen Menschen, den östliche Versenkung nicht festhält" – Ausfluss eines offenbar generell anti-asiatischen Ressentiments dieses bedeutenden Gelehrten – sowie Ziolkowskis unbewiesene Behauptung, Knechts Abschied sei das „Dokument einer starken persönlichen Krise" beim Dichter wie bei seinem Protagonisten (vgl. MatGlas. 2, S. 209). – Objektiv unhaltbar sind schließlich die Auffassungen Kaisers und Sterns, die bei Knechts Aufbruch eine „Lust nach direktem Existenz-Risiko" bzw. den „unkritischen Wunsch nach dem Erlebnis auf wahllose Erfahrungen" am Werk sehen (vgl. MatGlas. 2, S. 220 bzw. „Text und Kritik". H. H. 2, München 1983, S. 113).

299 Vgl. Lüthi: „So schön und hold die Vision des schmerzlosen Seins im reinen Geiste ist, der wirkliche Mensch und seine Stellung im Ganzen der Welt sind anders." (a. a. O., S. 134)

300 Entsprechend Faesi: „Denn der Seele tut es bald mehr not, sich der Welt zu, bald sich von ihr abzukehren, chinesisch gesprochen muss sie abwechselnd im Yang und im

Ying, mit Goethes Symbolen ausgedrückt in der Diastole oder Systole leben (Mat-Glas. 2, S. 20).

301 Schneider überschätzt die religiösen Implikationen dieser Szene, wenn er darin eine „betont christlich-religiöse Note" angeschlagen sieht (MatGlas. 2, S. 278). Knechts Singen ist ganz schlicht ein Ausdruck seiner wiedergewonnenen Lebensfreude und psychischen Ganzheit.

302 Nietzsches Begriffspaar bietet übrigens ein gutes Unterscheidungskriterium für die beiden großen Alterswerke Hermann Hesses und Thomas Manns: Mann beschreibt in seinem „Doktor Faustus" die Vorgeschichte des faschistischen Ungeistes und findet sie im Dionysischen; Hesse dagegen sucht nach einer Alternative und findet sie im Apollinischen. Dies wurde von Thomas Mann durchaus erkannt. Seine Widmung des Dr. Faustus an Hesse unterschrieb er mit den Worten: „Das Glasperlenspiel mit schwarzen Perlen" (zit. nach Unseld, Werk und Wirkungsgeschichte, S. 215).

303 Thomas Mann empfand diesen Aspekt von Titos Tanz als „zart homoerotisch" (vgl. „Die Entstehung des Dr. Faustus". Notiz vom März 1944. Hier zitiert nach MatGlas. 2, S. 243). Meines Erachtens überwiegen aber die geistig-religiösen Bezüge.

304 Georg Ehrhardt hat bereits 1955 auf 10 Literaturgeschichten und 3 repräsentative Abhandlungen hingewiesen, in denen Knechts Tod durchweg als sinnlos bezeichnet wird (vgl. MatGlas. 2, S. 122). Reso Karalaschwili erwähnt vier weitere Untersuchungen mit der gleichen Tendenz (ebd., S. 220ff.). Daneben gibt es auch eine ganze Reihe von Analysen, die Knechts Tod eine positive Bedeutung beimessen. Beide Deutungsweisen sollen in Auszügen hier dargestellt und diskutiert werden.

305 Diese ethisch-pädagogische Motivation für Knechts Teilnahme an dem Wettschwimmen verkennt auf eine geradezu groteske Weise Edith Braemer, wenn sie schreibt: „Auf wie (!) schwankenden Füßen steht eine geistige Überlegenheit, die sich im sportlichen Wettkampf beweisen muss!" (Vgl. „Kastalien als pädagogische Provinz". In: „Die neue Schule", 1948, N3, S. 252). In gleicher Weise unhaltbar ist Tamara Motyliowas These von Knechts Tod als Zufall und Versagen: „Dieser zufällige und eigentlich sinnlose Tod bedeutet ein Versagen Josefs schon bei seiner ersten Begegnung mit der Welt der Handlung, der Praxis." (Zit. nach Karalaschwili, MatGlas. 2, S. 221).

306 Auf die hagiografischen Züge von Knechts Lebenslauf hat übrigens H. Hesse in der Betrachtung „Notizblätter um Ostern" aus dem Jahre 1954 selbst hingewiesen. Zitat: „In Knecht würde ich [...] einen Bruder der Heiligen sehen." (WA 10, 384). Vgl. dazu auch meinen Aufsatz: „Das Glasperlenspiel als Hagiographie und Geistessynthese", Bad Liebenzell 1987.

307 Diesen Aspekt von Knechts Tod hebt auch Karalaschwili hervor, wenn er ihn als „höchsten Ausdruck der Idee des Dienens" begreift (MatGlas. 2, S. 230). Carlsson

hat darüber hinaus darauf verwiesen, dass Knecht durch seinen Tod von der Lehre des Vorbildlichen zur Inkarnation des Vorbildlichen vorwärtsschreitet.

308    Darauf verweist auch das Wasser als jungsches Symbol der Wiedergeburt (s. Klein und Wagner!). – Vgl. dazu auch die werkimmanente Herausarbeitung des Wiederge-burtsmotivs in dem Aufsatz von Karalaschwili. MatGlas. 2, S. 225ff. Mileck hat den Gletschersee zurecht mit einem Taufbecken verglichen (a. a. O., S. 304).

309    Faesi spricht von „Unterwegsbleiben" als „der Weisheit letzter Schluss" (MatGlas. 2, S. 19), Schirmbeck von der „ewigen Unfertigkeit" (ebd., S. 90) und Lüthi resümiert: „Menschsein heißt immer Unterwegssein" (a. a. O., S. 145).

310    Diese Deutung wird durch eine Selbstinterpretation des Dichters untermauert. Bruno Hesse berichtet über ein Gespräch mit seinem Vater: „Es stellte sich die Frage, was das Wichtigste sei: Kastalien mit dem Orden, das Glasperlenspiel, oder die Persönlichkeit Josef Knechts. Vater erklärte mir: Josef Knecht kam als Knabe nach Kastalien, was aus ihm geworden ist, hat er Kastalien zu verdanken. Wenn er zuletzt über Kastalien hin-auswächst, so bleibt Kastalien deswegen gleichwohl bestehen und behält seinen Wert [...] Das Höchste ist nicht die Persönlichkeit, über ihr steht das Überpersönliche. Aber die höchste Gemeinschaft, Orden, Kastalien, ist auch nichts ohne bedeutende Persönlichkeiten. Beides zusammen erst gibt ein Ganzes." (Aus: Bruno Hesse, „Vater im Gespräch", Notiz vom 25. 10. 1952, zit. nach MatGlas. 2, S. 289).

311    Gerade diese literaturgeschichtliche Synopsis scheint von der bisherigen Forschung noch nicht mit der gebotenen Deutlichkeit erkannt worden zu sein. Carlsson (Mat-Glas. 2, S. 51) und Schmid (ebd., S. 130) haben nur auf die romantischen Züge des Werkes aufmerksam gemacht. Mayer (ebd., S. 164) und Böttger (a. a. O., S. 415) dagegen verweisen ausschließlich auf die klassischen Elemente („Das Glasperlenspiel" als Nachfolger von Goethes „Wilhelm Meister").

# Literaturverzeichnis

## I. Literatur von Hermann Hesse

Gesammelte Werke. Band 1-12. Frankfurt/Main 1970.

Gesammelte Briefe. Band 1-4. Herausgegeben von Ursula und Volker Michels in Zusammenarbeit mit Heiner Hesse. Frankfurt/Main 1973-1986.

Ausgewählte Briefe. Erweiterte Ausgabe. Zusammengestellt von Hermann Hesse und Ninon Hesse. Frankfurt/Main 1974.

Briefwechsel Hermann Hesse – Thomas Mann. Herausgegeben von Anni Carlsson (1968), erweitert von Volker Michels (1975), mit einem Vorwort von Prof. Theodore Ziolkowski, aus dem Amerikanischen übersetzt von Ursula Michels-Wenz. Frankfurt/Main 1975. ,

Die Kunst des Müßiggangs. Kurze Prosa aus dem Nachlaß. Herausgegeben und mit einem Vorwort von Volker Michels. Frankfurt/Main 1973.

Kleine Freuden. Kurze Prosa aus dem Nachlaß. Herausgegeben und mit einem Nachwort von Volker Michels. Frankfurt/Main 1977.

Materialien zu Hermann Hesses „Siddhartha". Erster Band. Texte von Hermann Hesse. Herausgegeben von Volker Michels. Frankfurt/Main 1975.

Materialien zu Hermann Hesses „Der Steppenwolf". Teil1: Texte von Hermann Hesse. Herausgegeben von Volker Michels. Frankfurt/Main 1972.

Materialien zu Hermann Hesse „Das Glasperlenspiel". Erster Band. Texte von Hermann Hesse. Herausgegeben von Volker Michels. Frankfurt/Main 1977.

## II. Sonstige Primärliteratur

ARENHOEVEL, Diego; DEISSLER, Alfons; VOEGTLE, Anton: Die Bibel. Die Heilige Schrift des Alten und Neuen Bundes. Deutsche Ausgabe mit den Erläuterungen der Jerusalemer Bibel. Freiburg/Basel/Wien 151979 (1968).

AUE, Hartmann von: Erec. Mittelhochdeutscher Text und Übertragung von Thomas Cramer. Frankfurt/Main 1972.

- Iwein. Herausgegeben von G. F. Benecke und K. Lachmann. Neu bearbeitet von Ludwig Wolff. Berlin 1968.

BROCH, Hermann: Der Tod des Vergil. Kommentierte Werkausgabe. Herausgegeben von Paul Michael Lützeler. Band 4. Frankfurt/Main 1976.

BURCKHARDT, Jacob: Weltgeschichtliche Betrachtungen. München 1978.

CHAMISSO, Adalbert von: Peter Schlemihls wundersame Geschichte. In: Sämtliche Werke in zwei Bänden. Herausgegeben von Werner Feudel und Christel Läufer. München/ Wien 1982.

DANTE Alighieri: La divina commedia. Die göttliche Komödie. übersetzt von Hermann Gmelin. Stuttgart 1966-1970.

DOSTOJEVSKIJ, Fjodor M.: Die Brüder Karamasow. Aus dem Russischen übertragen von Hans Ruoff und Richard Hoffmann. München 1978.

- Schuld und Sühne. Aus dem Russischen von Brigitte Klaas. München 1980.

EDSCHMID, Kasimir: Das rasende Leben. Zwei Novellen. Leipzig 1915.

ESCHENBACH, Wolfram von: Parzival. Mittelhochdeutscher Text. Nach der Ausgabe von Karl Lachmann. Von Wolfgang Spiewok. Stuttgart 1977.

GOETHE, Johann von: Faust. Der Tragödie erster und zweiter Teil. /- Iphigenie auf Tauris. / – Das Märchen. In: Gesammelte Werke. Hamburger Ausgabe in 14 Bänden. Herausgegeben von Erich Trunz. München 1981.

HEIDEGGER, Martin: Über den Humanismus. Frankfurt/Main 1950

- Der Ursprung des Kunstwerkes. Frankfurt/Main 31981.

HOFFMANN, E. T. A.: Die Fermate. In: Werke in vier Bänden. Band III. Herausgegeben und eingeleitet von Hermann R. Leber. Salzburg 1983, S. 59-75.

HOFMANNSTHAL, Hugo von: Die Frau ohne Schatten. In: Gesammelte Werke in Einzelausgaben. Band 1. Erzählungen. Frankfurt/Main 1968.

HÖLDERLIN, Friedrich: Diotima. In: Sämtliche Gedichte. Herausgegeben und kommentiert von Detlev Luders. Bad Homburg 1970.

JOYCE, James: Ulysses. Übersetzt von Hans Wollschläger. Frankfurt/Main 1975. Finnegans Wake. London 1975.

JUNG, Carl Gustav: Briefe. Herausgegeben von Aniela Jaffé, Zürich, in Zusammenarbeit mit Gerhard Adler, London. Drei Bände. Olten und Freiburg i. Br. 1972.

- Erinnerungen, Träume, Gedanken. Stuttgart/Zürich 1962.

- Gesammelte Werke. Herausgegeben von Lilly Jung-Merker und Dr. Phil. Elisabeth Rüf. Olten 1971-1983.

- Zugang zum Unbewussten. In: Der Mensch und seine Symbole. Olten 1968, S. 18-103.

KAFKA, Franz: Tagebücher 1910-1923. Frankfurt/Main 1973.

MANN, Thomas: Der Tod in Venedig. / – Der Zauberberg. / – Doktor Faustus. In: Gesammelte Werke in Einzelbänden. Herausgegeben von Peter de Mendelssohn. Frankfurt/Main 1981-1983. Band 3, 6 und 9.

MILLER, Henry: Von der Unmoral der Moral und andere Texte. Deutsch von Hermann Stiehl. Hamburg 1979.

MOZART, Wolfgang Amadeus: Briefe. Mit zeitgenössischen Porträts. Ausgewählt, eingeleitet und kommentiert von Wolfgang Hildesheimer. Frankfurt/Main 1975.

MÖRIKE, Eduard: Das Stuttgarter Hutzelmännlein. In: Werke in einem Band. Herausgegeben von Herbert G. Göpfert. München/Wien 1977, S. 817-910.

MUSIL, Robert: Die Verwirrungen des Zöglings Törleß. Hamburg 1959.

NIETZSCHE, Friedrich: Die Geburt der Tragödie oder Griechentum und Pessimismus. / – Ecce homo. Wie man wird, was man ist. In: Werke in 5 Bänden. Herausgegeben von Karl Schlechta. Frankfurt/Main/Berlin/Wien 61979 (* 1969). Band I und III.

NOVALIS: Vermischte Bemerkungen. Blüthenstaub. / – Heinrich von Ofterdingen. / – Hymnen an die Nacht. In: Werke in einem Band. Herausgegeben von Hans Joachim Mahl und Richard Samuel. München/Wien 1981.

PROUST, Marcel: A la recherche du temps perdu. 3 Bände. Edition etablie et presente par Pierre Clarac et Andrä Ferre. Tours 1973.

RILKE, Rainer Maria: André Ferré / – Duineser Elegien. In: Werke in 3 Bänden. Frankfurt/Main 1966.

SCHILLER, Friedrich: Über die ästhetische Erziehung des Menschen in einer Reihe von Briefen. In: Sämtliche Werke. Band 5. München 1959.

## III. Sekundärliteratur

ALLEMANN, Beda: Traktat vom Steppenwolf (1961). In:MatStep., S. 317-324

ALLEMANN, Erwin: Siddharthas Weg (1945). In: MatSiddh. 2, S. 88-93.

ARNOLD, Heinz Ludwig: Kadettenanstalt für eine Ordinarienuniversität? (1971) In MatGlas. 2, S. 235238.

(Hrsg.): Text + Kritik. Zeitschrift für Literatur Zweite, erweiterte Auflage. München 1983.

BALL, Hugo: Ein mythologisches Untier (1927). In: MatStep., S. 266-272.

- Hermann Hesse. Sein Leben und sein Werk. Berlin 1956. (l 1927).

BAREISS, Otto: Hermann Hesse. Eine Bibliographie der Werke über Hermann Hesse. Mit einem Geleitwort von Bernhard Zeller. Basel 1962.

BAUMANN, Günter: Das Glasperlenspiel als Hagiographie und Geistessynthese. In: Internationales Hermann Hesse-Kolloquium 1986. Bad Liebenzell 1987, S. 64-72.

BEST, Otto F.: Handbuch literarischer Fachbegriffe. Definitionen und Beispiele. Überarbeitete und erweiterte Ausgabe. Frankfurt/Main 1984.

BIEMEL, Walter: Martin Heidegger. In Selbstzeugnissen und Bilddokumenten. Hamburg 1972.

BOETTGER, Fritz: Hermann Hesse: Leben, Werk, Zeit. Berlin (Ost) 1974.

BONNEFOY, Ives: Arthur Rimbaud. In Selbstzeugnissen und Bilddokumenten. Hamburg 1962.

BOULBY, Marc: Hermann Hesse. His Mind and Art. New York 1967.

BÖCKMANN, Paul: Ist das „Glasperlenspiel" ein gefährliches Buch? (1948). In: MatGlas. 2, S. 100-112.

BRAEMER, Edith: Kastalien als pädagogische Provinz. In: Die neue Schule 1948.

BRAN, Friedrich: PFEIFER, Martin (Hrsg.): Hermann Hesse und seine literarischen Zeitgenossen. Gengenbach 1982.

BUBER, Martin: Hermann Hesses Dienst am Geist. In: Über Hermann Hesse. Band 1. Frankfurt/Main 1976, S. 309-316.

CARLSSON, Anni: Hermann Hesses „Glasperlenspiel" in seinen Wesensgesetzen. In: MatGlas. 2, S. 3959.

- Zur Geschichte des Steppenwolf-Symbols (1972). In: MatStep., S. 377-381.

CASEBEER, Edwin F.: Siddhartha: Der vollendete Held. (1972). In: MatSiddh. 2, S. 162-177.

CHI, Ursula: Die Weisheit Chinas und „Das Glasperlenspiel". Frankfurt/Main 1976.

CREMERIUS, Johannes: Schuld und Sühne ohne Ende. Hermann Hesses psychotherapeutische Erfahrungen. In: Literaturpsychologische Studien und Analysen. Herausgegeben von Walter Schönau. Band 17. Amsterdam 1983, S. 169-204.

CUBE, Hellmut von: Hermann Hesses Glasperlenspiel (1947). In: MatGlas. 2, S. 73-76.

CURTIUS, Ernst Robert: Der homo ludens (1947). In: MatGlas. 2, S. 68-73.

- Hermann Hesse. Aus: Kritische Essays zur europäischen Literatur (1950). In: MatSiddh. 2, S. 303.

DAHRENDORF, Malte: Hermann Hesses Demian und C. G. Jung. In: Germanisch—Romanische Monatsschrift. 3d. VIII. 1958, S. 81-97.

DEUBEL, Werner: Hermann Hesses Steppenwolf (1927). In: MatStep., S. 300-306.

EHRHART, Georg: Der Tod des Glasperlenspielers (1955). In: MatGlas. 2, S. 121-124.

EICH, Günter: Die Morgenlandfahrt (Rezension). In: Hermann Hesse. Gesammelte Briefe, Band 2, S. 507.

FAESI, Robert: Hermann Hesses Glasperlenspiel (1943). In: MatGlas. 2, S. 7-25.

FIELD, George Wallis: Hermann Hesse. New York 1970. Hermann Hesse. Kommentar zu sämtlichen Werken. Stuttgart 1977.

- Zur Genesis des Glasperlenspiels (1968). In: MatGlas. 2, S. 175-191.

FRANZ, Marie Louise von: Das Unbewusste und die Wissenschaften. In: Der Mensch und seine Symbole. Olten 1968. S. 304-311.

- Der Individuationsprozess. In: Der Mensch und seine Symbole. Olten 1968, S. 158-229.

FREEDMANN, Ralph: Hermann Hesse. Autor der Krisis. Aus dem Amerikanischen von Ursula Michels-Wenz. Frankfurt/Main 1982.

- The lyrical novel. Studies in Hermann Hesse, André Gide und Virginia Woolf. Princeton 1965.

- Peripetie und Vision. Bemerkungen zur Entstehungsgeschichte des Siddhartha (1974). In: MatSiddh. 2, S. 206-217.

FREUD, Sigmund: Abriß der Psychoanalyse. Das Unbehagen in der Kultur. Frankfurt/Main 1971.

- Massenpsychologie und Ich-Analyse. Frankfurt/Main 1967.

FRIEDERICI, Hans: Die Indien-Rezeption in Hermann Hesses Siddhartha (1958). In: MatSiddh. 2, S. 125132.

FROMM, Erich/MARTINO, Richard de (Hrsg.): Zen-Buddhismus und Psychoanalyse. Frankfurt/Main 1980.

GANESHAN, Vridhagiri: Das Indienerlebnis Hermann Hesses. Bonn 1974.

GONTRUM, Peter Baer: Natur- und Dingsymbolik als Ausdruck der inneren Welt Hermann Hesses. Diss. München 1958.

HAFNER, Gotthilf: Hermann Hesse. Werk und Leben. Ein Dichterbildnis. Nürnberg 1970.

HAINES, Fred: Hermann Hesse und die amerikanische Subkultur (1972). In: MatStep., S. 388-401.

HAUSMANN, Manfred: Hermann Hesses Glasperlenspiel. Die Krönung eines Lebenswerkes (1947). In: Mat-Glas. 2, S. 82-85.

HEIMDAHL, Anne Brith: Hermann Hesse. Der Steppenwolf. Krise, Entwicklung, Bekenntnis. Eine Interpretation (HF-Arbeit). Bergen 1980.

HENDERSON, Joseph L.: Der moderne Mensch und die Mythen. In: Der Mensch und seine Symbole. Olten 1968, S. 104-157.

HESSE, Bruno: Vater im Gespräch. Notiz vom 25. 10. 1952. In: MatGlas. 1, S. 289.

HEUSS, Theodor: Das Glasperlenspiel (1946). In: MatGlas. 2, S. 59-62.

HILBK, Hans: Das Problem der Erziehung im Spätwerk Hermann Hesses. Versuch einer Darlegung seiner Grundgedanken unter anthropologisch-erziehungswissenschaftlichen Gesichtspunkten. Diss. Münster 1959.

HOLTHUSEN, Hans Egon: Rainer Maria Rilke. In Selbstzeugnissen und Bilddokumenten. Hamburg 1958.

HSIA, Adrian: Das esoterische Glasperlenspiel (1974). In: MatGlas. 2, S. 193-205.

- Hermann Hesse im Spiegel der zeitgenössischen Kritik. Bern/München 1975.

- Hermann Hesse und China. Darstellung, Materialien und Interpretation. Frankfurt/Main 1974.

- Hermann Hesse heute. Bonn 1980.

JACOBI, Jolande: Die Psychologie von C. G. Jung. Zürich 1945. Symbole auf dem Weg der Reifung. In: Der Mensch und seine Symbole. Olten 1958, S. 272-303.

JAFFÉ, Aniela: Bildende Kunst als Symbol. In: Der Mensch und seine Symbole. Olten 1968. S. 230 — 271.

- C. G. Jung. Bild und Wort. Eine Biografie. Sonderausgabe Olten 1983.

JAHNKE, Walter: Hermann Hesse. Demian. Ein erlesener Roman. Paderborn/München/ Wien/Zürich 1984.

KAISER, Joachim: Science-fiction der Innerlichkeit (1971). In: MatGlas. 2, S. 210-220.

KARALASCHWILI, Reso: Josef Knechts Tod (1971). In: MatGlas. 2, S. 220-235.

- Die Zahlensymbolik als Kompositionsgrundlage in Hermann Hesses „Siddhartha" (1975). In: MatSiddh. 2, S. 255-272.

KIPPHOFF, Petra: Hermann Hesse. Der Steppenwolf. In: Die Zeit-Bibliothek der 100 Bücher. Frankfurt/Main 1980, S. 358-360.

KIRCHHOFF, Gerhard: Das Bild des Menschen in Hermann Hesses Dichtung. Diss. Freiburg 1950.

KOESTER, Rudolf: Hermann Hesse. Stuttgart 1975.

KORN, Karl: Verspielte Perlen (1947). In: MatGlas. 2, S. 91-100.

KREIDLER, Horst Dieter: Pablo und die Unsterblichen (1972). In: MatStep., S. 381-388.

KUNZE, Johanna Maria Louisa: Lebensgestaltung und Weltanschauung in Hermann Hesses Siddhartha. Herzogenbusch 1948.

LAVRIN, Janko: Fjodor M. Dostojevskij. In Selbstzeugnissen und Bilddokumenten. Hamburg 1963.

LEARY, Timothy: Meisterführer zum psychedelischen Erlebnis. Aus dem Amerikanischen übersetzt von Irmela Bender. In: MatStep., S. 344-353.

LEHMANN, Josef: Buddha. Leben, Lehre, Wirkung. Der östliche Weg zum Selbst. München 1980.

LENZ, Hermann: Hermann Hesse, „Das Glasperlenspiel" (1946). IN: MatGlas. 2, S. 62-68.

- Weder Wegweiser noch Polizist (1976). In: Über Hermann Hesse. Band 2, S. 271-275.

LOERKE, Oskar: Der fünfzigjährige Hermann Hesse (1927). In: MatStep., S. 276-280.

LUETHI, Hans Juerg: Hermann Hesse. Natur und Geist. Stuttgart 1970.

LUETZKENDORF, Felix: Hermann Hesse als religiöser Mensch in seinen Beziehungen zur Romantik und zum Osten. Diss. Leipzig 1932 (vgl. auch den Auszug in MatSiddh. 2, S. 75-88).

MAIER, Emanuel: The psychology of C. G. Jung in the works of Hermann Hesse. Diss. New York 1952 (microfilm).

MANN; Thomas: Dem sechzigjährigen Hermann Hesse (1937). In: Über Hermann Hesse, Band 1, S. 108-111.

MAAS, Joachim: Anmerkungen zum Buch eines Magister Ludi (1945/1946). In: MatGlas. 2, S. 36-39.

MAURIAC, Claude: Marcel Proust. In Selbstzeugnissen und Bilddokumenten. Hamburg 1958.

MAYER, Hans: Hermann Hesses Steppenwolf (1964). In: MatStep., S. 330-344.

- Hesses ‚Glasperlenspiel' oder Die Wiederbewegung (1961). In: MatGlas. 2, S. 143-169.

MAZZUCHETTI, Lavinia: Das zwanzigste Jahrhundert in Deutschland. Mailand 1959. Teilabdruck in MatSiddh. 2, S. 308-310.

MEINICKE, Susanne: Hermann Hesse. Der Steppenwolf. Diss. Zürich 1973.

MENDELSSOHN, Peter de: Die unheimliche Kreuz- und Querspinne (1970). In: MatStep., S. 251-263.

MICHELS, Volker (Hrsg.): Hermann Hesse. Leben und Werk im Bild. Mit dem kurzgefassten Lebenslauf von Hermann Hesse. Frankfurt/Main 1976.

- Hermann Hesse. Sein Leben in Bildern und Texten. Vorwort von Hans Mayer. Frankfurt/ Main 1979.

- Materialien zu Hermann Hesses „Das Glasperlenspiel". Zweiter Band. Frankfurt/Main 1973.

- Materialien zu Hermann Hesses „Der Steppenwolf". Frankfurt/Main 1972.

- Materialien zu Hermann Hesses „Siddhartha". Zweiter Band. Frankfurt/Main 1974.

- Über Hermann Hesse. Erster und zweiter Band. Frankfurt/Main 1979 bzw. 1977.

- Siddhartha. Hermann Hesse und der ferne Osten. Erzählungen, Legenden, Tagebücher, Essays. Frankfurt/Main 1973.

MIDDELL, Eike: Hermann Hesse. Die Bilderwelt seines Lebens. Leipzig 1972.

MILECK, Joseph: Hermann Hesse. Biography and bibliography. Berkeley 1977.

Hermann Hesse. Dichter, Sucher, Bekenner. Biografie. Aus dem Amerikanischen. München 1979. (Originaltitel: Hermann Hesse. Life and Art. Berkeley 1978).

Die Namen in Hesses Glasperlenspiel. (1961). In: MatGlas. 2, S. 169-174.

NADLER, Kaete: Hermann Hesse. Naturliebe, Menschenliebe, Gottesliebe. Leipzig 1958.

OTTEN, Anna: Durchbruch und Einordnung (1974). In: MatSiddh. 2, S. 217-224.

PANNWITZ, Rudolf: Der Steppenwolf. Der Sinn von Hermann Hesses Roman (1962). In: MatStep., S. 326-330.

- Siddhartha(1957). In: MatSiddh. 2, S. 95-98.

PATNAIK, Deba P.: Govinda. Aus dem Englischen übersetzt von Ursula Michels-Wenz (1973). In: MatSiddh. 2, S. 184-194.

PETSCHENIG, Michael (Hrsg.): Der kleine Stowasser. München 1964.

PFEIFER, Martin: Der emanzipierte Kastalier (1973). In: MatGlas. 2, S. 293-306.

- Hermann Hesse-Bibliographie. Primär- und Sekundärschrifttum in Auswahl. Berlin 1973.

- Hesse-Kommentar zu sämtlichen Werken. München 1980.

- RINSER, Luise: Versuch einer Deutung der Morgenlandfahrt (1976). In: Über Hermann Hesse. Band 2, S. 297-316.

ROSE, Ernst: Faith from the abyss. Hermann Hesse's way from Romanticism to Modernity. London 1966.

SCHIRMBECK, Heinrich: Der homo ludens und das Glasperlenspiel (1947). In: MatGlas. 2, S. 85—91.

SCHMID, Hans Rudolf: Siddhartha, ein Wunschbild unserer Zeit (1928). IN: MatSiddh. 2, S. 70-75.

SCHMID, Karl: Über Hermann Hesses Glasperlenspiel (1956). In: MatGlas. 2, S. 124-137.

SCHMID, Max: Hermann Hesse. Weg und Wandlung. Zürich 1947.

SCHNEIDER, Christian Immo: Josef Knechts Abschied und Neubeginn (1973). In: MatGlas-. 2, S. 270-292.

SCHRÖDER, Rudolf Alexander: Hermann Hesse zu seinem 75. Geburtstag (1952). In: Über Hermann Hesse. Band 2, S. 250-258.

SECKENDORFF, Klaus: Hermann Hesses propagandistische Prosa. Selbstzerstörerische Entfaltung als Botschaft in seinen Romanen vom „Demian" bis zum „Steppenwolf". Diss. Bonn 1982.

SERRANO, Miguel: Meine Begegnungen mit C. G. Jung und Hermann Hesse in visionärer Schau. Zürich und Stuttgart 1968.

SHAW, Leroy R.: Zeit und Struktur des Siddhartha(1957). Aus dem Amerikanischen von Ursula Michels-Wenz. In: MatSiddh. 2, S. 98-125.

STOLTE, Heinz: Hermann Hesse. Weltscheu und Lebensliebe. Hamburg 1971.

STERN, Josef Peter: Hesses utopische Spielereien. In: Text + Kritik. Zweite, erweiterte Ausgabe. Herausgegeben von Ludwig Arnold. München 1983, S. 101-115.

STÖRIG, Hans Joachim: Kleine Weltgeschichte der Philosophie. In zwei Bänden. Stuttgart 1980).

SUZUKI, Daisetz T.: Die große Befreiung. Einführung in den Zen-Buddhismus. Zürich/ Bern 51980.

TUCHOLSKY, Kurt: Der deutsche Mensch (1927). In: MatStep., S. 286-294.

UNSELD, Siegfried: Begegnungen mit Hermann Hesse.

Frankfurt/Main 1975.

- Hermann Hesse. „Das Glasperlenspiel" (1948). In: MatGlas. 2, S. 112-121..

- Hermann Hesse – eine Werkgeschichte. Frankfurt/Main 1973.

- Zu Hermann Hesses Siddhartha (1976). In: Über Hermann Hesse. Band 2, S. 392-409.

VOLKE, Werner: Hugo von Hofmannsthal. In Selbstzeugnissen und Bilddokumenten. Hamburg 1967.

WAIBLER, Kurt: Hermann Hesse. Eine Bibliographie. Bern/München 1962.

WEHR, Gerhard: C. G. Jung. In Selbstzeugnissen und Bilddokumenten. Hamburg 1969.

WEIBEL, Kurt: Hermann Hesse und die deutsche Romantik. Diss. Bern 1952.

WEIZSÄCKER, Carl Friedrich: Die Einheit der Natur. München 1971.

WESTERMANN, Gerhart: Knauers Konzert-Führer. Geleitwort von Wilhelm Furtwängler. München/Zürich 1951.

WIEGAND,. Heinrich: Gruß an Hermann Hesse (1927). In: MatStep., S. 280-286.

- Krisis (1928). In: MatStep., S. 306-309.

WILSON, Colin: Outsider und Bürger (1956). Aus dem Englischen übersetzt von Liselotte und Hans Rittermann. In: MatStep., S. 309-317.

WINTER, Helmut: Legende und Wirklichkeit. Hermann Hesses indische Dichtung (1976). In: MatSiddh. 2, S. 272-294.

WOLFENSTEIN, Alfred: Wölfischer Traktat (1927). In: MatStep., S. 272-276.

WOLFF, Uwe: Hermann Hesse. Demian. Die Botschaft vom Selbst. Bonn 1979.

WRASE, Siegfried: Erläuterungen zu Hermann Hesses „Morgenlandfahrt". Diss. Tübingen 1959.

ZELLER, Bernhard: Hermann Hesse. Eine Chronik in Bildern. Frankfurt/Main 1977.

- Hermann Hesse. In Selbstzeugnissen und Bilddokumenten. Hamburg 1963.

ZIOLKOWSKI, Theodore: Der Schriftsteller Hermann Hesse. Wertung und Neubewertung. Deutsch von Ursula Michels-Wenz. Frankfurt/Main 1979.